HELLENISTISCHE ERLÖSUNG
IN
CHRISTLICHER DEUTUNG

NAG HAMMADI STUDIES

EDITED BY

MARTIN KRAUSE – JAMES M. ROBINSON
FREDERIK WISSE

IN CONJUNCTION WITH

ALEXANDER BÖHLIG – JEAN DORESSE – SØREN GIVERSEN
HANS JONAS – RODOLPHE KASSER – PAHOR LABIB
GEORGE W. MACRAE – JACQUES-É. MÉNARD – TORGNY SÄVE-SÖDERBERGH
R. MCL. WILSON – JAN ZANDEE

XIX

VOLUME EDITOR

MARTIN KRAUSE

LEIDEN
E. J. BRILL
1984

HELLENISTISCHE ERLÖSUNG IN CHRISTLICHER DEUTUNG

Die gnostische Naassenerschrift

Quellenkritische Studien — Strukturanalyse — Schichtenscheidung
Rekonstruktion der Anthropos-Lehrschrift

VON

JOSEF FRICKEL

LEIDEN
E. J. BRILL
1984

ISBN 90 04 07227 6

Copyright 1984 by E. J. Brill, Leiden, The Netherlands

All rights reserved. No part of this book may be reproduced or translated in any form, by print, photoprint, microfilm, microfiche or any other means without written permission from the publisher

PRINTED IN THE NETHERLANDS

MEINER FRAU

INHALTSVERZEICHNIS

VORWORT

1. DIE NAASSENERFRAGE 1
2. QUELLENKRITISCHE STUDIEN ZUR GNOSTISCHEN VORLAGE HIPPOLYTS 7
2.1 Die Vorlage im Rahmen der *Refutatio* 7
2.2 Der Umfang der Naassener-Vorlage Hippolyts 9
2.3 Die Vorlage: Kopie oder Exzerpt einer gnostischen Schrift 19
2.4 Die Eingriffe Hippolyts in den Text der Vorlage 27
3. STRUKTURANALYSE DER NAASSENERSCHRIFT 37
3.1 Das Rahmenthema und der anthropologische Dualismus.. 37
3.2 Die Struktur des Kommentars zum Attislied 42
3.3 Der scheinbare Anfang des Kommentars zum Attislied.. 51
3.3.1 Das Lehrstück über den ersten Menschen (7,3-6) 51
3.3.2 Der Passus über die Seele des Menschen (7,7-8) 55
3.4 Der ursprüngliche Anfang des Kommentars zum Attislied 58
3.5 Die Überarbeitung des Attiskommentars durch den "Naassener" (N) oder "Anthropos-Gnostiker (AG) 64
3.5.1 Vom Synkretismus zum kultischen Universalismus 64
3.5.2 Zur soteriologischen Erweiterung des Attiskommentars 76
3.5.3 Der Naassener und die Lehre der *Apophasis Megale* ... 78
3.5.4 Die Dreiteilung des Alls und die Hermes-Exegese 82
3.5.5 Verchristlichung einer heidnischen Anthropologie ... 90
3.5.6 Verchristlichung einer heidnischen Soteriologie 98
3.5.7 Der Aufbau der Lehrschrift "Über den Menschen" 104
3.5.8 Anfang und Umfang der Lehrschrift "Über den Menschen" 108
3.6 Die Überarbeitung der Anthropos-Lehrschrift durch den Pneuma-Gnostiker (PG) 116
3.6.1 Der neue Gotteskult 116
3.6.2 Der neue Mensch 121
3.6.3 Drei Menschenklassen und drei Kirchen 131

Inhaltsverzeichnis

3.6.4	Antikirchliche Polemik des Pneuma-Gnostikers	147
3.6.5	Der Anthropos-Gnostiker und der Pneuma-Gnostiker: Valentinianer?	160
4.	SCHICHTENSCHEIDUNG INNERHALB DER ANTHROPOS-LEHRSCHRIFT	172
4.1	Objekt und Methode der Schichtenscheidung	172
4.2	*Kap. 6,3-7*	173
4.3	*Kap. 7,1-2*	176
4.4	*Kap. 7,3-6*	177
4.5	*Kap. 7,7-9a*	178
4.6	*Kap. 7,9b-15*	178
4.7	*Kap. 7,16-19*	178
4.8	*Kap. 7,20-22*	179
4.9	*Kap. 7,23-24*	181
4.10	*Kap. 7,25-29*	182
4.11	*Kap. 7,30-41*	183
4.12	*Kap. 8,1-8*	185
4.13	*Kap. 8,9-12*	187
4.14	*Kap. 8,13-21*	190
4.15	*Kap. 8,22ab*	193
4.16	*Kap. 8,22c-30*	194
4.17	*Kap. 8,31-33*	198
4.18	*Kap. 8,34-36a*	198
4.19	*Kap. 8,36b-38*	199
4.20	*Kap. 8,39-45*	200
4.21	*Kap. 9,1-9*	203
4.22	*Kap. 9,10-22*	207
4.23	*Kap. 10,1-2*	210
5.	DIE GNOSTISCHE ANTHROPOS-LEHRSCHRIFT	212
5.1	Vorbemerkung zum folgenden Rekonstruktionsversuch	212
5.2	Text der Anthropos-Lehrschrift	214
5.3	Übersetzung der Anthropos-Lehrschrift	233
6.	EXKURS I: Der Essenerbericht in H.s *Refutatio* (Buch IX) und die Wiedergabe der Gnostiker-Berichte durch Hippolyt	253
7.	EXKURS II: Zur Anthropologie des AG's (zu Kap.3.3.2)	259
8.	LITERATURVERZEICHNIS	271

VORWORT

Die hier vorgelegten Studien zur gnostischen Naassener-Vorlage Hippolyts von Rom, die Strukturanalysen, Schichtenscheidungen und Rekonstruktionen sind das Ergebnis zahlreicher von mir früher unternommenen Versuche, die Problematik dieser Schrift zu lösen. Sie erheben nicht den Anspruch auf Endgültigkeit. Das gilt im besonderen für die Rekonstruktion der Anthropos-Lehrschrift, die offen bleibt für jede sachlich fundierte Kritik und Korrektur. Es ist ein Versuch zur Lösung des Naassenerproblems, das Richard Reitzenstein vor mehr als 75 Jahren in seiner Studie "Poimandres" aufgezeigt und zu lösen versucht hat, das aber nach wie vor aussteht.

Was zunächst eine Frage vergleichender Religionsgeschichte und philologischer Kritik am überlieferten Text war, ist im Verlauf meiner Beschäftigung mit dem Naassenertext immer mehr zu einer zentralen Frage frühchristlicher Theologie geworden: Die Naassenerschrift ist mehr als ein Musterbeispiel des gnostischen Synkretismus. Sie ist ein großangelegter theologischer und missionarischer Versuch, eine alle Kulte und alle Mysterien der (hellenistischen) Welt umfassende Erlösungslehre im Lichte der neuen christlichen Botschaft zu deuten und in ihrer Hinordnung auf Christus durchsichtig zu machen, der allein den von allen Menschen ersehnten, aber allen unbekannten Gott verkündet hat. Wert und Tragweite dieses Versuchs wird hier nicht beurteilt, obwohl deutlich werden mag, daß wesentliche Züge christlicher Soteriologie in ihm sich erstmals abzeichneten, wenn auch ohne Bezug zum Opfer Jesu Christi.

Die Durchführung dieser Arbeit wurde durch die Deutsche Forschungsgemeinschaft großzügig unterstützt, wofür ich aufrichtig danke. Dank schulde ich auch Herrn Prof. Dr.Dr. Martin Krause, der die Arbeit für die Veröffentlichung in den NHS empfohlen hat. Frau Margareta Dolcet danke ich für die zweite Niederschrift des Manuskriptes, wodurch der seit zwei Jahren sich verzögernde Druck der Arbeit endlich möglich wurde.

1. DIE NAASSENERFRAGE

Der von Hippolyt von Rom in seiner Widerlegung aller Häresien (*Refutatio*) überlieferte Bericht über die gnostische Gruppe der Naassener[1] ist eine der wenigen aus der Polemik der frühen Kirchenväter bekannten gnostischen Schriften, die durch den Handschriftenfund von Nag Hammadi und das dadurch entstandene, in den letzten zwanzig Jahren immer mehr wachsende Aufsehen[2] nicht in den Hintergrund gedrängt wurde, sondern zusätzliche Bedeutung erlangt hat[3]. Diese Aufmerksamkeit verdankt der Naassenerbericht vor allem zwei gnostischen Schriften, die in ihm ausdrücklich als Quelle genannt und teilweise wörtlich zitiert werden: dem Ägypterevangelium[4] und dem Thomasevangelium[5], die beide in Nag Hammadi aufgefunden[6] und inzwischen durch Editionen und Übersetzungen der Nachwelt bekannt wurden[7]. Ein weiterer Grund für das bleibende Interesse an der Naassenerschrift liegt in der besonderen Form, in der Hippolyt die Lehre der Naassener überliefert hat. Seine Nachricht ist nicht einfach ein referendierender Bericht, sondern läßt sich auf Grund stilistischer, inhaltlicher und redaktioneller Kriterien als die praktisch wörtliche Wiedergabe einer gnostischen Schrift oder wenigstens als genaue Wiedergabe eines sehr sorgfältig angefertigten Exzerpts eines naasse-

---

[1] Ref. V 6,4-10,2. Die Zitationen der Refutatio erfolgen nach der kritischen Ausgabe von Paul Wendland: GCS 26 Hippolyt III, Leipzig 1916. Buch V wird für Zitate aus dem Naassenerbericht im folgenden nicht mehr eigens angeführt.
[2] Über diesen Fund, seine Bedeutung und editorische Auswertung berichtet zuletzt M. Krause, Die Texte von Nag Hammadi, in: Gnosis, Festschrift für Hans Jonas, hrsg. von B. Aland, Göttingen 1978, 216-243.
[3] Auch der Bericht des Irenäus über die Barbelognosis (adv. haer. I 29,1-4) hat, weil nunmehr als authentischer Text einer Version des "Apokryphon des Johannes" erkannt, erneute Hochschätzung erfahren.
[4] In Kap. 7,9 als Zeuge für die Lehre von den Veränderungen der Seele angeführt.
[5] In Kap. 7,20 als Zeuge für das innerhalb des Menschen zu suchende Himmelreich genannt und zitiert; ähnlich in 8,32 (aber ohne genannt zu werden).
[6] Über die vor allem durch Klemens von Alexandrien bekannten Fragmente aus dem Ägypter-Evangelium vgl. Hennecke-Schneemelcher, Neutestamentliche Apokryphen I, 109-117. Das in Nag Hammadi in doppelter Fassung (NHC III,2 und IV,2) gefundene Ägypter-Evangelium ist mit dem früher schon bekannten griechischen Ägypter-Evangelium, das wahrscheinlich in der Naassenerschrift zitiert wird, nicht identisch, vgl. Böhlig, Nag Hammadi Codices III,2 und IV,2: The Gospel of the Egyptians, 18: Der Titel der Schrift sollte besser heißen: "The Holy Book of the Great Invisible Spirit".
[7] Über den Stand der Editionen und Übersetzungen, vgl. Krause (Anm. 2).

nischen Lehrstücks erkennen. Die Naassenerschrift galt darum von Anfang an als ein authentisches Dokument der verchristlichten Gnosis des 2. Jahrhunderts[8], auch wenn Wert und Bedeutung desselben eine völlig gegensätzliche Beurteilung erfahren haben[9]. Sicher ist sie das eindrucksvollste Zeugnis jenes religiösen Synkretismus, der für die Gnosis der frühen Kaiserzeit typisch ist und das deshalb auch zum Verständnis synkretistischer Bestrebungen im frühen Christentum und überhaupt dessen Inkulturation in der hellenistischen Welt hilfreich sein kann.

Auf Grund ihrer hier nur kurz aufgezeigten Sonderstellung ist die Naassenerschrift in den letzten zwei Jahrzehnten, besonders im Zusammenhang mit den neuentdeckten gnostischen Schriften von Nag Hammadi, häufig ausgewertet worden, sie ist jedoch nicht der eigentliche Gegenstand einer größeren Untersuchung geworden[10]. Dies ist umso merkwürdiger, als die von Reitzenstein erstmals aufgeworfene Naassenerfrage keineswegs als gelöst gelten darf, sondern nach wie vor einer Klärung bedarf. Reitzenstein hatte auf Grund der Widersprüche zwischen heidnischer und christlicher Deutung die Naassenerschrift als christliche Überarbeitung einer

---

8 Die These von G. Salmon und H. Staehelin, welche die Echtheit der neuen gnostischen Berichte in Hippolyts Refutatio (und damit auch der Naassenerschrift) in Zweifel zogen, hat nie wirklichen Anklang gefunden und gilt als verfehlt. Zur Problemgeschichte siehe J. Frickel, Die Apophasis Megale in Hippolyts Refutatio (VI 8-19): Eine Paraphrase zur Apophasis Simons, Rom 1968, 12-25.

9 Vgl. das negative Urteil von Reitzenstein: "eine außerordentliche unerfreuliche Schrift, und ich kann es völlig begreifen, wenn ein Philologe es ablehnt, sich mit ihr zu beschäftigen" (Studien zum antiken Synkretismus aus Iran und Griechenland 111), ähnlich E. de Faye, Gnostiques et Gnosticisme, Paris ²1925, 195: "pensée sans originalité et sans vigueur". Dagegen H.-M. Schenke, Der Gott "Mensch" in der Gnosis 57: die Naassenerschrift ist "das geistreichste Produkt, das die Gnosis überhaupt hervorgebracht hat und uns erhalten geblieben ist".

10 W.Foerster hat für das Messina-Colloquium "Sulle origini del Gnosticismo" (April 1966) eine Studie über "Die Naassener" verfaßt (in: Studi di Storia Religiosa della tarda antichità, Messina 1968,21-33) und eine neue Übersetzung von H.s Naassenerbericht besorgt (in: C.Andresen (Hrsg.),Die Gnosis, Bd.1, Zürich-Stuttgart 1969,339-362). Eine Übersetzung der Kapitel 8,9-9,6 gibt R.Haardt, Die Gnosis. Wesen und Zeugnisse, Salzburg 1967,82-91; doch hat sein Deutungsversuch, weil ohne Quellen- und Traditionsanalyse durchgeführt, keine Zustimmung gefunden (s. den Forschungsbericht von K.Rudolph, ThR 37,1972,348f.). Zuletzt hat W.Gogolin seine Dissertation "Untersuchung zu den griechischen Quellen der Naassenerpredigt", Berlin 1978 (Maschinschrift) vorgelegt; seine Materialsammlung ist aufschlußreich und wertvoll, seine Rekonstruktion der "ursprünglichen Naassenerpredigt" baut jedoch im wesentlichen auf der Quellenscheidung von Reitzenstein auf und kommt deshalb über das von diesem aufgeworfene Naassenerproblem nicht hinaus.

heidnischen Grundschrift bestimmt, eines ursprünglich gnostischen Kommentars des synkretistischen Kultliedes auf Attis, das Hippolyt am Ende der sogenannten "Naassenerpredigt" (Kap.6,3-9,7) überliefert hat[11]. Er rekonstruiert diesen älteren Kommentar durch einfache Streichung aller biblischen Zitate zunächst als ein rein heidnisches Lehrstück[12], ohne jedoch einen jüdischen Einfluß völlig ausschließen zu wollen[13]. Was übrig blieb, war freilich nicht ein Text, der "im allgemeinen einen wohlgeordneten und verständlichen Zusammenhang ergibt"[14], sondern ein Torso, der trotz Beibehaltung einiger alt- und neutestamentlicher Gedanken[15] die These einer rein heidnischen Grundschrift nicht rechtfertigen konnte. Alttestamentliche Exegesen haben an mehreren Stellen den überlieferten Text wesentlich bestimmt, daß man sie nicht wegstreichen kann, ohne den Kommentar zu zerstören[16]. So sah sich Reitzenstein gezwungen, später einen jüdischen Einfluß für die Grundschrift ausdrücklich einzuräumen, obwohl er nach wie vor daran festhielt, daß "das System zweifellos rein heidnisch" sei[17]. Hippolyts Naassenerpredigt ist ihm nach wie vor ein alter Text, "der in der unsinnigsten Weise durch Zusätze aus dem Neuen und zum Teil auch aus dem Alten Testament entstellt ist", die man fortschneiden muß, "um überhaupt Sinn und Zusammenhang zu erhalten". Das gilt für die neutestamentlichen Zitate absolut, für die alttestamentlichen dagegen nur bedingt. Denn Reitzenstein hat sich notgedrungen "entschließen müssen, in dem neuen Text alttestamentliche Stellen überhaupt nur zu beanstanden, wenn sie sicher den Zusammenhang durchbrechen, im allgemeinen aber lieber zuviel durchzulassen als zuviel zu streichen"[18]. Mit dieser letztlich auf subjektivem Ermessen beruhenden Quellenscheidung glaubte Reitzenstein, die Naassenerfrage endgültig

---

11 R. Reitzenstein, Poimandres 82; Studien 104-106.
12 Poim. 83-98.
13 Poim. 82 Anm.2.
14 So die These Reitzensteins Poim.83.
15 So beließ Reitzenstein z.B. in Kap. 7,35-36 (S.89) sowohl den durch Ps 117,22 (LXX) inspirierten "Adamas", wie den von Röm 7,22 (Eph 3,16) übernommenen "inneren Menschen" in seinem purgierten Text.
16 Dazu kamen Bedenken gegen Reitzensteins Versuch, den Wortlaut der zugrundeliegenden Quelle im einzelnen wieder herstellen zu können. So, trotz grundsätzlicher Bejahung einer heidnischen Grundschrift, bereits W.Bousset, Hauptprobleme der Gnosis, Göttingen 1907, 183f.
17 Reitzenstein, Studien 105.
18 Studien 105.

gelöst zu haben, und ein Teil der gelehrten Welt hat diese Position bis heute übernommen[19]. Ein anderer Teil hält Reitzensteins Quellenscheidung für nicht gelungen[20] oder überhaupt für ein verfehltes Unterfangen, da die christlichen Zitate auf derselben Ebene wie die alttestamentlichen liegen und daher zum ursprünglichen Attiskommentar gehören[21]. Angesichts dieser diametral entgegengesetzten Stellungnahmen ist es nicht verwunderlich, daß das quellenkritische Naassenerproblem heute vielfach ausgeklammert wird und man sich daran gewöhnt, die Naassener als eine mehr oder weniger einheitliche Gruppe zu betrachten und ihre synkretistische Theologie einzig nach der zwischen 222 - 235 verfaßten Darstellung des Hippolyt von Rom zu beurteilen und auszuwerten[22]. Damit wird freilich das, wie ich meine, von Reitzenstein sachlich richtig erkannte, methodisch jedoch unrichtig angegangene und daher nicht gelöste Naassenerproblem nur verdrängt und eine wirklich fruchtbare Auswertung dieser verchristlichten Gnosis des 2. Jahrhunderts verhindert. Darüber hinaus bleibt die Gelegenheit ungenützt, innerhalb der Naassenerschrift eine Frühform jüdischer oder nur wenig verchristlichter Gnosis freizulegen, die bis zur Mitte des zweiten Jahrhunderts oder sogar früher zurückreichen und damit bisher ungekannte Möglichkeiten für die Kenntnis der Frühzeit von Gnosis und Christentum bieten könnte. Reitzensteins Annahme, daß in der Naassenerschrift eine christ-

---

19 W.Bousset, wenn auch mit Einschränkung (vgl. Anm.16); H.Leisegang, Die Gnosis (1924,⁴1955),112-142; H.Lietzmann, Geschichte der Alten Kirche Bd. 1, Berlin-Leipzig 1932,289f., Berlin 1975 (4./5.Ed.),291; R.P.Casey, Naassenes and Ophites, JTS 27,1926,374-387; M.Dibelius, Die Isisweihe bei Apuleius und verwandte Initiationsriten, SAH 1917 (4.Abhandlung),42; H.-M. Schenke, Der Gott "Mensch" in der Gnosis, Berlin 1962,57-60 (nicht jedoch betreffs der iranischen Herkunft des Anthropos-Mythus); E.Brandenburger, Adam und Christus, WMANT 7,1962,83 Anm.4; W.Bauer, Der Naassenerpsalm,in: Hennecke-Schneemelcher, Neutestamentliche Apokryphen II, Tübingen 1964, 575f.; zuletzt W.Gogolin (vgl. Anm.10).
20 So schon H. Schaeder, Urform und Fortbildung des manichäischen Systems 122. In neuerer Zeit G. Quispel, Der gnostische Anthropos und die jüdische Tradition, in: Eranos-Jahrbuch 22, 1953, 205 Anm. 17; Ders., art. "Naassener", LTK Bd.7, Sp. 1178.
21 H. Schlier, Der Mensch im Gnostizismus, Leiden 1955, 61 Anm.2; zuletzt L. Schottroff, Der Glaubende und die feindliche Welt, Neukirchen 1970, 18: wonach eine christliche Überarbeitung einer heidnischen Urschrift "sicher nicht anzunehmen ist". Ähnlich M. Simonetti, Qualche osservatione sulle presunte interpolazioni della Predica dei Naasseni, in: Vetera Christianorum 7, 1970, 115-124.
22 So außer Schlier und Schottroff (siehe Anm. 21) vor allem auch Foerster (siehe Anm. 10).

liche Überarbeitung eines ursprünglich heidnischen oder besser nichtchristlichen Kommentars des synkretistischen Attishymnus vorliegt, wird durch die Vielfalt des im Kommentar zusammengefügten Gedankengutes nahegelegt[23] und durch zahlreiche Widersprüche oder Abweichungen im Kommentar bestätigt. Darin liegt der Grund, warum viele Forscher sich bis heute zu Reitzensteins These, wenigstens grundsätzlich, bekennen. Andererseits ist nicht zu übersehen, daß Reitzensteins Methode der Quellenscheidung, welche auf einfacher Streichung aller neutestamentlichen und einiger der alttestamentlichen Zitate beruht, dem komplizierten Sachverhalt der Naassenerschrift nicht gerecht werden kann[24]. Der Fehler dieser Methode zeigt sich äußerlich darin, daß Reitzenstein seine ursprüngliche radikale Streichung (fast) aller biblischen Zitate aufgeben mußte, ohne damit jedoch eine befriedigende Lösung geben zu können. Der tiefere Grund dafür liegt in der Verkennung der Tatsache, daß jede Überarbeitung, die mehr sein will als bloße Ergänzung oder Hinzufügung, zwangsläufig in die vorgegebene Struktur eingreifen und dieselbe für die Neu-Bearbeitung herrichten muß. Das aber geht nicht ohne Veränderung oder auch manchen Abbruch des Vorgegebenen, des Alten. Dieses in der Archäologie selbstverständliche Gesetz gilt auch für die Überarbeitung eines literarischen Werkes. Reitzenstein hat die Möglichkeit eines Eingriffes in den ursprünglichen Text theoretisch zwar eingeräumt[25], bei seiner Rekonstruktion des Textes jedoch diesen Umstand außer Acht gelassen. Vieles wurde weggestrichen, was als Schriftzeugnis sinnvoll zu einem veranstehenden, aber im Text belassenen Theorem gehört. So blieb Neues beim Alten und umgekehrt wurde auch Altes mit Neuem ausgeschieden, sodaß die Berechtigung dieser Quellenscheidung an vielen Stellen nicht einsichtig ist. Darin liegt der Grund, warum nicht wenige Forscher es für unmöglich halten, eine ältere Vorlage aus dem

---

23 Auch ein universal gebildeter Gelehrter wie z.B. Klemens von Alexandrien hätte schwerlich einen so vielschichtigen Kommentar wie die Naassenerschrift in einem Wurf niederschreiben können.
24 Ähnlich unmethodisch ist kürzlich von W.C. Robinson jun. (NHS 12, 1970, 102-117) versucht worden, in der gnostischen "Exegese der Seele" (NHC II,6) verschiedene Quellen voneinander zu scheiden. Siehe dazu die Kritik von M. Krause, Die Texte von Nag Hammadi, in: Festschrift H. Jonas 237.
25 Poim. 83: "einzelne Sätzchen oder Färbungen des Ausdrucks können dem christlichen Bearbeiter angehören", vgl. ebd. Anm. 1.

vorliegenden Text herauszulösen oder eine solche überhaupt bestreiten[26]. Aber auch diese Urteile sind nur bedingt richtig, insoweit nämlich, als sie sich auf die von Reitzenstein vorgenommene Quellenscheidung beziehen. Wenn die von Hippolyt überlieferte Naassenerschrift tatsächlich eine doktrinelle und damit auch eine literarische Entwicklung durchgemacht hat, dann kann es prinzipiell nicht unmöglich sein, die verschiedenen Schichten dieser Entwicklung zu bestimmen und dieselben sach- und literarkritisch voneinander zu scheiden. Voraussetzung dafür ist, daß die Analyse des Textes wie auch die Quellenscheidung sachgemäß, d.h. nach objektiven, dem Text angemessenen Kriterien durchgeführt und übereilte Schlußfolgerungen möglichst vermieden werden. Die bei der Überarbeitung vorgenommenen Eingriffe bzw. Änderungen im älteren Text besagen *ipso facto,* daß der ursprüngliche Text durch Streichung von Zusätzen nicht einfach herausgelöst werden kann. Es muß von Fall zu Fall untersucht werden, wo solche Änderungen sicher oder wahrscheinlich vorliegen und wo der ursprüngliche Text mit Sicherheit oder Wahrscheinlichkeit, wenigstens sinngemäß, wiederhergestellt werden kann. Die folgenden Überlegungen sollen zunächst das zu wenig beachtete Problem der gnostischen Vorlage H.s untersuchen, um auf dieser Grundlage eine Strukturanalyse der Vorlage und eine Scheidung der verschiedenen Schichten in der Naassenerschrift zu versuchen.

---

26 Siehe Anm. 20 und 21.

2. QUELLENKRITISCHE STUDIEN ZUR GNOSTISCHEN VORLAGE HIPPOLYTS

2.1 Die Vorlage im Rahmen der *Refutatio*

In seiner "Widerlegung aller Häresien" hat Hippolyt nach der Darstellung der Lehren der heidnischen Philosophen, Astrologen und Magier (Bücher I - IV)[27] die Lehren der Gnostiker ausführlich dargelegt und zu widerlegen versucht (Bücher V - IX). Er beginnt mit den Naassenern, da diese die ältesten Gnostiker seien, aus deren ursprünglicher Lehre sich alle späteren gnostischen Irrlehren, selbst die des sonst als Ketzervater geltenden Simon Magus, der seinerseits viele Nachfolger hatte[28], herleiten ließen[29]. Seine Angabe, die Anhänger dieser Lehre hätten sich ursprünglich nur "Naassener", später aber "Gnostiker" genannt[30], soll das hohe Alter der Naassener[31] betonen.

Im Rahmen der Gnostiker-Berichte Hippolyts gehört die Naassenerschrift zu einer Gruppe von zehn gnostischen Dokumenten, die den älteren Ketzerbekämpfern unbekannt waren[32] und von Hippo-

---

27 Diese ersten vier Bücher sind die "Philosophumena", wovon Buch I getrennt und unter dem Namen des Origenes überliefert ist. Die Bücher IV-X sind nur in der Pariser Athoshandschrift Supplément grec 464 (14.Jahrhundert) erhalten. Die Meinung, daß Buch IV in Wirklichkeit die Bücher II-IV enthält, wurde zuerst von A. D'Alès, La théologie de Saint Hippolyte, Paris 1906, 82-84, dann von R.Ganschinietz, Hippolytos' Capitel gegen die Magier, TU 39,3 (1913) vertreten. Dagegen wandte sich P.Wendland in der Einleitung seiner kritischen Ausgabe der Refutatio: XVI f. Buch IV als Konglomerat von II-IV wird jedoch erneut verteidigt von M. Marcowich, Textkritisches I zu Hippolyts Refutatio B. III-X, in: Rheinisches Museum für Philologie 107, 1964, 139ff.
28 Ref. VI 6-7,1 (134,17-26).
29 Daß Hippolyt für diese Sonderstellung der Naassener eine eigene Nachricht hatte, scheint mir zweifelhaft. Offenbar wollte er mit dieser Genealogie auch die Barbelognostiker (Iren. I 29), die Ophiten (Iren. I 30) und die Kainiten (Iren. I 31), deren Abstammung bei Irenäus (I 29,1) unausgemacht bleibt, von einer Urhäresie herleiten: von den Naassenern, welche nach seiner Meinung "die Schlange", die Urheberin allen Irrtums, zuerst verehrten, vgl. 6,3 (77,26ff.).
30 6,3 (77,30-78,3).
31 Nach Iren. I 25,6 gab es christliche "Gnostiker" in Rom zur Zeit Anicets (150-153).
32 Was nicht notwendig besagt, daß diese Dokumente deshalb jünger sein oder eine fortentwickeltere Gnosis darstellen müßten.

lyt erstmals an die Öffentlichkeit gebracht wurden[33]. Bei aller Verschiedenheit im einzelnen zeigen die Schriften dieser Gruppen auffallende doktrinelle und teilweise auch literarische Ähnlichkeiten und Übereinstimmungen, die zur Annahme nötigen, daß eine direkte oder indirekte Bekanntschaft und gegenseitige Beeinflussung innerhalb dieser Gruppe bestand. Wahrscheinlich stammen diese Dokumente von mehreren gnostischen Sekten, sie wurden jedoch von einer den theologischen Synkretismus lehrenden Gruppe gesammelt und von einem Lehrer (oder mehreren?) der Gruppe mehr oder weniger ausführlich kommentiert. Eine solche synkretistisch orientierte Gnosis ist am leichtesten in einer Weltstadt vorstellbar. Man wird dabei an Alexandrien oder Rom denken.

Auf jeden Fall dürfte ein aus diesen gnostischen Kreisen stammender "Christ" jene und andere gnostischen Schriften für H. gesammelt haben, dessen zentrales apologetisches Anliegen es war, die wahre Kirche Christi auf das deutlichste von dem "Christentum" der Gnostiker abzusetzen[34]. Es ging H. primär um die

---

[33] Außer den Naassenern gehören dazu: Peraten, Sethianer, Anhänger Justins (in Buch V); Apophasisbericht und streng monistische Valentinianer (in Buch VI); Basilides (in Buch VII); Doketen und Monoimos (in Buch VIII); außerdem nun auch die in Buch IV 46,6 - 49,9 überlieferte gnostisch-allegorische Aratos-Paraphrase, vgl. zu dieser Schrift Frickel, Unerkannte gnostische Schriften, in: NHS VIII, Leiden 1977, 121-126; L. Abramowski, Ein gnostischer Logostheologe 37-38.

[34] Nach Koschorke (H.s Ketzerbekämpfung 93) dürften H.s. neue Quellen "in Rom von missionierenden Exponenten eines gnostisch-philosophischen Lesezirkels in Umlauf gebracht worden sein". Er meint, daß es zur Zeit H.s in Rom praktisch keine Gnostiker mehr gab (69-73). Solches Urteil nimmt H. nicht ernst, der in der Vorrede (I Vorr. 1-2) seines großangelegten Werkes ausdrücklich sagt, auch gegen zeitgenössische Gnostiker zu schreiben. Natürlich sind damit nicht die Sektengründer gemeint. Aber deshalb kann man nicht einfach nur die Anhänger Kallists und des Alkibiades, mit denen H. in der römischen Kirche (!) persönlich zu tun hatte, als Zeitgenossen H.s deklarieren. Gnostikergruppen, z.B. Valentinianer, mögen zur Zeit H.s, anders als bei Irenäus, für die Einheit der Kirche keine akute Gefahr mehr gewesen sein. Aber das alte Anliegen Justins (Dial.35,2.6; Apol. I 26,6-7) war mehr denn je aktuell: solche Gruppen nannten sich "Christen" und schädigten in den Augen H.s das Ansehen der Kirche Christi, weil sie diese mit ihrer Pseudo-Wissenschaft in den Augen der Heiden unglaubwürdig und lächerlich machten. Eben darum war es in den ersten Jahrzehnten des dritten Jahrhunderts das zentrale, von Koschorke leider verkannte Anliegen H.s, zu zeigen, daß diese sich Christen nennenden Gnostiker nicht Schüler Christi, sondern Nachahmer der heidnischen Philosophen, Astrologen und Magier sind; daher die Mahnung an die Heiden in X 34,2 (292,12-14). Vielleicht hatte H. mit diesen Gnostikern persönlich nichts zu tun, aber das ist kein Argument gegen deren Existenz.

wahre Lehre Christi, nicht um die Gnostiker. Nur der wahren Kirche wegen will er die Gnostiker entlarven und zeigen, daß diese mit der Lehre Christi nichts zu tun haben. Seine Absicht war dabei eine doppelte: seine Mitchristen wollte er damit vor den unter dem Namen Christi auftretenden Irrlehren warnen; den Heiden gab er eine Apologie des wahren Christentums und zugleich - als Abschluß und Höhepunkt seines Werkes in Buch X - den Erweis der allein wahren Lehre über Gott und dessen Heilsangebot an die Menschen[35].

Will man die Bedeutung und den Quellenwert der durch H. erstmals veröffentlichten gnostischen Dokumente richtig beurteilen, so muß beachtet werden, daß wir dieselben nur durch die *Berichterstattung* H.s kennen. Alles hängt hier davon ab, ob wir uns über die gnostischen Vorlagen H.s ein sicheres Bild machen können. Es ist darum geboten, zuerst Umfang und genaue Beschaffenheit dieser Vorlagen zu bestimmen. Im besonderen muß geklärt werden, in welcher Weise und in welchem Maße Hippolyt in den Text eingegriffen hat[36], bevor eine Strukturanalyse der Naassenerschrift sinnvoll vorgenommen werden kann[37].

2.2 Der Umfang der Naassener-Vorlage Hippolyts

Der Naassenerbericht ist ein vielschichtiges Gebilde. Nach einer kurzen Erklärung des Namens "Naassener" und der von diesen erfolgten Abspaltungen (6,3-4a) folgt eine kurze Vorstellung der wichtigsten Lehren (κεφάλαια) der Sekte (6,4b-7,1a). Daran schließt der eigentliche Bericht an Hand einer gnostischen Vorlage (7,2-9,22), den der sogenannte Naassenerpsalm (10,2) abschließt. Entspricht die Komposition dieses Stückes (7,2-10,2)

---

35 Dieses zentrale Anliegen H.s verkürzt Koschorke, wenn er (S.6 und 60) meint, der eigentliche Zielpunkt der Polemik H.s in der Refutatio sei die Häresie des Kallist bzw. der Kallistianer. Um Kallist zu widerlegen, hätte es nicht des großen Kompendiums der "Philosophumena" (Buch I-IV) bedurft. Kallist und Alkibiades stehen deshalb am Ende (Buch IX), weil H. sie als zeitgenössische *Sektengründer* im Gefolge aller früheren Häretiker darstellen und widerlegen will. Primäres Anliegen H.s ist jedoch nicht nur der Kampf gegen die "Irrlehre" des Kallist, sondern die die Entlarvung aller sich "Christen" nennender Häretiker; vgl. auch Abramowski, Ein gnostischer Logostheologe 19 Anm.9.
36 Dieses Postulat hat bereits K. Rudolph (ThR 37, 1972, 348) erhoben.
37 Das gilt auch für die anderen Dokumente des gnostischen Quellenpakets, über das H. erstmals berichtet hat.

einem einzigen gnostischen Dokument, das H. vorlag oder stammt sie von H., der mehrere Dokumente der Naassener hier zusammenstellt[38] oder sogar Schriften von zwei verschiedenen Gruppen in seinem Bericht vereinigt hat[39]?

Kernstück des Berichtes ist der Kommentar zu dem in Kap. 9,8 überlieferten Attislied. Er ist relativ leicht erkenntlich, weil er die in der synkretistischen Aufzählung des Liedes aufeinanderfolgenden mythischen Gestalten und Namen in der vorgegebenen Reihenfolge aufnimmt und erklärt, welche die Gliederung des Lehrstücks bestimmt. Er umfaßt die Abschnitte 7,9b - 9,7. Ob der Passus über die Herkunft des irdischen Menschen und seiner Seele (7,2-9a) zum eigentlichen Attiskommentar gehört, ist nicht so sicher, wie meist angenommen wird[40], seine Zugehörigkeit zur gnostischen Vorlage H.s steht jedoch außer Zweifel[41]. Da das Kephalaion 6,4 - 7,1 eine über H.s Bericht hinausgehende und teilweise unterschiedliche Lehre resumiert[42], außerdem eine genaue Parallele in dem Kephalaion vor H.s Peratenbericht hat (V 12,1-7), stammt es wohl vom Berichterstatter, sodaß die Naassenervorlage vielleicht erst mit 7,2 beginnt.[43] Fraglich bleibt also nur, ob der auf das Attislied folgende Schlußteil (9,10-22) und der Schlußpsalm (10,2) zur selben Vorlage gehören.

Die häufig vertretene Meinung, H. habe den Schlußteil einer anderen naassenischen oder fremden Vorlage entnommen[44], hat teilweise dazu verführt, die sogenannte Naassenerpredigt als eine in sich geschlossene Einheit zu betrachten, ohne die Lehren des Schlußteils zu berücksichtigen[45]. Dagegen hat Foerster

---

38 So Reitzenstein, Poim.82; Leisegang, Gnosis 131, zuletzt Herzhoff, Zwei gnostische Psalmen 78 und Gogolin, Untersuchung zu den griechischen Quellen 9.
39 So J. Montserrat-Torrents in seinem Referat über die Naassenerschrift, gehalten auf der 8. internationalen Konferenz für patristische Studien, Oxford 3.-8.Sept.1979.
40 Der Abschnitt 7,2-9,8 wird meist die "Naassenerpredigt" genannt (Reitzenstein, Poim.101: die Schrift "ist eine Rede, eine Predigt wenn man will").
41 Die Verbindung des Passus mit dem Attiskommentar geschieht mittels der Partikel οὖν in 7,9 (81,2). Der Übergang von der den Menschen belebenden Seele zur Weltseele geschieht unvermittelt und deutet auf einen Bruch in der Vorlage H.s.
42 Auf die Unterschiede hat zuletzt Schottroff (Anm.21) 19 hingewiesen.
43 Der genaue Anfang bleibt zunächst unsicher, da 7,2 eine Polemik H.s ist, die bereits Material aus der Vorlage enthalten könnte. Vgl. auch Kap.4,2.
44 Siehe Anm. 38f.
45 Textkritisch zeigt sich das darin, daß W.Völker (Quellen zur Geschichte der christlichen Gnosis 11-26) nur die Kapitel 7,2-9,9 und den Naassener-

mit guten Gründen dargetan, daß die von H. vor und nach dem
Hauptteil mitgeteilten Notizen mit der "Predigt" so viele Berührungspunkte aufweisen, daß man sie mit ihr verbinden *kann*[46].
Daß man das nicht nur kann, sondern sogar *muß*, wird selbstverständlich, wenn der gesamte Naassenerbericht H.s, ausgenommen evtl.
das Kephalaion, aus einer einzigen Vorlage stammen sollte, die
ein zusammengehöriges Lehrstück bildete. Dafür sprechen in der
Tat folgende inhaltliche und stilistische Gründe.

Zunächst ergibt sich aus dem wiederholten Gebrauch der für
H. so charakteristischen Zitationsformeln[47], daß H. auch im
Schlußteil einer schriftlichen Vorlage folgt. *Inhaltlich* schließt
der Schlußteil unmittelbar an den voranstehenden Attiskommentar
an, der in 9,4 seinen Höhepunkt und Abschluß fand, indem der
Synkretismus der vielen Gestalten und Namen in Attis zusammengefaßt wurde: "Dieser ist der Vielnamige, Tausendäugige, Unfaßbare, nach dem jede Natur... strebt"[48]. Dieses Zentralthema wird
(nach einer noch zu klärenden Polemik H.s in 9,10-11) in 9,12-13
aufgenommen und, jetzt aber in neuer Terminologie, im Sinne
eines kultischen Universalismus fortentwickelt. Zuerst "der Vielnamige", der nach Attislied und Kommentar sich in den verschiedenen mythischen Gestalten und Kulten findet. Er, Attis, wird
mit *Naas*, der Schlange, die im vorausgehenden Attiskommentar nie
erwähnt wurde, identifiziert[49]: "Von ihr, heißt es (φησί), daß
alle Tempel unter dem Himmel von Naas den Namen haben. Denn
eben jener Schlange sei jedes Heiligtum, jede Weihe und jedes
Mysterium geweiht. Und es könne überhaupt keine Weihe unter dem
Himmel gefunden werden, in der es nicht einen Tempel gäbe und
in ihr nicht der Naas, wonach er ja Tempel (ναός) genannt werde"[50]. Was im Attiskommentar synkretistisch von einigen Weihen

---

psalm ediert hat. Gleiches gilt für die Übersetzung von Leisegang (Gnosis 115-132.137f.) und Haardt (Anm.10) 82-91.
46 Foerster, Die Naassener 21f.; Die Gnosis I 336. Foerster versucht daher, bei seiner Interpretation das gesamte von H. überlieferte Material zu berücksichtigen.
47 In 9,12-22 verwendet H. (auf 59 Zeilen bei Wendland) 13 φησίν (!), was nicht nur eine schriftliche Vorlage, sondern zugleich die Hervorhebung bestimmter Gedanken aus der Vorlage anzeigt. Dreimal gebraucht er λέγουσιν.
48 9,3 (98,14-16): vgl. Reitzenstein, Studien 111 (siehe Anm.267).
49 Diese Identifikation wird bei der Strukturanalyse noch deutlicher werden.
50 9,12 (100,19-24).

und Kulten gesagt war, wird hier universalistisch auf alle existierenden und überhaupt nur möglichen Kulte und Religionen ausgedehnt. Ein Synkretismus, der nicht mehr zu überbieten ist, und in dieser Form auch von den Simonianern des Irenäus bezeugt ist. Nur: was dort mit Hilfe einer trinitarischen Formel begründet wird[51], hat der Naassener allgemeiner, in einer ethymologisch orientierten Sprache ausgesagt.

Sodann ist Attis die weltbelebende Seele, nach der jede Natur (φύσις) strebt (9,3f). Das ist, wie in 9,13 nochmals betont wird, die Schlange; und diese, "sagen sie (λέγουσιν), sei die wässrige Wesenheit, ...und gar nichts von dem, was es gibt, sei es unsterblich oder sterblich, beseelt oder unbeseelt, könne bestehen ohne sie"[52]. Ihr sei alles unterstellt, heißt es weiter, und sie umfasse in sich die Schönheit aller anderen Dinge, und gäbe Lieblichkeit allem, was existiert, da sie durch alles hindurchgehe, wie "der Fluß, der von Eden ausgeht und sich in vier Hauptströme teilt" (Gen 2,10)[53]. Dieses biblische Bild für die alle durchdringende und alles belebende Kraft des göttlichen Wassers wird sodann durch eine allegorische Deutung der vier Paradiesflüsse weiter veranschaulicht, indem das Paradies, hier ein Bild für den Kosmos, mit dem Kopf eines Menschen und den vier dort befindlichen Sinnen verglichen wird[54]. In 9,19 wird alles zuvor über die Weltseele Gesagte zusammengefaßt: "Zu diesem Wasser (heißt es) geht jede Natur (πᾶσα φύσις)[55] und sucht sich das ihr eigene Wesen aus. Und von diesem Wasser geht (= kommt) jeder Natur das Eigene zu..."[56]. Hier wird das für den Kommentar typische ὀρέγεται[57] wegen des die doppelte Bewe-

---

51 Iren. I 23,1 (191 Harvey): Simon lehrte, "er sei unter den Juden als Sohn erschienen, in Samaria als Vater herabgestiegen und bei den übrigen Völkern als Heiliger Geist angekommen (vgl. Hippol., Ref.VI 19,6: 147,5-7). Er sei die allerhöchste Kraft, der über alles erhobene Vater, und lasse es sich gefallen, *unter jedem beliebigen Namen* von den Menschen angerufen zu werden". Dies ist genau das universalistische Konzept des Naasseners.
52 9,13 (100,24-27). Die Bestimmung des göttlichen Weltprinzips als Wasser ist parallel zur Deutung des Osiris im Attiskommentar (7,23), der als Ursache aller werdenden Dinge (7,25) bestimmt wird.
53 9,14 (100,27-101,2).
54 9,15-18 (101,2-20): zu dieser Deutung siehe Frickel, Ein Kriterium zur Quellenscheidung innerhalb einer Paraphrase 445-449.
55 Damit wird die Terminologie des Attiskommentars (9,4: 98,15) aufgenommen.
56 9,19 (101,24-27).
57 Vgl. 7,10.11 (81,7.9); 9,4 (98,16).

gung anzeigenden Wortspiels εἰσέρχεται - προσέρχεται aufgegeben; zugleich wird damit die Vorstellung des Kommentars eines nur nach oben gerichteten Strebens durch das Bild eines in sich selbst zurückfließenden Stromes zu einer alles, d.h. Anfang und Ende umschließenden Bewegung erweitert, der kosmische Kreislauf geschlossen. Damit dürfte vom Inhalt her deutlich geworden sein, daß das Schlußstück 9,11ff nicht zufällig an den Attiskommentar anschließt, sondern diesen voraussetzt und im Sinne einer kosmischen Gnosis weiterdeutet. Dieser Sachverhalt erklärt sich nicht dadurch, daß Hippolyt ein kleines Lehrstück von der alles belebenden Kraft des Wassers in seinem Material auch gefunden und hier angefügt hätte, sondern nur durch eine gnostische Vorlage, die sowohl den Attiskommentar als auch den Schlußteil als dessen Fortsetzung und Krönung umfaßte[58].

Auch *stilistische* Indizien sprechen dafür, eine einzige Vorlage für H.s Naassenerbericht anzunehmen. Der Absolutheitsanspruch, allein die Pneumatiker und allein im Besitz der Geheimnisse der Erlösung zu sein, ist im Schlußteil derselbe wie im Kommentar, bis in dessen wörtliche Formulierungen[59]. Die Pneumatiker, die das ihnen Eigene von dem vierten Fluß, dem Euphrat, auswählen[60], vollziehen am dritten Tor das Mysterium der Erlösung, welches der selige Jesus ist[61] und unaussprechliche Salbung zugleich[62]. Der in den Gnostikern lebende und von ihnen den Auserwählten verkündete "Anthropos" ist, wie Isaias vorherverkündete, göttlichen Geschlechtes, verkannt und ungeachtet aber in dieser Welt[63], genau wie die Zöllner im Evangelium[64]. Der zum Sehen gelangte Blindgeborene (Joh 9,1ff) als Typus des Gnostikers ist ein wesentlicher Bestandteil der neuen johanneischen Semeia-Deutung als Offenbarung des im Menschen verborgenen Himmelreiches, die der Gnostiker in 8,7 verkündet und am ersten Zeichen, der Hochzeit von Kana in Galiläa, verdeutlicht

---

58 Die Strukturanalyse wird diesen Sachverhalt bestätigen.
59 Vgl. 9,21 (102,11) mit 8,9 (90,24) und 9,6 (99,1-2).
60 Vgl. 9,18 (101,20f) und 9,21 (102,11f) mit 8,20 (92,27f).
61 Vgl. 9,21-22 (102,13-15) mit 8,2 (93,1-5).
62 Vgl. 9,22 (102,15f) mit 7,19 (83,3-8).
63 Vgl. 9,21 (102,8-10) mit 7,2 (79,7f) und 8,37-38 (96,3-8).
64 Vgl. 8,28 (94,11-16), siehe dazu Frickel, Die Zöllner, Vorbild der Demut und wahrer Gottesverehrung 378-380.

hat[65]. Sieht man von der allegorischen Deutung der vier Paradiesflüsse (9,15-18) ab, dann sind die inhaltlichen und wörtlichen Übereinstimmungen zwischen Kommentar und Schlußteil so häufig, daß sie in fast jeder Zeile des Schlußteils zum Ausdruck kommen. Daß ein und derselbe Gnostiker sowohl den (jetzt vorliegenden) Attiskommentar wie auch den Schlußteil verfaßt oder wenigstens bearbeitet hat, kann auch an der parallelen Struktur abgelesen werden, mit der er, hier wie dort, das den pneumatischen Menschen wirkende Wasser erklärt:

9,18: τοῦτο, φησίν, ἐστὶ τὸ ὕδωρ τὸ ὑπεράνω τοῦ στερεώματος[66] und
8,7: τοῦτο ἐστι τὸ ὕδωρ τὸ ἐν τοῖς καλοῖς ἐκείνοις γάμοις, ὃ στρέψας ὁ Ἰησοῦς[67].

In beiden Fällen gebrauchet der Kommentator die typische Deuteformel, die allein im Attiskommentar 33 mal aufscheint. Dabei wird der zu deutende Begriff, hier das Wasser, im vorangehenden Hauptsatz oder im vorangehenden Kontext zuerst genannt oder angedeutet[68], daran schließt die Deuteformel (mit τοῦτό ἐστι), welche den Begriff wiederholt und näher bestimmt. Die Erklärung erfolgt oft, wie hier, in einer erweiterten Apposition oder in einem folgenden Relativsatz.

Inhaltliche wie auch stilistische Gründe dürften somit den Schluß rechtfertigen, daß H. eine einzige gnostische Schrift als Vorlage für das gesamte *corpus* seines Naassenerberichtes benützt hat. Eine Vorlage, deren Schlußteil an den Attiskommentar direkt anschloß und mit diesem ein zusammengehöriges Lehrstück bildete[69]. Diesen Sachverhalt hat übrigens H. selbst, wenn auch auf seine Art, zum Ausdruck gebracht. Er will zwar, wie er in der Vorrede zu Buch I[70] und im Vorwort zu Buch V[71] sagt, offenbar machen, daß die Gnostiker und besonders die Naassener im Grunde nur das lehren, was vorher die griechischen Philosophen und die Überlieferer der Mysterienkulte lehrten, und sein

---

65 Vgl. 9,20 (102,1-8) mit 8,7 (90,18-20); zur neuen Semeia-Deutung des Naasseners siehe Frickel, Naassener oder Valentinianer? NHS XVII, Leiden 1981, 106f.
66 9,18 (101,22).
67 8,7 (90,17f).
68 Vgl. den Euphratfluß in 9,18 (101,19) mit dem Wasser und dem Trinkbecher in den Anakreonversen in 8,6 (90,7.9) und in 8,7 (90,13f).
69 Die Strukturanalyse wird diesen Schluß bestätigen.
70 I Vorr. 8 (3,20).
71 5,2 (77,6).

Naassenerbericht belegt das auch offenbar. Seine unmittelbare Absicht beim Vorlegen dieses Berichtes war jedoch noch eine weitere. Er will zeigen, daß die Naassener als erste *die Schlange*, die Urheberin allen Irrtums, verehrten. Dreimal weist er auf diese Besonderheit hin[72]. Reitzenstein hat diesen zweiten Aspekt übersehen und die Absicht H.s verkürzt, wenn er meint, der Attiskommentar solle für H. beweisen, "daß die Naassener ihre Lehren aus dem Mysterienkult der Heiden entnommen haben"[73]. Für H. ging es um mehr: die Naassener sollten als die ersten Gnostiker überhaupt[74] und besonders als die Väter der Schlangenverehrer, d.h. der ihnen folgenden Peraten, Sethianer und Justin (Ref V 12-27) dargetan werden[75]. Das war aber nur glaubhaft, wenn das als Beweis vorgelegte naassenische Lehrstück den angelasteten Schlangenkult tatsächlich bezeugte. Gerade das trifft jedoch für das Kernstück des Berichts, den Kommentar zum Attislied, nicht zu, gleichgültig, ob man diesen mit dem Attislied (in 9,9) endenden Kommentar mit 7,3 beginnen läßt (so Reitzenstein und Nachfolger) oder erst mit 7,9 (so nach unserer Strukturanalyse). Die Schlange oder ihre Verehrung kommen im eigentlichen Kommentar überhaupt nicht vor. Die Schlangenverehrung wird nun vorher, in der Einführung vor dem Kephalaion, von H. behauptet[76] und erst nachher, d.h. nach der Redaktion H.s vor dem Schlußteil, durch die Vorlage bezeugt[77]. Daraus folgt: hätte

---

72 Unmittelbar vor seinem Kephalaion in 6,3 (77,27f), sofort nach seinem Bericht in Kap.11 (104,4-12) und nochmals vor dem Kephalaion der Epitome X 9,1 (268,11f), obwohl die Schlange im Epitometext gar nicht vorkommt.
73 Poim. 82. Auch Jonas (Gnosis und spätantiker Geist I 348) hat H.s besondere Absicht übersehen, wenn er im ausgeprägten Synkretismus der Naassener den Grund für deren Voranstellung sieht; ebenso Koschorke, Ketzerbekämpfung 83.
74 Siehe Anm. 29.
75 So explizit in 6,3-4 (77,27-78,8) und Kap.11 (104,4-12). Daß H. diesen Gedanken bei den in Buch V folgenden Sekten formal dann nicht durchhält, hängt mit seiner fixen Idee zusammen, jeder Gruppe eine besondere Abhängigkeit nachweisen zu wollen: von den Astrologen die Peraten, von den Orphikern die Sethianer, von den Mythen und Fabeln der Griechen Justin. Alle aber nennen sich "Gnostiker" (V 23,3) und habe ihre Ursprünge von der Schlange her (VI 6).
76 6,3 (77,27-78,2).
77 9,11-13 (100,18-27). Daß H. hier seine Vorlage zitiert, zeigt sich in dem φησι (100,19) und dem λέγουσιν (100,24). Auch die anschließende Allegorie des von Edem ausgehenden Urflusses (9,15-18) hat im Kontext die Vorstellung des Weltprinzips als Schlange zur Voraussetzung. Dieselbe Lehre bezeugen die Peraten: "Die allgemeine Schlange... ist das Mysterium Edem, das ist der (Paradies)fluß aus Edem": V 16,8f (112,18-20).

Hippolyt den eigentlichen Attiskommentar und den Schlußteil zwei
verschiedenen Vorlagen entnommen, dann würde sein Argument mit
dem Schlangenkult nur für das Schlußdokument, nicht aber für das
Hauptstück seines Berichtes Geltung gehabt haben. In diesem Fall
hätte H. eigens zeigen müssen, daß die zwei von ihm berichteten
Dokumente tatsächlich die Lehre ein und derselben Naassener
sind. Das die beiden Teile des Berichtes verbindende redaktionelle Zwischenstück 9,10-11 wäre dafür der ideale Platz gewesen.
Das hat H. aber nicht getan. Im Gegenteil: seine Reaktion schließt
unmittelbar an die im Attislied besungenen Mysterien der Großen
Mutter an[78], um dann weiterzufahren, sie verehrten damit in
Wirklichkeit nichts anderes als den Naas, die Schlange[79]. Er betrachtet also Kommentar und Schlußteil als eine Einheit, was
praktisch nur möglich war, wenn das durch seine Vorlage gedeckt
wurde. Seine Polemik gegen die Schlangenverehrer bestätigt somit die oben aus inhaltlichen und literarischen Gründen erschlos-
sene Einheit seiner Vorlage. Übrig bleibt somit nur *der Naassenerpsalm*, den H. einer liturgischen Sammlung[80] oder anderen
naassenischen Nachrichten[81] entnommen und seinem Bericht abrun-
dend angefügt haben soll[82]. Daß H. den Psalm zusammen mit dem
Attiskommentar und dem Schlußstück über das weltbelebende Wasser aus derselben Vorlage übernommen haben könnte, wird ernst-
lich nicht in Erwägung gezogen. Der "Psalm" berührt sich inhaltlich (zwar) mit der Naassenerpredigt", sodaß er "durchaus in
derselben Gruppe (der Naassener) entstanden sein" könnte[83], aber
es gibt auch Widersprüche, weshalb der Psalm "nicht ohne weiteres mit der reichere Spekulation verratenden Naassenerpredigt
zusammenzustellen" ist[84]. Dabei hat man m.E. die offensichtliche Tatsache nicht genügend bedacht, daß der Naassener einem
geradezu unbegrenzten Synkretismus huldigte und die verschiedensten Materialien seinem Lehrsystem einzufügen vermochte.

---

78 Davon handelt die ganze Polemik in 9,10-11 (100,11-18).
79 9,11 (100,18f).
80 Reitzenstein, Poim. 82.
81 Schottroff 18f; Herzhoff, Zwei gnostische Psalmen 78.
82 Gogolin, Untersuchung zu den Quellen 9.
83 Schottroff 18f. Anders Herzhoff (132-140), der den Psalm dem berühmten Valentin zuweisen möchte (dazu Koschorke in ZNW 67, 1976, 352f).
84 Foerster, Naassener 32; ähnlich vorher schon Hilgenfeld, Die Ketzerge-schichte des Urchristentums, Leipzig 1884, 260 und W. Anz, Zur Frage nach dem Ursprung des Gnostizismus, TU 15,4 (1897), 10.

Wollte man beispielsweise die vielfältigen Aussagen des Attiskommentars zu Ende denken, würde sich eine Vielfalt von Unstimmigkeiten und Widersprüchen ergeben. Dieser Sachverhalt verstärkt sich, wenn man Terminologie und Inhalt des Schlußteils über das allbelebende Wasser mit dem Kommentar vergleicht. Die Verschiedenheiten haben den gnostischen Verfasser nicht gestört, offenbar deshalb, weil es ihm gar nicht um Widersprüche im einzelnen, sondern um die in den Hauptlinien bei aller Verschiedenheit sichtbaren Gemeinsamkeiten ging. Warum sollte er also den Schlußpsalm nicht in seine synkretistische Lehrschrift aufgenommen haben? Ausdrücklich sagt H. in seiner Einführung des Psalms, daß sie glauben (δοκοῦσιν), damit in Kürze alle Geheimnisse ihrer Lehre zu besingen[85]? Schreibt er hier nur seine persönliche Meinung, die er sich nach der Lektüre des Attiskommentars und des Psalms gebildet hat, einfach den Naassenern zu[86]? Aber eben das gibt der Psalm, dessen Unterschiede zum Attiskommentar man doch betont, nicht her. Wirkliche, auch terminologisch erkennbare Übereinstimmung bietet der Psalm nur in den ersten drei Zeilen, die den erstgeborenen *Nous*, das ausgegossene *Chaos* und als Drittes die *Seele* aufzählen[87]. Diese Zeilen haben ihre Entsprechung am Anfang des Kommentars, wo der Vorseiende bzw. dessen *Nous* und das ausgeschüttete *Chaos* nach der Herkunft der *Seele* gefragt werden[88]. Die Hauptmasse des Psalms (Verse 4-25)[89] verhält sich dagegen zum Kommentar neutral und könnte von jeder christlichen Gnosis übernommen worden sein. Inhalt und Terminologie widerlegen die Annahme, H. selbst habe den Psalm als Rekapitulation der Naassenerlehre unter seinen gnostischen Schriften entdeckt und diesen deshalb als Schluß angefügt. Sie legen vielmehr die Vermutung nahe, daß H. die Aussage über die zentrale Bedeutung des Psalms seiner Vorlage entnommen hat.

Für diese Annahme spricht auch das δοκοῦσιν, womit H. die dem Psalm von den Naassenern beigemessene Bedeutung bezeugt. In seinen Berichten ist dieses Verb gleichbedeutend mit dem

---

85 10,1 (102,21f).
86 So Herzhoff 79.
87 10,2 (102,23-103,1).
88 7,9 (81,3f), darüber ausführlicher in Kap. 3.4.
89 10,2 (103,2-104,3), ich folge der Verszählung von Herzhoff 141.

häufiger gebrauchten νομίζουσιν und leitet wie dieses eine in der Vorlage bezeugte Aussage ein[90]. Die sachliche Aussage, die Naassener glaubten, in dem Psalm alle Mysterien ihrer Lehre zu besingen (πάντα τὰ μυστήρια δοκοῦσιν ἀείδειν)[91], darf nicht einfach so wegerklärt werden, als hätte H. damit nur die gegen Schluß des Psalms genannten μυστήρια πάντα[92] vorwegnehmen wollen[93], sondern muß im Zusammenhang des gesamten Berichtes, mit dem Augenmerk auf die μυστήρια, gesehen werden. Bereits am Anfang der Lehrschrift sagt H., die Naassener würden die verborgenen und unaussprechlichen Mysterien der Heiden zusammentragen und Christus andichten[94]. Ist das nur Redaktion H.s, oder hat H. bereits Material aus seiner Vorlage in seine Polemik aufgenommen[95]? Der Begriff Mysterium ist, wie H.s Bericht zeigt, ein Schlüsselwort der Vorlage gewesen. Ähnlich heißt es am Ende des Kommentars: der im Theater das Attislied vortragende Mime besinge damit nach ihrer Meinung (φησίν) die großen Mysterien (ᾄδων τὰ μεγάλα μυστήρια), ohne sie zu verstehen[96]. Diese Aussage gilt seit Reitzenstein[97] als sicherer Bestand der Vorlage. Sie steht vor dem Attislied[98] in genauer (auch wörtlicher Parallele) zur Aussage vor dem Psalm. Nur werden im Attislied, seinem Sinn entsprechend, die "großen" Mysterien, im Psalm dagegen, am Schluß der Lehrschrift, "alle" Mysterien besungen. In dieser Perspektive ist, meine ich, der Psalm von den Gnostikern als Ergänzung zu dem Attiskommentar angefügt worden. Die Annahme, er habe als solches den Schluß der Vorlage H.s gebildet, wird demnach durch

---

90 Vgl. im Kephalaion 6,6 (78,13) und parallel in der Epitome X 9,2 (268,15), deren Aussage im Kommentar 8,38 (96,5-8) nachprüfbar ist: vgl. 7,9 (81,6), 9,15 (101,5). Gleiches gilt für δοκοῦσιν, das H. besonders im Doketen-Bericht (VIII 8-11), wohl in ironischer Anspielung auf den Namen dieser Gruppe, für Aussagen der Vorlage verwendet: VIII 8,7 (227,4.6); 9,1 (227,17); 9,3 (228,4).
91 10,1 (102,22), Lesart nach Miller und Herzhoff 78 Anm. 2.
92 10,2 (103,20): Vers 22.
93 So Herzhoff 79.
94 7,1 (79,4f).
95 Die Strukturanalyse wird die zweite Annahme als richtig erweisen, vgl. Kap. 3.5.8.
96 9,7 (99,8-10).
97 Poim. 97.
98 An diese Aussage schließt (nach dem Attislied) die weitere Aussage: sie glaubten, in den bei den Mysterien der Großen Mutter vorgenommenen heiligen Handlungen, das ganze Mysterium (τὸ ὅλον μυστήριον) am besten zu schauen: 9,10 (100,11-13). Auch hier hat H. bereits Material aus der Vorlage aufgenommen, wie die Strukturanalyse zeigen wird (Kap. 3.5.8).

mehrere Indizien gestützt und scheint mir begründeter als die Zuweisung des Psalms an ein anderes Dokument. Diese Verwendung des Psalms in der naassenischen Vorlage schließt nicht aus, daß der Psalm älter ist und auch bei anderen gnostischen Gruppen bekannt und in Gebrauch war. Sie besagt auch nicht, daß ein Naassener diesen Psalm gedichtet haben muß. Gnostiker haben ihn aber, weil sie die Grundzüge ihrer Lehre in ihm ausgedrückt fanden, in ihre Lehrschrift aufgenommen. Diese Lehrschrift hat H. in seinem großen Bericht (Kap. 7-10) wiedergegeben. Als nächstes ist daher zu prüfen, wie diese seine Vorlage näherhin beschaffen war.

2.3 Die Vorlage: Kopie oder Exzerpt einer gnostischen Schrift?

Es gilt mehr oder weniger sicher als ausgemacht, daß H. für seinen großen Naassenerbericht nicht die vollständige Abschrift, sondern nur ein (mehr oder weniger) verkürztes Exzerpt einer naassenischen Schrift vorlag, genauer: "ein heidnischer Text... in gnostisch christlicher Überarbeitung, exzerpiert von einem Gegner, der dies Sachverhältnis nicht erkannte, und so erst von Hippolyt verwendet"[99]. Doch biete H.s Bericht "eine sehr genau exzerpierte Kultschrift"[100], deren Text H. "im wesentlichen aber doch im ursprünglichen Wortlaut erhalten hat"[101]. Es wird also 1) ein Exzerpist vorausgesetzt, der 2) das gnostische Original zwar gekürzt, in seinen zahlreichen daraus entnommenen Zitationen aber wörtlich wiedergegeben habe und, daß 3) H. seinerseits das Exzerpt praktisch wortgetreu kopiert hat[102]. Ein Beweis für diese Thesen ist von Reitzenstein nicht erbracht worden. Wortlaut, Disposition und logische Abfolge in H.s Bericht können jedoch die Schlußfolgerung auf eine "sehr genau exzerpierte Kultschrift" rechtfertigen. Den vor H. anzusetzenden Exzerpisten

---

99 Reitzenstein, Poim.82; Ders., Studien 104; davon abhängig: Bousset, Hauptprobleme 184; Leisegang 115. 131; Lietzmann 289; Schlier 61; Foerster, Naassener 21 und Gnosis I 336; Herzhoff 78; Gogolin 9f.
100 Reitzenstein, Poim. 82.
101 Reitzenstein, Studien 104.
102 Lietzmann 289: H. bietet "einen ganz ausführlichen Auszug" aus dem Original, aber es ist "möglich, daß ihm selbst schon dieser Auszug statt des vollständigen Originals vorlag".

hat jetzt Gogolin auf folgendem Weg zu erweisen versucht[103].
Ausgehend von der These, daß H. in der *Refutatio* seine gnostischen Quellen wörtlich und praktisch vollständig, d.h. unter Auslassung nur unwesentlicher Teile, wiederzugeben pflegt[104], kommt er zu dem Schluß, "daß die indirekte Rede, in der die Naassenerpredigt vorgetragen wird, nicht von H. stammt", sondern von einem früheren Bearbeiter. Dieser hat, genau wie Irenäus es beim Markosbericht gemacht hat, nicht nur die Naassenerpredigt in indirekter Rede (d.h. *über sie* berichtend) wiedergegeben, sondern sie dabei auch mehr oder weniger zusammengerafft. Man erkennt die Hand des Exzerpisten z.B. an der in 7,6 an die vielen Mächte zugesetzten Bemerkung: "über die im einzelnen eine Menge ausgeführt wird"[105]. Da H. in den Hauptberichten praktisch nicht kürze, stamme diese Wendung von einem Exzerpisten, der demnach die Naassenerschrift "nicht vollständig, sondern nur im Auszug gebracht hat"[106]. Somit hätte H. das naassenische Dokument nicht selbst, sondern nur in diesem gekürzten Auszug gekannt. Daß hier eine ältere Lehrschrift gnostisch-christlich überarbeitet worden ist, habe weder der Exzerpist noch Hippolyt erkannt[107].

Diese Beweisführung bedarf einer genauen Nachprüfung. Zunächst die Prämisse, daß H. in der Refutatio seine Vorlagen wörtlich und praktisch vollständig wiedergegeben habe. Sie gilt sicher weitgehend für die *wörtliche* Wiedergabe der von H. benützten philosophischen und astronomischen Quellen in Buch IV und Buch X, wo wir H.s Text mit den Quellen vergleichen können. Sie gilt nur mit Einschränkung für die *vollständige* Wiedergabe, da H. manchmal ganze Abschnitte, *die ihm unwesentlich schienen*, ausgelassen hat, obwohl er auch hier umfangreiche Stellen aus seiner Quelle wörtlich zitiert[108]. Ähnliches gilt für die kurzen

---

103 Gogolin 9f.
104 Diese These habe ich auf Grund mehrerer Vergleiche der Hauptberichte H.s mit dessen philosophischen und gnostischen Quellen, besonders mit dem Markos-Bericht des Irenäus und mit den Kurzberichten in Buch X, aufgestellt: siehe Frickel, Die Apophasis Megale 26-85, besonders 81ff.
105 7,6 (80,8f), ähnliches gelte auch von dem Zusatz in 7,8 (80,17f).
106 Gogolin 11.
107 Gogolin 10 Anm. 6, so schon Reitzenstein, Poim. 82.
108 Die teilweise großen Auslassungen lassen sich gut in der Abhandlung "Über die Astrologen" (Buch IV 1-7) durch Vergleich mit Sextus Empiricus (Adv. Mathem. V 37-106) studieren, wo H. die §§ 40-43, 45-54C, 62-64E, 71-86 etc. ausgelassen hat. Wendlands Angaben im Apparat (S.32-40) sind nicht

Die Vorlage: Kopie oder Exzerpt?   21

Gnostikerberichte in der Epitome (Buch X): H. hat sie stark gekürzt, aber was er bringt, zitiert er weitgehend wörtlich[109]. Wörtlich und praktisch auch vollständig hat H., wie wir durch Vergleich mit Irenäus feststellen können, den großen Markosbericht (VI 39-51) und die kleineren Berichte über die Schüler Valentins (VI 38) wiedergegeben[110]. Für Markos (und die Valentinschüler) besaß H. keine neuen Quellen, d.h. er war auf den Bericht des Irenäus angewiesen. Daß H. den umfangreichen Markosbericht trotz dessen schon erfolgter Veröffentlichung, nochmals so ausführlich wiederholt, war einerseits bedingt durch seine Absicht, Markos als Nachahmer pythagoreischer Zahlenspielerei, Astrologie und Magie zu überführen[111]; andererseits rechtfertigte diese Arbeitsweise die Annahme, daß H. in seinen großen Hauptberichten die neuen, der Öffentlichkeit bisher nicht bekannten gnostischen Dokumente wenigstens ebenso ausführlich, also wörtlich und praktisch auch vollständig wiedergegeben habe[112]. Die von H. im Markosbericht angewandte Arbeitsweise scheint mir daher typisch und *a fortiori* gültig für seine Wiedergabe der neuen gnostischen Dokumente in den Büchern V - VIII[113]. In dieser für die Bestimmung der gnostischen Vorlagen H.s aufschlußreichen Einsicht liegt freilich ein Unsicherheitsfaktor: was war für H. bei seiner Ketzerbekämpfung unwichtig und welchen Umfang haben solche ihm unwichtigen Abschnitte in seiner Vorlage[114]? Daraus ergibt sich die weitere Frage: sind wir in der Lage, solche Auslassungen in den Hauptberichten zu erkennen und dieselben inhaltlich, wenigstens sinngemäß, zu bestimmen? Diese Frage ist zu

---

  ganz genau; vgl. auch Markovich, Textkritisches 142.
109 Vgl. Frickel, Apophasis 45-56.
110 Frickel, Apophasis 79-81. Bei Markos hat H. vor allem polemische Bemerkungen des Irenäus ausgelassen, auch gibt er die Kultpraktiken der Sekte nur global wieder. Daß die Auslassungen von H. gezielt vorgenommen wurden, hat Koschorke (Ketzerbekämpfung 13-17 und 33-41) deutlich gemacht.
111 Aber auch das hatte Irenäus für Markos bereits besorgt, vgl. Iren. I 13,1; 15,4-6.
112 Von Auslassungen ihm unwichtig erscheinender Stellen abgesehen, siehe Anm. 104.
113 Dagegen halte ich das von H. in seinem Bericht über die jüdischen Sekten (IX 18-29) und über den jüdischen Kult (IX 30,1-8) angewandte Verfahren für die Wiedergabe seiner gnostischen Berichte in der *Refutatio* für untypisch, siehe dazu Exkurs I.
114 Diese Einschränkung habe ich in meiner Studie über H.s Apophasisbericht noch nicht genügend beachtet und ich bedaure, daß ich dadurch Gogolins unscharfe Prämisse mitverschuldet habe.

verneinen, wenn H. solche Auslassungen stillschweigend übergangen hat[115]. Sie ist jedoch zu bejahen für die Stellen, wo er eine Auslassung in irgendeiner Weise kenntlich oder auf den Inhalt derselben aufmerksam gemacht hat. Die Frage nach solchen Auslassungen läßt sich folglich nicht generell, sondern nur an einem jeweils konkreten Fall beantworten.

Ein auf alle neuen Gnostikerberichte der Refutatio ausgedehnter genauer Textvergleich zeigt nun, daß H. wahrscheinlich in fast allen Berichten Auslassungen ihm unwichtig erscheinender Abschnitte oder auch Zusätze vorgenommen hat. Man kann das an bestimmten Formeln der Zusammenfassung erkennen, die praktisch in fast allen Hauptberichten vorkommen und in ihrer stereotypischen Form sicher nicht von den verschiedensten Gnostikern gebraucht wurden. Sie verraten vielmehr eine Hand, die in den gnostischen Originalen bestimmte Abschnitte ausläßt oder einen bestimmten Vorgang einleitet, mit einer formelhaften Wendung jedoch auf den Inhalt der Auslassung oder eines Vorgangs hinweist. So findet sich die Wendung γέγονεν οὖν ὁ κόσμος, welche den Abschluß oder den Beginn einer Weltwerdung anzeigen soll, im Apophasisbericht[116], bei Momoimos[117], Doketen[118] und Sethianern[119]. Ebenso stereotypisch führt die Formel πάντες οὖν οἱ προφῆται... ἐλάλησαν die Meinung Valentins und des Basilides über die Propheten an[120]. Stereotypisch ist auch die Überleitungsformel ἐπεὶ οὖν[121], ebenso die Formel τοιοῦτόν τινα τρόπον zur Einleitung eines Zitates oder eines anschließend beschriebenen Vorgangs[122],

---

115 So mehrfach in seinem Astrologentraktat, z.B.in IV 1,2 (32,11), wo H. nach § 39 nahtlos mit § 44M der Vorlage weiterfährt. An anderen Stellen hat er die Auslassung durch eine kleine Phrase (z.B. IV 4,1: 35,23) überbrückt, was jedoch nur durch Vergleich mit der Quelle erkennbar wird. Wieder anders in IV 7,1-2 (39,16-22), wo H. nach § 98 seiner Vorlage eine deutlich erkennbare Polemik einschiebt und dann mit § 105 weiterfährt. Aber auch hier ist die Auslassung und ihr Umfang ohne Vergleich mit der Vorlage nicht erkennbar.
116 VI 12,1 (138,8f), vgl. X 12,2 (273,8).
117 VIII 14,1 (233,20), vgl. X 17,3 (279,2); ähnlich VIII 13,3-4 (233,7.13f).
118 VIII 8,4 (226,14).
119 V 19,11 (118,10f), vgl. X 11,6 (271,17f); ähnlich V 19,13 (118,25), vgl. X 11,7 (271,22).
120 Vgl. VI 35,1 (164,7) mit VII 25,5 (203,15f).
121 Sethianer V 19,10.19 (118,7 und 120,12); Basilides VII 23,1 (200,16); 25,1.5 (202,19); Valentinianer VI 32,1 (159,26).
122 Apophasisbericht VI 17,4 (143,13); Doketen VIII 8,4 (226,15).

Die Vorlage: Kopie oder Exzerpt? 23

die auch außerhalb der gnostischen Vorlagen[123] und in anderen
Nachrichten H.s begegnet[124]. Gerade der Gebrauch der letztgenannten Zitationsformel macht deutlich, daß H. selbst es war,
der in den Text seiner gnostischen Vorlagen eingegriffen hat.
Das mag vielfach nur zur Hervorhebung und Verdeutlichung eines
Sachverhaltes geschehen sein, kann aber auch, besonders bei den
drei zuerst angeführten Formeln, eine Auslassung gewesen sein.
Wir können an solchen Stellen eine Auslassung jedenfalls vermuten, auch wenn deren Umfang für uns unbestimmt bleibt.

Der Gebrauch der vorgenannten, für H. typischen Redewendungen
und Formeln zeigt also, daß H. selbst es war, der in die gnostischen Vorlagen, kürzend oder erklärend, eingegriffen hat. Ein
Exzerpist wird damit überflüssig. Wollte man trotzdem an einem
solchen festhalten, so müßte man folgerichtig annehmen, daß H.
sämtliche bisher unbekannten gnostischen Dokumente nicht in
vollständiger Abschrift, sondern nur "im Exzerpt" besaß. Eine
solche Annahme verbietet sich jedoch aus mehreren Gründen. Sie
steht zunächst im Widerspruch zu H.s eigener Aussage, daß er
die von ihm wiedergegebenen gnostischen Materialien aus einer
größeren Anzahl von ihm zur Verfügung stehenden Schriften oder
Büchern der Gnostiker ausgewählt habe[124a]. So explizit bei den
Naassenern[125]. Bei den Peraten zitiert er allem Anschein nach
wörtlich aus einem ihrer Bücher[126], dessen Titel er am Schluß

---

123 Vgl. das Kephalaion über die Naassener 6,5 (78,9).
124 VI 25,1 (151,27); 28,2 (155,3); 37,1 (166,18f). Dreimal im Bericht über
    die Magier (IV 33,3; 36,1; 37,1) und in der Empedokles-Exegese (VII 29,
    10.13.15), wo sie sich von der dort üblichen Zitationsformel λέγων ὡδέ
    πως (VII 29,4.23.25; 31,4) deutlich abhebt. Diese Exegese ist nicht die
    vollständige Wiedergabe einer Vorlage, wie ich zunächst meinte (in: Unerkannte gnostische Schriften in H.s Refutatio 127), sondern eine Kompilation bestimmter Abschnitte, die H. aus einem größeren Empedokles-
    Kommentar ausgewählt hat. Man erkennt H.s Hand unter anderem an der
    stereotypischen Einleitungsformel.
124a Daß diese Auswahl mit Rücksicht auf die von ihm geplante Überführung
    der Gnostiker als Nachahmer griechischer Weisheit geschah, ist klar.
    Darum hat H. beispielsweise für die Valentinianer nicht den ihm auch
    bekannten Bericht des Irenäus (I 1-8) gewählt, sondern das unter seinen
    neuen Quellen sich findende System, das über das Urprinzip rein monistisch lehrte und ihm daher die Überführung Valentins als eines Schülers von Pythagoras und Plato leichter machte, vgl. VI 29.1.4 (155,
    18-20 und 156,6-8).
125 10,1 (102,18) sagt er, den vorliegenden Bericht habe er "als Weniges
    aus vielem" vorgelegt.
126 V 14,1 (108,13f).

anführt[127]. In dem Lehrstück erscheint (auf 53 Zeilen) kein einziges φησίν. Nach Sprache, Textverlauf und Stil ist es ein großes Zitat aus dem Offenbarungsbuch "Über die Proastier", dessen Anfang und ersten Teil (über "Die Proastier bis zum Äther") es sehr wahrscheinlich wiedergibt. H. hat den großen Abschnitt deshalb zitiert, weil er darin seine These, daß die Peraten ihre Lehren den Astrologen entnommen hätten[128], schlagend beweisen zu können glaubte[129]. Diese gezielte Verwendung der peratischen Offenbarungsschrift setzt voraus, daß H. dieselbe nicht nur im Exzerpt, sondern im vollständigen Text besaß. Er kennt auch noch andere Bücher der Peraten, welche über dieselben astrologischen Argumente handeln[130]. Bei den Sethianern sagt er zum Abschluß, er habe deren Lehre hiermit "genügend" erklärt, das heißt: zwar nicht in allem wörtlich, wohl aber so, daß jeder sich ein Bild von ihrer Lehre machen kann. Wer aber ihr ganzes Tun und Treiben kennen lernen will, der nehme ihr Buch *Paraphrase des Seth* zur Hand; alle ihre Geheimlehren wird er dort niedergelegt finden[131]. Daraus kann man schließen, daß H. diese "Paraphrase des Seth" besaß und sein Bericht das ihm wichtig Erscheinende aus dieser Schrift wiedergibt.

Gegen Anfang seines Berichtes über Justin sagt H., er wolle, um nicht allzuvieles durchgehen zu müssen, die Geheimlehren des Justin aus einem seiner Bücher, "Baruch" betitelt, vorlegen[132]. Nach seinem Bericht, der Justins Lehren teils zusammenfaßt, teils wörtlich wiedergeben dürfte[133], zitiert H. aus diesem Buch einen Eid[134]. Er weiß außerdem, daß die Anhänger Justins die prophetischen Aussprüche "in mehreren Büchern in ihrem Sinn" ausgelegt haben; *Baruch* sei jedoch das Hauptbuch der Sekte, und darin sei ihre ganze Behandlung des Mythus ersichtlich[135]. Man wird daher annehmen dürfen, daß H. außer dem Buch Baruch auch

---

127 V 14,10 (110,12f).
128 V 13,12f (108,9-12).
129 V 15,1 (110,14f).
130 V 15,1 (110,16f).
131 V 22 (124,27-125,1).
132 V 24,2-3 (126,2-4).
133 In der mythischen Erzählung V 26,11-32 (128,19-132,4) erscheint auf 107 Zeilen nur ein erklärendes φασίν (S. 131,11).
134 V 27,2 (133,1-3).
135 V 27,5 (133,16-20).

andere Schriften der Sekte gekannt und sehr wahrscheinlich auch in seinem Besitz gehabt hat[136].

Auch die Kephalaia, die H. den Berichten über Naassener und Peraten voranstellt (V 6,4-7,1 und V 12,1-7), sprechen gegen die Annahme eines H. vorausliegenden Exzerpisten. Die dort zusammengestellten Hauptpunkte der Lehren von Naassenern und Peraten enthalten wesentliche Züge, die inhaltlich über die Darstellungen in den entsprechenden Hauptberichten hinausgehen. Die systematische Zusammenfassung dieser Kephalaia setzt also einerseits die Kenntnis eines größeren Schrifttums der Naassener und der Peraten voraus. Sie verrät andererseits die Hand des H. selbst, da zweifellos dieser es gewesen ist, der ähnliche Kephalaia (teilweise nach anderen Quellen als die entsprechenden Hauptberichte) in der Epitome auch für andere Gnostiker angefertigt hat[137]. Auch die am Schluß des Naassener-Kephalaions sich findende Polemik gegen die Gnostiker, sie würden Mariamne und Jakobus verleumden (καταψεύδωνται)[138], ist typisch für H.[139] und läßt an seiner Autorschaft keinen Zweifel. Wenn H. aber in den Kephalaia zusammengefaßt hat, dann können wir auch in den Hauptberichten durch ihn gemachte Kürzungen oder Zusammenfassungen nicht mehr grundsätzlich ausschließen. Im Text sich findende Hinweise auf Kürzungen oder auf andere Lehren sind daher zunächst dem H. selbst zuzuschreiben und nicht als Indiz für einen früheren Exzerpisten zu verstehen. Das gilt auch von der indirekten Rede, sofern sie zur Berichterstattung oder zu einer Po-

---

136 Im Unterschied zu den in Buch V vorliegenden Berichten sagt H. nirgends in seinem Apophasisbericht (VI 9-18), daß er diesen nach der Offenbarungsschrift *Apophasis Megale* abgefaßt hätte, obwohl dieselbe in seinem Bericht, offensichtlich nach seiner Vorlage, mehrfach zitiert und erklärt wird. Dieser Umstand ist bereits ein Indiz dafür, daß H. nicht die *Apophasis* selbst, sondern nur eine "Paraphrase" dieser gnostischen Schrift zur Verfügung hatte. Aber auch diese Paraphrase hat H., gemäß seiner antihäretischen Beweisführung, nicht unbedingt vollständig seinen Lesern vermitteln wollen, sondern er hat daraus vor allem die Stellen mitgeteilt, die den Verfasser als Verfälscher der Worte des Moses und der Dichter überführen konnten, vgl. seine Aussagen in VI 9,3 (136, 8-14) und 19,1 (145,6f). Der Umfang möglicher Auslassungen bleibt auch hier ungewiß, vgl. Anm. 114.
137 Vgl. die Kurzberichte über Markion (X 19), Noet (X 27,1-2) und die Valentinianer (X 13).
138 7,1 (79,1) und in der Epitome X 9,3 (268,23).
139 Vgl. 7,1 (79,5); V 13,2 (108,2); VII 20,1 (193,25).

lemik gehört. Wir dürfen daher hinsichtlich seiner Vorlagen mit guten Gründen annehmen, daß H. eine relativ große Zahl gnostischer Originalschriften gesammelt hat, so wie das auch Irenäus vor ihm getan hatte[140].

In diesem Zusammenhang ist noch kurz die *Vorbereitung* der gnostischen Dokumente für die Niederschrift bzw. für das Diktat zu erklären. Wirkliche Auslassungen und Kürzungen bedeuten ja zugleich, daß die von H. für seine "Refutatio" ausgewählten gnostischen Dokumente umfangreicher waren als die uns überlieferten Darstellungen derselben. Dafür spricht auch die Länge seiner Berichte, die durchschnittlich ungefähr 210 Zeilen umfassen. Nur der Naassenerbericht macht hier eine Ausnahme, der mit 618 Zeilen (ohne Schlußpsalm) alle anderen Berichte weit übertrifft[141], bei dem auch literarkritische Indizien es sehr wahrscheinlich machen, daß dieser Bericht (7,2-9,22) die gnostische Vorlage wörtlich und kaum gekürzt wiedergibt, obgleich der Text an mehreren Stellen durch H.s Polemik entstellt ist[142]. Eine Vor-Bereitung der Texte ist auch wegen des Diktates bzw. wegen der dem Schreiber gegebenen Anweisungen anzunehmen. Es wäre ganz abwegig zu meinen, H. hätte diese nicht immer übersichtlichen und gewiß auch nicht immer gut leserlichen Dokumente direkt einem Schreiber diktiert[143]. Seine eigentliche Arbeit wird darin be-

---

140 Vgl. Iren. I 31,2 (I 242 Harvey). In der Vorrede zu Buch I betont er, die Lehren der Valentinianer ihren Kommentaren (τοῖς ὑπομνήμασι) entnommen zu haben (I 4 Harvey).
141 So die Peraten (232 Zeilen), Sethianer (214 Zeilen), Justin (201 Zeilen), Apophasisbericht (254 Zeilen), Valentinianer (283 Zeilen), Doketen (145 Zeilen), Monoimos (99 Zeilen), Basilides (338 Zeilen), Aratos-Exegese (130 Zeilen).
142 Darüber ausführlicher in Kap. 2.4.
143 Daß H. sich eines Schreibers (oder mehrerer) bediente, wird bereits durch sein umfangreiches Schrifttum nahegelegt. Auch die ihm gewidmete, jetzt am Eingang zur Vatikanischen Bibliothek aufgestellte Marmorstatue galt offensichtlich *dem Lehrer* Hippolyt, nicht dem Führer einer kirchlichen Gegenpartei. Für H., der sich in Rom auf einen Kreis einflußreicher Leute stützen konnte, war ein Schreiber eigentlich selbstverständlich (vgl. auch v. Preysing, Der Leserkreis...). Gewiß ist Photius bei der Nachricht, H. habe dem Origenes sieben Schnellschreiber und ebensoviele Schönschreiberinnen auf eigene Kosten zur Verfügung gestellt (Bibl.121: PG 103,404 AB), eine Verwechslung mit dem ehemaligen Gnostiker Ambrosios unterlaufen (sein Wissen stammt irrtümlich von Eusebius, der H.E. VI 22 über H.s Tätigkeit und sofort danach über Origenes und die diesem von Ambrosios gestellten Schreibkräfte berichtet, vgl. VI 23,2 = Euseb. II,2: 568-570 Schwartz). Sein Zeugnis und das des Eusebius zeigen jedoch, daß beide die Verwendung von privaten Schreibern durch christliche Schriftsteller als selbstverständlich ansahen.

standen haben, die gnostischen Schriften für die Niederschrift vorzubereiten, indem er anzeichnete, was der Schreiber aus den Vorlagen abzuschreiben hatte, selbst aber die (meist polemisch gefärbten) Einleitungen, Übergänge und Abschlüsse diktierte[144]. Diese Vorbereitung der Texte schließt ein, daß wir über die genaue Länge der gnostischen Vorlagen, ausgenommen die Naassenerschrift, nichts Sicheres aussagen können. Sie schließt in etwa auch einen "Exzerpisten" ein, aber nicht einen, der dem H. vorauslag, sondern einen Schreiber, der den Weisungen H.s folgte.

2.4 Die Eingriffe Hippolyts in den Text der Vorlage

Es ist bekannt, daß H. mit polemischen Anmerkungen in den Text seiner gnostischen Vorlagen eingegriffen hat[145]. Der Umfang solcher Eingriffe ist noch ungeklärt. Über deren Bedeutung für die Wiederherstellung der gnostischen Vorlagen scheint man sich weithin keine Rechenschaft zu geben[146]. Und doch ist die Klärung dieser Eingriffe eine der wesentlichen Voraussetzungen für eine sinnvolle Arbeit an H.s Texten[147]. H. hat seinen Berichten jeweils eine Einführung vorangestellt und abschließende Bemerkungen angefügt. Nicht selten hat er dabei in die Einführung bereits etwas vom Text der Vorlage hineingenommen[148], was zur Folge hat,

---

144 Nur so erklärt sich die Fülle von langen, wörtlichen Zitaten aus gnostischen, philosophischen und astrologischen Quellen innerhalb der "Refutatio", die man bislang als ein Kriterium für H.s mangelnde Originalität gedeutet hat, vgl. Wendlands Urteil in der Einleitung zur Refutatio, S. XVIII: "Sklavisch von seinen Quellenschriften abhängig, hat H. die Teile stückweise im engsten Anschluß an die jeweilige Vorlage zusammengeschrieben, ohne den Stoff geistig zu beherrschen und die Teile zu einem organisch aufgebauten Ganzen zusammenfügen zu können". Dieses Urteil bedarf der Korrektur. Nicht H. hat diese Texte sklavisch ausgeschrieben, sondern sein Schreibsklave.
145 Beim Markosbericht ist das durch den Vergleich mit der Vorlage (Irenäus) am leichtesten feststellbar, vgl. Frickel, Apophasis 79-85.
146 Schon Reitzenstein (Poim.83) hat zu 7,1-2 kategorisch festgestellt: "Der Anfang des ursprünglichen Stückes ist uns verloren gegangen und durch eine Überleitung H.s ersetzt". Siehe auch den verstümmelten Text, mit dem Völker (Quellen 11) seine Edition der Naassenerschrift beginnt. In meiner Studie zum Apophasisbericht habe ich mehrfach Eingriffe H.s aufgezeigt und den ursprünglichen Text zu rekonstruieren versucht (S.132f; 147-151).
147 Vgl. auch Rudolph, ThR 37, 1972, 348.
148 Vgl. Anm. 145.

daß der Beginn einer Vorlage nicht immer leicht erkennbar ist[149].
Im Naassenerbericht sind solche Eingriffe am häufigsten.

Bereits in 6,4 hat H. den Anfang des einleitenden Kephalaion so mit seiner Einführung verwoben, daß - im Unterschied zum Peratenbericht - die ersten Aussagen des Kephalaions nicht mehr als solche zu erkennen sind. Wir verdanken den ursprünglichen Anfang desselben nur dem Umstand, daß H. es in der Epitome (X 9) wörtlich wiederholt hat[150]. Ein Vergleich der zwei Kephalaia von Naassenern und Peraten (V 6 und 12) mit ihren Parallelen in der Epitome (X 9 und 10) ist hier aufschlußreich. Ein schon früher durchgeführter Vergleich aller Hauptberichte mit den entsprechenden Kurzberichten der Epitome hat nämlich gezeigt, daß H. weder für die Epitome der griechischen Philosophen (X 6-7) noch für die Epitome der Häretiker (X 9-29) seine ausführlichen Darlegungen in den Büchern I-IX als Vorlage benützt hat. Denn die erste ist ein wörtlicher Auszug aus einer neuen Quelle (Sextus Empiricus), die zweite aber ist nach denselben gnostischen Originaldokumenten, die auch für die Bücher V-IX als Vorlage dienten, angefertigt worden[151]. Für die inhaltlich wie stilistisch ganz ähnlich konstruierten Kephalaia der Naassener und Peraten bedeutet das: 1) die genaue Entsprechung dieser Kephalaia in Hauptbericht und Epitome zeigt, daß H. auch hier seine Vorlagen wörtlich zitiert; 2) die Abweichungen dagegen beweisen, daß H. in den Text der (wahrscheinlich vom selben gnostischen Redaktor stammenden) Kephalaia eingegriffen hat, sei es durch redaktionelle Zusätze, sei es durch Auslassungen im Text der Vorlage[152]. Für das hier zu prüfende

---

149 So bei den Doketen (VIII 8,3), beim Apophasisbericht (VI 9,3; siehe dazu meinen Rekonstruktionsversuch: Apophasis 129-133), bei den Valentinianern (VI 29,2-5).
150 Vgl. den Anfang des Epitometextes bei Wendland 78 Anm. zu Zeile 5f.
151 Siehe meine ausführliche Vergleichung in *Apophasis* 45-74. Es mag hier offen bleiben, ob die Epitome vor oder nach Abfassung der Hauptberichte (Buch I-IX) geschrieben worden ist; sie ist in jedem Fall von den Büchern I-IX unabhängig verfaßt und ist daher für die neuen gnostischen Dokumente H.s ein eigenständiger Textzeuge. Koschorke (H.s Ketzerbekämpfung 102-104) hat diese Zielsetzung meiner Beweisführung nicht richtig gesehen.
152 In schematischer Zusammenfassung bieten beide die Hauptlehrpunkte über das göttliche Urprinzip und dessen Dreiteilung, die Herabkunft des Erlösers und dessen Heilswirken an den Menschen bzw. an der Welt. Die Kephalaia der Epitome sind kürzer als die der Hauptberichte. In X 9 fehlen die zwei gnostischen Zitate des Hauptberichtes: der Anthroposhymnus (6,5) und der Spruch über die Stufen der Erkenntnis (6,6). In X 10 steht von den drei neutestamentlichen Zitaten des Hauptberichts nur das erste (Kol 2,9 in einfacherer Form); die beiden anderen sind zwecks Kürzung ausgelassen worden.

Die Eingriffe Hippolyts in den Text der Vorlage 29

Naassener-Kephalaion in Buch V zeigt der Vergleich mit der Epitome: Zusatz H.s ist 1) das ὡς Γηρυόνην am Anfang von 6,6, offenbar nach dem Attiskommentar[153], 2) wahrscheinlich der Spruch am Ende von 6,6 über die Stufen der Erkenntnis, ebenfalls nach dem Attiskommentar[154], 3) vielleicht auch der *Anthroposhymnus*, der als Paradebeispiel für die bei den Naassenern üblichen Hymnen angeführt wird[155]. Dieser letzte Zusatz hat keine Parallele: Weder hat er im Text der Epitome einen Ansatzpunkt, an den er ergänzend hätte angefügt werden können[156], noch hat er irgendeine Entsprechung in der gesamten Naassenervorlage[157]. Daher kann H. diesen Hymnus nur einer anderen naassenischen Schrift[158] oder aber dem (von ihm durch seine Polemik entstellten) Anfang seiner großen Naassenervorlage entnommen haben. Diese zweite Annahme scheint mir die richtige zu sein, denn 1) entspricht sie dem bekannten Umgang H.s mit seinen Vorlagen[159], 2) war die Naassenerschrift in der H. vorliegenden Form ein Lehrstück "Über den Anthropos"[160], an dessen Anfang ein Hymnus auf den Anthropos sehr wohl gestanden haben könnte[161]. Sollte diese begründete Vermutung richtig sein, so hätte die Analyse der einleitenden Redaktion H.s den verloren geglaubten Anfang seiner gnostischen Vorlage wieder erhoben[162].

Das Ende des Kephalaion bot H. wieder Gelegenheit, die heidnischen Grundlagen und das Pseudochristentum der Naassener anzuprangern. Diese Redaktion H.s hat Reitzenstein veranlaßt, den ganzen Abschnitt 7,1-2 als Zusatz zu streichen; er beginnt die sogenannte

---

153 8,4 (89,23f).
154 8,38 (96,7f).
155 6,5 (78,8-11).
156 Im Unterschied zu Geryon, der an die Dreiteilung (vgl. X 1: 268,13), und zum Erkenntnisspruch, der an die Gotteserkenntnis (vgl. X 2: 268,15f) leicht anschließt.
157 Nur bei Monoimos wird eine abweichende Form dieses Hymnus überliefert, vgl. VIII 12,5 (232,19f), die schon deshalb als Vorlage nicht in Frage kommen kann.
158 Reitzenstein (Poim.82) setzt hier (ohne Argument) eine "liturgische Sammlung" voraus, aus der H. den Hymnus ausgewählt hätte.
159 Aus dem Vergleich von H.s Berichten mit den erhaltenen Quellen wissen wir, daß H. sowohl in den Einleitungen als auch im Text seiner Berichte polemisiert, dabei jedoch oft nur ein Minimum an eigener Redaktion bringt, sondern Text seiner Vorlage selbst verwendet, ohne diesen Sachverhalt eigens zu erwähnen, vgl. Frickel, Apophasis 83 Anm. 5; 148.
160 Vgl. Reitzenstein (Poim.98): "Die Abhandlung περὶ ἀνθρώπου, wie H. unser Stück richtig bezeichnet", ebd. 101; Schlier, Der Mensch 60f.
161 Das schließt einen ursprünglich liturgischen Gebrauch des Hymnus nicht aus, sondern eher ein.
162 Reitzenstein (Poim.83) hat den Hymnus nicht in seinen Text aufgenommen, da er nach ihm nicht zur Naassenervorlage H.s gehörte.

ursprüngliche Naassenerpredigt abrupt mit dem Stück von der Entstehung des Menschen aus Erde (7,3)[163]. Aber die Vorlage hat sicher nicht erst mit 7,3 begonnen, da Text der Vorlage offensichtlich in 7,2 mitenthalten ist[164]. Streicht man in 7,2 die für H. typische Floskel μάθετε πῶς...παρά und die Schlußpolemik λαβόντες ἐπιπλάσσουσι τῷ Χριστῷ[165], so bleibt der (durch die Polemik nur geringfügig entstellte) Text seiner Vorlage übrig, der sich auf Grund der Kenntnis von H.s Arbeitsmethode[166] in 7,2 wenigstens sinngemäß, vielleicht sogar fast wörtlich wiederherstellen läßt. Aber auch in der Redaktion von 7,1 ist bereits Text der Naassenervorlage enthalten, der jedoch erst nach der Strukturanalyse des gesamten Berichtes herausgelöst werden kann.

Der nächste Zusatz erfolgt am Schluß von *7,6*. Voraus geht das Stück über den irdischen Menschen (7,3-6a), dessen Schluß mit τὸν ἄνθρωπον, ὃν ἀνέδωκεν ἡ γῆ μόνον[167] auf seinen Anfang verweist[168] und das auch in der Vorlage als Beleg deutlich erkennbar war. Mit seinem typischen φάσκουσι macht H. den anschließenden Kommentar des Naasseners deutlich, den er durch den Zusatz περὶ ὧν ὁ κατὰ μέρος λόγος ἐστὶ πολύς erweitert[169]. Daß dieser Zusatz kein Indiz für einen von H. verschiedenen Exzerpisten ist, wurde bereits gezeigt[170]. Er bedeutet nicht notwendig eine Auslassung im Text der Vorlage, sondern die sachliche Nachricht über verschiedene diesbezügliche Lehrmeinungen, von denen H. auch aus anderen Quellen wissen konnte[171].

Aufschlußreich ist die Polemik in *7,8*. Hier wiederholt H. das

---

163 Reitzenstein, Poim.83; Völker, Quellen 11 (mit 7,2 im Kleindruck); Goglin 101.
164 So enthält 7,2 mehrere auf die Anthroposlehre und auf das folgende Lehrstück 7,3ff direkt hingeordnete Termini. Auch ist ein Übergang nach dem Schriftwort Is 53,8 zu dem als Beleg zitierten Lehrstück 7,3-6 sachlich erfordert; siehe dazu Kap. 3.6.6.
165 7,2 (79,8.10). Dieselbe Floskel hat H. stereotypisch nach dem Peraten-Kephalaion in V 13,1 (105,24f) wiederholt.
166 Vgl. Anm. 159.
167 7,6 (80,5f).
168 Vgl. 7,3 (79,10f).
169 7,6 (80,8f); dieselbe Floskel gebraucht H. zweimal in seiner Redaktion in IV 51,13 (76,22f.27).
170 Vgl. Kap. 2.3.
171 Ähnlich berichtet H. von den ihm bekannten Meinungsverschiedenheiten der Valentinianer betreffs der Einheit des Vaters (VI 29,3-4), der Abstammung der zwölf Äonen (VI 29,5), der Zählung aller Äonen (VI 31,3) oder über den Leib des Erlösers (VI 35,6-7). Wir können in solchen Fällen eine Auslassung weder behaupten noch ausschließen. Doch hat H. in V 7,6 wohl etwas ausgelassen, da der Kontext verdunkelt ist: cf. Exkurs II.

Hauptverb des vorhergehenden Satzes (ζητοῦσιν) und bildet damit einen eigenen Satz mit abwertendem Urteil[172]. Diese Abwertung der Gegner durch polemische Wiederholung ihrer eigenen Aussage (eines zentralen Begriffs oder Verbs, eines Zitates) ist ein für H. typisches Stilmittel, auf das er allein im Naassenerbericht fünfmal zurückgreift[173]. Sie kann in allen Fällen einfach gestrichen werden, ist aber aufschlußreich, weil sie den Text, den sie aufgreift, als authentisch zur Vorlage gehörig erweist. Das ist dort bedeutsam, wo die Polemik innerhalb einer größeren Redaktion H.s steht, weil sie dort die Aussage, auf die sie sich bezieht, als Text der gnostischen Vorlage (und nicht nur Redaktion H.s) offenbart. So zeigt die Polemik in 9,10 über τῶν ἐκεῖ δρωμένων[174], daß die vorangehende Behauptung in der gnostischen Vorlage gestanden haben muß: daß nämlich die Naassener von "den Mysterien der Großen Mutter" sagten, "durch die dort vollzogenen heiligen Handlungen[175] das ganze Mysterium am besten zu schauen"[176]. Diese den ganzen Kommentar zum Attislied resumierende Aussage der Vorlage hat H. polemisch so entstellt, daß man sie zur Gänze für seine Redaktion halten könnte. Schlimmer noch: er hat mit seiner Polemik den offenbar gezielt hergestellten Zusammenhang zwischen dem Attiskommentar und dem folgenden Lehrstück über die Schlange derart verdunkelt, daß auch in 9,11 beim einfachen Lesen nicht ersichtlich ist, ob auch hier noch Text der Vorlage oder nur Redaktion vorhanden ist. Nur die Strukturanalyse wird darüber Auskunft geben können.

Der am Anfang von 7,9 sich findende Hinweis H.s, daß "diese vielgestaltigen Vertauschungen" der Seele im Ägypterevangelium beschrieben seien[177], dürfte der Vorlage entstammen. Denn einmal schließt das ταύτας an die gerade zuvor beschriebenen Eigenarten der Seele an; sodann ist auch der in der Refutatio sonst nicht vorkommende Ausdruck ἐξαλλαγαί kein geläufiger Terminus H.s, sondern ein eher an die Seelenwanderung erinnernder Begriff[178].

---

172 7,8 (80,17f): "Sie suchen das aber nicht aus den Schriften, sondern ebenfalls aus den Geheimkulten".
173 Außer in 7,8 auch in 7,15 (82,10), 7,18 (82,22f), 7,26 (85,2-4) und 9,10 (100,13-15). Ähnlich im Bericht über Basilides: VII 22,16 (200,13-15).
174 9,10 (100,14).
175 Zu den "Dromena" als verborgenen Zeremonien in den Kulten, siehe De Jong, De Apuleio 19 und 26; M. Dibelius, Isisweihe 42.
176 9,10 (100,11-13).
177 7,9 (80,21-81,2).
178 Resch, Agrapha. Außerkanonische Evangelienfragmente, TU V,4: 429.

In 7,9b hat H. erneut in die Vorlage eingegriffen. Der Abschnitt ist ein Musterbeispiel, wie H. den Text der Vorlage polemisch aufnimmt und deren Sinn dabei sogar umdrehen kann. Nach seiner Darstellung sind die Gnostiker, "wie alle übrigen heidnischen Menschen" ratlos über die Herkunft der Seele. Daß die folgende Frage (πότερόν ποτε...ἤ) der Vorlage entstammt, steht außer Zweifel[179]. Klar sollte aber auch sein, daß die Gnostiker sich nicht selbst der "Ratlosigkeit" bezichtigt haben. Was stand also in der Vorlage? Man hilft sich, indem man das καθάπερ οἱ ἄλλοι πάντες...ἄνθρωποι als Polemik H.s streicht, und dessen Berichterstattung in indirekter Rede beibehält[180]. Dabei wird freilich übersehen, daß die Aussage auch in dieser Form keinen der gnostischen Vorlage gemäßen Sinn gibt, da die Ratlosigkeit nach wie vor (im Sinne H.s) den Gnostikern zugeschrieben wird. Das widerspricht völlig dem Selbstverständnis derer, die allein die Tiefen der Gottheit erkennen[181], wie auch dem Kommentar selbst, der gerade die Herkunft des Weltprinzips, des Anthropos, aus dem Merkmallosen, dem unnennbaren Vater usw. verkündet. Der jetzt sinnentstellte Satz muß in der Vorlage gerade das Gegenteil besagt haben: "alle (anderen) Menschen (unter den Heiden) sind ratlos" über die Herkunft der Seele. H. hat, ironisch, das καθάπερ eingefügt[182] und damit die Gnostiker selbst unter die "Nichtwissenden" und "Heiden" eingereiht[183]. Er hat also, anders ausgedrückt, die Aussage der Gnostiker über alle anderen Menschen[184] zu seiner Aussage über die Gnostiker (mit allen übrigen Menschen) gemacht. Das ist aufschlußreich für den Text seiner Vorlage, der offenbar ebenfalls ἀποροῦσιν, genau wie jetzt, gelautet haben wird[185] und als Obersatz eine ganze Reihe von ähnlichen Aussagen (in der dritten Person pluralis) über die im Attislied aufgezählten Völker einleitete: die Assyrer νομίζου-

---

179 Vgl. Reitzenstein, Poim. 99; zum Text der Handschrift siehe Kap. 3.4.
180 Reitzenstein, Poim. 84; Gogolin 102; Leisegang 118 (Übersetzung).
181 6,4 (78,2f) und mehrfach im Kommentar.
182 Wie er das ähnlich in 9,13 (100,25) getan hat.
183 Der Beisatz "wie alle anderen" (Menschen) ist demnach ironischer Zusatz H.s und daher zu streichen.
184 Dieses exklusive Sich-Absetzen von "allen Menschen" ist typisch für den Gnostiker, vgl. 9,22 (102,14) oder 8,17 (92,12f).
185 Das würde die bekannte Arbeitsweise H.s, bei polemischen Eingriffen den Text der Vorlage nach Möglichkeit in die Polemik aufzunehmen, bestätigen.

σιν[186], φασίν[187], καλοῦσι[188] usw. Der in 7,9 von H.s Polemik befreite Obersatz enthält also eine Art Leitmotiv für den folgenden Attiskommentar, das mit dem ἀποροῦσιν prägnant anhebt: die Ratlosigkeit aller Menschen über das göttliche Weltprinzip. In diesem Zusammenhang müssen auch die nächsten Aussagen von 7,9 interpretiert werden. Hier scheint der erste Hinweis auf die Mysterien der Assyrer[189] von H. erklärend eingefügt worden zu sein, da er sachlich nur vorwegnimmt, was im folgenden Satz von den Assyrern, ganz in der Folge des Attisliedes, behauptet wird: πρῶτοι (γὰρ)[190] Ἀσσύριοι τὴν ψυχὴν τριμερῆ νομίζουσιν εἶναι καὶ μίαν[191]. Ab 9,10 folgt H. wieder seiner Vorlage.

In 7,21 durchzieht die Polemik H.s den ganzen Abschnitt, den Reitzenstein global als Zusatz H.s bzw. des christlichen Bearbeiters ausgeschieden hat[192]. Zusatz H.s zur Vorlage ist zunächst in 7,20 der Bericht in der indirekten Rede[193], sodann in 7,21 der Hinweis auf Christus und Hippokrates mit Zitat[194], schließlich der zweite Hinweis auf Hippokrates[195], während das folgende Wort aus dem Thomasevangelium der Vorlage entstammt (φασίν)[196]. Bei derart verworrener Überlieferung muß zuerst der Text der Vorlage rekonstruiert werden. Erst dann wird auf Grund der Strukturanalyse zu prüfen sein, ob in der Vorlage noch eine ältere Schicht greifbar ist. Für die Vorlage genügt es, den nach Abzug von H.s Eingriffen verbleibenden Text in die direkte Rede zu setzen[197].

---

186 7,9 (81,6).
187 7,10 (81,7).
188 7,11 (81,14).
189 7,9 (81,4-5).
190 Das γὰρ ist bedingt durch den Vorsatz H.s; für die Vorlage wäre δὲ sinngemäßer.
191 7,9 (81,6).
192 Reitzenstein, Poim.86 Anm.1. Nach Gogolin 105 war H. in 7,21 überhaupt nicht am Werk, sondern nur der christliche Gnostiker und der Exzerpist.
193 φασι (83,9), φησί (83,12), παραδιδόασι (83,14). So bereits ab 7,16 (82,11).
194 7,21 (83,16f).
195 7,21 (83,19).
196 7,21 (83,20f).
197 Die vom Kontext erforderte Ergänzung ἀλλὰ καὶ τὰ Αἰγυπτίων (vgl. Wendland 83 Anm. zu Zeile 10) möchte ich für H.s Vorlage mit Wendland in S. 83 Zeile 10 einfügen, nicht mit Reitzenstein in Zeile 12. Der Hinweis scheint beim Abschreiben ausgefallen zu sein; vgl. die Schichtenscheidung zur Stelle in Kap. 4.

Nach Abschluß der Homerexegese (7,30-41) hielt H. es für angebracht, gegen die christliche Deutung griechischer Mythen zu polemisieren. Sein Einschub[198] hat die Vorlage nicht beeinträchtigt, die er nun bis zum Ende des Attiskommentars (in 9,6) wörtlich wiederzugeben scheint. Der erste Satz von 9,7[199] zeigt dagegen wieder deutliche Polemik, weshalb Reitzenstein ihn ausgeschieden hat[200], der meint, der Anschluß des Nächsten sei uns verlorengegangen, da H. mit dieser Redaktion sein Exzerpt abgebrochen habe, dessen Fortgang man jedoch erahnen könne: Alle Religionen und alle Kulthandlungen haben einen geheimen Sinn: in ihnen offenbart sich der eine, die Welt belebende und leitende Gott[201]. Dieser Gedanke dürfte sinngemäß richtig sein. Nur wurde übersehen, daß H.s Redaktion, wenn auch polemisch, genau diesen postulierten Fortgang und zwar ausdrücklich als Lehre der Gnostiker (!) enthält: sie behaupten (φάσκοντες), τὰ ὑπὸ πάντων ἀνθρώπων λεγόμενά τε καὶ γινόμενα...πνευματικὰ[202] πάντα γίνεσθαι. Das ist die natürliche Zusammenfassung des vorausgehenden Kommentars, wobei die λεγόμενά τε καὶ γινόμενα hier, am Ende des Kommentars, sinngemäß nicht jedes beliebige Reden und Tun der Menschen bedeuten, sondern das, was diese über die im Kommentar ausführlich dargelegten Kulte sagen bzw. dabei tun. Das allein besitzt einen tieferen Sinn. Deshalb (ὅθεν), so sagen die Gnostiker weiter, würden auch die in den Theatern auftretenden Darsteller nichts ohne tieferen Sinn sagen oder tun (λέγειν ἢ ποιεῖν)[203]. Was vom Theater gilt, ist demnach nur ein Sonderfall von dem, was im Kontext gerade zuvor (von den Kulten) allgemein gesagt worden sein muß! Und die weitere Entsprechung: wie die Gnostiker in 7,9 die Ratlosigkeit aller Menschen (οἱ πάντες ἄνθρωποι) an den Beginn ihres Attiskommentars stellen, so zeigen sie in 9,7 als dessen Abschluß, daß das in den Kulten von allen Menschen (ὑπὸ πάντων ἀνθρώπων) Vollzogene nur pneumatische Offenbarung des ihnen allein bekannten göttlichen Weltgeistes

---

198 8,1 (89,5-8). Die einführende Floskel hat H. ähnlich auch in 9,10 (100, 11) gebraucht.
199 9,7 (99,4-6).
200 Poim. 97.
201 Poim. 97.
202 Vielleicht mit Reitzenstein in πνευματικῶς zu verbessern, vgl. Wendland 99 Anm. zu Zeile 5.
203 9,7 (99,6f).

ist. Diese Entsprechung von Anfang und Ende des Kommentars erlaubt es, den Hinweis auf "die (kultischen) Handlungen aller Menschen" (9,7) als Text der Vorlage zu erkennen, den H. in seine Polemik aufgenommen hat. Die Analyse der Redaktion in 9,7 ermöglicht somit nicht nur, den dort enthaltenen Text der gnostischen Vorlage zu erkennen[204], sondern zugleich ein neues Strukturelement des Attiskommentars zu erheben: die tiefere (pneumatische) Bedeutung des Zeugnisses aller Menschen.

Noch ein Wort zum Bericht in der indirekten Rede, deren Gebrauch zur Annahme verleitet hat, H. habe uns nur den Auszug einer naassenischen Schrift oder das Elaborat eines Exzerpisten überliefert. Hier ist jeweils zu prüfen, ob die indirekte Rede der Vorlage oder H. angehört. Evident zur Vorlage gehört das immer wiederkehrende καλοῦσι bzw. λέγουσι[205], das wörtlich an das Attislied[206] anschließt. Ebenfalls zur Vorlage, aber nur durch Strukturanalyse erhebbar, gehören das oben erklärte ἀπο-ροῦσιν[207] und einige andere Verben[208]. Zu H. gehören dagegen Verben wie λέγουσι oder φάσκουσι, die meist einen neuen Abschnitt einleiten[209] oder auch im fortlaufenden Text erscheinen, um jeweils eine Erklärung oder einen Punkt besonders hervorzuheben[210]. Der Wechsel von direkter zu indirekter Rede ist kein Indiz für eine Auslassung, sondern ein zur Auflockerung des Berichtes von H. gebrauchtes rhetorisches Stilmittel.

Ähnliches gilt von dem eine wörtliche Zitation anzeigenden φησίν, das im Naassenerbericht so auffallend häufig eingefügt ist[211]. Diese Häufigkeit allein zeigt, daß das Verb nicht ein

---

204 Zur Textrekonstruktion genügt es, die beiden für H. typischen polemischen Zusätze zu streichen: am Anfang das σχεδιάζουσι (vgl. IV 13,1: 45,13; IV 51,9: 75,32; IX 12,19: 249,10), dann das πρὸς ἴδιον νοῦν (vgl. V 6,2: 77, 24; IX 10,8: 244,2), dagegen den Hinweis auf das Zeugnis aller Menschen zu belassen und lediglich γίνεσθαι durch γίνεται zu ersetzen. Dann ergibt sich sinngemäß folgende Überleitung: οὕτως τὰ ὑπὸ πάντων ἀνθρώπων λεγόμενά τε καὶ γινόμενα πνευματικῶς πάντα γίνεται. ὅθεν κ.τ.λ.
205 7,11 (81,14) und passim; zu unterscheiden von H.s Redaktion in 7,7 (80, 14) und 7,31 (86,11).
206 9,8 (99,13f); vgl. Reitzenstein, Poim. 99 zu 7,11.
207 7,9 (81,2), vgl. Kap. 2.4 zur Stelle.
208 So in 7,8 (80,15.18), 7,10 (81,7), 9,11 (100,18).
209 7,2 (79,7), 7,16 (82,11), 7,20 (83,9), 7,25 (84,14), 8,1 (89,8), 9,7.9 (99,7.24).
210 7,6 (80,5), 8,32 (95,3.4), 9,1 (97,24), 9,13 (100,24), 9,15 (101,3).
211 Bei 618 Zeilen Bericht 161 mal, also auf 3,8 Zeilen einmal. Das übertrifft den Gebrauch in den anderen Berichten mit Abstand.

Zeichen für die Wiederaufnahme der wörtlichen Zitation nach einer Auslassung oder einer Zusammenfassung sein kann. Was sich bereits bei der Analyse von H.s Apophasisbericht (VI 9-18) ergeben hatte, daß nämlich φησίν in H.s gnostischen Berichten meist einen neuen Abschnitt (Gedanken) oder eine Erklärung in der zitierten Vorlage selbst anzeigt[212], gilt erst recht für den Naassenerbericht. Die Abschnitte 8,20-37, in denen φησίν geradezu verblüffend häufig erscheint[213], liefern dafür den augenscheinlichen Beweis. Der Text zeigt hier einen lückenlosen Zusammenhang, wo ein Gedanke sinngemäß dem anderen folgt, was eine Kürzung der Vorlage ganz unwahrscheinlich macht. Er bietet vielmehr eine fortlaufende Kette von Aussage und Erklärungen, die das immer wiederkehrende φησίν offenbar betonen soll. Der häufige Einschub dieser Floskel verrät das fast übertriebene Bemühen H.s, die ungereimten und willkürlichen Exegesen der Gnostiker seinen Lesern möglichst deutlich vor Augen zu führen[214]. Da der Naassenerbericht, anders als die meisten anderen Hauptberichte, keine Formulierung enthält, die eine Auslassung anzeigen könnte[215], ist die Annahme gerechtfertigt, H. habe seine Vorlage hier wörtlich und praktisch auch vollständig wiedergegeben[216]. Textkritisch hat dieser Bericht daher, auch wenn seine Überlieferung indirekt ist, denselben Wert wie ein gnostisches Originaldokument, sofern es gelingt, den durch H.s Eingriffe an einigen Stellen entstellten Text wiederherzustellen.

---

212 Vgl. Frickel, Apophasis 88-98. Im Markosbericht liegt der Sachverhalt anders, weil H. hier nur des Irenäus Bericht über Markos, nicht die Schrift des Markos selbst als Vorlage diente. Darum hat H. an 11 Stellen das φησίν aus seiner Vorlage (Irenäus) übernommen, an zwei weiteren Stellen es selbst zur Verdeutlichung eingefügt, vgl. Apophasis 89. Für den Naassenerbericht wäre es dagegen falsch, die vielen φησίν in die Vorlage H.s zurück zu projezieren, da ihm hier, wie bereits gezeigt, nicht ein Exzerpt, sondern die gnostische Schrift selbst vorlag.
213 Auf 88 Zeilen (Wendland 93-95) allein 44 mal, also in jeder zweiten Zeile.
214 Das zeigt sich besonders bei Vorlagen exegetischen und erklärenden Inhalts, also bei ausgesprochenen Lehrstücken, wie V 16,1-16 (Peraten, Häufigkeit 2,6), V 21 (Sethianer, Häufigkeit 3), V 26,33-27,4 (Justin, Häufigkeit 4,5). Mythische Erzählungen dagegen hat H. fast nicht unterbrochen, vgl. V 26,11-32 (Justin).
215 Über solche Formeln siehe Kap. 2.3.
216 Eine Ausnahme bildet vielleicht H.s Redaktion am Schluß von 6,6 (80,8f), die eine Auslassung anzeigen könnte.

3. STRUKTURANALYSE DER NAASSENERSCHRIFT

3.1 Das Rahmenthema und der anthropologische Dualismus

Die besondere Schwierigkeit der Naassenerschrift liegt nicht darin, daß sie einen bereits vorgegebenen Hymnus kommentiert, sondern in der Art, wie in ihr eine Fülle von verschiedensten Materialien zusammengestellt und einander zugeordnet wird. Hellenistische Mysterienreligionen, Mythologien, griechische Dichtung und Philosophie, Altes und Neues Testament, urchristliche Theologie, gnostische Theosophie: all das wird in dem durch das Attislied gesetzten Rahmen untergebracht, ihm aber auch vor- und nachgeordnet. Ist ein älterer Kommentar wirklich überarbeitet worden, und wenn ja: lassen sich die verschiedenen Schichten überzeugend voneinander scheiden?

Da H.s Bericht, wie gezeigt, eine zusammengehörige Vorlage wiedergibt, muß er auch als ein Ganzes betrachtet werden. Deutlich erkennbar ist darin zunächst nur die Abfolge des Kommentars, insofern dieser, wenigstens von 7,9 an, auf das ihn in 9,8 abschließende Attislied zustrebt[217]. Dieses Kernstück ist eingebettet in einen größeren Rahmen, in ein Lehrstück *über den Menschen*[218], dem der Attiskommentar selbst untergeordnet worden ist. Der Anfang dieses Rahmens verschwimmt in 7,1-2 innerhalb der Redaktion H.s, zu ihm gehörte jedoch sicher eine Aussage über den Menschen (ὁ ἄνθρωπος), da die Vorlage das in 7,2 zitierte Isaiaswort als Schriftbeweis für diesen Menschen bzw. für sein Geschlecht angeführt hat: καὶ λέγουσι γεγράφθαι περὶ αὐτοῦ "τὴν γενεὰν αὐτοῦ τίς διηγήσεται;" (Is 53,8)[219]. Mit dieser (nach Isaias gestellten) rhetorischen Frage klingt ein Thema an, das im Laufe der Naassenerschrift mehrfach wiederkehrt und dem die folgenden Abschnitte derselben untergeordnet sind: die Menschen sind im Zweifel über den Ursprung oder das Geschlecht des irdischen Menschen (7,3-6), wie auch über die Seele des Menschen (7,7-8) und über den Ursprung der göttlichen "Seele" (7,9-9,7), wobei dieser letzte Abschnitt mit dem Attiskommentar

---

217 Reitzenstein, Poim. 98.101; Schenke, Der Gott Mensch 59; Gogolin 11.
218 Vgl. Kap. 2.4 und Anm. 160.
219 7,2 (79,7-8); das λέγουσι H.s erweist den Passus als Bestand der Vorlage.

im engeren Sinn zusammenfällt. Es fällt jedoch auf, daß die zentrale Gottheit des Kommentars nicht - wie man nach dem Attislied in 9,8 annehmen müßte - Attis ist, sondern der Athropos "Adamas", der öfter auch als der Merkmallose (ἀχαρακτήριστος) bezeichnet wird[220]. Umgekehrt fällt auf, daß die zwei vorgenannten Abschnitte über den irdischen Leib und über die Seele des Menschen sinngemäß auf die in 7,2 genannte Zentralfigur, das heißt auf den Himmelsmenschen "Adamas" hingeordnet sind[221], daß dagegen in der zum Attiskommentar gehörigen Deutung des Assyrischen Mysteriums (7,10-12) der entscheidende Begriff "Anthropos" oder "Adamas" überhaupt nicht vorkommt, sondern immer nur von der (dreifach geteilten) "Seele"[222] die Rede ist. Am Schluß dieses dem Attislied folgenden[223] und offenbar von der *Weltseele*, nach welcher die ganze Natur strebt[224], handelnden Abschnittes, heißt es in einer Deutung des Attismysteriums, welche unvermittelt und etwas unorganisch an die Assyrischen Mysterien anschließt[225]: die Liebe der Göttermutter zu Attis bedeute, daß die Überhimmlischen "die männliche Kraft der Seele" zu sich zurückrufen, weil "der Mensch" mannweiblich sei[226]. Dabei ist mit "Seele" jetzt nicht mehr (wie beim Assyrischen Mysterium) die weltbelebende göttliche Allseele, sondern die individuelle Seele des einzelnen Menschen gemeint. Nach der vorliegenden Deutung ist nur ein Teil der Seele, deren männliche Kraft (ἡ ἀρρενική δύναμις) nämlich, das durch Attis versinnbildete Göttliche im Menschen. Der stillschweigend als bekannt vorausgesetzte "weibliche" Teil der Seele wird dabei nicht etwa durch Rhea versinnbildet, so als ob die weibliche Kraft "oben" geblieben wäre und nach ihrer männlichen Ergänzung verlangen würde. Der Kommentator, der sich im Kontext ausdrücklich zur Trichotomie

---

[220] So explizit in 8,15 (92,5); je einmal wird das anthropomorphe Bild vom "merkmallosen Gehirn", das selbst das "Merkmal prägt", gebraucht: 8,13 (91,19) und 7,35 (87,17); sonst wird die Gottheit einfach der oder das "Merkmallose" genannt.
[221] Vgl. 7,6 (80,5-8) und 7,7-8 (80,10-17).
[222] 7,10-12 (81,7-21).
[223] Vgl. 9,8 (99,13-15).
[224] Vgl. 7,10 (81,7) und 7,11 (81,13f), vgl. Kap. 3.2.
[225] Reitzenstein, Poim.85 Anm. 4: "Der Übergang von den Assyriern zu den Phrygiern ist hier verdunkelt, indem zwischen Selene und Rhea ein räumlicher Unterschied gemacht wird".
[226] 7,13-14 (82,1-4).

Das Rahmenthema und der anthropologische Dualismus   39

der Seele bekennt, identifiziert Attis hier eher mit dem vernunftbegabten Teil der Seele (ὁ νοῦς oder τὸ νοερόν), der sich von dem "weiblichen", die sinnliche Wahrnehmung und das irdische Wissen leitenden Seelenteil (τὸ ψυχικόν) loslösen und ganz dem Übersinnlichen zugewandt leben soll. Eine solche an Philo erinnernde Unterscheidung von männlicher und weiblicher Kraft der Seele[227] wird jedenfalls durch den Hinweis auf die ursprünglich mannweibliche Natur des Menschen (ἀρρενόθηλυς ὁ ἄνθρωπος) und das daraus abgeleitete Verbot des geschlechtlichen Verkehrs von Mann und Frau[228], sowie durch eine ähnliche Aussage in 8,44 nahegelegt[229]. Durch diese typisch gnostische Deutung einer sicher älteren Erklärung des Attismysteriums[230] wird allerdings das Streben nach dem göttlichen Weltprinzip (= Allseele), das für die drei Teile des Alls in 7,11-12 konsequent durchgeführt worden war, völlig umgedreht: das in der Welt verlorene Göttliche strebt hier nicht nach der Seele zurück, sondern wird von der Äonenwelt, welche der vorgenannten Dreiteilung des Alls übergeordnet ist, zurückgerufen. Diese Deutung sprengt das doktrinelle Konzept eines ursprünglichen Kommentars des Attisliedes, welcher bemüht war, die Identität der im Lied aufgeführten kultischen Gottheiten mit Attis dazutun[231]. Die vorausgegangene *kosmische* Deutung des (durch Adonis/Endymion symbolisierten) assyrischen Mysteriums ist hier zugunsten einer *soteriologischen* Deutung des (durch Attis symbolisierten) Göttlichen im Menschen verlassen worden, die den Eindruck einer gnostischen Überarbeitung eines älteren Attiskommentars erweckt. Diese Vermutung wird bestärkt durch den Umstand, daß die Liebe der Göttermutter zu Attis[232] keine wirkliche Entsprechung im Attislied hat, das nach

---

227 Vgl. Philos allegorische Erklärung von Gen 2,21f (Schaffung der Eva aus Adam), in Leg. alleg. II 19-39 und 40-52.
228 7,14 (82,3-6). Die enkratitische Vorschrift erinnert in ihrer Formulierung an dieselbe Vorschrift im gnostisierenden Empedokles-Kommentar: Hippol., Ref. VII 29,22 (214,13-15).
229 8,44 (97,15-17): In der Vollendung werden die pneumatischen Menschen, gleichgültig ob Männer oder Frauen, durch den jungfräulichen Geist "entmannte Bräutigame" sein. Das erinnert an Thomas-Evangelium Spr. 114.
230 Eine solche Deutung ist in der Oratio V 167 A ff (An die Göttermutter) des Kaisers Julian überliefert, vgl. Leisegang, Gnosis 120-122.
231 Vgl. die Strukturanalyse in Kap. 3.2.
232 Die Deutung des phrygischen Mysteriums umfaßt den Abschnitt 7,13-14; der anschließende Passus 7,16-19 liefert für diese Deutung einen zusätzlichen Schriftbeweis.

den Assyrern direkt zu Osiris übergeht[233]. Die Zugehörigkeit der in 7,13-14 vorliegenden Deutung zu einem ursprünglichen Kommentar des Liedes ist also auch von der Disposition des Liedes her fraglich. In den folgenden Analysen wird daher zu sehen sein, ob und wieweit der hier gewagte Vorgriff auf die Struktur eines älteren, aber überarbeiteten Attiskommentars richtig ist.

Zuvor ist aber noch zu fragen, wie sich das den Attiskommentar einleitende Rahmenthema vom "Zweifel der Menschen über den Menschen" zum Schluß der Naassenerschrift verhält. Dort findet sich in 9,21 ein letzter Hinweis auf den "Anthropos", ebenfalls mit einem Gedanken - wenn auch nicht in der Form eines ausdrücklichen Schriftzeugnisses - aus Isaias verbunden, was vermuten läßt, daß das Rahmenthema hier abschließend nochmals aufgegriffen wird. Da der Text der Handschrift an dieser Stelle fehlerhaft ist, die in den kritischen Ausgaben (seit Miller) gebotene Emendation jedoch zu frei und außerdem unrichtig zu sein scheint, emendiere ich den Passus nach dem Sinnzusammenhang wie folgt:

ἔστι δέ, φησίν, ὁ ἄνθρωπος ἐκεῖνος "ἄτιμος" (vgl. Is 53,3)
ἐν τῷ κόσμῳ καὶ πολύτιμος ὑπὸ τῶν αὐτὸν[234]
εἰδότων, τοῖς οὐκ εἰδόσιν αὐτὸν λελογισμένος
"ὡς γὰρ[235] σταγὼν ἀπὸ κάδου" (Is 40,15)[236].

Der Abschnitt erklärt die gegensätzliche Bewertung, welche der Anthropos in dieser Welt erfährt. Die Menschen mit irdischem Sinn kennen ihn nicht; daher achten sie ihn gering: er ist in ihren Augen nur wie ein Tropfen in einem vollen Wassereimer.Die

---

233 Vgl. 9,8 (99,14f).
234 Die Handschrift hat nach πολύτιμος keine Lücke, sondern vor εἰδότων eine kleine Korruptel, die sich beheben läßt, wenn statt des οὐκ (S.102, 9) αὐτὸν gelesen wird. Diese Emendation wird vom Kontext erfordert, der gerade den Gegensatz zwischen εἰδότες (Gnostikern) und οὐκ εἰδότες (Nichtgnostikern) aufzeigen will; vgl. diese Terminologie außerdem in 7,28 (88,15), 8,26 (94,3) und 9,7 (99,10). Die Emendationen von Miller und Wendland sind zu umfangreich und übersehen, daß das gegensätzliche Urteil über den Anthropos in dem uns überlieferten Text nicht den Gegensatz Kosmos-Himmel zur Voraussetzung hat, sondern den von Menschen mit kosmischem Sinn (d.h. Unwissenden) und von Menschen mit himmlischem Sinn (d.h. Wissenden oder Gnostikern).
235 Das γάρ braucht nicht, wie die Göttinger Ausgabe das tut, getilgt zu werden, da der Vergleich mit dem Tropfen am Eimer das erste abwertende Urteil über den Anthropos in dieser Welt bildhaft begründet. Es ist das Urteil der Nichtwisser.
236 9,21 (102,8-10). Der Abschnitt wird in Kap. 3.6.4 unter anderem Aspekt nochmals erörtert werden.

Menschen mit himmlischem Sinn allein kennen ihn: er ist in ihren Augen kostbar und hochgeschätzt wie die Perle (vgl. Mt 13, 45f), derentwegen der Wissende alles verkauft, was er besitzt. Hier stoßen wir auf ein neues Thema über den Menschen. Dieser ist nicht nur der an die Stelle des Attis getretene himmlische Mensch "Adamas", den die Völker unter verschiedenen Namen in ihren Kulten verehren. Der Mensch, von dem in 9,21 die Rede ist, stammt zwar vom Himmel, aber er ist in die materielle Welt verbannt, ungekannt und ungeehrt von den irdischen Menschen, gekannt und hochgeschätzt von den pneumatischen Menschen allein. Dieser aus der Welt zur himmlischen Heimat zurückstrebende Mensch ist nicht einfach derselbe wie der göttliche παῖς, das Allbelebende Weltpneuma, von dem der Kommentar des Attisliedes redet[237]. Denn dieser ist das Prinzip, der Anfangspunkt der Weltwerdung, während der aus der Welt nach oben zurückstrebende "Mensch" Endpunkt der gnostischen Erlösung ist. In 9,21 geht es daher nicht eigentlich um den in allen Kulten verehrten Gott, sondern um den in der Welt verbannten, zu erlösenden Göttlichen. Zugleich offenbart sich hier eine scharfe Trennung der Menschen in zwei gegensätzliche Gruppen: in die Unwissenden und die Wissenden, in Nicht-Gnostiker und Gnostiker, die im Gegensatz steht zu der serenen, synkretistischen Sicht des Attiskommentars. Damit erhebt sich die Frage nach der doktrinellen Einheit der Naassenerschrift. Gehört 1) der in 9,21 zutagetretende anthropologische Dualismus mit dem Rahmenthema zusammen und 2) bildete dieses Rahmenthema mit dem Kernstück der Schrift, das heißt mit dem eigentlichen Kommentar des Attisliedes, eine ursprüngliche Einheit? Oder ist das Rahmenthema erst später um das Kernstück herum entstanden oder hat es seinerseits eine Überarbeitung erfahren?

Die obigen Erwägungen möchten die Möglichkeit und Wahrscheinlichkeit deutlich machen, daß in der Naassenerschrift verschiedene Schichten und Betrachtungsweisen sich übereinander gelegt haben und ineinander übergegangen sind, ohne daß es möglich wäre, diese Schichten einfach voneinander zu trennen. Eine Quellenscheidung, die Gedanken und Zitate aus dem Alten und Neuen

---

237) περὶ οὗ λαλοῦμεν, vgl. 9,2 (98,2f).

Testament einfach wegstreichen möchte, verkennt die vielfältige
Verflochtenheit der Naassenerschrift. Eine Quellenscheidung läßt
sich, wenn überhaupt, nur im Gefolge einer Analyse der Struktur
oder der Strukturen der Naassenerschrift durchführen. Das Rahmenthema
ist bedeutsam, aber es bietet, wie gezeigt, nur den
Rahmen für den Attiskommentar. Dessen Struktur muß zuerst erhoben
werden, bevor sich feststellen läßt, ob andere Strukturen
sich später darübergelegt haben, und ob bzw. wie weit diese die
ältere Struktur aufgenommen oder verändert haben.

3.2 Die Struktur des Kommentars zum Attislied

Unter "Struktur" verstehe ich hier nicht die Gliederung oder
den äußeren Aufbau des Kommentars[238], sondern den doktrinellen
Gesichtspunkt, nach welchem die einzelnen Glieder gedeutet werden.
Die Gliederung bestimmt der Attishymnus, die Struktur bestimmt
der Kommentator. Gliederung und Struktur (=doktrinelles
Konzept) sind jedoch voneinander nicht unabhängig, sondern einander
zugeordnet. Das Attislied selbst ist ja ein Kultlied aus
der Atmosphäre hellenistischer Mysterientheologie, die bestrebt
war, in allen Kulten und Mythen ein und dieselbe Urweisheit,
das Wirken ein und derselben göttlichen Kraft wiederzufinden[239].
Entsprechend ist hier die Figur des Attis mit allen möglichen
verwandten Göttergestalten der Urzeit zusammengestellt[240], um
all diese als nur verschiedene Offenbarungen oder Ausdrucksformen
des Attis darzutun[241]. Solche synkretistischen Kultlieder
setzen voraus, daß die einzelnen Götterfiguren ein bestimmtes,
wesentliches Merkmal gemeinsam haben, damit deren Identifizierung
möglich und sinnvoll ist. Unser Attislied ist also kein
zufällig entstandenes dichterisches Produkt, sondern Ergebnis
einer theologischen Reflexion, wonach die einander gleichgesetz-

---

238 Die durch das Attislied vorgegebene Gliederung ist, wie schon gesagt, im
   Kommentar (wenigstens von 7,9 an) klar erkennbar; sie endet mit der Figur
   des Syriktas (in 9,3), ihr genauer Beginn (7,3 oder 7,9) bleibt vorerst
   unbestimmt.
239 Leisegang, Gnosis 132.
240 Bousset, Hauptprobleme 184.
241 Dieselbe synkretistische Theologie hat auch die von H. in V 14 zitierte
   Offenbarungsschrift über "Die Proastier bis zum Äther" und das Baruchbuch
   Justins (Ref. V 26-27) geprägt.

ten mythischen Größen (Adonis, Endymion, Attis, Osiris usw.) ein Merkmal gemeinsam haben müssen, das ihre Identifizierung erst ermöglicht. Die Gliederung des Liedes entsprang also selbst einem doktrinellen Konzept, auch wenn das alle Figuren verbindende Merkmal aus dem Lied nicht abgelesen werden kann[242]. Für unseren Attiskommentar stellt sich die Frage: unter welchem Gesichtspunkt hat sein Verfasser den Synkretismus des Attisliedes verstanden und erklärt?

Sucht man im Kommentar nach einem den verschiedenen Götterfiguren gemeinsamen Merkmal, so könnte man an *das phallische Symbol* denken, das indirekt bei Attis (7,13-15), dann direkt bei Osiris (7,23.27-28), Hermes (7,29-30) und den samothrakischen Mysterien (8,10) genannt wird[243]. Auch "das himmlische Horn des Mondes" (8,4) ist in diesem Zusammenhang wohl phallisch verstanden worden[244]. Es ist das mystische Symbol (τοῦτο μυστικόν) schlechthin, das die Griechen von den Ägyptern übernommen und ihrerseits in den überall sich findenden Hermen dargestellt haben[245]. Mehr noch: es versinnbildet das große, verborgene Geheimnis des Alls. Darum steht es bei den Ägyptern am Eingang jedes Tempels, mit all seinen Früchten des Werdens bekränzt[246]. Es ist daher Offenbarung des Guten überhaupt[247], es ist τὸ τοιοῦτον[248], das von Anfang an der eigentliche Gegenstand des

---

242 Wir sind für dieses Merkmal zunächst auf Vermutungen angewiesen, wobei Untersuchungen über schon früher bekannte Identifizierungen einzelner Figuren unseres Attisliedes hilfreich sein können. Allgemein sei verwiesen auf die unter den einzelnen Götternamen sich findenden Beiträge in Pauly-Wissowa's Realenzyklopädie, im einzelnen (als kleine Auswahl) auf: Frazer, Adonis-Attis-Osiris: Studies in the history of Oriental religion, London 1906; Hepding, Attis, seine Mythen und sein Kult, Gießen 1903; De Jong, Das antike Mysterienwesen, Leiden 1909; M. Dibelius, Die Isisweihe, Heidelberg 1917; Merkelbach, Roman und Mysterium in der Antike, München 1962; Bergmann, Ich bin Isis, Uppsala 1968.
243 Ithyphallisch jedoch nur in soteriologischer Deutung, z.B. 7,27.29 (85, 7.22) und 8,10 (91,3).
244 Attis wird hier mit dem Mondgott Μήν identifiziert, vgl. Hepding 87-90. Mit dem Horn ist (nach Aratos 733. 778. 800) die Mondsichel gemeint (Gogolin 38 Anm.6).
245 7,28f (85,15-22).
246 7,27 (85,4-8).
247 7,28 (85,14f). Tertullian erwähnt, daß im phallischen Symbol das ganze Mysterium der Eleusinien anschaulich dargestellt wird: Adv. Valent. 1,3 (CC II 753,15f Kroymann).
248 7,28 (85,9f).

Kommentars des Attisliedes ist[249]. Wir können daher folgern, daß der Kommentator in dem phallischen Symbol das charakteristische Merkmal sah, das den verschiedenen Götterfiguren des Attisliedes gemeinsam ist und deren Identifizierung mit Attis nahelegte bzw. ermöglichte[250]. Mit dieser Erkenntnis ist die Frage nach der Struktur jedoch noch nicht beantwortet. Es ist weiter zu sehen, unter welchem doktrinellen Gesichtspunkt der Kommentator das phallische Symbol verstanden hat, d.h. wofür dieses ihm Symbol ist. Plutarch berichtet, daß Osiris "wegen seines zeugenden und nährenden Charakters" ithyphallisch dargestellt wird[251]. Entsprechend betont unser Kommentar, daß das Symbol mit all seinen Früchten des Werdens bekränzt ist[252], und daß es von allen "das Gute" (τὸ ἀγαθόν) oder auch "Gutesträger" (ἀγαθηφόρον) genannt wird[253]. Die Gottheit bewirkt demnach, weil zeugend, die Fruchtbarkeit aller werdenden Dinge und nährt so alles, weshalb sie das Gute schlechthin ist.

Diese mit dem phallischen Symbol gegebenen Leitgedanken finden im übrigen Kommentar eine gewisse Entsprechung. So wird, immer im Zusammenhang mit Osiris, die universale Zeugungskraft des Allsamens betont und durch ein Zitat aus einer ungenannten Offenbarungsschrift belegt[254], wobei in dem γίνεται ὃ θέλω allerdings eine pantheistische Vorstellung zum Ausdruck kommt. Eine Art Allnährer-Funktion des Göttlichen zeigt sich indirekt

---

249 Der Ausdruck erscheint erstmals in 7,11 (81,15), dann in 7,28 (85,9f, vgl. 85,14f), und wird in 7,29 (85,17) auf die Gestalt der ithyphallischen Hermen bezogen. In 8,9 (90,25f) erfolgt die Identifizierung mit dem Adam(na) der Samothraker, in 8,13 (91,17f) mit dem Korybas der Hämonier, welcher der Attis der Phrygier ist, auf den der Kommentator dann bei jedem neuen Epitheton mit (τὸν αὐτὸν) τοῦτον bis zum Abschluß in 9,9 (99,24) verweist, insgesamt noch 13 mal.
250 Dieselbe Vorstellung dürfte auch die Zusammenstellung der Figuren des Attisliedes selbst veranlaßt haben, vgl. Anm. 242. Sollte sich zeigen, daß dieser grundlegende Kommentar des Attisliedes überarbeitet worden ist, dann ist es möglich, daß dabei der alte Anfang des Stückes zerstört oder abgeändert wurde. Das in jedem Fall zurückweisende τὸ τοιοῦτον in 7,11 (81,15) könnte sich dann, außer auf die Seele (S. 81,14), primär auf das phallische Symbol - das früher genannt, später aber durch die Seele ersetzt worden ist - bezogen haben.
251 διὰ τὸ γόνιμον καὶ τὸ τρόφιμον: vgl. De Iside et Osiri 51 (371F - 372A). Hopfner (II 224) kommentiert: wegen der zeugenden Kraft des Gottes, denn Osiris heißt geradezu auch "Der Begatter".
252 7,27 (85,7f).
253 7,28 (85,14f).
254 7,25 (84,14-16). Die Vorstellung deckt sich mit der Lehre der Apophasis Megale, worüber Kap. 3.5.5 gesondert handeln wird.

am Anfang des Kommentars[255] in der stoischen Lehre von der Allbeseelung. Ähnliche, allerdings mehr pantheistische Züge finden sich auch außerhalb des eigentlichen Kommentars in dem Vergleich des Allprinzips mit dem "Horn des einhörnigen Stiers", das allem Seienden, je nach dessen Natur, Lieblichkeit mitteile, diese gleichsam befruchte wie der große Paradiesfluß[256]. Aber diese und ähnliche pantheistische Vorstellungen[257] treten zu sporadisch auf, um die zentrale Lehre, das Leitmotiv für die Struktur des Attiskommentars bilden zu können. Sie wirken wie ergänzende Funktionen des göttlichen Weltprinzips, das der Kommentator primär offenbar als die das All belebende Seele (ψυχή) versteht. Aus dieser all-belebenden Funktion der Weltseele folgert er darum umgekehrt, daß jedes Wesen, seiner jeweiligen Natur entsprechend, nach diesem universalen Prinzip, nach dieser All-Seele strebt (ψυχῆς γὰρ πᾶσα φύσις, ἄλλη δὲ ἄλλως, ὀρέγεται)[258]. Das göttliche Weltprinzip als alles belebende Seele, nach der alles strebt: das ist der formale Aspekt, der doktrinelle Gesichtspunkt, mit dem der Verfasser den Kommentar des Attisliedes programmatisch einleitet[259] und abschließt[260]. Dieses zentrale Thema hat die Struktur des Attiskommentars grundlegend bestimmt. Entsprechend verlangt in dem mehr kosmologisch orientierten Teil des Kommentars (7,10-8,4) die gesamte Natur nach Adonis/Endymion[261] und Attis[262], ähnlich wie in der Deutung der Isismysterien die Natur (= Isis) nach Osiris strebt[263]. Das himmlische Mondhorn ist selbst Symbol des göttlichen Prinzips, das aus seiner Fülle allem Seienden mitteilt (8,4). Der mehr soteriologische Teil des Kommentars (8,8-45) hingegen kreist um den Fall des Göttlichen in diese Welt, aus der es nach seinem

---

255 7,10 (81,7-13). Dieser Anfang wird in Kap. 3.5.1 noch untersucht werden.
256 9,14 (100,28-101,2).
257 Vgl. 7,10 (81,8) und 7,25 (84,14f).
258 7,10 (81,7). Dieser Vorstellung liegt die Lehre von dem Seelenvermögen, das Aristoteles (De anim. II,3) ὀρεκτικόν nennt, zugrunde, vgl. Gogolin 24. Eine ähnliche Lehre auch bei Klemens Alex., Strom. II 99,3 (II 167, 15 Stählin).
259 7,10 (81,7). Die Wiederholung dieses Themas in 7,11 (81,13f) wird noch eigens untersucht werden.
260 9,4 (98,15f). Hier ist die Seele "der Sohn", das Weltpneuma, nach dem alle Dinge streben.
261 Vgl. 7,11-12.
262 Vgl. 7,13; siehe jedoch die Kap. 3.1 gemachte Einschränkung.
263 Vgl. 7,23.

himmlischen Ursprung oben zurückstrebt[264]. Konsequent verbindet der Schluß (9,1-4) Kosmologie und Soteriologie in der Gestalt des weltwirkenden Pneumas (9,3), nach dem jedes Wesen strebt (9,4). Der Kommentar ist demnach eine allegorische Deutung des Attisliedes, in welcher das phallische Symbol die Gleichsetzung aller im Lied aufgeführten kultischen Gottheiten mit Attis ermöglicht und zugleich das mystische Zeichen ist für die alles belebende Seele, Prinzip und Ziel des Strebens der ganzen Natur[265]. Höhepunkt des Kommentars ist die Zusammenfassung aller gedeuteten Figuren in den beiden in 9,4 genannten Epitheta ὁ πολυώνυμος und ὁ μυριόμματος[266], die eben denjenigen meinen, "nach dem jede Natur, gemäß ihrer Eigenart, strebt". Diese Wiederholung der am Anfang (7,10) als Thema aufgestellten Formel zeigt zugleich das Ende des Kommentars an[267].

Dieses Kosmologie und Soteriologie gleicherweise umspannende doktrinelle Konzept ist im Kommentar konstant durchgeführt[268] und läßt sich, trotz der Fülle und der Verschiedenheit des daran

---

[264] Diese Grundidee wird nicht immer ausdrücklich betont, weil der Kommentator den Figuren des Attisliedes folgt. Klar ist zunächst die Deutung des samothrakischen Mysteriums (8,10), welche das zentrale Thema prinzipiell angibt: das Göttliche im Menschen strebt zu seinem Ursprung "oben" zurück. Beim Korybas (8,13) geht es um den Abstieg des Göttlichen von oben nach unten. Beim Papas (8,22) ist der von oben gestiftete Friede Zeichen der Erlösung. Der Tote (8,22f) ist der Göttliche unten, im Leib, der zur Auferstehung gerufen ist, d.h. zum Eingehen in den Himmel, wodurch er Gott wird (8,24). Unfruchtbar ist er im Zustand der Begierde unten (8, 30). Aipolos heißt er wegen seiner kosmischen (8,34) und zugleich erlösenden Tätigkeit, da er alles zu seinem Ursprung zurückwendet (8,36). Als grüne geerntete Ähre ist er Symbol für Eleusis und Anaktoreion: den Weg "von oben nach unten" und zurück "von unten nach oben" (8,39-41).
[265] Auf diese Struktur wurde in Kap. 3.1 bereits vorgegriffen: siehe auch Frickel, Apophasis 173-175.
[266] Beide Termini stammen wohl aus dem hellenisierten Isiskult. Nach Plutarch wird Isis von den meisten "Die Tausendnamige" (μυριώνυμος) genannt (De Iside 53: 372E). Ähnlich gibt sich Isis auch bei Apuleius (XI 5,1-3) als die unter vielen Gestalten und Götternamen Verehrte zu erkennen. Bei Philo (De conf. ling. 427) heißt der erstgeborene Logos der "vielnamige" (πολυώνομος). Dagegen sind die "tausend Augen" Symbol für die all-sorgende Funktion der Gottheit, vgl. Plutarch, De Iside 10: Die Ägypter schreiben den König und Herrn Osiris durch ein Auge und ein Zepter; manche aber erklären den Namen als "vieläugig" (πολυόφθαλμος), weil "Os" in der ägyptischen Sprache "viel", "iri" aber "Auge" besage (Hopfner II,8).
[267] 9,4 (98,14-16), vgl. Reitzenstein, Studien 111: "Mit der klaren Wiederholung des Anfangs des Teiles über die Seele schließt dann die eigentliche Rede".
[268] Vgl. Anm. 264.

angehängten Materials, noch deutlich erkennen[269]. Es bildet die
ideelle Struktur, welche die Grundgedanken der (dem Attislied
folgenden) Erklärungen bestimmt. Dabei hat der Kommentator diese seine Grundgedanken jeweils in allegorischen Deutungen des
Attisliedes ausgedrückt, die er grundsätzlich hellenistischer
Bildung (Philosophie, Mythologie, Poesie, Naturkunde) oder den
hellenisierten Mysterienkulten entnommen hat[270]. Biblisches Material des Alten oder Neuen Testamentes ist in diesen grundlegenden Deutungen nicht verwendet worden, da die von der Regel
abweichende Erklärung des Attis als πολύκαρπος (8,36) wahrscheinlich sekundär ist[271]. Die grundlegenden hellenistischen
Deutungen bilden jedenfalls die Basis, an der weitere Gedanken
und Assoziationen angehängt werden konnten.

Da die doktrinelle Struktur des Kommentars in der Zusammenfassung aller Deutungen in der Gestalt des "Vielnamigen" (9,4)
ihren Abschluß findet, kann das in 9,5 anschließende *Apophasiszitat* nur als ein diese Struktur verändernder Fremdkörper empfunden werden[272]. Die dort verkündete "Wurzel des Alls" ist

---

269 Obige Feststellung widerspricht der gängigen Meinung, daß die Komposition des Kommentars "unübersichtlich und verwirrend" sei; so zuletzt
Gogolin, Anhang S.2. Diese Meinung kommt in erster Linie daher, daß die
den Kommentar bestimmende ideelle Struktur nicht genügend erkannt wird.
Dies führt dazu, daß zwischen ursprünglichem Kommentar und Überarbeitung
nicht sachgemäß geschieden werden kann, sodaß Elemente, die zu verschiedenen Strukturen bzw. Schichten gehören, als zur gleichen Schicht gehörend betrachtet werden.
270 Die griechischen Quellen, die der Kommentator direkt oder indirekt benützt, hat Gogolin 66-100 (Texte und Übersetzung) übersichtlich zusammengestellt.
271 Der "Vielfrüchtige" wird direkt nach Is 54,1 gedeutet. Ähnlich unmittelbar wird der "Felsen" (7,35) durch Ps 117,22 und Is 28,16 erklärt; doch
erfolgt diese Deutung innerhalb der Hermes-Exegese (7,30-41), die ihrerseits keine Figur des Attisliedes erklärt und daher, streng genommen,
nicht zum Attiskommentar gehört. Die in 8,36 vorliegende Abweichung von
der sonst vom Kommentator befolgten Methode ist um so auffälliger, als
die Bezeichnung "vielfrüchtig" für Attis geläufig war und daher eine an
den Mythos oder den Kult des Attis anschließende Namenserklärung zweifellos näher lag als die biblische Deutung. Attis ist ja Symbol der
Fruchtbarkeit und der Vegetation überhaupt, vgl. Cumont, Attis 2250.
"Unfruchtbarer" heißt er hingegen, weil er als ein Eunuch von seiner
Mutter geboren worden war (Pausanias VII 17,9; zitiert von Schneidewin,
Hymnorum in Attin fragmenta inedita 256f). Die Vermutung ist daher begründet, daß die Deutung in 8,36 nicht ursprünglich, sondern späterer
Zusatz ist, vgl. Kap. 3.6.4.
272 Auch Reitzenstein hat zunächst das Apophasiszitat als störend empfunden
und darum den Passus 9,5-7 aus dem Text gestrichen und in die Fußnoten
verwiesen (Poim. 97 Anm.2). In Studien 111 (vgl. Anm. 267) hat er noch-

zwar die *letzte* Ursache des Werdens, aber diese "Wurzel" ist nach der Apophasis ungezeugt und liegt daher dem gezeugten Weltprinzip, wovon der Naassener spricht, voraus[273]. Vor allem aber kommt der gerade zuvor zusammengefaßte, für den Kommentar zentrale Gedanke des *Strebens* nach dieser Ursache in dem Apophasiszitat nicht zur Sprache. Vielmehr wird darin der ursprüngliche Gedankengang im Sinne einer Verkündigungstheologie abgebogen. Das Apophasiszitat hat daher in der grundlegenden Struktur des Attiskommentars keinen Platz und ist als eine spätere Interpolation anzusehen, die den Zusammenhang zwischen dem Kommentar und dem den Kommentar abschließenden Attislied unterbricht. Im Sinne der ursprünglichen Struktur genügte, nach der Zusammenfassung in der Gestalt des "Vielnamigen" (9,4), ein einfacher Demonstrativsatz, um zwanglos zu dem Attislied überzuleiten[274], welches den Kommentar sinngemäß abschließt[275].

Die in diesem Kapitel erhobene doktrinelle Struktur des Kommentars hält sich im Rahmen einer synkretistischen Mysterientheologie. *Kosmologisch* versteht sie Attis, die Zentralgottheit, als die alles belebende Weltseele, nach der jede Natur strebt. Als synkretistische Theologie lehrt sie die Identität der im Attislied genannten kultischen Gottheiten anderer Völker mit Attis, indem sie jene ebenfalls in der Doppelfunktion des Attis

---

 mals den Passus 9,4 als Abschluß des Kommentars bezeichnet. Daß er gegen seine eigene Schlußfolgerung dann jedoch das Apophasiszitat wieder in den ursprünglichen Text aufgenommen hat (Studien 172), offenbart nur die Widersprüche einer auf subjektivem Ermessen beruhenden Quellenscheidung.
273 Vgl. VI 18,2-4 (144,10-21), 17,1 (142,28).
274 Dieser Relativsatz könnte ähnlich gelautet haben, wie der jetzt den zweiten Hymnus in 9,9 (99,24) einleitende Satz: οὗτός ἐστιν ὁ πολύμορφος Ἄττις ὃν ὑμνοῦντες λέγομεν οὕτως. Dabei würde es genügen, den mit ὃν beginnenden kleinen Relativsatz an das ὀρέγεται in 9,4 (98,16) anzuschließen. Der Hinweis auf den Sänger, der das Lied im Theater vorträgt, gehört einer überarbeiteten Fassung des Kommentars an. Auch der bereits bei der Analyse von H.s Redaktion in 9,7 (vgl. Anm. 204) als Text der gnostischen Vorlage ermittelte Übergang zwischen Kommentar und Attislied gehört einer späteren, doktrinell anders strukturierten Form des Kommentars an, vgl. dazu Kap. 3.6.5.
275 Der auf das Attislied in 9,9 (100,1-10) folgende zweite Hymnus ist durch die Überleitung (S.99,24) organisch mit dem ersten Lied verknüpft und könnte daher bereits den ursprünglichen Kommentar abgeschlossen haben. Es besteht jedenfalls kein sachlicher Grund, für den zweiten Hymnus eine andere Herkunft zu postulieren (gegen Reitzenstein, Poim. 101 Anm.2; vgl. Wilamowitz, Hermes 37 (1902) 329f).

deutet: sie verkörpern das universale Weltprinzip, nach dem die ganze Natur strebt. Das diese Gleichsetzung ermöglichende Merkmal ist das phallische Symbol[276]. *Soteriologisch* versteht sie Attis (unter seinen verschiedenen Namen) als jenes göttliche Element, das in die irdische Welt, in den menschlichen Leib, herabgebracht wurde und nach seiner himmlischen Heimat zurückstrebt. Diese Rückkehr, vorgebildet durch die Verstümmelung und den Tod des Attis, geschieht durch die Loslösung von der Materie, im besonderen durch geschlechtliche Enthaltsamkeit (vgl. 8,40). Die Bestimmung des Attis als Weltseele (ψυχή) legt nahe, daß auch das Göttliche im Menschen (Attis) als die Seele des Menschen bzw. als deren vernunftbegabter Teil verstanden wurde.

Die hier umrissene Mysterientheologie ist nicht eigentlich gnostisch. Sie gehört zu jener philosophisch orientierten spirituellen Strömung, die man *Gnosis* nennen kann, wenn man diesen schillernden Begriff nicht ungebührlich auf die gesamte spätantike Geistigkeit ausweitet, sondern damit jene Vermittlung geheimen esoterischen Wissens umschreiben will, wie sie in den höheren Stufen der Mysterienreligionen üblich war, aber auch in den (soteriologisch orientierten) orphischen und neupythagoreischen Spekulationen der hellenistischen Zeit sowie in der Hermetik zum Ausdruck kam[277]. Die Vertreter solcher "Gnosis" fühlten sich zwar als Träger (und teilweise auch Vermehrer) geheimen esoterischen Wissens, aber weder haben sie sich deshalb "Gnostiker" genannt noch wurden sie von ihren Zeitgenossen als solche bezeichnet. Darum ist auch der hier analysierte synkretistische Attiskommentar ursprünglich *nicht gnostisch*[278]. Seine doktrinel-

---

[276] Der Hinweis darauf ist bei allen Gottheiten, außer bei Adonis-Endymion, explizit; aber auch dort weist das τὸ τοιοῦτον in 7,11 (81,15) auf dieses Symbol hin, vgl. Anm. 250.

[277] Die von H. Jonas und G. Quispel gegebenen Anstöße zu diesem umfassenderen Verständnis des Phänomens "Gnosis" sind auf dem Messina-Kongreß "Sulle origini del Gnosticismo" (1966) aufgegriffen worden, wo man "Gnosis" im weiteren Sinne vom "Gnostizismus" des 2./3. Jahrhunderts mit dessen revolutionären (das heißt: gegen den jüdischen Schöpfergott gerichteten) Weltpessimismus zu unterscheiden versucht hat. Der Begriff "Gnosis" bleibt nach wie vor unscharf und daher zwangsläufig umstritten; vgl. die zwei Beiträge in "Gnosis" (Festschrift für Hans Jonas, hrsg. von B. Aland, Göttingen 1978) von: U. Bianchi, Le Gnosticisme: Concept, Terminologie, Origines, Délimitation (SS. 33-64), und A.H. Armstrong, Gnosis and Greek Philosophy (SS. 87-124, besonders 87-89).

[278] In diesem Punkt unterscheidet sich der hier erhobene Kommentar von dem Reitzensteins und dem jener Forscher, die im Gefolge von Reitzensteins

le Struktur erklärt sich aus den Gedankengängen einer Kosmologie und Soteriologie umgreifenden *heidnischen* Mysterientheologie und bedarf keines jüdischen Einflusses zu ihrem Verständnis[279]. Wo der Kommentar, wie bei der Deutung des samothrakischen Mysteriums (8,9), einen solchen Einfluß vorauszusetzen scheint, wird daher zu prüfen sein, ob hier eine frühere Deutung durch eine spätere, von jüdischem Denken beeinflußte ersetzt worden ist[280]. Der alte Kommentar dürfte von einem Anhänger des synkretistischen Attiskultes verfaßt worden sein. Vielleicht darf man aus der im Lied vorgegebenen und im Kommentar wiederholten Aufzählung der verschiedenen Völker schließen, daß der Verfasser sich keinem dieser Völker zuzählte. Sicher aber darf man aus den Namen der aufgezählten Völker und Kulte folgern, daß er dem griechisch sprechenden Teil des Mittelmeerraumes entstammte.

Aus der doktrinellen Struktur ergibt sich ein weiterer, bisher übersehener Aspekt des Attiskommentars. Sie lehrt, wie gesagt, die Identität der (im Attislied und Kommentar behandelten) kultischen Gottheiten mit der Zentralgottheit Attis, da alle, nur unter anderem Namen, das eine göttliche Weltprinzip verkörpern, nach dem die ganze Natur strebt. Mit diesem Synkretismus verfolgt jedoch sowohl das Attislied als der Kommentar ein weiteres Ziel, das man ein *missionarisches* nennen kann: man beweist damit zugleich, daß die in Lied und Kommentar *genannten Völker* in den verschiedenen kultischen Gottheiten *einen und denselben Gott* verehren. Also: Assyrer, Ägypter, Griechen, Samothraker, Haimonier und Phrygier: diese alle verehren den einen, weltbelebenden Gott. Dieses missionarische Anliegen jedes echten Synkretismus hat bereits die Komposition des Attisliedes mitbestimmt[281]. Dieselbe Absicht verfolgt aber auch der ursprüngliche

---

Quellenscheidung einen ursprünglich heidnisch-gnostischen oder einen jüdisch-gnostischen Kommentar annehmen.
279 In diesem Punkt trifft sich der hier bestimmte Kommentar mit der ersten (dann aber aufgegebenen) Annahme Reitzensteins.
280 Ähnliches gilt für die Deutung des Attis als des "Vielfrüchtigen" (8,36), vgl. Anm. 271, sowie für die allegorische Hermes-Exegese (7,30-41).
281 Für das Attislied stand diese Intention von Anfang an außer Zweifel, vgl. Schneidewin (Anm. 259): Est id ex eo genere mysticarum cantilenarum, quae variorum populorum numina primaria in magna nominum diversitate tamen idem significare profitentur; Schneidewin bringt 259f weitere Beispiele synkretistischer Kultlieder und verweist auf Lobeck, Aglaoph. 460-465; Kroll, Die christliche Hymnodik 93; Leisegang, Gnosis 132.

Attiskommentar. Doktrinell zeigt er die Identität der im Lied genannten kultischen Gottheiten, aber diese Identität begründet zugleich die missionarisch wichtige Folgerung, daß die im Lied genannten Völker den einen Gott verehren. Darum werden diese Völker - und nur diese - in der Reihenfolge des Liedes namentlich wiederholt[282]. Der Kommentar ist ursprünglich zwar synkretistisch, aber (noch) *nicht universalistisch*. Diese für eine folgende Schichtentrennung aufschlußreiche Unterscheidung wurde bisher deshalb übersehen, weil die doktrinelle Struktur des Kommentars nicht genügend beachtet wurde. Es ist daher zu prüfen, ob und auf welche Weise die ursprüngliche Struktur eine Überarbeitung bzw. Weiterbildung erfahren hat. Zuvor ist aber noch der genaue Umfang, vor allem der Beginn des alten Kommentars zu bestimmen.

3.3 Der scheinbare Anfang des Kommentars zum Attislied

3.3.1 Das Lehrstück über den ersten Menschen (7,3-6)

Obwohl das Apophasiszitat in 9,5 bereits als Zusatz erkannt und die Naassenerschrift damit grundsätzlich als ein überarbeitetes Dokument bestimmt werden konnte, soll der Kommentar so lange als einheitliches Lehrstück behandelt werden, bis die Frage nach dem Anfang des ursprünglichen Kommentars geklärt ist. Diese Klärung ist notwendig, weil seit Reitzensteins Rekonstruktionsversuch hier eine gewisse Konfusion herrscht. Offensichtlich ist, daß der Kommentar spätestens ab 8,4 (Himmlisches Mondhorn) dem Attislied folgt[283]. Ebenso evident ist, daß der vorangehende Abschnitt 7,11-29 nicht nur Spuren des Kommentars zeigt[284], sondern selbst Kommentar ist[285], auch wenn eine spä-

---

[282] Die Disposition des Liedes wird nur durch den bei den Griechen verehrten Hermes (7,30-41) erweitert, die Anzahl der im Lied genannten Völker wird dadurch jedoch nicht vermehrt, weil die Griechen als Verehrer des himmlischen Mondhorns bereits genannt worden waren.
[283] Vgl. 8,4 (89,24f) mit 9,8 (99,15-17).
[284] Gogolin 11; Reitzenstein (Poim.98) spricht von dem "gleichen Charakter".
[285] Das καλοῦσι δὲ Ἀσσύριοι in 7,11 (81,14f) nimmt das Attislied 9,8 (99, 13f) wörtlich auf und leitet die Deutung des Adonismysteriums (7,11-12) ein. Die in 7,22-28 folgende Deutung des ägyptischen Mysteriums entspricht dem Osiris Ägyptens im Lied (S. 99,15).

tere Hand hier in den Text eingegriffen haben sollte. Die allegorische Hermes-Exegese (7,30-41) hat keine Entsprechung im Hymnus, ist aber mittels einer an die Gestalt der Hermen anschließenden Redaktion[286] und eines Rückverweises beim samothrakischen Mysterium[287] in den Attiskommentar eingebettet worden. Ihre ursprüngliche Zugehörigkeit zu diesem Kommentar wird allerdings fraglich, sobald eine spätere Überarbeitung feststeht. Fraglich ist aber vor allem, ob der Kommentar, wie seit Reitzenstein gewöhnlich angenommen wird, bereits mit dem Lehrstück über den ersten Menschen (7,3-6) oder erst in 7,10-11 begonnen hat.

Zunächst zum Lehrstück. Es legt in rhetorisch gefeilter Form[288] die Meinungen der verschiedenen Völker über den ersten Menschen vor, wobei zuerst die Griechen (=Hellenen), dann die Nichtgriechen (=Barbaren) aufgeführt werden[289], um mit dem "Adam" der Chaldäer zu enden, der eben als der Mensch erwiesen werden soll, den allein die Erde hervorgebracht hat[290]. Sinn des Lehrstückes ist es jedoch nicht, die Übereinstimmung der Völker über die "Erdentstammtheit" des ersten Menschen darzutun[291]. Der Glaube, daß der Mensch von der Erde hervorgebracht wurde, ist vielmehr, wie Anfang und Ende des Lehrstücks zeigen[292], als bekannt vorausgesetzt. Das Stück soll vielmehr zeigen, daß *Adam* und kein anderer der erste und einzige Mensch ist, den die Erde hervorgebracht hat. Der biblische Schöpfungsbericht über die Formung Adams aus Erde[293] ist also dem Verfasser verbindlich. Im Lichte der biblischen Wahrheit bestätigen dagegen die zuvor aufgezählten voneinander abweichenden Meinungen der

---

286 7,30 (85,23).
287 8,10 (91,3). Sollte die Hermes-Exegese erst später eingebaut worden sein, dann wäre auch der Rückverweis ein Zusatz.
288 Gegen Schneidewin, Hermann und Bergk, die das Stück für pindarische Prose hielten, hat Wilamowitz (Hermes 37, 1902, 328-332) dessen Prosa-Charakter hervorgehoben; Reitzenstein, Poim. 101.
289 Die Disposition der Meinungen nach "Griechen und Barbaren" hat H. in seiner Redaktion 7,1 (79,3) angekündigt, vgl. Wilamowitz 332. Dieser Hinweis ist sachgemäß und dürfte daher auch in H.s Vorlage das Lehrstück über den Menschen eingeleitet haben. Darüber hinaus gilt diese Disposition sowohl für das Stück über die Seele des Menschen (7,7-8) und für die im Attiskommentar genannten (7,10ff) Völker.
290 7,6 (80,4-6), Wilamowitz 332.
291 So Leisegang (Gnosis 116), der meint, solche Übereinstimmung der Völker gelte dem Verfasser als Wahrheitsbeweis; ebenso Gogolin 16f.
292 Vgl. 7,3 (79,10f) mit 7,6 (80,5f).
293 Gen 2,7; vgl. Kap. 3.5.5.

Völker nur die Richtigkeit des in 7,2 als These vorangestellten
Wortes des Propheten über den Menschen "Adamas": "Sein Geschlecht,
wer wird es erzählen;" (Is 53,8)[294]. Die Völker wissen zwar um
die erdhafte Herkunft des Menschen, aber über seinen wahren Ursprung, über sein Geschlecht, sind sie im Zweifel. Die Chaldäer
aber, so wird festgestellt, wissen um Adam, von dem alle Menschen abstammen[295]. Dann folgt der eigentliche Höhepunkt des
ganzen Abschnittes, der zeigen soll, warum der Adam vom Geschlecht
des "Adamas" oben ist. Der aus Erde gewordene Adam, so heißt es
weiter, lag zunächst da ohne Atem, ohne Bewegung, starr wie ein
Standbild, ein Bild jenes oberen Menschen Adamas (εἰκόνα ὑπάρχοντα ἐκείνου τοῦ ἄνω...'Αδάμαντος ἀνθρώπου). Er ist von vielen
Kräften geworden, über die im einzelnen eine vielfältige Lehre
existiert[296]. In knappen Strichen ist damit das dem Verfasser
Wesentliche über den Adam als "Bild Gottes" (vgl. Gen. 1,26),
das heißt des oberen oder himmlischen Menschen "Adamas" gesagt,
das vorangestellte Isaiaswort, das die Komposition des Abschnittes 7,2-6 bestimmt, als richtig erwiesen. Komposition und Vor-
stellungswelt des Lehrstückes sind geprägt von Spekulationen,
die sich am Bericht des Buches Genesis über die Schaffung des
aus Erde gebildeten Adam nach dem Bilde Gottes inspirieren. Das
Lehrstück über die wahre Herkunft des Menschen (7,3-6) gehört
folglich seiner Struktur nach nicht zum Kommentar des Attisliedes, sondern zum Rahmenthema der Naassenerschrift, in welches
der Attiskommentar eingefügt ist.

Es geht nun nicht an, das Lehrstück über die Erdentstammtheit
des Menschen deshalb in den Attiskommentar zu integrieren, weil

---

294 7,2 (79,7f). Das Lehrstück hat wahrscheinlich in einer hellenistisch-
jüdischen Apologetik seinen Sitz im Leben. Der Verfasser unserer Schrift
muß es nicht selbst zusammengestellt haben, sondern kann es aus einer
älteren Quelle übernommen haben. Vielleicht hat er auch nur eine ältere
derartige Aufzählung (vgl. ein ähnliches Stück bei Klemens Alex., Protr.
I 6,4: zitiert bei Wendland 79 Anm. zu Zeile 15-17) durch Hinzufügung
des Adam für seinen Zweck adaptiert.
295 Die Chaldäer bilden wohl deshalb eine Ausnahme, weil bei ihnen der
Stammvater Abraham geboren wurde (Gen 11,28; 15,7), dessen Väter das
Wissen um die Urgeschichte der Menschen überliefert haben. Vgl. auch
Zosimus bei Reitzenstein, Poim. 104, Zeile 5f.
296 7,6 (80,6-9). Zum Golem-Motiv und zur Belebung des aus Erde gebildeten
Adam in der gnostischen Literatur, siehe Schottroff, Der Glaubende und
die feindliche Welt 4-41, bes. 14-20 (Naassenerpredigt): zum Eingriff
H.s in den Text der Vorlage, vgl. Kap. 2.3.

es die im Attislied genannte (fragliche!) Geburt des Attis aus der Rhea[297], der Erdgöttin und Mutter der Menschen, anzuführen scheine[298]. Denn weder wird Rhea in dem Lehrstück erwähnt, noch darf man den von der Erde hervorgebrachten Menschen mit dem im Lied verherrlichten Attis gleichsetzen. Dort geht es um den von niederen Engelmächten geformten irdischen Menschen, hier geht es um den Göttersohn, der von Kronos, von Zeus oder von der Göttermutter Rhea abstammen soll[299]. Keine dieser hier aufgeführten Möglichkeiten wird in dem Lehrstück oder in dessen unmittelbaren Kontext erklärt oder auch nur erwähnt. Wir können daher ausschließen, daß die drei einleitenden Verse des Liedes, in 7,3-6 kommentiert werden. Der Grund, warum man das Lehrstück (seit Reitzenstein) als Anfang des ursprünglichen Kommentars betrachtet, ist ein banaler: weil es "so spezifisch hellenistisch" ist[300]. Das ist angesichts des kaum mehr zu überbietenden Synkretismus der Naassenerschrift natürlich kein Argument und außerdem sachlich unrichtig, weil das Stück in der uns überlieferten Form alttestamentlich geprägt[301] und überdies einer biblisch-gnostischen Argumentation von Is 53,8 untergeordnet ist. Man kann diesen objektiv vorliegenden Zusammenhang nicht auflösen, indem man den Abschnitt 7,2 als eine unverbindliche "Überleitung H.s" streicht und nur das Lehrstück allein beibehält[302]. Was H. in 7,2 berichtet, ist Text der Vorlage[303], in der Isaiaszitat

---

297 Vgl. 9,8 (99,12).
298 Gogolin 11 und 13.
299 Vgl. 9,8 (99,11f).
300 So Bousset, Hauptprobleme 184, mit Bezug auf den Anfang der von Reitzenstein rekonstruierten Schrift.
301 Das zeigt bereits der aus der Erde gewordene "Adam" als "Bild Gottes", vgl. Anm. 293f.
302 So Reitzenstein, Poim. 83 und Studien 161; Gogolin 101.
303 Siehe oben Kap. 2.4. Die Annahme einer rein subjektiven Überleitung durch H. entstand aus ungenügender Kenntnis von H.s Arbeitsmethode. Bereits Wilamowitz hatte behauptet, H. tue in 7,2-6 so, "als lieferte er von sich die Widerlegung aus den heidnischen Quellen" (Hermes 37, 1902, 331; übernommen von Wendland 78 Anm. zu Zeile 10ff). Aber H. sagt ausdrücklich, daß die Gnostiker sowohl Is 53 als auch das Lehrstück mit den verschiedenen Meinungen der Völker über die Herkunft des Menschen aus Erde als *ihr* Argument anführen. Schriftzeugnis und Beleg, darin besteht ja der klassische Schriftbeweis. Die beiden φησίν in 7,4.5 (79,13 und 80,3) sind kein Indiz für eine Auslassung im Text der Vorlage, sondern sind von H. zwecks Hervorhebung des Inhalts eingefügt, der das Stück höchstwahrscheinlich wörtlich und ungekürzt aus der Vorlage übernommen hat.

Der Passus über die Seele des Menschen (7,7-8)   55

und Lehrstück als zwei Glieder einer Argumentation zusammengehören. Wer Ersteres streicht, kann das Zweite nicht als Text der Vorlage belassen.

3.3.2 Der Passus über die Seele des Menschen (7,7-8)

Ist einmal erkannt, daß die Einleitung 7,2 und das Lehrstück 7,3-6 nicht dem Attiskommentar, sondern dem Rahmenthema angehören, dann läßt sich auch der Passus über die Seele[304], der die Darlegungen über den Leib, irdisches Abbild des Adamas oben, fortsetzt und anthropologisch ergänzt, als Teil des Rahmens bestimmen. Wie dort, fehlt auch hier jeder Bezug zum Attislied. Es geht vielmehr um die Seele als das Prinzip, das den irdischen, ohne Lebensatem daliegenden Adam belebt und dadurch den Mächten der Schöpfung dienstbar macht. Damit wird der ganze Abschnitt dem Rahmenthema "über das Geschlecht des Menschen" untergeordnet. Daher heißt es weiter: "Damit nun völlig beherrscht sei der große Mensch, von dem von oben jede Vaterschaft, die im Himmel und auf Erden genannt wird, ihren Bestand hat, wurde ihm auch eine Seele gegeben[305], damit er (d.h. der Anthropos) durch die Seele leide ($πάσχῃ$) und das versklavte Gebilde des großen, schönsten und vollkommenen Menschen gezüchtigt werde ($κολάζη$-$ται$)"[306]. Hier wird nur die den Menschen belebende Seele, also das psychische Prinzip im Menschen erklärt, während der im Menschen verborgene göttliche Lebensfunke nicht erwähnt wird[307]. Der Verfasser verfolgt jedoch mit dem Passus 7,7-8 einen tieferen Sinn, der aber infolge der polemischen Eingriffe H.s in die Vorlage zunächst nicht einsichtig ist. Der ursprüngliche Text läßt sich mittels der Kenntnis von H.s polemischer Arbeitsweise mit großer Wahrscheinlichkeit wie folgt erheben. Die überschwengliche Beschreibung des Adamas "oben" als "des großen, schönsten und vollkommenen Menschen" (7,7) hat H. zunächst durch einen kleinen Nachsatz ironisch apostrophiert: "so nämlich nen-

---
304 7,7-8 (80,10-21).
305 Der Text der Hs hat hier eine Lücke; vielleicht hat H. selbst schon die Vorlage gekürzt und dabei einen zum Verständnis wichtigen Passus über den "Fall" des Anthropos in sein irdisches Abbild versehentlich ausgelassen, vgl. Exkurs II und Anm. 171.
306 7,7 (80,10-14).
307 Darüber ausführlicher in Kap. 3.5.6 und in Exkurs II.

nen sie ihn (οὕτως αὐτὸν καλοῦσι)"³⁰⁸. Das hat zur Folge, daß
auch der folgende Satz wie ein Bericht in indirekter Rede wirkt:
"Sie suchen nun wieder (ζητοῦσιν οὖν αὖ)³⁰⁹, was die Seele ist,
woher und welcher Art von Natur, damit sie, in den Menschen gekommen und ihn bewegend, das Gebilde des vollkommenen Menschen
versklave und züchtige"³¹⁰. Darnach teilt also H. mit, daß *die
Naassener* es sind, die nach Ursprung und Eigenart der Seele suchen. Diesen Eindruck verstärkt er noch durch einen Zusatz, der
den Vorsatz wieder aufnimmt, um das Bemühen der Naassener polemisch abzuwerten: "Sie suchen (ζητοῦσιν) das aber nicht von den
Schriften, sondern ebenfalls aus den Geheimlehren"³¹¹. Hier
liegt jene Abwertung der Gegner mittels polemischer Wiederholung
ihrer eigenen Aussagen vor, die wir oben³¹² als ein typisches
Stilmittel H.s und als ein Kriterium für authentischen Text aus
der Vorlage innerhalb einer Polemik H.s erkennen konnten. Die
polemische Wiederholung des Hauptverbs des Vorsatzes erweist
hier also das erste ζητοῦσιν in 7,8 als Bestand der Vorlage, und
damit den ersten Satz überhaupt. Mit anderen Worten: das Suchen
nach Ursprung und Eigenart der Seele stand bereits in H.s Vorlage. Aber natürlich sagten die Naassener das nicht von sich
selbst, sondern von den anderen Menschen. Sie sind es ja, die
in ihrer Schrift *über den Menschen* Auskunft geben, nicht nur
über dessen irdischen Leib als Bild des Adamas, sondern auch
über dessen Seele, die das irdische Bild des Adamas versklavt³¹³.
Das Suchen nach Ursprung und Natur der Seele ist demnach im
Licht der in 7,2 nach Is 53,8 aufgestellten und in 7,3-6 bewie-
senen These über Adamas zu sehen, über dessen wahres Geschlecht
die Menschen im Zweifel sind: nicht nur über den Adam, sondern
auch über dessen Seele sind die Menschen im Zweifel. Diesen
Sachverhalt hat der Verfasser hier nicht mittels Aufzählen der
verschiedenen Meinungen bewiesen, sondern einfach und lapidar

---

308 7,7 (80,14); ähnlich auch in 7,31 (86,10f).
309 So nach der Korrektur von Schneidewin und Wendland: die Hs liest οὖν
    αὐτόν.
310 7,8 (80,15-17).
311 7,8 (80,17f).
312 Bei Prüfung der Eingriffe H.s in den Text der Vorlage, vgl. Kap. 2.4.
313 Darum fügt H. auch sofort in 7,9 (80,21-81,2) ergänzend hinzu, daß sie
    die Lehren über die vielfältigen Veränderungen der Seele im Ägypterevan-
    gelium niedergeschrieben hätten.

Der Passus über die Seele des Menschen (7,7-8) 57

festgestellt. Wollen wir die Bedeutung des fraglichen Satzes in 7,8 nach der Vorlage verstehen, dann müssen wir zu dem ersten ζητοῦσιν sinngemäß ein Satzsubjekt wie τὰ ἔθνη[314] oder οἱ πάντες ἄνθρωποι[315] gedanklich ergänzen. Die Handschrift selbst gibt uns für die Rekonstruktion einen Hinweis, da sie an der fraglichen Stelle, offensichtlich unrichtig, αὐτὸν liest[316], was die Göttinger Ausgabe und Wendland in αὖ korrigieren, andere hingegen einfach tilgen wollen[317]. Ich greife die von Miller bereits vorgeschlagene Emendation in αὐτοὶ auf und lese: ζητοῦσιν οὖν αὐτοὶ πάλιν τίς ἐστιν ἡ ψυχή. Das besagt bezüglich der vorgenannten Völker: "Es suchen diese nun weiterhin, was die Seele ist" usw.[318]. Was H. polemisch von den Häretikern selbst behauptet, hatten diese in H.s Vorlage von den Völkern gesagt[319]. Steht dieser Sachverhalt einmal fest, dann muß auch der auf H.s Polemik[320] folgende Satz bereits in der Vorlage gestanden haben und eine ergänzende Aussage zum Suchen der Völker gewesen sein: "Es sei aber, sagen sie[321], die Seele sehr schwer zu ergründen (δυσεύρετον πάνυ) und zu begreifen..."[322]. Das war kein Eingeständnis der eigenen vergeblichen Forschung seitens der Gnostiker, sondern eine Aussage über das ungewisse Suchen der Völker hinsichtlich der Seele, das jedem gebildeten Menschen damals bewußt war[323]. In dem kleinen Abschnitt 7,7-8 läßt sich somit folgender systematischer Aufbau erheben: zuerst wird im Anschluß an 7,6 die Funktion der Seele bezüglich des Plasma des Adamas erklärt (7,7); dann folgt die Feststellung, daß die Menschen

---
314 So wurden in 7,1-2 (79,5.9) bereits "die Völker" eingeführt, die über die Herkunft des Menschen Adam im Zweifel sind. Beide Stellen sind jetzt durch H.s Polemik entstellt, die Strukturanalyse wird es jedoch erlauben, gerade diese Hinweise auf "die Völker" als Text der Vorlage H.s zu bestimmen, vgl. Anm. 326.
315 So werden die Völker in 7,9 (81,2f) auch genannt, siehe dazu Kap. 2.4.
316 7,8 (80,15).
317 So Reitzenstein, Poim. 84 Anm. 6.
318 Erst bei dieser Lesart versteht sich das οὖν und das πάλιν im Text.
319 Diese Folgerung wird durch die dem Naassener eigentümliche Vorstellung und Terminologie in dem fraglichen Satz von 7,8 (80,15-17) bestätigt.
320 7,8 (80,17f).
321 Das φασί von 7,8 (80,18) ist Redaktion H.s.
322 7,8 (80,18-21).
323 H. selbst bestätigt das in VII 19,5 (194,19-23) vor seinem Basilides-Bericht, wo er von Aristoteles sagt, seine Lehre über die Seele sei dunkel: seine Definition sei leicht zu erlernen, was sie aber bedeute, sei schwer zu ergründen (δυσεύρετον), vgl. Wendland 194 Anm. zu Zeile 23f (mit Stellenangaben).

auch Ursprung und Natur der Seele mit ungewissen Ergebnissen erforschen (7,8a), was sodann durch eine sachliche Aussage bestätigt wird (7,8c)[324]. Die Aussagen des Abschnittes 7,7-8 stehen folglich unter demselben doktrinellen Gesichtspunkt wie das Lehrstück 7,3-6 vom Menschen: über sein Geschlecht sind die Völker im Zweifel. Diese Entsprechung zeigt sich auch in einer parallelen systematischen Disposition. Im Abschnitt über die Seele entspricht der vorangestellten These ζητοῦσιν οὖν αὐτοὶ πάλιν τίς ἐστιν ἡ ψυχή der Nachsatz: εἶναι δὲ...τὴν ψυχὴν δυσεύρετον πάνυ καὶ δυσκατανόητον (7,8). Ganz ähnlich wird im Abschnitt über den irdischen Menschen nach dem thematischen Schriftwort (Is 53,8) die These aufgestellt, daß das Geschlecht des Menschen unenträtselbar und nicht sicher bestimmbar sei (ἀνεξεύρητον καὶ ἀδιάφορον τοῦ ἀνθρώπου γενεάν)[325], welcher im Lehrstück der Nachsatz entspricht: χαλεπὸν δε ἐξευρεῖν, εἴτε... εἴτε...εἴτε[326]. Die Struktur von 7,7-8 wie auch die parallele systematische Disposition des ganzen Abschnittes 7,2-8 bestätigen somit, was eingangs bereits deutlich geworden war: der Abschnitt über die Seele gehört seiner Struktur nach nicht zum Attiskommentar, sondern zum Rahmenthema der Naassenerschrift.

3.4 Der ursprüngliche Anfang des Kommentars zum Attislied

Damit sind wir zu dem Abschnitt 7,9 gelangt, welcher den anthropologischen Vorspann (7,2-8) mit dem eigentlichen Attiskommentar verbindet. Die Stelle steht ihrerseits in Parallele zu den vorgenannten Zweifeln der Völker über den Ursprung des Leibes und der Seele des Menschen[327]. Inhaltlich geht es auch hier um die Seele, aber damit ist plötzlich nicht mehr das den Men-

---

324 Im ursprünglichen Kontext von 7,8 hat statt des δὲ (S. 80,18) vielleicht γὰρ gestanden.
325 7,2 (79,9). Die Lesart der Handschrift ἀδιάφορον kann man wohl als "nicht sicher bestimmt" interpretieren; Cruice und Reitzenstein korrigieren in διάφορον, Wendland in ἀδιάφθορον, was jedoch dem Sinn des Lehrstücks widerspricht.
326 7,4 (79,13ff). Daß die zwei Sätze (in 7,2 und 7,4) einander entsprechen und eine Einheit bilden, hat Reitzenstein (Poim. 99) eigens betont und damit implizit zugegeben, daß auch der Vorsatz zur Vorlage H.s gehört haben muß. In seiner Textrekonstruktion (Poim. 83) hält er den Satz allerdings für eine Überleitung H.s.
327 Vgl. Reitzenstein, Poim.99: "in strengstem Parallelismus wird gesagt".

schen belebende (psychische) Prinzip, also die Individualseele, sondern die den Kosmos durchwirkende Allseele gemeint. Der Begriff "Seele" hat also in 7,9 gegenüber 7,7-8 einen fundamentalen Bedeutungswechsel erfahren, der sich auch vom pantheistischen Gottesbegriff der Naassenerschrift her schwer einsichtig machen läßt[328]. Der inhaltliche Bruch deutet darauf hin, daß der synkretistisch orientierte Attiskommentar in ein anthropologisches Schema von anderer doktrineller Orientierung eingebaut worden ist.

Auch in 7,9 geht es nicht um die Zweifel der Häretiker, sondern um die Ratlosigkeit "der Völker" betreffs der Herkunft der Weltseele[329]. Der Passus 7,9 setzt damit das Leitmotiv fort, das in dem anthropologischen Vorspann hinsichtlich der Herkunft des irdischen Menschen und der menschlichen Seele bereits aufgezeigt wurde. Diese Entsprechung zeigt sich auch stilistisch in der parallelen Struktur der Verben, die in der dritten Person plural die Meinungen der Völker aussagen: so zweimal φασίν[330], sowie das ζητοῦσιν οὖν[331] und jetzt das einleitende ἀποροῦσιν οὖν[332]. Wir müssen somit auch den Abschnitt 7,9 über die Ratlosigkeit der Menschen seiner Struktur nach dem Rahmenthema der Naassenerschrift zuweisen: die Völker sind in ihren Meinungen im Zweifel über die Herkunft oder "das Geschlecht des Menschen". Dabei geht es hier, wieder eine Stufe weiter, um die Herkunft der göttlichen Weltseele, worunter in der Konsequenz des "vom Menschen" handelnden Rahmenthemas jetzt nicht mehr Attis, sondern der himmlische Mensch "Adamas" in seiner kosmischen wie soteriologischen Funktion verstanden werden muß.

Die Tatsache, daß die in 7,9 aufgeworfene Frage zum Rahmenthema gehört, bedeutet jedoch nicht, daß der Passus zum Attis-

---

328 Der abrupte Übergang wird durch die eigenartige Bestimmung der Seele in 7,8 (80,19-21), die an die Umschreibungen des göttlichen Prinzips im Sethianerbericht (V 19,1: 116,20f) und im Apophasisbericht H.s (VI 9,7: 137,1f) erinnert, nur wenig gemildert.
329 Vgl. die Analyse von H.s Redaktion in 7,9 in Kap.2.4. Diesen Sachverhalt hat auch Reitzenstein erkannt, da er - wenn auch ohne Beweis - meint: "Das Original hatte die Zweifel der verschiedenen Völker wohl aufgeführt" (Poim.84 Anm.9). Warum er dann den ganzen Passus über die Völker als Redaktion H.s aus dem Text verbannt hat, bleibt unerfindlich.
330 7,3 (79,10); 7,5 (79,19).
331 7,8 (80,15).
332 7,9 (81,2).

kommentar keinen Bezug hätte. Für Reitzenstein gilt es als ausgemacht, daß die (dreifache?) Frage in 7,9 sich eindeutig auf die zwei ersten Zeilen des Attisliedes bezieht, wo nach der Geburt des Attis aus Kronos, Zeus oder Rhea gefragt wird[333], so daß folglich mit 7,9 der eigentliche Kommentar zum Attislied beginnt[334]. Der Vorseiende (ὁ προών) in 7,9 entspreche dem Kronos im Lied, der als "der oberste Gott immer der unerschaffene" ist, das ausgeschüttete Chaos dagegen bedeute Rhea, die "für die stoische Deutung das Chaos ist". Entsprechend meine der Selbstentstandene (αὐτογενής) den Zeus im Lied.

Dieser Bezug von 7,9 zum Attislied ist jedoch nicht so einfach und eindeutig, wie das hier zunächst scheint. Schon deshalb nicht, weil der Text in 7,9 eine Korruptel enthält und die von Reitzenstein gewählte Lesart fraglich, höchstwahrscheinlich sogar unrichtig ist. Folgende Lesart scheint dem ursprünglichen Text[335] wie auch dem Sinnzusammenhang am besten zu entsprechen: ἀποροῦσιν οὖν... οἱ πάντες... ἄνθρωποι[336], πότερόν ποτε ἐκ τοῦ προόντος ἐστίν ἐκ τοῦ αὐτοῦ γε νοὸς ἢ ἐκ τοῦ ἐκκεχυμένου χάους[337].

Nach dem Text der Handschrift ist die hier gestellte Frage nicht eine dreifache[338], sondern nur eine zweifache. Ob die Seele aus dem Vorseienden oder aus dem Chaos sei, das heißt sinngemäß: ob sie aus dem Geist oder aus der Materie stammt. Diese Alternative trifft sicher den Kern der Frage[339], gleichgültig ob man den auf den Vorseienden folgenden verderbten Text

---

333 9,8 (99,11f).
334 Reitzenstein, Poim 99: anders Gogolin, der den Kommentar schon mit 7,3 beginnen lassen möchte, vgl. Kap. 3.3.
335 Ich verdanke die m.E. geglückte Textemendation L. Abramowski (Ein gnostischer Logostheologe 48 Anm. 87), die mir ihr Manuskript noch vor dem Abschluß meiner Arbeit freundlicherweise zugeschickt hat.
336 Die polemische Redaktion H.s ist im Text ausgelassen worden, vgl.Kap.2.4.
337 7,9 (81,2-4), deutsch z.T. nach Abramowski: "Es sind aber alle Menschen ratlos, ob sie (d.h. die Seele) etwa aus dem Vorseienden sei, aus seinem Nus nämlich, oder aus dem ausgeschütteten Chaos".
338 Drei Fragen entstanden erst durch das von Miller und den folgenden Herausgebern nach dem Vorseienden eingefügte ἤ.
339 Das hat Leisegang (Gnosis 119) richtig erkannt. Seine Emendation, welche den Selbstseienden einfach mit dem Vorseienden identifiziert ("aus dem von selbst entstandenen Praeexistenten": Gnosis 118f), ist jedoch nicht möglich, weil der Vorseiende "stets der ungewordene Urvater ist, der Selbstentstandene dagegen das zweite Wesen (der Nus)": Herzhoff 124 Anm. 2.

ἐκ τοῦ αὐτοῦ γένους mit Bunsen und allen Folgenden in αὐτογενοῦς (= aus dem Selbstentstandenen) oder mit Abramowski in αὐτοῦ γε νοός (= aus seinem Nus nämlich) emendiert. Der Selbstentstandene (= Autogenes) und der Nus sind im gnostischen Denken eine Einheit: jener ist das Erkennbare, das Erfaßbare der unerkennbaren, unfaßbaren Gottheit, das Bild des absolut unsichtbaren Vorvaters und daher die Verkörperung des göttlichen Bereiches schlechthin. Als solche stellt der Autogenes keine echte Alternative zum Vorseienden dar, wenn Vorvater (= Gott) und Chaos (= Materie) einander entgegengestellt werden. Damit scheidet Miller's Textemendation praktisch aus, wodurch dann wiederum Bunsens Emendation hinfällig wird, wenn man den Fehler von Leisegang[340] nicht wiederholen will. Somit bleibt eigentlich nur die von Abramowski vorgeschlagene Lesart als Ausweg übrig[341], für deren Richtigkeit auch die zwei alternativen Fragen in 7,9 sprechen. Die hier festgestellte Ratlosigkeit aller Menschen bezieht sich nämlich primär nicht auf die drei Möglichkeiten (Kronos, Zeus, Rhea) des Attisliedes, sondern auf die Zweiteilung in den drei ersten Versen des Naassenerpsalms, wo die Seele als Drittes zwischen dem göttlichen Nus und dem ausgeschütteten Chaos aufgeführt wird[342]: Νόμος ἦν γενικός τοῦ παντὸς ὁ πρωτότοκος νόος, ὁ δὲ δεύτερος ἦν τοῦ πρωτοτόκου τὸ χυθὲν χάος, τριπάτη ψυχὴ δ'ἔλαβ'ἐν(θ') ἐργαζομένην νόμον[343].

Hier wird das göttliche Urprinzip, der Vorseiende, nicht genannt, aber als "Vater" des erstgeborenen Nus vorausgesetzt[344].

---

340 Vgl. Anm. 339.
341 Abramowski erklärt den jetzigen Text der Handschrift durch ein Versehen, das aus den in der Spätantike üblichen verschiedenen Schreibarten für νοῦς entstanden sei. Der Naassenerpsalm hat beispielsweise den Nominativ der unkontrahierten Form νόος. In 7,9 habe dagegen der Schreiber den Genetiv der dritten Deklination νοός (hier benützt in Anspielung auf den Psalm) nicht als solchen erkannt, sondern zu einem Nominativ kontrahiert.
342 Reitzenstein hat diesen Bezug übersehen, weil er den Psalm als ein von H. angefügtes Anhängsel, verstand.
343 10,2 (102,23-103,1), Text nach Herzhoff 141, der S.81-91 den Passus ausführlich diskutiert und S. 142 übersetzt: "Das universale Gesetz des Alls war der erstgeborene Nus; das zweite Wesen aber nach dem erstgeborenen war das ausgegossene Chaos; an dritter Stelle erhielt dort die Seele, schaffend, ihr Gesetz".
344 So auch Abramowski a.a.O. Die Rede Jesu im Psalm 10,2 (103,12ff) ist an diesen Vater gerichtet. Zugrunde liegt eine frühgnostische Vorstellung, die den erstgeborenen Nus mit dem präexistenten Jesus identifiziert; sie findet sich auch bei Basilides in Iren. I 24,4; vgl. Wolbergs, Griechische religiöse Gedichte 41 Anm. 16 und Herzhoff 82 Anm. 4.

Dieser transzendente προών, der auch nach dem Attiskommentar der Vater des göttlichen Weltprinzips ist[345], manifestiert sich durch diesen seinen Sohn, der als Erster überhaupt in Erscheinung tritt und als göttlicher Nus das universale Gesetz des Alls selbst ist. Der Nus ist Erscheinung und Offenbarung des vorseienden Vaters, weshalb er auch für diesen stehen kann. Darin liegt die tiefere Begründung der für 7,9 rekonstruierten Lesart. Vor allem spricht aber auch das dort erwähnte ausgeschüttete Chaos (τοῦ ἐκκεχυμένου χάους) für einen direkten Bezug zum Naassenerpsalm bzw. zu dem dort als Zweites genannten geschütteten Chaos (τὸ χυθὲν χάος). Dieser sonst nicht bezeugte Terminus[346] bestätigt die Annahme, daß in 7,9 eine direkte Anspielung auf das geschüttete Chaos des Psalms vorliegt[347]. Die Zweiteilung in 7,9 von προών bzw. νοῦς und χάος als fraglicher Ursprungsort der ψυχή wird also sowohl durch das kosmologische Schema als auch durch die Terminologie des Naassenerpsalms bestätigt. Umgekehrt ergibt sich daraus, daß der Verfasser von 7,9 seine Fragen nach der Herkunft der Seele nach der kosmologischen Vorstellung des Naassenerpsalms formuliert hat, die er offenbar teilte.

Dieser Sachverhalt schließt den Bezug von 7,9 zum Attiskommentar nicht aus. Der Passus dient ja als Einleitung zu dem Thema der Allseele, womit der Kommentar in 7,10 einsetzt, um auf die Mysterien der Assyrer (7,11-12) überzugehen, wobei er sich zweifellos auf das Attislied bezieht. Dort gehen den Assyrern aber die Verse über die (fragliche) Geburt des Attis (aus Kronos, Zeus oder Rhea) voraus. Die drei Größen "Vorseiender, Nus, Chaos" stehen also tatsächlich für Kronos, Zeus und Rhea, umso mehr, als die Weltseele in 7,9ff für den Attis des Liedes steht. Somit gehört der Abschnitt 7,9 sowohl zum Rahmenthema der Naassenerschrift, also auch zum Attiskommentar. Folglich hat der

---

345 9,1 (97,24-98,3).
346 Ein Anklang daran findet sich bei den Valentinianern Iren. I 5,5 (I 49 Harvey), wo das Wesen der ungeformten Urmaterie als τὸ κεχυμένον καὶ ῥευστὸν τῆς ὕλης bestimmt wird, vgl. Herzhoff 85.
347 Wobei in 7,9 "das poetische Simplex durch das geläufige Compositum wiedergegeben ist" (Herzhoff 127). Herzhoff hält den Bezug auf den Psalm "für wahrscheinlich". Das ist jedoch zu wenig angesichts der Gründe, die für den Psalm als authentischen Abschluß der Naassenervorlage H.s sprechen, vgl. Kap.2.2.

Verfasser von 7,9 den Anfang des Attisliedes im Lichte der gnostischen Theologie und Kosmologie des Naassenerpsalms gedeutet. In 7,9 fließen also drei verschiedene Gesichtspunkte zusammen, und es erhebt sich die Frage, ob der Passus bereits zum ursprünglichen Kommentar gehört hat, oder bei einer Überarbeitung verändert oder überhaupt erst geschaffen wurde. Mehrere Indizien sprechen für die letzte Annahme.

Zunächst fällt auf, daß 7,9 die Fragen (mehr philosophisch) in der Terminologie des Psalms formuliert, die drei im Attislied genannten Götter, die doch allegorisch gedeutet werden sollen, dagegen überhaupt nicht erwähnt. Der Passus hebt sich dadurch deutlich vom übrigen Kommentar ab, der von den assyrischen Mysterien (7,11) an grundsätzlich zuerst die einzelnen mythischen Aussagen des Liedes wörtlich aufnimmt und dann erst deren allegorische Deutung gibt. In 7,9 liegt daher wohl ein sachlicher, nicht aber der für den Kommentar typische wörtliche Bezug zum Attislied vor[348]. Weiter fällt auf, daß die Ratlosigkeit, von der 7,9 spricht, eine universale ist: *alle* Menschen sind ratlos, während der grundlegende Kommentar seiner Struktur nach nur zeigen will, daß die *im Lied genannten Völker* den einen, weltbelebenden Gott verehren[349]. Nach dieser seiner Struktur ist der Kommentar synkretistisch orientiert, der Passus 7,9 hat dagegen ein universalistisches Konzept im Auge. Dieses Konzept ist außerdem in das Rahmenthema der Naassenerschrift eingebettet. Der Passus 7,9 gehört also strukturell zu einer späteren Schicht des Kommentars und man darf daher wohl annehmen, daß er erst bei einer späteren Überarbeitung geschaffen wurde. Man könnte zwar fragen, ob in 7,9 vielleicht eine ältere Einleitung später doktrinell anders überarbeitet worden sei. Dem steht aber entgegen, daß die ersten drei Verse des Attisliedes über die Geburt des Attis doktrinell neutral gehalten sind. Der Verfasser des Liedes läßt es offen, ob Attis von Kronos, Zeus oder Rhea stammt. Ihn interessiert die Tatsache, daß die namentlich aufgeführten Völker in ihren kultischen Gottheiten die eine Zentralgottheit Attis verehren. Von daher ist es zum wenigsten wahrscheinlich,

---

348 Daß von den drei in 7,9 genannten Größen nur der Vorseiende im Kommentar (9,1) begegnet, mag Zufall sein; den Nus hätte man bei der Erklärung des "Sohnes" in 9,1-2 erwartet.
349 Siehe Kap. 3.2 (Schluß).

daß auch der (dem Attiskult angehörende) erste Kommentator gar nicht das Bedürfnis spürte, die ersten Zeilen des Liedes eigens zu erklären, die zudem weder zu seiner doktrinellen Beweisführung noch zu seiner missionarischen Absicht etwas beitrugen. Vielleicht hat er die einleitenden Verse, ähnlich wie den zweiten Hymnus in 9,9, als eine Art Akklamation der Gottheit[350] verstanden, die keiner Erklärung bedurfte. Für den Anfang des ursprünglichen Kommentars ist jedenfalls eine Deutung von Kronos, Zeus und Rhea nicht erforderlich. Als Einleitung könnte ursprünglich ein Hinweis auf Attis, die Weltseele, und das diese versinnbildende phallische Symbol gestanden haben[351], vielleicht in Anspielung auf τὸ κατηφὲς ἄκουσμα ‘Ρέας des Liedes[352], worauf dann τὸ τοιοῦτον beim Mysterium der Assyrer[353] zurückgewiesen hätte. In dem uns überlieferten Text beginnt der alte Kommentar mit dem Satz über die Assyrer, die als erste die Seele für dreigeteilt und doch für eine halten[354], woran in 7,10 das Axiom über die göttliche Weltseele anschloß. Den Abschluß bildete die Zusammenfassung in 9,4 mit den beiden Hymnen auf Attis[355].

3.5 Die Überarbeitung des Attiskommentars durch den "Naassener" (= N) oder Anthropos-Gnostiker (= AG)

3.5.1 Vom Synkretismus zum kultischen Universalismus

Die doktrinelle Struktur des Kommentars des Attisliedes war inhaltlich an dem Nachweis orientiert, daß unter den verschiedenen, im Lied aufgezählten kultischen Gottheiten letztlich nur Attis, die alles belebende und von allem erstrebte Weltseele, verehrt wird[356]. Der dem Lied folgende Kommentar war, wie dieses selbst, synkretistisch und - als heidnische Religionsphilosophie - zwangsläufig auf die bekanntesten im hellenistischen Mittelmeerraum verbreiteten Kulte ausgerichtet. Die jüdische Gottesverehrung fand darin bezeichnender Weise keinen Platz. Um

---
350 Zur Akklamation siehe E. Peterson, Εἷς Θεός 141-145.
351 Vgl. Anm. 250.
352 9,8 (99,12f).
353 9,11 (81,15).
354 7,9 (81,6).
355 Vgl. Kap. 3.2 zur Stelle.
356 Vgl. Kap. 3.2.

so auffallender hebt sich davon das universalistische Konzept des an den Attiskommentar anschließenden Schlußteils (9,11-20) ab, der auf Grund inhaltlicher und stilistischer Gründe als authentischer Bestand von H.s gnostischer Vorlage bereits erwiesen werden konnte[357]. Das hier vertretene doktrinelle Konzept sieht die Identität der verschiedenen kultischen Gottheiten darin, daß diese nur Äußerungen oder Ausdruck des einen göttlichen Weltprinzips (des Naas oder der Schlange) sind, das in allen überhaupt nur denkbaren Kulten und Kultstätten anwesend ist. Dieses Konzept baut also auf der doktrinellen Struktur des ursprünglichen Attiskommentars auf, führt dieses aber in einem universalistischen Sinn weiter.

Dieses neue theologische Konzept setzt allerdings als seine Möglichkeitsbedingung eine ebenso universalistisch erweiterte Vorstellung vom göttlichen Weltprinzip voraus. Dieses wird nicht mehr nur als die alles belebende Seele (ψυχή) verstanden, sondern als ein alles durchdringendes Prinzip, das alle Dinge potentiell in sich enthält und allen Dingen ihre Eigenart verleiht und daher überall, besonders in allen nur möglichen Kulten und Kultstätten, gegenwärtig ist. Dabei wird jene pantheistische Theologie in einer an *jüdischer* Redeweise inspirierten Sprache vorgetragen[358] und mittels *alttestamentlicher* Bilder anschaulich gemacht[359]. Sie ist Ausdruck einer merkwürdigen pantheistisch und zugleich biblisch inspirierten Spekulation, die hier nochmals vorgestellt werden soll, um den kultischen Universalismus und dessen pantheistische Grundlage deutlich zu machen:

"Naas aber ist die Schlange, von der es heißt (φησι), daß alle Tempel (πάντας ναοὺς) unter dem Himmel von Naas den Namen haben. Denn nur jenem Naas allein sei jedes Heiligtum, jede Weihe und jedes Mysterium (πᾶν ἱερὸν καὶ πᾶσαν τελετὴν καὶ πᾶν μυστήριον) geweiht. Und überhaupt könne keine Weihe

---

357 Vgl. Kap. 2.1.2.
358 Vgl. den Ausdruck ὑπὸ τὸν οὐρανόν, der zweimal in 9,12 (100,20.22f) im Sinne von "auf der ganzen Erde" gebraucht wird; vgl. Apg 2,5; 4,12; Kol 1,23.
359 So der Vergleich des alles in sich enthaltenden Weltprinzips mit dem "Horn des einhörnigen Stiers" in 9,14 (100,28). Das Bild inspiriert sich an Deut 33,17 und wohl auch an Spekulationen über die Verheißungen an die Söhne Jakobs, die Väter der zwölf Stämme Israels.

unter dem Himmel gefunden werden, in der es nicht einen Tempel gäbe und der Naas (ὁ νάας) darin, weshalb er ja Tempel (ναός) genannt werde. Die Schlange ist aber wie die wässrige Wesenheit, ...und gar nichts von dem, was es gibt, sei es unsterblich oder sterblich, beseelt oder unbeseelt, könne bestehen ohne sie. Ihr sei alles (τὰ πάντα) unterstellt und sie selbst sei gut und sie enthalte alles in sich, wie im "Horn des einhörnigen Stiers" (vgl. Deut 33,17) die Schönheit aller anderen Dinge, und gäbe Lieblichkeit allem, was existiert (πᾶσι τοῖς οὖσι), je nach ihrer Natur und Eigenart, da sie durch alles hindurchgehe (διὰ πάντων ὁδεύοντα), wie "der Fluß, der von Edem ausgeht und sich in vier Hauptströme teilt" (Gen 2,10)"[360].

Hier also, im Anschluß an den alten Kommentar, hat der zweite Kommentator sein erweitertes doktrinelles Konzept, seine pantheistische Theologie und Kosmologie, entfaltet. Die Ausführlichkeit der Erklärung ist dabei ein typisches Kennzeichen jeder kommentarischen Erweiterung oder Umdeutung[361]; sie zeigt in unserem Fall erneut, daß der Schlußteil (9,12ff) tatsächlich an den Hauptteil (7,9-9,9), also an den Attiskommentar, anschließt und diesen neu interpretiert. Darnach findet sich die Gottheit in jedem Kult und jedem Tempel, weil sie als universale Lebenskraft alles durchdringt und daher in allen Dingen verboren ist. Mehr noch: dieses alles durchdringende Weltprinzip wird veranschaulicht durch das Bild der Schlange (ὄφις) und wird - nach dem hebräischen Namen der Schlange - der Naas (νάας) genannt[362], weshalb, so sagt H., dessen Verehrer "Naassener" hießen[363].

---

360 9,12-14 (100,19-101,2). Darauf folgt die allegorische Deutung des Paradiesflusses, welche die alles durchdringende Kraft des göttlichen Weltprinzips, symbolisch als Schlange vorgestellt, veranschaulichen soll.
361 Vgl. Frickel, Ein Kriterium zur Quellenscheidung innerhalb einer Paraphrase 428f.
362 So erklärt H. selbst in 6,3 (77,29-78,2) den Namen "Naassener" und ihrer Gottheit "Nas". Interessant ist Justins Bemerkung in Dial.103,5 über den Teufel, der von Moses "Schlange" genannt wird (Gen 3,1f) und von Jesus "Satanas" angeredet worden ist (Mt 4,10): das ist ein zusammengesetztes Wort, mit welchem der Teufel... wegen seines Verhaltens benannt wurde; denn "sata" heißt in der Sprache der Juden und Syrer ein Abtrünniger, und das Wort "nas" wird mit Schlange übersetzt, und aus diesen beiden Worten ist das eine Wort Satanas gebildet.- Ähnlich auch die Erklärung des Namens Satanas aus dem Hebräischen bei Iren. V 21,2.
363 9,11 (100,18f).

Da der Naas im eigentlichen Attiskommentar nicht vorkommt, sondern erst in der anschließenden Neuinterpretation eingeführt (9,11) und erklärt wird (9,12), so müssen wir annehmen, daß der zweite, die alte Struktur im pantheistischen und universalistischen Sinn erweiternde Kommentator ein *Naassener* ist. Nach der kurzen Angabe H.s am Anfang seines Berichtes sollen die Naassener die ersten Schlangenverehrer gewesen sein, die sich später "Gnostiker" genannt hätten[364]. Eine Schlangenverehrung ist, wenn man von der Ableitung der Tempel und Kulte von dem Namen "Naas" (9,12) absieht, allerdings im ganzen Bericht H.s unbekannt. Und selbst der Passus 9,12 ist kein wirkliches Zeugnis dafür, sondern nur ein etymologisches Wortspiel, das erklären soll, warum in allen Tempeln und Kulten letztlich ein und dieselbe Gottheit, die als Schlange symbolisiert und Naas genannt wird, gegenwärtig und daher mit jeder kultischen Verehrung eigentlich gemeint ist. Hat H. also andere Schriften von Naassenern gekannt, in denen ein Schlangenkult bezeugt war? Aber dann hätte er eine solche Quelle sicher als Beleg für seine zentrale These vom Ursprung der Gnostiker aus den "Naassenern" zitiert. Da er das nicht tut, so ist die etymologische Ableitung in 9,12 nach aller Wahrscheinlichkeit sein einziges Zeugnis für die Existenz von "Naassenern", die sonst völlig unbekannt sind[365], gewesen. Dann liegt aber die Vermutung nahe, H. selbst habe den Namen "Naassener" aus der in 9,12 gegebenen Ableitung aller Tempel und Kulte von dem Namen Naas erschlossen und damit jene ältere Gruppe bezeichnen wollen, die seiner Meinung nach als erste unter den Gnostikern die teuflische Schlange verehrt hätte.[366] Wir müssen jedenfalls mit der Möglichkeit rechnen, daß es "die Naassener" als eigene gnostische oder gnostisierende Gruppe überhaupt nicht gegeben hat, diese ihre Existenz vielmehr nur einer häresiologisch zwar verständlichen, aber objektiv nicht gerechtfertigten Schlußfolgerung H.s verdanken. Für den Kommentator, der den Attiskommen-

---

364 6,3-4 (77,29-78,3).
365 Nur Theodoret erwähnt, von H.s Epitome der Refutatio (X 9) abhängig, den Namen "Naassener" in haer. I 13 (MG 83,361C) im Zusammenhang mit den Barbelo-Gnostikern.
366 Die Tendenz, aus dem Wort "Nas" etymologische Ableitungen vorzunehmen (vgl. Anm. 362), wird durch die gnostische Erklärung in 9,12 nur bestätigt. Sie könnte auch H. dazu verführt haben, eine Gruppe von "Naassenern" wegen der Bezeichnung der Gottheit als "Nas" zu postulieren.

tar universalistisch erweitert hat, behalte ich den Namen "Naassener" (= N) daher nur solange bei, bis sich eine sachlich geeignetere Bezeichnung aus H.s Bericht für ihn erheben läßt.

Nach N ist das göttliche Weltprinzip gleichsam "die wässrige Substanz", nicht im Sinne des Naturphilosophen Thales[367], sondern als eine überhimmlische noetische Substanz, die man mit allegorischer Bibelexegese in dem "Wasser über dem Firmament" (Gen 1,7) vorverkündet fand[368] und die in dem großen, aus Edem entspringenden und das Paradies bewässernden Fluß (Gen 2,10) in Erscheinung tritt (9,14-15). Bei dieser allegorischen Deutung des biblischen Schöpfungsberichtes wird deutlich, daß das göttliche, durch die Schlange symbolisierte Urprinzip sich in vier Ursprünge teilte und durch diese zu einem den ganzen Kosmos darstellenden Menschen (ἄνθρωπος) wird[369]. Dieser Mensch ist demnach die kosmische Verkörperung des "Naas", der seinerseits daher wohl ebenfalls als "Mensch" vorgestellt worden ist. In diesem Sinne wäre "Naas" nur ein zusätzlicher Name, gleichsam ein Kunstname für den himmlischen Menschen "Adamas", insofern nämlich, als er dessen Gegenwart in allen Tempeln und Kulten erklären soll.

Diese pantheistische Kosmologie hat N im vorgegebenen Rahmen des alten Attiskommentars nicht entfalten können und daher diesem ergänzend angefügt. Das schließt nicht aus, daß er in den Kommentar selbst eingegriffen hat. Im Gegenteil: er hat seine

---

[367] Der Hinweis auf Thales in 9,13 (100,25) ist ironischer Zusatz H.s ähnlich wie in 7,9 (81,2). Die Bestimmung der Gottheit als "Wasser" ist nur ein Bild, weshalb ich statt des οὗτοι in 9,13 (100,24) lieber οἱονεί, das der Autor auch sonst gern gebraucht (vgl. 9,14f: 101,1.3; 9,20: 102,4), lesen möchte.

[368] 9,18 (101,22). Zugrunde liegt eine Genesisspekulation alexandrinischer Prägung, die auch Klemens Alex. aus älteren Traditionen bekannt war, vgl. Ecl.proph. 8 (III 138,33-139,7 Stählin) und Exc. Theod. 81 (III 131, 31-132,9 Stählin).

[369] 9,15 (101,4f). Das Paradies mit den vier Flüssen soll dabei den Kopf des Menschen mit den dort lokalisierten vier Sinnen (Gesicht, Gehör, Geruch, Geschmack) bedeuten. Die Allegorie soll die alles durchdringende Funktion des göttlichen Weltprinzips veranschaulichen, das selbst zu dem als "Menschen" vorgestellten Kosmos wird. Es ist möglich, daß sich hinter dem aus Edem entspringenden und in vier Ursprünge sich teilenden Fluß zugleich eine Spekulation über die ersten (sechs) Äonen verbirgt: das mannweibliche Urprinzip manifestiert sich zuerst in einem Weltprinzip (Paradiesfluß), das seinerseits zu den ersten vier Äonen (Paradiesflüsse) wird.

pantheistische Gottesvorstellung im Kommentar überall dort eingefügt, wo ihm ein Hinweis darauf sinnvoll erschien oder wo der Text des Kommentars eine Erweiterung im Sinne seiner neuen Konzeption erlaubte. Er hat dabei an die Erklärungen des alten Kommentars angeknüpft. Nach aller Wahrscheinlichkeit hat er aber auch an einigen Stellen ihm überflüssig erscheinende Erklärungen gestrichen und durch neue ersetzt[370]. Man erkennt die Hand von N in jenen Aussagen des Kommentars, welche die alte Vorstellung von der Weltseele übersteigen, dafür aber den neuen pantheistischen Gottesbegriff verkünden.

Aufschlußreich ist vor allem jener Passus der im Schlußteil gegebenen Neuinterpretation des Attiskommentars, welcher die universale Funktion des durch die Schlange und die feuchte Wesenheit vorgestellten Weltprinzips wie folgt umschreibt:

> ohne sie kann nichts von dem, was existiert, bestehen: von Unsterblichen oder Sterblichen (ἀθανάτων ἤ θνητῶν), von Beseelten oder Unbeseelten (ἐμψύχων ἤ ἀψύχων)[371].

Als Weiterführung des alten Kommentars bedeutet diese an ähnliche Definition des Weltprinzips in der Apophasis[372] und bei den Peraten[373] erinnernde Formel eine neue Begriffsbestimmung des Weltprinzips, welche an die Stelle der Weltseele des alten Kommentars tritt bzw. diese im Sinne eines universalen Pantheismus weiter ausdeutet. Die zwei ausdrücklich genannten Gegensatzpaare, die in der Sicht von N alle existierenden Wesen oder Dinge umfassen oder repräsentieren, sind daher im Lichte des vorangehenden (und entsprechend interpolierten) Attiskommentars zu sehen. Sie stellen jeweils zwei gegensätzliche Seinsweisen dar, in denen N die universale Wirksamkeit des göttlichen Weltprinzips sich in besonderer Weise manifestieren sieht. Überprüft man unter diesem Gesichtspunkt den Kommentar nach entsprechenden Parallelen, so wird sofort einsichtig, daß das Gegensatzpaar "beseelt-unbeseelt" das doktrinelle Thema des Attiskommentars von der Weltseele einerseits aufgreift, andererseits aber darüber hinausgeht[374], indem es auch "das Unbeseelte"

---

370 Vgl. Anm. 271 und Kap. 3.2.
371 9,13 (100,24-27).
372 Vgl. den zweiten Teil des Apophasiszitates in 9,5 (98,19-22).
373 V 16,13 (113,15-17) und V 16,14 (113,22-25).
374 Der alte Kommentar hatte nur positiv die Tatsache festgestellt, daß jede Natur, gemäß ihrer Eigenart, nach der Seele strebt: 7,10.11 (81,7.14)

dem Wirken des Weltprinzips unterstellt. Weiter fällt auf, wie die Definition des Naas als Prinzip alles "Beseelten und Unbeseelten" in 9,12 dem Passus 7,10 über die Allbeseelung zu Beginn des eigentlichen Attiskommentars entspricht, der auch die scheinbar unbeseelte Natur, die Steine nämlich, als beseelt (ἔμψυχοι) dartun will[375]. Hier wird der stärkste Einwand gegen die Allbeseelung "gleich zu Anfang mit Hilfe griechischer Philosopheme beseitigt"[376]. Zugleich ist aber nicht zu übersehen, daß die Intention, die Zielrichtung dieses Abschnittes, über das eigentliche Anliegen des ursprünglichen Kommentars hinausgeht. Diesem geht es, wie die folgende Deutung des "dreifach ersehnten Adonis" in 7,11-12 deutlich zeigt[377], nicht um die Belebung auch der scheinbar toten (anorganischen) Natur, sondern um den Nachweis, daß die gesamte *dreigeteilte* Welt nach der Seele verlangt: die Welt der Himmlischen, der Irdischen und der Unterirdischen[378]. In dem vorausgehenden Abschnitt 7,10 soll dagegen gezeigt werden, daß nicht nur die beseelte, sondern auch die scheinbar unbeseelte Natur der Seele bedarf. In dieser anders gerichteten Beweisführung liegt der Grund dafür, warum das zentrale, den Assyrern zugeschriebene Axiom (vom Streben jeder Natur nach der Seele), das in 7,9 dem Kommentar programmatisch vorangestellt wurde, nach der Argumentation von 7,10 wiederholt und damit der eigentlichen Deutung des Attisliedes nochmals vorgesetzt wird[379]. Hier ist offenbar der ursprüngliche Platz dieses Axioms, das zum Abschluß des Kommentars wiederholt wird und dessen dogmatische Struktur umreißt[380]. Seine Wiederholung am Anfang des Kom-

---

und 9,4 (98,16). N räumt, wenigstens theoretisch, eine Existenz von Nicht-Beseelten ein, um auch diese dem Weltprinzip zu unterstellen und dieses damit absolut als Ursprung aller überhaupt denkbaren Dinge darzutun. Er trifft sich darin mit einer Tendenz der Apophasis, welche das Urprinzip ebenfalls als Ursprung alles nur Möglichen, von Seiendem und Nichtseiendem (ὄντων μὴ ὄντων), definiert, vgl. 9,5 (98,20) und VI 9,7 (137,1-4).

375 7,10 (81,8-13): "Alles, was sich nährt und wächst, bedarf der Seele. Denn nichts kann Nahrung oder Wachstum erlangen ohne Seele. Denn auch die Steine sind beseelt, denn sie haben Wachstum; Wachstum gibt es aber nicht ohne Nahrung. Denn was wächst, das wächst durch Vermehrung; die Vermehrung aber ist das Wachstum dessen, was wächst".
376 Leisegang, Gnosis 119.
377 Vgl. 7,11-12 (81,14-21) und 9,8 (99,13-15).
378 Das Zitat aus Phil 2,10 gibt diese Intention des Kommentars genau wieder.
379 Vgl. 7,9 (81,7) mit 7,11 (81,13f).
380 9,4 (98,15f), vgl. Kap. 3.2.

mentars ist also die Folge der in 7,10 gebotenen universalistischen Erweiterung des alten Kommentars, welche der neuen, in 9,12 gegebenen Definition des Weltprinzips entspricht.

Wird 7,10 als Zusatz erkannt, dann läßt sich eben dort auch der neue, pantheistisch erweiterte Gottesbegriff von N ablesen. Dessen Argumentation wird dort nämlich 1) durch das Axiom vom Streben nach der Seele, und direkt 2) durch eine universalistische Definition der Seele eingeleitet:

"Nach Seele, sagen sie, strebt jede Natur auf ihre Art. Denn die Seele ist die Ursache aller werdenden Dinge (ἔστι γὰρ ψυχὴ πάντων τῶν γινομένων αἰτία)"[381].

Die anschließende Argumentation greift diese Definition der Seele auf und führt sie durch den Gedanken der Ernährung (τροφῆς) und des Wachstums (αὐξήσεως) aller Dinge weiter aus. Beides, universalistische Definition und Argumentation, gehören also zusammen und bilden eine einzige Interpolation, welche das Weltprinzip in einer (mann-weiblichen) Doppelfunktion bestimmt: als Ursache des Werdens und des Ernährens überhaupt. Diese mit der Lehre der *Apophasis Megale* auffällig übereinstimmende Definition[382] wird nach der Deutung der Isismysterien der Ägypter für das als "Ursame" vorgestellte Weltprinzip wiederholt. Von diesem Weltsamen heißt es, daß er Ursache aller werdenden Dinge ist (ἐστὶ πάντων τῶν γινομένων αἰτία). Er ist zwar selbst nichts von diesen Dingen, zeugt aber und schafft alles, was wird (τούτων ἔστιν οὐδέν, γεννᾷ δὲ καὶ ποιεῖ πάντα τὰ γινόμενα)[383]. Als Beleg für diese Lehre wird ein in der Ich-Form gegebener Ausspruch der sich selbst offenbarenden Gottheit angeführt: γίνομαι ὃ θέλω καὶ εἰμὶ ὃ εἰμί[384]. Der Unterschied zur Gottesvorstellung des alten Kommentars ist nicht zu übersehen. Das als Weltsame (σπέρμα)[385] eingeführte Weltprinzip knüpft im Zusammenhang

---

381 7,10 (81,7f).
382 Vgl. VI 17,6 (143,21-23): die göttliche Kraft wandelt sich und wird Vater und Mutter, Vater der Werdenden und Wachstum derer, die genährt werden (πατὴρ τῶν γινομένων καὶ αὔξησις τῶν τρεφομένων).
383 7,25 (84,14-16).
384 7,25 (84,16). Der Spruch stammt offenbar aus einer Offenbarungsschrift, die jedoch nicht eigens genannt wird.
385 7,25 (84,14). Die Handschrift liest hier πνεύματος, doch wird die Korrektur in σπέρματος (Schneidewin, Wendland) durch die thematische Einführung des Weltsamens in 7,21 (83,18) gerechtfertigt. Die Vorstellung der Gottheit als Same ist für Osiris bezeugt (vgl. Anm. 386). Festugière

an Vorstellungen des Osiris als "Same" an[386], aber die Ausführungen in 7,25 zeigen, daß der Kommentator ein pantheistisches Konzept vertritt. Das göttliche Prinzip ist nicht mehr nur (stoisch) die alles belebende Weltseele (7,11), der alles ordnende Weltgeist (9,3), nach dem die ganze Natur strebt, sondern die eine Ursubstanz, die selbst alle werdenden Dinge in sich enthält (ἔχειν πάντα ἐν αὐτῷ), wie das N vom "Horn des einhörnigen Stiers" sagt (9,14), die darum auch alle Dinge aus sich heraus zeugt (γεννᾷ... πάντα τὰ γινόμενα)[387] und somit selbst alles wird, was es will (γίνομαι ὃ θέλω)[388]. Dabei zeigt die im selben Offenbarungswort sofort folgende Einschränkung καὶ εἰμὶ ὃ εἰμί, daß das "Zeugen" der Ursubstanz kein rein geistiges Weitergeben ihrer selbst ist, sondern ein Mitteilen ihrer göttlichen Energie, ohne daß diese dadurch verringert würde. Die göttliche Ursubstanz ist hier verstanden als die Konzentration aller überhaupt möglichen Energie oder "Kraft", auch wenn das Wort δύναμις in 7,25 nicht fällt. Sie ist selbst die eine, alle nur denkbaren Kräfte in sich vereinigende bzw. potentiell in sich enthaltende unbegrenzte Kraft.

Diese dynamische Gottesvorstellung findet sich ähnlich bei Zosimus[389], wie auch in einem von Plutarch überlieferten Spruch der Isis-Athene[390]. Vor allem ist sie jedoch die Gottesvorstellung der *Apophasis Megale*, wie sie H. in Buch VI 9,18, besonders aber N selbst in seinem großen Apophasiszitat (9,5) bezeugt.

(La révélation I 267 Anm. 1-2) will die Lesart der Hs beibehalten, weil er darin eine Anspielung auf das alles durchdringende stoische Pneuma sehen will. Aber der Kontext zeigt, daß hier eine andere Gottesvorstellung vorliegt, vgl. oben im Text.

386 Nach Plutarch, De Iside 33 (364A), nennen die ägyptischen Priester nicht nur den Nil Osiris, ...sondern Osiris überhaupt die ganze feuchtmachende Urkraft, die sie für die Ursache der Entstehung und für die Substanz des Samens (σπέρματος οὐσίαν) halten, vgl. De Iside 36 (365C) und 38 (366A). Diese Vorstellungen hat N auch in 9,13f und in der Allegorie vom Paradiesfluß und den vier Flüssen (9,15ff) aufgegriffen und weitergebildet.

387 7,25 (84,15f).

388 7,25 (84,16).

389 ὁ δὲ υἱὸς τοῦ θεοῦ πάντα δυνάμενος καὶ πάντα γινόμενος, vgl. Reitzenstein, Poim. 105.

390 In Sais hatte das Standbild der Athene, die man auch für die Isis hält, folgende Aufschrift: "Ich bin das All, das Vergangene, Gegenwärtige und Zukünftige (ἐγώ εἰμι πᾶν τὸ γεγονὸς καὶ ὂν καὶ ἐσόμενον), meinen Schleier hat noch kein Sterblicher gelüftet": Plutarch, De Iside 9 (354C).

Hier steht auch der charakteristische Terminus, gleichsam der
Name der so verstandenen göttlichen Ursubstanz: ἡ μεγάλη δύναμις[391]. Diese pantheistische Gottesvorstellung schließt eigentlich ein, daß die Gottheit selbst zu allen Dingen wird, genau
wie das in H.s Apophasisbericht von der göttlichen Kraft gelehrt
wird[392]. Von dieser Art Pantheismus setzt der christliche Kommentator des in 7,25 zitierten Offenbarungswortes sich jedoch
ab, indem er dieses mittels der aristotelischen Lehre vom unbewegten Beweger neu interpretiert: "Darum heißt es, daß das, was
das All bewegt, unbewegt sei (ἀκίνητον εἶναι τὸ πάντα κινοῦν).
Denn es bleibt, was es ist, wenn es alles macht, und es wird
(selbst) nichts von dem, was wird"[393]. Die pantheistische Gottesvorstellung der Apophasis wird also von N nominell beibehalten, inhaltlich aber im Sinne aristotelischer Lehre interpretiert. Dieser Gottesvorstellung fühlt sich N also weiterhin
verpflichtet, auch wenn er bemüht ist, diese in biblischen Vorstellungen zur Sprache zu bringen und zu sublimieren. Von daher
ist es möglich, daß auch der in 7,25 von ihm als Beleg angeführte und neu interpretierte Ausspruch, der ursprünglich wohl Isis-
Osiris zugehörte, zugleich ein Wort aus der Offenbarungsschrift
Apophasis Megale ist. Die durch das Zitat in 9,5 gesicherte
Beziehung zur Lehre der Apophasis bietet uns jedenfalls eine
neue Möglichkeit, die Hand von N im Rahmen des Attiskommentars
zu erkennen.

Begründete der pantheistische Gottesbegriff von N die Anwesenheit der Gottheit in allen Kulten, so folgte aus diesem kultischen Universalismus seinerseits die anthropologisch und re-

---

391 Vgl. VI 9,4 (136,17) mit V 9,5 (98,17); ebenso VI 13 (139,10) und 18,3 (144,14).
392 VI 13 (139,9-11): ἐν δὲ τούτοις ἅπασιν ἐμμέμικται καὶ κέκραται ἡ μεγάλη δύναμις ἡ ἀπέραντος, ὁ ἑστώς; vgl. die ausführliche Erklärung in VI 9, 5-6 (136,21-27).
393 7,25 (84,16-18). Zu Aristoteles, siehe Wendland 84 zu Zeile 17; vgl. Monoimos bei Hippol., Ref. VIII 13,4 (233,13-15). Die Vorstellung vom "unbewegten" Beweger hat in den anatomischen Spekulationen der Gnostiker über das Gehirn (ἐγκέφαλος) des Menschen einen Niederschlag gefunden. Dieses symbolisiert den "unbewegten" und daher merkmallosen (ἀχαρακτήριστος) Vater (8,13:91,19), von dem der Sohn, das Weltprinzip oder die Schlange (ὄφις), ausgeht (9,15:101,2-6). Von hier aus wird auch einsichtig, warum Adam, das irdische Bild des himmlischen Menschen Adamas, zunächst unbeweglich (ἀκίνητον) wie ein Standbild dalag (7,6:80,6). Diese Anthropos-Spekulation hat N mit den Peraten gemeinsam, vgl. V 17,11f (116,1-9); sie wird von H. eigens in IV 51,10-13 (76,5-27) hervorgehoben.

ligiös bedeutsame Folgerung, daß *alle Menschen* in ihren kultischen Handlungen das eine, überall anwesende göttliche Weltprinzip verehren. Dieser für N charakteristische Universalismus wird am Schluß des alten Kommentars, in der Überleitung von diesem zum Attislied, in 9,7 prägnant vorgetragen. Der Ausdruck τὰ ὑπὸ πάντων ἀνθρώπων λεγόμενά τε καὶ γινόμενα[394] liefert dabei ein Schlüsselwort, das erlaubt, die anthropologisch erweiterte Konzeption von N auch innerhalb des Kommentars zu entdecken. So heißt es in der langen, auf die Deutung der Isismysterien folgenden Erklärung (7,25-28) von dem Weltprinzip, das selbst alle Früchte der werdenden Dinge hervorbringt: dieses sei das, was von allen das Gute genannt würde (τὸ ἀγαθὸν ὑπὸ πάντων λεγόμενον)[395]. Ähnlich heißt es nach der Deutung des Attis als "Gott" und der Schilderung der Paradiesvision des Paulus (7,24f): Das sind die von allen unaussprechlich genannten Mysterien (τὰ ἄρρητα ὑπὸ πάντων λεγόμενα μυστήρια)[396]. Steht der anthropologische Universalismus als Element der erweiterten doktrinellen Struktur einmal fest, dann läßt er sich auch an scheinbar unerwarteten Stellen ausmachen. So wird 7,22 von den Ägyptern gesagt, daß sie nach den Phrygiern die ältesten von allen Menschen sind[397] und allen anderen Menschen nach ihnen (πᾶσι τοῖς ἄλλοις ἀνθρώποις) die Weihen und Orgien von allen Göttern (θεῶν πάντων) und ihre Gestalten und Kräften mitgeteilt hätten, die heiligen, verehrungswürdigen, den Nichteingeweihten nicht mitzuteilenden Mysterien der Isis besitzen[398]. Diese etwas ausführliche Einleitung zu den Isismysterien könnte so oder ähnlich wohl auch im ursprünglichen Kommentar gestanden haben. Im Lichte des theolo-

---

394 9,7 (99,4-5), vgl. Kap. 2.4 zur Stelle.
395 7,28 (85,14). Der Passus 7,25.27-28 bildet ein zusammenhängendes Stück. Seine Eigenständigkeit gegenüber dem ursprünglichen Kommentar (7,23) läßt sich nur aus der theologisch und anthropologisch erweiterten Struktur erkennen.
396 8,26 (93,27f). Die Paulusvision nach 2 Kor 12,2-4 gehört nicht ursprünglich zu dem Zeugnis aller Menschen über die "unaussprechlichen Mysterien". In diesen geht es um die mystische Auferstehung vom Tod und das Eingehen in den Himmel (8,24), in den Paulusworten dagegen geht es um das Hören von "unaussprechlichen Worten". Die Paulusvision soll die Jakobsvision (8,19f) durch die Vorstellung von drei Himmeln (und daher auch drei verschiedenen Toren) ergänzen; sie ist eine über N hinausgehende spätere Interpolation, vgl. Kap. 3.6.3.
397 Offenbar nach der Erzählung bei Herodot II,2.
398 7,22 (83,22-84,3).

gisch und anthropologisch erweiterten Konzeptes des zweiten Kommentators wird es jedoch auffällig, wie sehr die Einheit der Kulte *aller Menschen* betont wird, da alle diese Kulte (alle Götter!) letztlich auf den Isiskult der Ägypter zurückgeführt werden. Implizit wird damit gesagt, daß alle Menschen in ihren Kulten das eine göttliche Weltprinzip verehren. Der Abschnitt 7,22 ist demnach geprägt von dem anthropologischen Universalismus des zweiten Kommentars und daher wohl ebenfalls diesem zuzuweisen, sei es, daß dieser einen ursprünglichen Text in seinem Sinn erweitert, sei es, daß er 7,22 überhaupt erst geschaffen hat. Auffällig ist auch die außergewöhnliche Bedeutung, welche hier den Isismysterien als Ursprung aller anderen Kulte beigemessen wird. Gewiß sind die Phrygier noch älter als die Ägypter, aber eigentlich sind es diese, die ihren Kult allen anderen Menschen mitgeteilt haben. Diese Sonderstellung der Ägypter wird nur im Zusammenhang der Isismysterien (in 7,22 und 7,28), nicht aber im übrigen Kommentar betont, in dessen Fortgang der Attis der Phrygier (7,13-9,4) die beherrschende Rolle spielt. Das deutet darauf hin, daß die Isismysterien der Ägypter N besonders geeignet erschienen, um sein universalistisch erweitertes Konzept ergänzend einzufügen.

Damit dürfte einsichtig geworden sein, wie sehr N in den alten Attiskommentar eingegriffen und diesen im Sinne seines sublimierten Pantheismus und kultischen Universalismus doktrinell umgestaltet hat. Diese Erweiterung ist bestimmt durch die Lehre der *Apophasis Megale*, zu der sich N irgendwie bekennt. Bevor dessen Verhältnis zu dieser gnostischen Offenbarungsschrift genauer bestimmt wird, soll aber noch geprüft werden, ob N den Attiskommentar auch in soteriologischer Sicht erweitert hat.

3.5.2 Zur soteriologischen Erweiterung des Attiskommentars

Mit der Übernahme des Attiskommentars mußte N zwangsläufig auch zu der dort umrissenen, die Epitheta des Attis allegorisch auslegenden Heilslehre Stellung nehmen. Hat er diese gnostisierende Soteriologie einfach übernommen oder hat er dieser eine neue Deutung gegeben? Da die Neuinterpretation im Schlußteil (9,11-20) in erster Linie den kultischen Universalismus und die alles durchdringende Wirkung des göttlichen Weltprinzips erklärt, findet sich hier keine direkte Aussage über die Soteriologie von N[399], obgleich eine solche in dem Hinweis auf den in allen Weihen und allen Mysterien gegenwärtigen Naas (9,12) indirekt angedeutet wird. Ein Fingerzeig findet sich jedoch in dem zweiten Gegensatzpaar der neuen Definition des Weltprinzips als Schlange oder feuchte Wesenheit (9,13), das dort weiterhin als Ursprung aller Unsterblichen oder Sterblichen (ἀθανάτων ἤ θνητῶν) bestimmt wird[400]. Auch dieses Gegensatzpaar ist auf dem Hintergrund des voranstehenden (und entsprechend interpolierten) Attiskommentars zu verstehen. Es bringt nämlich einen für N zentralen Gegensatz, eine diametral entgegengesetzte Weise der Belebung durch das göttliche Prinzip zum Ausdruck. Es besagt die grundlegende Unterscheidung zwischen unsterblichen Göttern und sterblichen Menschen[401], welche in der soteriologischen Deutung der in den Attiskommentar eingebauten Homerexegese (7, 30-41) ihre genaue Entsprechung findet: es steht für die jedem Menschen dargebotene zweifache Möglichkeit, für zwei mögliche Wege. Der Mensch kann nach der dortigen Deutung im irdischen Werden "unten", das heißt in der Sterblichkeit bleiben, er kann aber auch das irdische Werden oder Zeugen fliehen und zum Werden "oben", das heißt zur Unsterblichkeit gelangen. "Denn sterblich (θνητή) ist jede Geburt hier unten, unsterblich (ἀθάνατος) aber die, welche oben geschieht"[402]. Die in 9,13 vorliegende

---

399 Eine Ausnahme macht die Deutung von Joh 4,10.14 in 9,18 (101,22-24), welche die allegorische Deutung von Gen 2,10-14 soteriologisch umdeutet und daher als eine ergänzende Interpolation anzusehen ist,vgl.Kap.3.6.1-2.
400 9,13 (100,26).
401 Vgl. die Entsprechung in der Definition des (mannweiblichen) Prinzips der Peraten: V 16,13 (113,17).
402 7,40 (88,21f). Diese Soteriologie wird in Kap. 3.5.7 eigens behandelt werden.

neue Definition des göttlichen Prinzips will demnach in ihren zwei Gegensatzpaaren die Gesamtheit aller existierenden Wesen hinsichtlich einer doppelten Seinsweise deutlich machen: auf *kosmologischer* Ebene die All-Belebung durch den Gegensatz der ἐμψύχων - ἀψύχων, auf *soteriologischer* Ebene die All-Belebung durch den Gegensatz der ἀθανάτων - θνητῶν. Diese Definition ist keine Tautologie, sondern verkündet zwei für die Gnosis wesentlich verschiedene Weisen des Seins.

Damit liefert die Terminologie der Neuformulierung des Weltprinzips (9,13) ein erstes inhaltliches Indiz dafür, daß die große Homerexegese (7,30-41) nicht ursprünglich zum Attiskommentar gehört hat, sondern erst von N in diesen eingefügt worden ist. Genau wie in der neuen Definition erscheint auch in der noch eigens zu erörternden Allegorie des Okeanosstromes (7,38-40) die durch Okeanos (= Wasser) versinnbildete Gottheit als universales Prinzip "von Göttern und Menschen", "von Unsterblichen und Sterblichen". Auch dort wird die allegorische Deutung des Okeanos durch ein alttestamentliches Schriftwort (Ps 81, 6.7) veranschaulicht, wie das N in seinem Schlußteil (9,14ff) ähnlich mit der Allegorie der Paradiesflüsse tut. Aufschlußreich ist vor allem, daß in der oben zitierten soteriologischen Weiterdeutung des Okeanos dem Menschen eine doppelte Möglichkeit gegeben wird: zum Heil oder zum Unheil, zur Unsterblichkeit oder Sterblichkeit. Das ist die soteriologische Alternative der *Apophasis Megale*[403], die zwangsläufig aus jenem universalen Pantheismus folgt, zu dem sich auch N bekennt. Dessen Verhältnis zur Apophasis soll nun noch näher untersucht werden.

---

403 Vgl. H.s Bericht in VI 12,3-4 (138,16-24); 14,6 (140,1-6); 16,5-6 (142, 16-25); 17,7 (143,26-144,4).

3.5.3 Der Naassener und die Lehre der *Apophasis Megale*

In der Sicht des alten Kommentars ist das Apophasiszitat 9,5 eine den ursprünglichen Zusammenhang unterbrechende Interpolation[404]. Nicht so in der Sicht von N, der mit Hilfe des alten Kommentars sein neues, universalistisches Konzept vermitteln will. Theologisch geht es ihm um den dynamischen Pantheismus, den er in 9,12ff ausführlich erklärt, aber auch innerhalb des Kommentars ergänzend eingefügt hat. Dieser totale Pantheismus bestimmt seine Anthropologie in zweifacher Weise. 1) Kollektiv verehren alle Menschen in allen Kulten das göttliche Weltprinzip; 2) individuell trägt jeder Mensch in sich das Göttliche verborgen und ist berufen, dieses zu entfalten und damit dieses Göttliche selbst zu werden. Dieses theologisch-anthropologische Konzept der Apophasis[405] hat N übernommen[406]. Er hat den alten (heidnischen) Attiskommentar neu interpretiert, weil dieser ein ähnliches theologisch-anthropologisches Konzept, wenn auch weniger pantheistisch und universalistisch, vortrug. Diesen vorgegebenen Rahmen hat er mit seinen eigenen Vorstellungen erweitert und damit dem Attiskommentar einen neuen Bedeutungsinhalt gegeben. Diesen *so erweiterten* Kommentar hat N im Auge, wenn er an dessen alten Abschluß (9,4) das Apophasiszitat (9,5) mit folgenden Worten anschließt: τοῦτό ἐστι τὸ ῥῆμα τοῦ θεοῦ, ὅ ἐστι ῥῆμα Ἀποφάσεως τῆς μεγάλης δυνάμεως[407]. Er hat das Zitat zwischen Kommentar und Attislied eingefügt, weil er den gesamten, nunmehr *seine* gnostische Kosmologie und Soteriologie kündenden Kommentar als den Inbegriff der Heilsoffenbarung Gottes und -

---

404 Vgl. Kap. 3.2.
405 Vgl. Ref. VI 9,6 (136,24-27); 12,3-4 (138,16-24); 16,5-6 (142,16-25); 17,1 (142,26ff).
406 Für die Theologie: vgl. Kap. 3.5.1; für die Anthropologie: vgl. Kap. 3.5.2; sowie das Beispiel von dem "unteilbaren Punkt" in 9,5 (98,22-24) und die Sätze über die Gegenwart des Göttlichen in allen (ἐν πᾶσιν) in 7,33 (87,4-6) und 8,4 (89,23).
407 9,5 (98,16f). Die auf 9,4 zurückweisende typische Deuteformel ist Redaktion von N. Der ursprüngliche Text der Apophasis läßt sich mit Hilfe der Parallele in VI 9,4 so rekonstruieren: τοῦτό ἐστι τὸ γράμμα ἀποφάσεως τῆς μεγάλης δυνάμεως, vgl. Frickel, Apophasis 178-182. Da diese Phrase wahrscheinlich den Prolog der Offenbarungsschrift einleitete, ließe sich deren Titel "Apophasis Megale" (vgl. VI 11: 137,29-138,1) vielleicht aus den ersten Worten derselben erklären, indem man μεγάλη (sachlich unrichtig) zu dem voranstehenden Wort ἀπόφασις zog.

Der Naassener und die Lehre der *Apophasis Megale* 79

da er diese Lehre in der Sprache der Bibel zum Ausdruck bringen wollte - als das Wort Gottes überhaupt (τὸ ῥῆμα τοῦ θεοῦ) verstand. Das Apophasiszitat ist demnach kein bedeutungsloser Zusatz, sondern der neue Abschluß des alten Kommentars.

N hat den Text so ausführlich zitiert[408], einmal weil er damit das Allprinzip als die "Wurzel" aller Dinge, besonders des in jedem Menschen verborgenen göttlichen Funkens, "des unteilbaren Punktes", dartun will. Vor allem aber deshalb, weil dieser die gesamte Gotteskraft potentiell in sich enthaltene Funke im Menschen unentfaltet, nur der Möglichkeit nach, vorhanden ist[409]. Er muß erweckt, zum Bewußtsein seines Selbst und zur Entfaltung gebracht werden, bis er selbst zur unfaßbaren göttlichen Größe und Kraft wird[410]. Diese Erweckung will N mit seinem soteriologisch neu interpretierten Attiskommentar vermitteln. Die in diesem vorgetragene, auf vielfältige Weise sich offenbarende Lehre ist "das Heilswort Gottes", das der gerufene Mensch in Schweigen hören und in seinem Innersten, wo "die Wurzel des Alls" selbst verborgen liegt, erwägen soll. Das ῥῆμα τοῦ θεοῦ ist also Verkündigungs- und Heilswort, das den Menschen zum neuen Leben *als Gott* erweckt[411].

Man mag zunächst vermuten, daß auch die das Bild vom unteilbaren Punkt weiterführenden Himmelreichbilder (9,6) von N stammen[412]. Dem widerspricht jedoch das folgende, als Schriftzeugnis angeführte Psalmwort: "Es gibt keine Worte noch Reden, deren Stimmen nicht gehört werden"[413]. Als Beleg für die Himmel-

---

408 Ausführlicher als die in Buch VI überlieferte Paraphrase zur Apophasis, vgl. 9,5 (98,16-24) mit VI 9,4 (136,16-19) und die Synopse der beiden Texte bei Frickel, Apophasis 177.
409 Diese Lehre ist deutlicher ausgeführt in Buch VI, vgl. Anm. 405.
410 Darum der aus der Geometrie stammende Vergleich mit dem "unteilbaren Punkt", der nichts ist und doch (durch Verschiebung) zu einer Linie und dann zu einem großen Körper wird, vgl. 9,5 (98,22-24). Dieses Bild hat H. selbst in IV 51,2-3 (74,26-75,5) und in VI 23,3 (150,7-10) seinen Lesern erläutert.
411 Diese Vorstellung hat eine Entsprechung in neutestamentlichen Gedanken über das Wort Gottes, das zum neuen Leben in Gott wiedergebiert, vgl. 1 Petr 1,10-25. Der pantheistische Gottesbegriff ist hier überwunden, aber beide Vorstellungen reflektieren den messianisch interpretierten Abschnitt Is 40,6ff (vgl. 1 Petr 1,24 mit Apophasisbericht VI 10,2:137,20-26). Die Parallele deutet auf Beziehungen zwischen der von N und von 1 Petr und anderen neutestamentlichen Schriften reflektierten messianischen Theologie.
412 9,6 (98,25-99,1).
413 Ps 18,4: 9,6 (99,2f).

reichbilder gibt dieses frühchristliche, für die Verkündigung des Wortes Gottes dienende Testimonium[414] keinen Sinn. Wohl aber, wenn es sich auf den gesamten gnostischen Kommentar als Verkündigungswort (τὸ ῥῆμα τοῦ θεοῦ) bezieht, das der Mensch hören soll. Es dient dann als Schriftzeugnis für die neue, universale Heilsbotschaft von N: 1) alle Menschen bezeugen in ihrem kultischen Reden und Tun irgendwie die eine, überall gegenwärtige Gottheit, die 2) in jedem Menschen potentiell selber liegt und durch Gnosis zur Selbstfindung und Selbstwerdung gebracht werden soll. Damit erweisen sich die Psalmworte 18,4 als ein Zitat, das die Gedanken von N vervollständigt; die Himmelreichgleichnisse wirken dagegen wie eine den Gedankengang unterbrechende Interpolation.

Die Lehre der Apophasis kann nun - gleichsam als ein heuristisches Prinzip - weiterhelfen, die theologisch erweiterte Struktur von N genauer zu erheben. So steht der Name Wurzel des Alls (ἡ ῥίρα τῶν ὅλων)[415] synonym für "Die große Kraft" und deren dynamische, alleswerdende Fähigkeit[416]. Charakteristisch ist dabei die Vorstellung von einem Prinzip des Alls, das ursprünglich als die eine Wurzel (ἡ μία ῥίζα)[417], oder in seinen ersten Verzweigungen als die (aus der ersten Wurzel stammenden) zwei Schößlinge aller Äonen (δύο παραφυάδες τῶν ὅλων)[418] oder die sechs ersten Wurzeln (ἓξ ῥίζας τὰς πρώτας) des Werdens[419] vorge-

---

414 Vgl. Klemens Alex., Ecl.proph. 54,1-2 (III 152,10-13 Stählin). Eclogae 51-63 ist eine gnostische Deutung von Ps 18,2-14; vgl. auch Justin, 1 Apol.40,1-4; Klemens Alex., Strom. V Kap.10: 64,1-6 (II 369,3ff Stählin). Im selben Sinn wird auch Ps 18,5 als Beleg zitiert: Röm 10,17f; Justin, Dial. 42,1 und 64,8; Klemens Alex., a.a.O.
415 Der Vergleich der Weltprinzipien mit Wurzeln stammt von Empedokles (Fr. 6 Diels) und wird von H. auch in der Empedokles-Exegese Ref. VII 29,4 (210,20) und nach Sextus Empiricus in Ref. X 7,3 (267,5) zitiert. Die Apophasis hat das Bild ausgebaut zur Vorstellung vom Weltenbaum: VI 9, 8-9 (137,6-10). Das von Basilides in Ref. VII 21,3 (197,4) gebrauchte Bild vom Weltsamen, der wie das Senfkorn (Mk 4,31f) alles - auch die Wurzeln - in sich enthielt, dürfte eine die Transzendenz Gottes betonende Fortbildung der Lehre der Apophasis sein. Ähnlich der Gnostiker Justin in Ref. V 26,2 (127,4) und die Valentinianer H.s in Ref. VI 29,8 (157,2), 30,3 (157,11), 30,7 (158,4f); vgl. Markos bei Iren. I 14,2 = Ref. VI 43,1 (175,12) und die Valentinianer bei Iren. I 1,1 für den Bythos (ἡ ἄναρχος ῥίζα), die Vierheit (ῥίζα τῶν πάντων) und die Achtheit (ῥίζα καὶ ὑπόστασις τῶν πάντων).
416 Vgl. 9,5 (98,18f) mit VI 9,4.5 (136,18f.21) und 17,3 (143,11).
417 VI 18,2 (144,12).
418 VI 18,2 (144,11f).
419 VI 12,1 (138,10), vgl. 12,2 (138,13f).

stellt wird. Immer geht es um die eine Wurzel als Ursprung allen Werdens (ἡ ἀρχὴ τῆς γενέσεως)[420], als Ursache aller werdenden Dinge (αἰτία τῶν γινομένων)[421]. Dieser der Apophasis eigentümliche dynamische Pantheismus hat bei N auch außerhalb des Apophasiszitates (9,5) und der bereits besprochenen Definition des Allprinzips (7,10.25) seinen Niederschlag gefunden. So führte die Vorlage H.s die Isismysterien der Ägypter folgendermaßen ein: "diese verlegen die Urnatur des Alls (τὴν ἀρχέγονον φύσιν τῶν ὅλων) in den Ursamen"[422]. Darum ist das, was sie verehren, das große, verborgene und unbekannte Geheimnis des Alls überhaupt (τὸ μέγα καὶ κρύφιον τῶν ὅλων ἄγνωστον μυστήριον)[423], das von allen das Gute genannt wird[424]. Der theologischen Erweiterung des alten Konzepts entspricht, wie schon gezeigt, der kultische und anthropologische Universalismus. Nach der *Apophasis* ist das göttliche Urprinzip ferner nicht von einfacher, sondern von doppelter Natur; davon heißt das eine das Verborgene, das andere das Erscheinende (τὸ μέν τι κρυπτόν, τὸ δέ τι φανερόν); und das Verborgene ist in den erscheinenden Dingen verborgen (κεκρύφθαι), während umgekehrt das Erscheinende aus dem Verborgenen geworden ist (τὰ φανερὰ ὑπὸ τῶν κρυπτῶν γεγονέναι)[425]. Jenes selige Göttliche (τὸ μακάριον) ist also seiner Natur nach in allen Dingen verborgen (ἐν παντὶ κεκρυμμένον)[426] und zugleich offenbar. In Entsprechung zu dieser Lehre ist auch das Urprinzip nach N mehr als nur Weltseele: es ist die selige verborgene und zugleich offenbare Natur der gewordenen, werdenden und künftigen Dinge (ἡ τῶν γεγονότων καὶ γινομένων καὶ ἐσομένων μακαρία κρυβομένη ὁμοῦ καὶ φανερουμένη φύσις[427]. Zugleich zeigt die für

---

420 VI 17,4 (143,12).
421 VI 17,6 (143,23). Zur Lesart αἰτία, siehe Frickel, Eine neue kritische Textausgabe der "Apophasis Megale"?, Wiener Studien 85 (Neue Folge 6), 1972, 174-176.
422 7,21 (83,17f). Im überlieferten Text sagt H. das von den Naassenern; die in Kap.4 durchzuführende Schichtenscheidung wird aber zeigen, daß N diese Lehre in der Vorlage von den Ägyptern berichtete, vgl. Anm.386. N will ja zeigen, daß auch die Ägypter in Osiris das eine, alles werdende Urprinzip (der Apophasis) verehren.
423 7,27 (85,4f).
424 7,28 (85,14).
425 VI 9,5-6 (136,22-27), vgl. 9,8 (137,4-8) und 11 (137,27f).
426 VI 17,1 (142,26f).
427 7,20 (83,10-12). Der Abschnitt 7,20-21 ist durch eine spätere Interpolation erweitert und überdies durch H.s Polemik entstellt, vgl. die Schichtentrennung zur Stelle in Kap. 4. Hier soll nur das doktrinelle Konzept von N erhoben werden.

das Prinzip aller gewordenen Dinge gebrauchte Terminologie, daß er Attribute der Isis dem einen (mann-weiblichen) Urprinzip beigelegt hat[428]. Eben diese Terminologie verrät seine Hand auch in dem Zwischenstück über Hermes (7,29-30), welches die Hermes-Exegese (7,30-41) einleitet, deren Soteriologie bereits als zu N gehörig bestimmt werden konnte[429].

3.5.4 Die Dreiteilung des Alls und die Hermes-Exegese

Der fragliche Passus beginnt mit dem Hinweis auf den Kult der Kyllenier und umfaßt noch die einleitenden Worte von 7,30[430]. Hermes ist der Logos, heißt es: er ist Hermeneut und Demiurg der gewordenen, werdenden und künftigen Dinge (τῶν γεγονότων ὁμοῦ καὶ γινομένων καὶ ἐσομένων)[431]. Der Verfasser will im Kontext von den Hermen der Griechen auf den Hermes-Logos hinaus, um die Hermes-Exegese in den Attiskommentar einbauen zu können. Daher nennt er Hermes etymologisch zunächst den Deuter (Hermeneut)[432], fügt aber den Titel "Demiurg aller Dinge" überhaupt[433] ergänzend hinzu. Er tut das, weil er den in Kyllene verehrten Hermes-Logos in die Erscheinungsformen des Weltprinzips einbeziehen will. Darum hebt er die ithyphallische Gestalt des Hermes hervor[434] und betont eigens, daß der so dargestellte Hermes (ὁ τοιοῦτος Ἑρμῆς) der Psychagogos, der Psychopompos[435] und die Ursache der Seelen gemäß der folgenden Hermes-Exegese sei.

---

428 Vgl. Anm. 390. Die Vertrautheit mit dem Isiskult ist vielleicht ein Indiz dafür, Ägypten als den eigentlichen Kulturraum von N anzusehen.
429 Vgl. Kap. 3.5.2.
430 7,29-30 (85,18-23). Die Hs hat den Text fehlerhaft überliefert, aber der Gedankengang ist durchsichtig. Die Lesart κυλλήνιοι halte ich jedoch für richtig, weil der Verfasser bestrebt war, möglichst viele, den überall gegenwärtigen Gott verehrende Völker anzuführen. Vielleicht war die Stelle bereits in der Vorlage der Athoshandschrift schlecht lesbar, sodaß statt φησὶ γάρ (S. 85,18f) ursprünglich φασὶ γοῦν stand.
431 7,29 (85,19f).
432 Vgl. Plato, Cratyl 407E; Plutarch, De Iside 54; Ps.-Klemens, Hom. 6,15,2 (I 112,3 Rehm): Hermes ist ὁ ἑρμηνευτικὸς λόγος. Merkelbach, Roman 85.
433 Bousset (Hauptprobleme 185) zitiert einen von Julian abhängigen Text über Attis als Demiurg der werdenden Dinge; vgl. Carcopino, De Pythagore aux Apôtres 182. Das göttliche Weltprinzip ist auch Exc.Theod. 47,1 "der erste und allgemeine Demiurg".
434 7,29 (85,20-22).
435 Zu den Hermesnamen, siehe Rohde, Psyche II 388 Anm.1; Carcopino, De Pythagore 130f; H. Rahner, Griechische Mythen 242-244; Kerényi, Hermes 9ff; Hepding 202f (Hermes und Attis).

Nun hat die Hermes-Exegese diesen Bezug zu dem phallisch vorgestellten Weltprinzip ursprünglich nicht gehabt. Sie zeigt vielmehr den Logos als Erwecker der Seelen und deren Geleiter zur himmlischen Heimat. N hat also Anregungen einer älteren Homer-Exegese übernommen[436] und in den ihm vorliegenden Attiskommentar eingearbeitet[437].

Diese zunächst nur terminologisch begründete Annahme findet eine Bestätigung in dem auf die Exegese folgenden Lehrstück über die Dreiteilung des Alls (8,1-4), das einerseits die in die Exegese eingebaute Soteriologie näher erläutert, andererseits das als nächste Figur des Attisliedes gedeutete "Himmlische Mondhorn" der Griechen (8,4) einleitet. Der Anschluß erfolgt mittels der Figur des Anthropos, der – nach der Konzeption der Apophasis – in allen verborgen ist (οὗτός ἐστι... ὁ ἐν πᾶσιν... ἄνθρωπος), zugleich aber das nach oben strebende, durch den Jordan dargestellte Göttliche sein soll und daher mit dem von den Griechen verehrten Mondhorn identifiziert wird[438]. In diesem Satz bezieht sich daher das οὗτος primär auf den nach oben fließenden Jordan, implizit aber auch auf die drei Stadien des Göttlichen: auf sein ewiges Sein oben (ἄνω) (= Kaulakau), seinen Untergang im Sterben unten (κάτω) (= Saulasau), seinen Wiederaufstieg nach oben (ἐπὶ τὰ ἄνω) (= Zeesar)[439]. In diesen drei

---

436 Das Lehrstück ist eine neupythagoreische Exegese von Od.24,2-11 und Il. 14,201. Vgl. aus Alexander Polyhistor (bei Diogenes Laert. VIII 31) 58 B 1 (I 450,25-451,3 Diels): Der Seelenvogt Hermes führe die reinen unter den Seelen zum höchsten Gott, die unreinen dagegen werden von den Erinnyen in unzerreißbare Bande gelegt; siehe auch H.s Exzerpt aus einer neupythagoreischen Vorlage in Ref. VI 26,1-3 (152,21-153,14) und M.J. Lagrange, L'Hermétisme III: RB 34, 1925, 390.
437 Daß er die Exegese dabei im Sinne seiner eigenen Lehre abgeändert bzw. umgestaltet hat, darf man auf Grund seiner bei den Isismysterien festgestellten Erweiterungen als sicher annehmen. Von ihm stammen, wie noch deutlicher werden wird, alle alttestamentlich inspirierten Deutungen, besonders die des "Felsen" und die Weiterführung des Bildes vom "Okeanos".
438 8,4 (89,22-24).
439 Epiphanios (Pan. 25,4,4: I 271,19-25 Holl) führt die drei hebräischen Geheimnamen auf Is 28,10 zurück und erklärt sie so: das Saulasau Saulasau bedeutet: Trübsal über Trübsal; Kaulakau Kaulakau: Hoffnung über Hoffnung; Ziersam Ziersam: Warte noch ein wenig, ein wenig (deutsch nach Leisegang, Gnosis 140). Diese Deutung würde die drei Stadien des Göttlichen im Sinne der Apophasis gut wiedergeben. Den Terminus Kaulakau bezeugen auch Irenäus I 24,5-6 (I 201 Harvey) für Basilides und Epiphanios Pan. 25,3,6 (I 270,15-271,3 Holl) für die Nikolaiten.

Seinsweisen des Anthropos offenbart sich, nur erweitert in biblischer Terminologie, die Lehre der Apophasis von den drei Stadien des Göttlichen: er steht oben (ἄνω) in der ungezeugten Kraft, er stand unten (κάτω) im Strom der Wasser im Bild erzeugt, er wird oben (ἄνω) stehen bei der seligen unbegrenzten Kraft, wenn er zum Bilde ausgeprägt worden ist[440]. Wir müssen daher die Überleitung zum Mondhorn (8,4) und überhaupt den ganzen Abschnitt, der im Sinne der Apophasis die Dreiteilung des Alls erklärt[441], N zuschreiben. Der Passus ist gekennzeichnet durch das schon früher beobachtete Anliegen, die Lehre der Apophasis in biblischer Terminologie zur Sprache zu bringen[442] und den alten Attiskommentar für sich in Anspruch zu nehmen.

Die letzte Schlußfolgerung ergibt sich aus der (durch die Dreiteilung bestimmten) doktrinellen Struktur, die den ganzen Abschnitt 8,1-4 bestimmt. Dessen einheitliche Struktur erlaubt nicht, Stellen mit ausgeprägter biblischer Terminologie[443] als Interpolationen, Stellen mit scheinbar weniger biblischer Beziehung[444] dagegen als Text des alten Kommentars zu bestimmen[445]. Der Passus beginnt mit dem Axiom über die Dreiteilung des Alls[446], das die folgende dreifache Unterscheidung näher erklärt[447], worauf das dritte Glied der Unterscheidung, das oben gewordene Geschlecht, durch biblische Namen verdeutlicht[448] und ein Homerwort als Zeugnis (der Heiden) für die Dreiteilung angeführt wird[449]. Dieser ganze, von der Lehre der Apophasis ge-

---

440 VI 17,1 (142,28-143,2). Dieselbe Lehre liegt auch der Deutung (N) der Samothrakischen Mysterien in 8,10 zugrunde.
441 8,1-4 (89,9-24). Die Polemik H.s in 8,1 läßt sich einfach streichen; der Text der Vorlage beginnt nach der Einleitungsformel λέγουσι δὲ (S.89,9).
442 So im Schlußteil 9,12-20 und bei dem "das Wort Gottes" darstellenden Apophasiszitat, dem Ps 18,4 als Schriftzeugnis folgt.
443 So den zweiten Teil von 8,2 (89,12-15) mit den biblischen Namen und der allegorischen Deutung von Ägypten und Madian.
444 So den ersten Teil von 8,2 (89,10-12) mit der Dreiteilung. Hier ist der Name Adamas biblisch inspiriert, vgl. Anm.463.
445 So Gogolin 109 nach Reitzenstein.
446 8,1 (89,9f), offenbar polemisch gegen den bekannten Satz ἓν τὸ πᾶν.
447 8,2 (89,10-12). Der Aufbau von 8,1-2 legt die Vermutung nahe, daß das Axiom ein Zitat aus der *Apophasis* ist, das N erläutert, indem er die Lehre der Apophasis in biblische Vorstellungen umsetzt (siehe Anm.899).
448 8,2 (89,12-15).
449 8,3 (89,15f). Hier der Text von 8,1-3: "Sie sagen aber: 'Wer sagt, daß das All aus Einem besteht, irrt; wer sagt, aus Dreien, sagt die Wahrheit und wird für das All die Erklärung geben'. Denn eine ist die selige Natur des seligen Menschen oben, des Adamas, eine die sterbliche un-

prägte Abschnitt, ist gegenüber dem alten Attiskommentar sekundär. Das erhellt, abgesehen von der Terminologie, aus der verschiedenen Konzeption von der Dreiteilung des Alls. Der alte Kommentar teilt die gesamte Natur nach klassischem Muster in drei (durch Aphrodite, Persephone, Selene symbolisierte) Regionen: die irdische, unterirdische und himmlische Welt[450]. In dieser *statischen* Dreiteilung ist jede Region genau von der anderen abgegrenzt, alle drei zusammen bilden die Natur oder den einen Kosmos[451]. Anders das in 8,1-4 vorgetragene pantheistische Konzept der Apophasis. Es lehrt ebenfalls eine Dreiteilung, aber eine *dynamische*, welche die klassische Teilung in drei kosmische Regionen voraussetzt, jedoch mit einem neuen Bedeutungsinhalt füllt. Es geht um einen völlig neuen Gesichtspunkt: nicht um drei Regionen der Welt, sondern um drei Seinsweisen des als Kraft (δύναμις) gefaßten Göttlichen. Es existiert im ersten Stadium zunächst oben als unbegrenzte Kraft: aber dann tritt es aus sich selbst heraus, wird "oben" und "unten" zugleich, geistiges und materielles Prinzip, (Himmel und Erde), wobei die nun "zwei" gewordene Kraft sich selbst befruchtet und sich selbst aus sich selbst zeugt: den Kosmos als Erscheinung des in ihm verborgenen Göttlichen[452]. Das ist das zweite Stadium des Göttlichen: in der Materie, unten. Aber das überall verborgene Göttliche strebt dort, wo es seiner selbst bewußt werden kann, also im Menschen und (im untermenschlichen Bereich) mit Hilfe des Menschen, zurück nach oben, wo es zur unbegrenzten Kraft selbst werden soll. Das ist das dritte Stadium des Göttlichen. Dieser Konzeption

---

ten, eines aber das königlose, oben gewordene Geschlecht, wo Mariam, die Gesuchte, weilt, und Jothor, der große Weise, und Sepphora, die Seherin, und Moses, dessen Geschlecht nicht in Ägypten ist, denn es wurden ihm Kinder in Madian geboren. Und dies ist auch den Dichtern nicht verborgen geblieben: 'Dreifach wurde alles geteilt, jeder empfing von der Herrschaft'" (Homer, Il. 15,189).

450 So wird 7,11-12 (81,14-21) der dreimal geliebte Adonis des Attisliedes (S. 99,14f) ursprünglich gedeutet; vgl. Macrobius, Sat. I 21,1-6.

451 Die nach 7,13 über diesem Kosmos existierende "selige Natur der Überkosmischen und Ewigen" ist die Welt des Pleromas, die mit dem dreigeteilten Kosmos nichts gemein hat, wohl aber diesen urbildlich vorbildet. Der Passus geht über den im Lied vorgegebenen Rahmen hinaus und ist wohl erst von N eingefügt worden, vgl. die Entsprechung der Terminologie mit 7,20 (83,10-12).

452 Vgl. VI 13 (138,25-139,2); 18,2-6 (144,11-145,5) und das Axiom 9,5-6 (136,25-27).

geht es nicht um eine statische Dreiteilung der Welt, sondern um die immerwährende Bewegung der einen göttlichen Kraft. Das ist nicht die Vision des ersten Kommentators, sondern des sich an der Apophasis inspirierenden Autors N[453], der die klassische Dreiteilung des Alls durch eine dynamische erweitert hat.

Vom N stammt aber nicht nur das Lehrstück über die Dreiteilung, sondern auch die gesamte Hermes-Exegese. Denn auch diese ist - jedenfalls in ihren gnostischen Umdeutungen[454] - geprägt von der dynamischen Dreiteilung der Apophasis und von der Terminologie N. Was er in 8,1-2 prägnant zusammenfaßt, hat er dort als Homerdeutung ausführlich dargelegt, wobei er die ursprünglich neupythagoreische Deutung entweder erweitert[455] oder durch seine eigene einfach ersetzt hat[456]. Die aus dem Schlaf Erwachten erinnern sich, heißt es, "aus welchem Range und aus welcher Höhe des Glücks"[457] sie herabgefallen sind. Das ist das erste Stadium "oben". Daher fügt N hinzu: das heißt aus dem seligen Menschen von oben oder aus Adamas (ἀπὸ τοῦ μακαρίου ἄνωθεν ἀνθρώπου ἢ ᾿Αδάμαντος)[458]. Die Entsprechung zu 8,2 ist evident[459]. Was aber von Adamas oben heruntergefallen ist, sind nicht mehr nur (neupythagoreisch) die Seelen, sondern irgendwie Teile des Adamas, des himmlischen Menschen, selbst. Gewiß ist das Göttliche in allen Dingen verborgen, aber es ist in besonderer Weise in den menschlichen Körper, in das irdische Gebilde

---

453 Diese dynamische Dreiteilung von 8,1-4 ist nochmals zu unterscheiden von der statischen Dreiteilung des Anthropos, die H. im Kephalaion (6,6-7) darlegt und dort (wegen 8,4) mit Geryon zusammenbringt.
454 Vgl. Anm. 436f.
455 So in 7,30.32 und 7,38.
456 So in 7,35f. Erst so erklärt sich der früher rätselhafte Befund, daß die neupythagoreisch inspirierte Exegese plötzlich durch biblisch inspirierte Vorstellungen abgelöst wird. Dieser Befund hat Reitzenstein von Anfang an irritiert, später zur Revision seiner Textrekonstruktion genötigt; schließlich auch Schenke veranlaßt, statt einer ursprünglich heidnischen eine hellenistisch-jüdische Grundschrift zu postulieren. Das Dilemma löst sich, wenn N einen älteren Kommentar und eine ältere Hermes-Exegese durch seine in biblischen Vorstellungen inspirierte Lehre ergänzt oder teilweise sogar ersetzt hat.
457 7,30 (86,5-7) = Empedokles, Fr. 119 Diels; vgl. Plutarch, De exilio 17 (607E), sowie Carcopino, De Pythagore 181 Anm. 168. Ein Anklang daran findet sich im Thomas-Evangelium Log. 85 (NHC II 95,29f): "Jesus sagte: Adam entstand aus einer großen Kraft und einem großen Reichtum...".
458 7,30 (86,7f).
459 Vgl. 8,2 (89,10f).

Die Dreiteilung des Alls und die Hermes-Exegese   87

des Vergessens, herabgebracht worden[460]. Das ist das zweite Stadium des Göttlichen, das in 8,2 darum die sterbliche Natur "unten" heißt[461]. Die biblische Inspiration dieses ganzen Abschnittes offenbart sich außer in dem urchristlichen Mischzitat (Ps 117,22 + Is 28,16)[462] auch in der meines Wissens bisher unbemerkt gebliebenen Vision bei Amos 7,7-8[463], sowie in dem weiteren urchristlichen Testimonium Dan 2,45[464]. Wir treffen hier auf eine alte Testimoniumgruppe über Christus als den "Stein", die zeigt, daß N nicht schlechthin im jüdischen, sondern eher in einem jüdisch-christlichen Milieu anzusiedeln ist, oder doch wenigstens mit der Theologie solcher Kreise vertraut war.

Das dritte Stadium des Göttlichen entwickelt N im Anschluß an die Deutung des Okeanos bzw. dessen doppelter Strömung als das Werden von Göttern und Menschen[465], wobei er Ps 81,6.7 als Entsprechung zu Homer einführt[466]; wenn der Okeanos aufwärts fließt, bedeutet es "Werden von Göttern". Das ist, was geschrieben steht, "Ich sagte: Ihr seid Götter und Söhne des Höchsten alle" (Ps 81,6), wenn ihr aus Ägypten flieht und über das Rote Meer in die Wüste[467] kommt, das heißt von der Vermischung hier

---

460 7,35-36 (87,15-88,3). Hier zeigt sich, daß N eine gegenüber der Apophasis anthropologisch weiterentwickelte Lehre vorträgt, die sich mit dem universalen Pantheismus der Apophasis nicht mehr recht verträgt. Der biblische Schöpfungsbericht mit seiner Unterscheidung des *zuerst* gebildeten irdischen Leibes und des *erst dann* eingehauchten Lebensodems hat dazu geführt, zwischen dem von Engeln zuerst gemachten irdischen Menschen und dem von oben stammenden "himmlischen" Menschen, der im irdischen Plasma als in seiner selbst vergessener Gefangener haust, zu unterscheiden. Orphisch-platonische Vorstellungen, vereint mit alttestamentlichen Spekulationen über die Schaffung des Menschen, scheinen die dynamische Anthropologie des Apophasis, die einen "verborgenen" und einen "offenbaren" Menschen als Wirkungen der einen Urkraft unterschied, verändert zu haben, vgl. Ref. VI 14,5-11 und Frickel, Eine neue Deutung von Gen 1,26, in: Festschrift Geo Widengren, Leiden 1972, 413-423.
461 8,2 (89,11f), vgl. 7,40 (88,21f).
462 Vgl. 1 Petr 2,4-6 und Ps.-Barnabas 6,2-4.
463 "Ich sah, wie der Herr auf einer diamantenen Mauer stand (ἐπὶ τείχους ἀδαμαντίνου) und ein Diamantstein (ἀδάμας) war in seiner Hand... Da sagte der Herr: Wisse wohl, ich lege diesen Diamantstein (ἐντάσσω ἀδάμαντα) in die Mitte meines Volkes Israel...". In dem 7,35 gebrauchten Bild vom Stein sind also nicht nur zwei, sondern drei Schriftworte vereinigt worden.
464 Vgl. die Zitatsverbindungen bei Justin, Dial. 113,6-7 und 114,4; Iren. III 21,7; Thomas-Evangelium Log. 66.
465 7,38 (88,12-16).
466 7,39 (88,16ff); ausführlicher dazu in Kap. 3.5.6.
467 εἰς τὴν ἔρημον bedeutet hier nicht nur die Wüste, sondern auch die Einsame, die Kinderlose, vgl. Kap. 3.5.6.

unten zu dem Jerusalem oben, das die Mutter der Lebenden ist. Wenn ihr aber wieder umkehrt nach Ägypten, das heißt in die Vermischung unten, werdet ihr "wie die Menschen sterben" (Ps 81,7)[468].

Das ist genau die dynamische Bewegung nach oben (ἐπὶ τὰ ἄνω)., die nach 8,4[469] das dritte Glied der Dreiteilung, das oben gewordene Geschlecht, kennzeichnet. Zugleich zeigt die Deutung von Ps 81,7, daß die Lehre der Apophasis über die zwei alternativen Möglichkeiten des Göttlichen im Menschen uneingeschränkt beibehalten ist, insofern der göttliche Funke auch unentfaltet bleiben und daher mit dem irdischen Menschen zugrunde gehen kann[470].

Gleich sind auch die allegorischen Deutungen Ägyptens[471] und des Jordans[472], die ihrerseits zeigen, daß die Homer-Exegese wie das Lehrstück 8,1-4 zu N und daher nicht ursprünglich zum Attiskommentar gehören[473]. Beide, Exegese und Lehrstück, zeigen, daß N sowohl mit den synkretistischen Mysterienreligionen des 1.-2. Jahrhunderts, als auch mit frühkirchlichen Spekulationen hellenistischer Christen alexandrinischer Prägung vertraut war. Entsprechend ist seine Einstellung gegenüber dem Wissen der alten, nichtchristlichen Weisen und Dichter durchaus positiv, wie die Übernahme der neupythagoreischen Homer-Exegese und seine eigene Auslegung von Homers Ilias in der Exegese[474] und im Lehrstück[475] deutlich machen. Seine Bibelexegese ist überwiegend alttestamentlich, zeigt jedoch zugleich starke Anleihen aus der frühchrist-

---

468 7,38f (88,14-21).
469 8,4 (89,22).
470 Vgl. Apophasisbericht VI 12,4; 14,6; 15,6; 17,7.
471 Vgl. 7,39 (88,17-21) und 7,41 (89,3) mit 8,2 (89,14f). Die ursprünglich hellenistisch-jüdische Deutung Ägyptens und des Exodus (siehe Kap. 3.5. 6) wurde von der ältesten kirchlichen Exegese (vgl. 1 Kor 10,1-10) übernommen und weiter ausgebildet; siehe F.J. Dölger, Die Sonne der Gerechtigkeit (unter Stichwort "Ägypten"); Ders., Der Durchzug durch das Rote Meer als Sinnbild der christlichen Taufe, 63-69.
472 Vgl. 7,41 (89,1-4) mit 8,4 (89,22). In dieser Deutung hat N ebenfalls frühchristliches Traditionsgut übernommen, vgl. Dölger, Der Durchzug durch den Jordan als Sinnbild der christlichen Taufe, 70-79 (besonders bei Origenes, der die allegorische Deutung von Auszug aus Ägypten, Rotem Meer, Wüstenwanderung und Jordandurchzug in alexandrinischer Lehrüberlieferung bereits vorgefunden hat); vgl. auch Justin, Dial. 75, 1-2; 90,3-5; 113,1-7; 115,2-3; Ps.-Barnabas 12,8-9.
473 Die Homer-Exegese wird Kap. 3.5.6-7 eigens behandelt werden.
474 So in 7,36 (87,21) Ilias 4,350 bzw. 9,409 und 14,83 (ἕρκος ὀδόντω).
475 So in 8,3 (89,16) der Vers Ilias 15,189 als Zeugnis für die Dreiteilung des Alls.

Die Dreiteilung des Alls und die Hermes-Exegese

lichen Theologie[476]. Es ist eine gnostische Auslegung alttestamentlicher Vorstellungen, die sich vielfach mit den von Irenäus in I 18-19 zusammengestellten gnostischen Bibelerklärungen berührt[477].

Die obigen Ausführungen machen offenbar, wie stark N in den alten Attiskommentar eingegriffen und dessen Struktur dabei verändert hat. Diese ursprüngliche, durch den Einschub 7,29-8,4 fast unkenntlich gewordene Struktur wird wieder deutlich, wenn man den Einschub streicht und die jetzige Einführung des himmlischen Mondhorns der Griechen (8,4) sinngemäß an 7,28-29a anschließt. Dort hieß es von dem phallischen Symbol, das die Götter der im Lied genannten Völker kennzeichnet:

"Und dies mystische Zeichen haben die Griechen von den Ägyptern übernommen und bewahren es bis auf den heutigen Tag. Wir sehen daher, daß die Hermen bei ihnen in dieser Gestalt (τοιούτῳ σχήματι) verehrt werden[478].

Darauf folgt unmittelbar 8,4:

Die Griechen nennen aber das so Beschaffene gewöhnlich das himmlische Mondhorn (καλοῦσι δὲ τὸ τοιοῦτον Ἕλληνες κοινῇ ἐπουράνιον μηνὸς κέρας), weil es allen alles vermischt und vermengt hat[479].

Bei dieser Anordnung geschieht der Übergang von den Ägyptern zu den Griechen reibungslos. Zugleich wird das Mondhorn der Griechen als ein anderes, für das phallische Symbol stehendes Zeichen einsichtig, unter dem Ägypter und Griechen (unter verschiedenen Namen) die Weltseele verehren.

---

476 Dazu ausführlicher in Kap. 3.5.6-7.
477 Eine gute Übersetzung dieses Abschnittes mit alttestamentlichen Stellenangaben gibt Foerster, Gnosis I 277-281.
478 7,28f (85,15-18). Die letzte Aussage hat N in 7,29 (85,21) wiederholt, um den kyllinischen Hermes und die Hermes-Exegese mit Hilfe des phallischen Symbols in den alten Attiskommentar einzubauen.
479 8,4 (89,24-26). Dieser ursprüngliche Zusammenhang zwischen den "Hermen" und dem "Horn des Mondes" bleibt in Reitzensteins Rekonstruktion (Poim. 88 und 90) und in der entsprechenden Übersetzung Leisegangs (Gnosis 123 und 126) infolge der Hermes-Exegese uneinsichtig.

3.5.5 Verchristlichung einer heidnischen Anthropologie

Die bisher durchgeführte Strukturanalyse erlaubte es, die Überarbeitung des Attiskommentars als eine Erweiterung der doktrinellen Struktur des alten Kommentars zu bestimmen. Diese Erweiterung war möglich, weil beide Kommentatoren eine in ihrer Grundstruktur ähnliche synkretistische Theologie vertraten. Diese Theologie zeigt keine vom christlichen Denken beeinflußten Züge. Das gilt zunächst auch von N, der die Theologie und Soteriologie der Apophasis auf den Attiskommentar übertragen hat[480]. Spekulationen über alttestamentliche Symbole, zum Beispiel über das Horn des einhörnigen Stiers dürften jedoch mehr als nur neues Bildmaterial geliefert haben, um damit die pantheistische Theologie der Apophasis in biblischer Sprache zu veranschaulichen[481]. Die ausschließliche Verwendung biblischer Vorstellungen in 9,14ff läßt vermuten, daß N die ursprünglich heidnische Theologie und Anthropologie der Apophasis und erst recht des Attiskommentars auch inhaltlich verändert hat.

Tatsächlich zeigt die gerade besprochene Hermes-Exegese jüdische Adamspekulationen, welche die Anthropologie der Apophasis modifiziert und die Vorstellung des von oben in den irdischen Leib (πλάσμα) herabgebrachten Adamas wesentlich bestimmt haben. Die grundlegende orphische Auffassung von den in die Materie gefallenen göttlichen Seelen wurde zwar beibehalten, erhielt jedoch durch die Verbindung mit dem biblischen Schöpfungsbericht eine ganz neue Ausprägung. Darüber hinaus zeigt die Weiterbildung der Homerexegese, wie urchristliche Spekulationen über Christus als den "Stein" auf das Göttliche im Menschen übertragen worden sind. So besonders bei der Deutung der Homerverse Od. 24,6-8 in 7,35-36, welche die neupythagoreische Exegese ursprünglich wohl als eine Allegorie für den Fall bzw. die Ver-

---

480 Der in den erhaltenen Apophasisfragmenten (vgl. Frickel, Apophasis 30-44) bezeugte dynamische Pantheismus ist jüdisch-christlichem Denken wesensfremd; er findet sich jedoch ähnlich in hermetischen Spekulationen.
481 9,14 (100,27-29). Der Vergleich stammt aus dem Segensspruch des Moses über den Stamm Joseph (Deut 33,17).Frühchristliche Spekulation sah in diesem Horn einen Typus für die universale Kraft des Kreuzesmysteriums (Justin,Dial.91,1;vgl.Daniélou, Théologie du Judéo-Christianisme I 94). N sah darin ein Symbol für das alles keimhaft in sich enthaltende Weltprinzip der Apophasis (vgl.VI 9,7-8:137,1-8), das er als Weltsame näherhin verstand;ganz ähnlich Basilides bei Hippol.,Ref. VII 22,8-9(199,2-5).

bannung der Seelen in die Leiber gedeutet hat[482]. N. setzt eine
solche allegorische Deutung jedenfalls als bekannt voraus, konzentriert aber seine Auslegung auf den Od.24,8 genannten Felsen
(πέτρης), von dem die göttlichen Seelen herabgefallen[483] und in
das irdische Gebilde unten herabgebracht worden sind[484]. Der
entscheidende Abschnitt 7,35-36 gibt im Rahmen der Homerexegese
eine allegorische Deutung der Verse Od. 24,6-8 über die dem Hermes folgenden Seelen, die gleichsam wie Fledermäuse an der Decke
einer Felsengrotte hingen, aber von dort heruntergefallen sind
und einen aufgeschreckt zirpenden Schwarm bilden. Im Kontext
geht es N darum, die in den vorausgehenden Versen (Od. 24,2-4)
beschriebene zweifache Tätigkeit des Hermes hinsichtlich der
Seelen zu erklären. Er hat diese Verse erstmals in 7,31 zitiert,
aber zunächst nur den die Herrschaft über Leben und Tod anzeigenden Stab des Hermes kurz erklärt[485]. Dann wiederholt er die
zwei entscheidenden Verszeilen über die zweifache Macht des
Hermes[486]:

"'Er schläfert die Augen der Toten ein, wie er sagt,
erweckt sie aber wieder, wenn sie schlafen', die
Erwachten, die Freier geworden sind"[487].

Um diese zweifache, die Macht über Tod und Leben offenbarende
Tätigkeit des Hermes-Logos geht es in der uns erhaltenen Homerexegese: um das "Einschläfern" der Seelen, das gleichsam deren
"Tod" im materiellen Leib bedeutet, und um das Erwecken der
Seelen, welches deren Zurückrufen zum "Leben" bedeutet. Das ist,
wie N (wohl im Anschluß an die neupythagoreische Deutung der
Homerverse) wiederholt, das große und unsagbare Mysterium der

---

482 Vgl.Kore Kosmou 33 (IV 10,21-23 Nock-Festugière), dazu W.Scott, Hermetica III 528 und Festugière, Corpus hermeticum IV 34 Nr.113.
483 Das ἀποπεπτωκώς in 7,36 (87,22) nimmt das ἀποπέσοισιν der Homerverse von 7,34 (87,13) auf.
484 Das Verb κατενηνεγμένος in 7,36 (88,2) und die mehrfache Betonung, daß die Seelen dabei wie Fledermäuse ängstlich zirpen (vgl. τρίζουσα auf S. 87,10.13 und S. 88,3.5) könnte bedeuten, daß das Herabbringen der Seelen in das Plasma des Vergessens als Strafe für ein vorweltliches Vergehen verstanden wurde, wie das ähnlich Kore Kosmou 24-27 schildert; vgl. auch die Wehklage der Seelen in Kore Kosmou 36, sowie Festugière, Corpus herm. IV 34f Nr. 122f.
485 7,32 (86,15-87,1).
486 Über die entgegengesetzte Wirkung der Tätigkeit eines Gottes, siehe Macrobius, der Saturnalia I 17,22 den Homervers Od. 24,2 als Beleg zitiert.
487 7,32 (87,1-3). Mit den "Erwachten" greift N seine in 7,30 gegebene Deutung der "Freier" der Penelope wieder auf.

Eleusinien: "hye, kye"[488] und das, so fügt er in biblischer
Sprache erklärend hinzu, besagt das Schriftwort: "Über die ganze Erde ist ihr Schall ergangen" (Ps 18,5), womit er andeutet, daß seine Heilsbotschaft[489] in den Kulten aller Menschen, besonders aber in den eleusinischen Mysterien, vorgebildet und vom Logos vorher verkündet worden ist: Heil als Befreiung aus der Welt und Rückkehr zur himmlischen Heimat. Die doppelte Tätigkeit des Hermes-Logos will er sodann in den zwei folgenden Abschnitten der Odysee (Vers 5-8 und Vers 9-12) wiederfinden und näher erklären. Er sieht also das Mysterium der Eleusinien, das heißt, Tod und Erweckung der Seelen zum göttlichen Leben, auch in den folgenden Versen Homers allegorisch ausgesagt[490]. In 7,35-36 deutet er daher 1) die Verse 5-8 auf die Einkerkerung der Seelen in die materiellen Leiber[491] und in 7,37-39 deutet er 2) die Verse 9-12 auf die Erweckung der Seelen aus dem Todesschlaf und auf den Heilsweg, der über die Loslösung von den materiellen Begierden zum Leukadischen Felsen, dem Ort der endgültigen Befreiung führt[492].

Diese ursprüngliche neupythagoreische Anthropologie und Soteriologie hat N, seiner Methode getreu, in biblischer Sprache erklärt. Auf diesem Hintergrund muß auch der Passus 7,35f gesehen werden, der - durch eine Textlücke leider entstellt[493] -

---

488 Dieser mystische Ruf war im Eleusinischen Mysterium ursprünglich eine Bitte um Regen, wobei die Mysten zum Himmel emporblickend "Hye" (regne!) und zur Erde niederblickend "Kye" (sei fruchtbar!) riefen, vgl. De Jong, Das antike Mysterienwesen 23; Dietrich, Eine Mithrasliturgie 214. Die dabei vollzogene doppelte Bewegung (von der Erde zum Himmel und vom Himmel zur Erde) wurde später also Symbol für das ganze Mysterium: für Fall und Erweckung der Seelen; vgl. damit die etymologische Deutung des Mysteriums in 8,41 (96,20-24).
489 Vgl. Röm 10,18.
490 Im Lichte des hier aufgezeigten Kontextes halte ich (gegen das ὡς δὲ Reitzensteins) die Lesart ὡς τὸ der Hs in 7,34 (87,9) für richtig und übersetze (nach Wendland im Apparat zur Stelle): "Wie das Wort Homers" (d.h. Vers 5-8). Schriftwort (Ps 18,5) und Homerwort (Od. 24,5-8) sind, genau wie das eleusinische Mysterium, für N Zeugnisse der doppelten Tätigkeit des Hermes-Logos. Vers 24,5 über Hermes, der den Stab schwingt, und die ihm folgenden Seelen, gibt den Tenor der doppelten Deutung an.
491 Vgl. Kore Kosmou 33 (IV 10,16 Nock-Festugière).
492 Die soteriologische Deutung beginnt in 7,37 (88,33) mit καὶ φησὶν ὅτι: "und weiter sagt Homer" (d.h. in Vers 9-12), das dem ὡς τὸ in 7,34 entspricht, vgl. Anm. 490. Über den Leukadischen Felsen ausführlicher bei der Soteriologie der Homerexegese: Kap. 3.5.6.
493 Die Textlücke haben bereits Duncker-Schneidewin (1859) und Cruice (1860) in ihren textkritischen Ausgaben der Refutatio festgestellt. Reitzenstein hat, nachdem ein Emendationsversuch von Keil (vgl. Reitzenstein, Poim.

Verchristlichung einer heidnischen Anthropologie 93

für die Anthropologie von N aufschlußreich ist. Er kann wie folgt übersetzt werden:

"Vom Felsen, damit meint Homer: vom Adamas. Dieser ist der Diamantstein (= Adamas), 'der Scheitelstein, der zum Hauptstein geworden ist' (Is 28,16 + Ps 117,22)[494], 'welchen Diamantstein (= Adamas) ich hineinfüge in die Fundamente Sions' (Amos 7,8 + Is 28,16)[495]. Allegorisch meint er das irdische Gebilde des Menschen. Der eingefügte Adamas aber befindet sich dort gleichsam hinter Zähnen[496], wie Homer sagt: (das) Gehege der Zähne, das bedeutet Mauer und Festungswall, in der 'der innere Mensch' (vgl. Röm 7,22) ist[497], dahinein[498] herabgefallen von dem Urmenschen oben Adamas: 'der abgeschnitten wurde ohne schneidende Hände' (Dan 2,45) und herabgebracht wurde in das irdische Gebilde des Vergessens, das tönerne"[499].

In diesem Abschnitt hat N den Felsen der Homerverse zunächst als den "Adamas" oben gedeutet, dann wurden zwei urchristliche Testimonien (Is 28,16 und Ps 117,22) kontrahiert und auf diesen Adamas übertragen. Dabei zeigt die Kontraktion der beiden Testi-

---

89, Anm.5 und Wendland 87 zu Zeile 20f) nicht befriedigt hatte, eine Rekonstruktion vorgenommen (Poim. 89; Studien 165f), die Wendland in seine Ausgabe aufgenommen hat (S. 87, Zeile 20f) und die in den Übersetzungen der Naassenerschrift als gesichert wiederholt wird (Leisegang, Gnosis 125; Preysing BKV 40,97; Foerster, Gnosis I 347; Gogolin 129 und 108). Diese Rekonstruktion ist jedoch zu lang und wiederholt überdies nur, was im Text zuvor bereits gesagt wurde.
494 Der im Text folgende anatomische Vergleich mit dem Gehirn ist, weil Apposition, hier ausgelassen.
495 Vgl. Anm. 463.
496 Der an dieser Stelle verderbte Text der Hs hatte ursprünglich eine allegorische Deutung des in den irdischen Leib eingefügten Adamas geboten. Der erhaltene Text deutet aber darauf hin, daß N die allegorische Erklärung hier ähnlich geboten hat wie in 8,16 (92,8-10) und 8,20 (92,27f). Daher möchte ich als einfachste Ergänzung der Textlücke sinngemäß lesen: ὁ δὲ ἐντασσόμενος ἀδάμας ἐστὶν (ἐκεῖ οἱονεὶ μετὰ) ὀδόντας, korr. in Akkusativ.
497 Der innere Mensch wird hier mit dem Göttlichen im Menschen selbst identifiziert. Das verrät eine einfachere Anthropologie als die jener Valentinianer, deren ähnliche, aber fortentwickeltere Lehre H. in Ref. VI 34,5 (163,8-13) berichtet, wo der innere Mensch nur mehr der "psychische Mensch" ist.
498 Das ἐκεῖθεν der Hs ist sinngemäß zu ἐκεῖσε korrigiert, wie das schon die Göttinger Ausgabe getan hatte (vgl. MG 16,3: 3128B).
499 7,35-36 (87,15-88,3). Das abschließende ὀστράκινον ist wohl Zusatz.

monien, daß der göttliche Adamas eine doppelte Funktion haben soll: der ursprüngliche Scheitelstein "oben" ist zum Hauptstein geworden, der als erster Stein zugleich als Ursprung für andere "Steine" verstanden wird. Da es aber dann im Anschluß an das Bild von Amos weiter heißt, daß dieser Adamas in die Grundmauern Sions eingefügt wird (= Amos 7,8 und Is 28,16 kontrahiert), die das irdische Gebilde des Menschen bedeuten, so ist hier eine im Text verborgene zweifache Bedeutung von "Adamas" zu unterscheiden. Die erste ergibt sich aus dem grundlegenden Bild von Amos 7, das in dem zweiten Mischzitat (Am 7,8 + Is 28,16) weitergeführt wird. Darnach ist es der göttliche Adamas selbst, der in das irdische Gebilde herabgefallen ist[500]. Die zweite ergibt sich aus dem ersten Mischzitat (Is 28,16 + Ps 11,22) vom Scheitelstein, der zum Hauptstein (εἰς κεφαλὴν γενομένος γωνίας) geworden ist. Darnach ist nicht der göttliche Adamas selbst von oben in das Gebilde herabgebracht worden, sondern andere "Steine" sind, wie die Fledermäuse vom Felsen der Homerverse, von Adamas oben herabgefallen[501] und in die irdischen Leiber verbannt worden[502]. Diese zweite Vorstellung von den vom Adamas oben stammenden Seelen, - womit natürlich immer nur der göttliche Seelenteil gemeint ist - ist in unserem Text die vorherrschende geworden. Für ihn bleibt Adamas, der himmlische Mensch, immer "oben"; von diesem stammt der im Leib gefangene "Mensch" ab[503], zu diesem schreit er um Hilfe[504]; diesem soll er gleich und ähnlich werden[505]. Es ist daher nur folgerichtig, wenn in 7,36 mit dem dritten urchristlichen Testimonium (Dan 2,45) der von Adamas oben herabgefallene "Mensch" ebenfalls als "Stein" bezeichnet wird.

Die allegorische Deutung des Felsens (Od. 24,8) zielt also primär darauf ab, diesen als den göttlichen *Adamas* oben darzutun, von dem das Göttliche im Menschen abstammt. Die Amosvision ist grundlegend für diese Allegorie, im Unterschied zu den

---

500 Dies ist die in Poimandres 14 (I 11,6-17 Nock-Festugière) vorliegende Vorstellung vom Fall des göttlichen Nus in die Materie.
501 Vgl. Anm. 483.
502 Dies ist die in der Kore Kosmou 25-48 (IV 8-16 Nock-Festugière) beschriebene Vorstellung von der Einkerkerung der Seelen in die Leiber.
503 7,30 (86,6-9); 8,2 (89,10f); 8,41 (96,21f).
504 8,15-17 (92,1-14).
505 8,10 (91,3-5).

Verchristlichung einer heidnischen Anthropologie 95

christlichen Testimonien vom "Stein", welche die Deutung des Felsens auf Adamas voraussetzen und deren Anwendung hier darum sekundär ist. Die Erklärung des Felsens mittels Amos 7 war möglich, weil Adamas einen Diamantstein bedeutet und daher irgendwie für den Felsen stehen konnte. Doch ist die in 7,35 vorliegende Deutung des Felsens zu gekünstelt, um ursprünglich zu sein. Sie setzt als ihre Möglichkeitsbedingung eine anthropologische Sicht voraus, die folgende Vorstellungen über das Göttliche im Menschen (im Plasma des Menschen) in sich vereint. Dieses Göttliche ist 1) der eigentliche "Mensch" im Menschen und heißt 2) im Gefolge jüdischer Tradition der "Adam" (Mensch = Adam), der seinerseits 3) nicht nur (alttestamentlich) Bild Gottes, sondern (orphisch) selbst von göttlicher Natur ist. Da der Fels von oben der "Adamas oben" sein soll, so ist dieses himmlische Urbild 4) außerdem selbst als "Mensch" verstanden, der wegen seiner unveränderlichen oder unerschütterlichen Natur nicht einfach "Adam", sondern in Anlehnung an Amos 7,7-8 "Adamas" genannt wurde[506]. In dieser Vorstellung vom himmlischen Urbild und irdischem Abbild hat N offenbar kabbalistische Spekulationen über den *Adam quadmon*, den vorweltlichen Menschen, übernommen, der im Denken Gottes als Idee existierte, Urbild für den im Paradies gebildeten Menschen[507]. Doch ist zu beachten, daß der Adamas für ihn mehr ist als eine platonische Idee. Er ist die Verkörperung des vorseienden Gottes selbst! Er ist nicht nur idealer, sondern realer Ursprung der göttlichen Seelenteile, zu denen Adamas spricht und deren Rettung Adamas will[508]. Jüdisch-hellenistische Spekulationen über den biblischen Schöpfungsbericht, vor allem über die Schaffung des Menschen zuerst nach der Ähnlichkeit Gottes (Gen 1,26) und über die erst später erfolgte Formung des irdischen Menschen als Bild Gottes (Gen 2,7)[509], haben die Anthropologie von N entscheidend mitgeprägt.

---

506 Ἀδάμας kommt in der Septuaginta nur dreimal vor, eben Amos 7,7-8. Das davon abgeleitete ἀδαμάντινος (Amos 7,7) bedeutet soviel wie "felsenhart", das heißt unerschütterlich, unbezwinglich, stählern, und eignete sich gut dazu, die göttliche oder unveränderliche Natur des Adamas zu versinnbilden.
507 Darauf hat schon W. Harvey in seiner Irenäusausgabe (Cambridge 1857, Bd. 1, 134 Anm.2 und 224 Anm. 1) hingewiesen.
508 Vgl. Anm. 503f.
509 Anders als Philo (z.B.De opif.mundi 134) bezieht N die "Ähnlichkeit" des Menschen mit Gott auf den göttlichen Seelenteil im Menschen, den Menschen als "Bild" dagegen auf den irdischen Menschen (vgl. Gen 2,7).

Seine Grundauffassung von der Gottgleichheit des "Menschen" ist
jedoch von orphisch-neupythagoreischen Vorstellungen bestimmt.
Die Übertragung der frühchristlichen Testimonien in diese Anthropologie
ist, wie bereits gezeigt, auf jeden Fall sekundär. Das
erhellt nochmals aus der an Amos inspirierten Allegorie von "Adamas",
welche die Grundlage der Deutung in 7,35f bildet. Die Amosvision
ist nämlich kein urchristliches Testimonium und wird weder
im Neuen Testament noch in der frühchristlichen Exegese, wo Amos
erst relativ spät zur biblischen Beweisführung herangezogen
wird[510], gebraucht. Die Spekulation über den "Adamas" von Amos
7,7-8 dürfte also auch von daher in alttestamentlich inspirierten,
hellenistischen Kreisen entstanden sein, und zwar in einer
gnostizierenden Gruppe, die N zeitlich vorauslag[511]. Die Deutung
von N in 7,35 setzt die Adamas-Spekulation jedenfalls als bereits
bekannt voraus. Erst dessen Bestimmung des Göttlichen als "Adamas",
den der Diamantstein versinnbildet, hat es erlaubt, die
urchristlichen Testimonien für Christus als "Stein"[512] auf das
Göttliche im Menschen zu übertragen. Daß diese Übertragung zunächst
nur eine äußerliche war, wird man auf Grund der orphischen
Grundauffassung der Allegorie annehmen dürfen. Die Testimonien
über den "Stein" erschienen als alttestamentliche Belege offensichtlich
besonders geeignet, die Beziehung zwischen dem Adamas
"oben" und dem "unten" bildhaft zu veranschaulichen. Da diese
Testimonien jedoch christologische waren, das heißt von Jesus
als dem Christus ausgesagt wurden, ist damit die Vorstellung vom

---

510 Erstmals bei Justin, der (Dial. 22,2-5) Amos 5,18-6,7 zitiert. Origenes
kommt in der Jeremiashomelie 30 (III 214,11ff Klostermann) kurz auf Am
7,7 zu sprechen, ohne jedoch den Adamas auf Christus zu beziehen. Dieser
Bezug findet sich m.W. erst bei Kyrill von Alexandrien (gest.444), Comment.
in Amos 68 (MG 71,537AB), aber selbst hier ist die Stelle kein
christologisches Testimonium.
511 Eine ganz ähnliche Spekulation dürfte auch der Vorstellung vom himmlischen
Äon "Adamas" zugrunde liegen, die sich z.B. im Apokryphon des Johannes
findet, vgl. Iren. I 29,3 (I 224 Harvey) und BG 8502,35,1-12. Wenn es hier
heißt, Adamas habe "eine unbesiegbare geistige Kraft" erhalten, so darf
man an die aus dem Namen Adamas abgeleitete unveränderliche Natur denken
(vgl. Irenäus: neque ipse domatus est), vgl. Anm. 506.
512 Von den drei in 7,35f gebrauchten Testimonien findet sich dieselbe Kombination
(Dan 2,45; Ps 117,22; Is 28,16) auch in der Rede des Petrus gegen
Simon Magus: Actus Vercellenses 24. Die Verbindungen Dan 2,45 - Is 28,16
z.B. Iren. III 21,7 bzw. Ps 117,22 - Is 58,16 z.B. 1 Petr 2,4-6 und Ps -
Barnabas 6,2,4. Die einfachen Testimonien Ps 117,22 z.B. Mt 21,42 und
Apg 4,11; bzw. Is 28,16 z.B. Röm 9,33 und 1 Petr 2,6.

Verchristlichung einer heidnischen Anthropologie

Göttlichen im Menschen derart modifiziert, das dieses selbst als "Christus" verstanden wird. Vielleicht hängt diese Gleichsetzung auch damit zusammen, daß gewisse paulinische Aussagen über das Wohnen Christi in seinen Gläubigen in einem solchen oder ähnlichen Sinn gedeutet worden sind[513]. Dieses "christologische" Verständnis des im Menschen der Erweckung und Erleuchtung harrenden göttlichen Elementes kommt auch in dem Abschnitt 7,33f zum Ausdruck, wo ein an Eph 5,14 erinnerndes apokryphes Schriftwort[514] als das Ausprägen des Menschen zu "Christus" gedeutet wird.

Die in der Hermes-Exegese und hier besonders innerhalb der allegorischen Deutung des "Felsens" (7,35-36) hervortretende Absicht, das Göttliche im Menschen als den wahren oder "inneren Menschen" darzutun und diesen von dem "himmlischen Menschen" Adamas herzuleiten, offenbart einen spezifischen Lehraspekt, auf den sowohl im Rahmen des von N erweiterten Attiskommentars, als auch in dessen anthropologischen Vorspann immer wieder zurückgegriffen wird. In diesem besonderen Anliegen wiederholt sich das schon früher aufgezeigte Rahmenthema der Naassenerschrift, das eben die Erkenntnis des Himmelsmenschen und des von ihm stammenden Geschlechtes zum Gegenstand hat[515]. Durch dieses Rahmenthema ist der alte Attishymnus in eine Lehrschrift über den Menschen eingebaut worden, welche uns H. als die Naassenerschrift überliefert hat. Mag auch H.s Zuschreibung dieser Schrift zu einer gnostischen, "Naassener" genannten Gruppe, objektiv nicht gerechtfertigt sein. Die biblisch orientierte Anthropos-Deutung der Hermes-Exegese zeigt in jedem Fall, daß deren Autor N zugleich der Verfasser des Rahmenthemas und der dadurch orientierten Lehrschrift "Über den Menschen" und dessen Erkenntnis ist. Bevor deren Umfang und Eigenart genauer bestimmt werden kann, soll noch

---

513 Vgl. die Deutung von Eph 3,14-19 bei den Valentinianern H.s, Ref. VI 34,7 (163,20-25).
514 7,33 (87,3-6): "Über diese (scil. Mysterien des Todes und der Auferstehung) sagt die Schrift: 'Erwache, der du schläfst, und stehe auf, und Christus wird dir erscheinen'. Dieser ist der Christus: der in allen Gewordenen von dem Ungeprägten her, vom Logos, ausgeprägte Menschensohn". Das als Beleg zitierte Schriftwort gilt als ein Elias-Apokryphon, das in der altkirchlichen Literatur meist im Zusammenhang mit den zwei Paulusstellen 1 Kor 2,9 und Eph 5,14 steht; siehe die Zusammenstellung bei A. Harnack, Geschichte der altchristlichen Literatur I,2: 853f, sowie M. Dibelius in Hennecke-Schneemelcher, Neutestamentliche Apokryphen II 534.
515 Vgl. Kap. 3.1.

die Soteriologie von N, den man zutreffender einen gnostischen Anthropos-Theologen oder kürzer den Anthropos-Gnostiker (= AG) nennen kann, an Hand der von ihm stammenden Hermes-Exegese erhoben werden.

3.5.6 Verchristlichung einer heidnischen Soteriologie

Eine ähnliche Überformung heidnischer Vorstellungen mit Hilfe biblischer Gedanken zeigt sich auch in der Soteriologie des AG (= N). So besonders deutlich bei der allegorischen Erklärung des Okeanos (7,38-39), dessen aufwärtsstrebende Bewegung als ein Strömen gegen den leukadischen Felsen verstanden und im Sinne neupythagoreischer Erlösungsvorstellungen als das "Gottwerden", das heißt: als die Befreiung des Menschen vom Irdischen und als dessen Vereinigung mit der Gottheit gedeutet wird[516]. Diese soteriologische Deutung des Okeanos hat der AG wahrscheinlich aus einer pythagoreischen Homerexegese übernommen[517]; zugleich hat er jedoch das frühchristliche Testimonium Ps 81,6.7[518] als biblische Entsprechung zu der Homerdeutung eingeführt und die soteriologische Alternative (Heil-Unheil) in den Vorstellungen alexandrinischer Exodus-Allegorie sowie altkirchlicher Theologie erklärt:

"Wenn der Okeanos aufwärts fließt, auf die Mauer und den Wall und den Leukadischen Felsen zu, bedeutet es 'Werden von Göttern'. Das ist, was geschrieben steht, 'Ich sagte: Ihr seid Götter und Söhne des Höchsten alle' (Ps 81,6), wenn ihr eilig aus Ägypten flieht und über das Rote Meer in die Wüste kommt, das heißt von der Vermischung hier unten zu dem Jerusalem oben (vgl. Gal 4,26), das die 'Mutter der Lebenden' (vgl. Gen 3,20) ist. Wenn ihr aber

---

516 Die Homerverse Il. 14,201 wurden ursprünglich kosmogonisch gedeutet, vgl. Sextus Empiricus (Adv.phys. II 314), den H. in seiner Epitome X 6,7 (266, 17-21) zitiert. Siehe auch F. Buffière, Les Mythes d'Homère 86f. Ähnliche Deutungen des Okeanos bei Wendland 88 Anm. zu Zeile 12. Ebenso bei dem Gnostiker Monoimos in H.s Ref. VIII 12,2 (232,6) und 13,4 (233,16-19); vgl. Iren. II 14,2 (I 289f Harvey).
517 Vgl. dazu J. Carcopino, De Pythagore aux Apôtres 36-58 und bes. 59-81 (Sappho à Leucade, Symbole du "salut" pythagoricien); Ders., La Basilique Pythagoricienne 372-383 (mit Literaturhinweisen S.389).
518 Zu Ps 81,6f in der frühchristlichen Theologie, vgl. Joh 10,34 und Iren. III 19,1 (christologische Deutung); Justin, Dial. 124,1-4 und Iren. III 6,1 bzw. IV 38,3 und Tert., Adv. Hermog. 5,2 (anthropologische Deutung).

wieder umkehrt nach Ägypten, das heißt in die Vermischung unten, werdet ihr 'wie Menschen sterben' (Ps 81,7). Denn sterblich ist alles Werden hier unten, unsterblich aber das oben geborene Werden"[519].

Die Anpassung des biblischen Testimoniums Ps 81,6f an die neupythagoreische Erlösungsvorstellung ist gelungen. Aber der AG begnügt sich nicht damit, die heidnische Soteriologie biblisch auszudrücken, sondern verbindet diese Soteriologie mit einer neuen Vorstellung, die ihm aus jüdischer und frühchristlicher Theologie zugeflossen ist: der zu erlösende "Mensch" ist der wahre Israelit, Kind des wahren Gottes, das heißt nicht des irdischen Jerusalem, sondern des Jerusalem "oben", welches "die Mutter der Lebenden" ist. Dieses neue Konzept zeigt sich bereits in dem Ausdruck τεῖχος καὶ χαράκωμα, der vor dem Leukadischen Felsen ergänzend eingefügt wurde. Nach der anthropologischen Deutung in 7,36 bezieht sich der Ausdruck auf den irdischen Leib als Behausung des in die materielle Welt herabgebrachten Anthropos[520]. In der soteriologischen Deutung des "nach oben" strömenden Okeanosflusses wird dem irdischen Gebilde hier jedoch eine positive Wertung gegeben, da die Hinbewegung auf dieses als "Mauer und Wall" als eine Vorstufe auf dem Weg zum Leukadischen Felsen, dem Ort der Erlösung, erscheint. Die Angaben unseres Textes sind zu kurz, um die dahinter verborgene soteriologische Sicht des AG sicher erschließen zu können. Vielleicht hat er jedoch bei dem Terminus χαράκωμα biblische Bilder vor Augen gehabt, wie das Bild vom Weinberg, den der Herr mit einem schützenden Wall umgeben hat[521], damit seine Weinstöcke unbehindert Frucht bringen können. Eine ähnliche, an Is 5,7 sich inspirierende Spekulation über Israel als den fruchtbringenden Weinstock findet sich in dem mit unserem Text eng verwandten Apophasisbericht[522] und könnte daher auch dem Bild von "Mauer und Wall" des AG zugrundeliegen. In einer solchen Sicht scheint dieser drei Stufen auf dem Weg zur Erlösung unterschieden zu haben, die durch die Bilder von Mauer - Schutzwall - Leukadischer Felsen

---

519 7,38-40 (88,14-22).
520 Er ist wohl im Kontext der Amosvision zu sehen, wonach der Herr oben auf einer Mauer (teîchos) stand und einen Diamantstein (Adamas) in der Hand hielt, der von oben nach unten gebracht werden soll (Am 7,7f,vgl.Anm.463).
521 Is 5,2: ἐχαράκωσα; vgl. Pastor Hermas, Sim. 2,2-5; 41.
522 Ref. VI 10,1-2 (137,16-26).

angedeutet werden. Im Sinne des dreiteiligen Aufbaues der Lehrschrift über den Menschen, die im folgenden Kapitel dargelegt werden soll, könnten diese drei Stufen zur Erlösung sehr wohl drei Stufen einer fortschreitenden Erkenntnis (γνῶσις) bedeuten: 1) die des irdischen Menschen (= des Plasma als Mauer), 2) die des seelischen Menschen (= der Seele als Schutzwall), 3) die des zur Gottgleichheit berufenen Menschen (= des Nus als "Stein", versinnbildet durch den Leukadischen Felsen). Unsere Darlegung bleibt, wie gesagt, hypothetisch. Eine biblische Überformung heidnischer Erlösungsvorstellungen dürfte jedenfalls nicht nur in der Anwendung von Psalm 81,6f, sondern auch in dem Bild von "Mauer und Wall" vorliegen.

In der Folge wird die Bewegung auf den Leukadischen Felsen zu sodann als ein Weg gedeutet, der von dem irdischen Werden oder Zeugen "unten" weg zum Jerusalem "oben" führt[523]. Dabei wird das neutestamentliche Theologumenon vom himmlischen Jerusalem hier mit einer älteren allegorischen Deutung der Befreiung Israels aus Ägypten[524] verbunden. Wie einst vorbildlich das Volk Israel, so muß "der Mensch" das Land der Knechtschaft Ägypten, das heißt den irdischen Leib[525], verlassen und über das Rote Meer in die Wüste gelangen, welche - im Sinne ältester christlicher Theologie (vgl. Gal 4,26f) - auf das himmlische Jerusalem, die Mutter des neuen Gottesvolkes, gedeutet wird. Die vorliegende Weiterbildung der neupythagoreischen Deutung des aufwärtsströmenden Odeanos ist also vielschichtig und baut ältere Traditionen weiter aus.

Die Anwendung von Ps 81,6.7 auf das "Werden von Göttern und Menschen" der Homerexegese ist originell und sonst nicht bezeugt[526]. Dagegen entstammt die allegorische Deutung der Be-

---

523 7,39 (88,16-20).
524 Diese Allegorien finden sich bereits bei Philo, der Ägypten öfter als Symbol des Leibes deutet. Aus Ägypten ausziehen heißt: den Leib mit seinen Leidenschaften verlassen bzw. die Befreiung des Nus vom leiblichen Sinnen und vom irrationalen Streben der Seele. Das Rote Meer durchziehen heißt: unversehrt von Leidenschaft und Ungerechtigkeit wandeln, vgl. De agricultura 81,88-89; Leg.all. II 59; De nativ. Abel 48.
525 Vgl. 7,41 (89,3) und 8,2 (89,14). Klemens Alex. leitet diese allegorische Deutung von den Presbytern her: Ecl.proph. 6,1 (III 138 Stählin). Sie entstammt jedenfalls alexandrinischer Tradition.
526 Vgl. den mit dem AG verwandten Monoimos: Hippol., Ref.VIII 12,1-2 (232, 3-10). Für den frühchristlichen Gebrauch von Ps 81, siehe Anm. 518.

freiung Israels aus Ägypten (Auszug - Rotes Meer - Wüste) einer
älteren gnostischen Exegese, die entscheidend darin über Philo
hinausgeht, daß sie das Exodusgeschehen weltfeindlich als Befreiung vom *irdischen Werden oder Zeugen* deutet. Diese der Deutung in 7,39 zugrundeliegende Allegorie ist in ursprünglicherer
Form bei den Peraten überliefert[527]. Sie schloß zweifellos eine
am Exodus-Geschehen sich inspirierende Deutung der Wüste (ἔρημος) als Ort der Versuchung und Prüfung, aber auch des rettenden Beistandes Gottes ein[528]. Diese ursprüngliche Deutung der
Wüste hat der AG ausgelassen bzw. durch eine neue, in Gal 4,26f
reflektierte Deutung ersetzt: in die Wüste kommen, heißt: zu
der Einsamen und Kinderlosen, die das himmlische Jerusalem versinnbildlicht, gelangen. Auf den ersten Blick scheint die Exodus-Allegorie hier gekünstelt mit dem Theologumenon vom "Jerusalem oben" nach Paulus verbunden zu sein, äußerlich gestützt
durch den doppelten Wortsinn von ἔρημος, das sowohl den einsamen Ort (Wildnis oder Wüste) als auch die einsame Frau (ohne
Mann und daher ohne Kinder) bedeuten kann. Tatsächlich ist jedoch die Vorstellung vom Jerusalem "oben" eine Weiterführung
der Exodus-Allegorie. Auszug aus Ägypten, Gang durch das Rote
Meer und Wüstenwanderung finden ja ihren Höhepunkt erst am Berg
Sinai, in der Gesetzgebung und im Opfer des Moses, die den Bund

---

527 Vgl. H.s Bericht in V 16,4-5 (111,25-112,2), teilweise in wörtlicher Übereinstimmung: καὶ γενέσθαι πέραν τῆς Ἐρυθρᾶς θαλάσσης...εἰς τὴν ἔρημον
(vgl. damit 7,39: 88,18). Staehelin (Die gnostischen Quellen Hippolyts
in seiner Hauptschrift gegen die Häretiker 43-44) hat die Texte miteinander verglichen und auf eine gegenseitige Abhängigkeit hin untersucht.
Ohne Erfolg, da beide Exegesen eine ältere Allegorie selbständig weiterführen. Die Betonung der giftigen Schlangen in der Wüste und der von Moses aufgestellten ehernen Schlange ist bei den Peraten von der Absicht
bestimmt, den Bezug zu der Entsprechung in Joh 3,14 deutlich zu machen
(vgl. V 16,6f mit 16,11f). Dieselbe Allegorie des Exodus wird im Apophasisbericht ähnlich selektiv auf das Ereignis am "Bitterwasser" eingeschränkt, weil die Entsprechung zum "Moly" und zu Odysseus aufgezeigt
werden soll (vgl. VI 15,3-16,2).
528 Die in Anm. 527 erwähnten Ereignisse mit den Schlangen und dem Bitterwasser dürften, wenn auch vielleicht in anderer Deutung, schon früher zu
dieser Deutung gehört haben. Aufschlußreich ist die Deutung Philos (Leg.
all. II 76-88), der bei den Schlangen in der Wüste den Gegensatz zwischen
der verderblichen Schlange im Paradies und der von Moses verfertigten
heilbringenden ehernen Schlange allegorisch erklärt, aber auch die anderen in der Wüste (ἐν ἐρήμῳ) erlittenen Prüfungen: Schlangen, Skorpione,
Durst und Hunger (bes. Leg. all. II 84). Auch 1 Kor 10,1-11 zählt die
verschiedensten Prüfungen "in der Wüste" auf: Hunger, Durst, Götzendienst, Schlangen.

Gottes mit seinem Volk besiegeln. In der Sicht *des Christen*, der sich als Erbe der an Abraham und dessen Samen ergangenen Verheißungen weiß[529] und sich als Glied des wahren Gottesvolkes von dem Israel, das in Blindheit verharrend das in Jesus ergangene Heilsangebot Gottes ablehnt[530], unterscheiden muß, in dessen Sicht wird der Berg Sinai Symbol des irdischen Jerusalem, das in Knechtschaft den Mächten des Kosmos "unten" unterworfen bleibt. Seine Exodus-Allegorie endet an einem Berg "oben", Symbol eines Jerusalem "oben", der Mutter der wahren Israeliten.

Diese Allegorie bietet in 7,39 daher keine traditionelle Erklärung der Wüste mehr, sondern deutet diese direkt als das Jerusalem oben, die Mutter des wahren Gottesvolkes, in einem verchristlichten Sinn weiter[531]. Gemäß dieser allegorischen Vorstellung heißt daher in der Zusammenfassung 8,3 dieses wahre Gottesvolk das nach oben gelangte Geschlecht (γενεά ἡ ἄνω γενομένη). Es ist - im Sinne der neupythagoreischen Homerexegese - das Gott-gewordene Geschlecht, das der irdischen Zeugung "unten" entsagt und zu der himmlischen Heimat "oben" gelangt ist. Zu ihm gehören - ganz im Sinne der alten Exodus-Allegorie - die Schwester des Moses Mirjam, dessen Schwiegervater Jetheo (der große Weise), die Frau des Moses Sephora (die Seherin) und Moses selbst, dessen Geschlecht nicht in Ägypten ist: denn seine Kinder wurden in Madian geboren[532]. Gerade diese Aufzählung zeigt, daß die Erlösungsvorstellung des AG - trotz der Einfügung des christlichen Theologumenons vom Jerusalem oben - wesentlich den Gedanken neupythagoreischer Theosophie und jüdischer Exodus-Allegorie verhaftet bleibt.

Aufschlußreich ist weiter, daß hier - wie bei Paulus - das Bild vom himmlischen Jerusalem mit Gen 3,20 verbunden ist, wo-

---

529 Vgl. Gal 3,7-29; 4,21-31; Röm 9,6-13.
530 Siehe 2 Kor 3,1-18.
531 Das mystisch-allegorische Bild vom Himmlischen Jerusalem als Mutter Israels führt den Gedanken einer besonderen Bindung Jahwes an das auserwählte Gottesvolk fort, das bildhaft als aus einer ehelichen Verbindung Jahwes und Jerusalems stammend vorgestellt wurde. Dieser Gedanke wurde im Alten Testament besonders von den Propheten Osee, Isaias, Jeremias und Ezechiel ausgebildet (vgl.J.C.Plumpe, Mater Ecclesiae, Washington 1943, 1-5). Im Neuen Testament hat er die Spekulationen über das aus dem Wahren (d.h. Himmlischen) Jerusalem stammende neue Gottesvolk befruchtet, neben Gal 4 vor allem Apk 21,1-27; auch die Bilder vom Berg Sion, auf dem die Stadt Gottes steht (Apk 14,1; Heb 12,22) gehören hierher.
532 8,2 (89,12-15).

durch das Jerusalem "oben" als Mutter der Lebenden (μήτηρ ζῶν-
των) oder als die Eva "oben" bzw. die himmlische Eva bestimmt
wird[533]. Diese Kombination setzt die Vorstellung vom Adam "oben"
oder vom "himmlischen Adam" voraus, der als Himmelsmensch verstanden worden ist[534]. Müssen wir deshalb den Adamas "oben", der
innerhalb der Homerexegese mehrfach als Ursprung der in den Leib
verbannten göttlichen Seelen genannt wird[535], zugleich auch als
himmlischen Partner des Jerusalem "oben" und entsprechend als
"Vater" des Gott gewordenen Geschlechtes annehmen[536]. Oder setzt
der jetzige Text eine entwickeltere Äonenspekulation voraus, die
nach dem Urprinzip "Mensch" und dem Weltprinzip "Sohn des Menschen" zum Beispiel noch eine weitere Emanation "Mensch" kannte,
die als himmlischer Christus oder Jesus einen Erlöser vorbilde-
te[537]? Die kurzen Angaben unseres Textes erlauben nicht, die
Frage nach dem himmlischen Adam definitiv zu beantworten. Wir
wissen nur, daß der AG den Menschen ihre Berufung zum Gott-Werden verkündete und daß darin die Schaffung des Göttlichen im
Menschen auf die Ähnlichkeit Gottes hin (καθ' ὁμοίωσιν: Gen 1,26)
zu ihrer Erfüllung kommen sollte. In dieser Sicht schließt das
"nach (κατά) der Ähnlichkeit" eine Dynamik ein, eben die Berufung, das Göttliche in sich immer mehr zu entfalten und in der
Vollendung selbst Gott zu werden. Dieses Postulat hellenisch-
orphischer Tradition hat der AG von der *Apophasis Megale* übernommen und darauf die biblische Vorstellung von Gen 1,26 übertragen[538]: der Mensch vollendet seine καθ' ὁμοίωσιν θεοῦ gemachte
Natur, wenn er Gott, das heißt dem himmlischen "Menschen", in

---

533 7,39 (88,19f).
534 Zu der Gal 4,26f vorausgesetzten Konzeption, siehe Plumpe, Mater Eccle-
    siae 1-17. Hier soll nur die Deutung des AG geprüft werden.
535 7,30 (86,7f); 7,36 (88,1).
536 Für diese Annahme könnte sprechen, daß der oben gewordene Mensch dem
    Adamas völlig gleich werden soll: 8,10 (91,3-5).
537 Für eine solche Annahme könnte man Spekulationen wie die der Ophiten bei
    Irenäus I 30,1 (I 227f Harvey) vergleichen: "Postea, dicunt, exultante
    primo homine cum filio suo super formositatem Spiritus, hoc est foemi-
    nae, et illuminante eam, generavit ex ea lumen incorruptibile, tertium
    masculum, quem Christum vocant, filium primi et secundi hominis et...
    primae foeminae,... quam et matrem viventium (vgl. Gen 3,20) dicunt".
538 Vgl. VI 17,1-2 (142,26-143,6). In der Deutung des Paraphrasten ist der
    Bezug zu Gen 1,26 ebenfalls hergestellt: der nach der Ähnlichkeit (καθ'
    ὁμοίωσιν) wiedergebildete Mensch wird vollkommen und himmlisch sein, in
    nichts geringer als die ungezeugte (göttliche) Kraft.

jeder Beziehung wesensgleich geworden ist[539]. Im Gefolge der
Apophasis versteht er die Berufung zur Gott-werdung als eine
universale, also an *alle Menschen* gerichtete. Es liegt am einzelnen Menschen selbst, ob er dieser Berufung folgt, dem irdischen Zeugen entsagt und mittels wahrer Gnosis den Weg nach
oben, das heißt zur erlösenden Erkenntnis seines göttlichen
Seins gelangt[540] oder ob er nach Ägypten, das heißt zu einem
Leben irdischer Zeugung in der Vermischung unten[541] zurückkehrt
und so der göttliche Seelenteil in ihm unentfaltet, das heißt
nur eine Möglichkeit bleibt, die mit dem Tod des irdischen Menschen aufhört. Die mit Hilfe von Ps 81,6.7 nunmehr biblisch
formulierte Alternative der Apophasis zeigt dem Menschen zwei
mögliche Wege: zum Heil oder zum Untergang. In seiner biblisch
erweiterten Soteriologie verkündet der AG also weiterhin ein
universales Heilsangebot, das seinem theologischen und anthropologischen Universalismus entspricht.

3.5.7 Der Aufbau der Lehrschrift "Über den Menschen"

Wir können nun versuchen, die besondere Beschaffenheit der
von dem AG mit Hilfe des überarbeiteten Attiskommentars programmierten Schrift zu bestimmen. Doktrinell ist diese bestimmt
durch den pantheistischen Gottesbegriff, der sowohl den kultischen als auch den soteriologischen Universalismus begründet.
Im Sinne dieses neuen Konzepts hat der AG den alten Kommentar
durchgehend erweitert, aber auch größere Abschnitte neu eingefügt, vor allem die Hermesexegese und den daran anschließenden
Passus über die Dreiteilung des Alls. Aber diese Interpolationen und Einfügungen geschahen im vorgegebenen Rahmen des Attiskommentars und haben deshalb, so häufig und umfangreich sie im

---

539 So ausdrücklich bei der Deutung des Samothrakischen Mysteriums in 8,10
(91,5): κατὰ πάντα ὁμοουσίου ἐκείνῳ τῷ ἀνθρώπῳ. Der Gebrauch des ὁμοούσιος in der gnostischen Soteriologie hat in dieser Spekulation über Gen
1,26 seinen Ursprung; vgl. Peraten V 17,6.10 (115,4.23f).
540 Daß diese Erlösung in erster Linie durch erlösende Erkenntnis geschieht,
wird in den letzten Versen des Naassenerpsalms (10,2: 103,18-104,4) ausdrücklich gesagt.
541 Die Vorstellung von der Vermischung unten bezieht sich auf die Vermischung der trockenen Materie mit Wasser (zur Bildung der irdischen Leiber); sie begegnet ähnlich in der Kore Kosmou 30 IV 10,1 Nock-Festugière). Zum früheren Gebrauch dieses Begriffs, siehe Gogolin 34 Anm.10.

einzelnen auch sein mögen, die Disposition der von dem AG geplanten Schrift nicht bestimmt. Um deren Aufbau zu erkennen, muß die überlieferte Naassenerschrift in ihrer Gesamtheit geschaut und befragt werden. Aufschlußreich ist hier vor allem der anthropologische Vorspann über den irdischen Menschen (7,3-6) und die diesen belebende Seele (7,7-8), welcher dem Rahmenthema über das wahre Geschlecht, die wahre Herkunft des Menschen untergeordnet ist[542]. In diesen zwei Abschnitten will der AG, dem wir das biblisch orientierte Rahmenthema zuweisen dürfen[543], einerseits das Suchen der Menschen nach Ursprung und Wesen von Leib und Seele zeigen, andererseits aber eine sichere Antwort auf dieses Suchen geben. Nach ihm wissen alle Menschen um den erdhaften Ursprung des Menschen, die Chaldäer nennen ihn richtig "Adam", dieser aber, so fügt der AG ergänzend hinzu, ist das "Bild" des himmlischen Menschen Adamas (7,3-6). Auch betreffs der Seele haben die Menschen Vieles und Gegensätzliches zu sagen. Ihre Natur ist es nach dem AG, den irdischen Leib zu beleben, damit aber zugleich den Himmelsmenschen den Gesetzen dieser Welt zu unterwerfen (7,7-8). Darüber, aber wohl auch über die Mittel und Wege, um sich von der Knechtung durch die Seele zu befreien[544], gibt das Ägypterevangelium Auskunft (7,9).

Was der AG in diesen zwei Abschnitten zu sagen hat, ist nicht eigentlich ein exklusives Wissen, sondern eher eine Ergänzung oder Vollendung des Wissens, das bei allen Menschen irgendwie schon vorhanden war. Es ist dieselbe positive Einstellung, - nur hier gegenüber dem Wissen der Menschen -, die der AG bei der Ableitung aller Tempel und Kulte von dem Namen des göttlichen Weltprinzips "Naas" (9,12) offenbarte und die es ihm erlaubte, die Gottheit *in allen* Tempeln und Kulten gegenwärtig zu wissen. Es ist dieselbe positive Beurteilung der heidnischen Überlieferungen, besonders des Dichters Homers, die den AG in der Hermes-Exegese und in dem anschließenden Passus über die Dreiteilung des Alls kennzeichnet: so verehrten schon die Kylliner den Hermes als Logos (7,29) und den heidnischen Dichtern ist es nicht entgangen, daß der die Erlösung symbolisierende (ithyphallische)

---
542 Vgl. Kap. 3.3,1-2.
543 Vgl. Kap. 3.5.5.
544 In diesem Sinne dürfte der Hinweis auf das Ägypter-Evangelium im Zusammenhang von 7,7-9 zu verstehen sein.

Hermes der Seelenführer und Seelengeleiter ist (7,30); darum hat Homer, der die unbegreifliche selige Natur des Logos verherrlichen wollte, dem Hermes nicht eine eiserne, sondern eine goldene Rute gegeben (7,32); der tiefere Sinn von Tod und Auferstehung ist im Mysterium der Eleusinier vorgebildet (7,34); auch die (gnostische) Dreiteilung des Alls ist den Dichtern nicht entgangen (8,3). Erst diese positive Einstellung des "christlichen" AG gegenüber heidnischer Weisheit erklärt, warum dieser überhaupt ein heidnisches Lehrstück wie den Attiskommentar zur Basis seiner Schrift "Über den Menschen" gemacht hat. Diese Einstellung ist gerade im Zusammenhang der Hermes-Exegese derart positiv, daß H. den Text seiner Vorlage unterbricht, dagegen polemisiert und Homer den "Propheten" dieser Häretiker nennt, die die heidnischen mit den heiligen Schriften um jeden Preis in Einklang bringen wollen (8,1). In dieser positiven Wertung heidnischer Weisheit offenbart sich ein charakteristischer Wesenszug des AG's, der zu dem scharfen anthropologischen Dualismus, der an anderen Stellen der Naassenerschrift aufscheint, merkwürdig kontrastiert. Dieser Unterschied zwischen der irenischen Orientierung des Rahmenthemas und dem radikalen Dualismus innerhalb derselben Schrift soll in Kap. 3,6 eigens untersucht werden.

In das Rahmenthema ist nun außerdem - mittels der Überleitung in 7,9 - der gesamte vom AG überarbeitete Attiskommentar eingebaut worden, der entsprechend unter das Motto: "das ungewisse Forschen (ἀποροῦσιν) der Völker über die Herkunft des Göttlichen (Attis) im Menschen" gestellt wurde. Stammt er aus dem Vorseienden (das heißt dessen Nus) oder aus dem ausgeschütteten Chaos?[545] Auf diese dem Kommentar vorangestellten Zweifel, - deren Formulierung wir jetzt ebenfalls dem AG zusprechen können - wird gegen Ende des Kommentars eine Antwort gegeben, enigmatisch und in genauer Parallele zu den beiden Aussagen, die der AG bereits im anthropologischen Vorspann über die unbestimmte Herkunft des Leibes (vgl. 6,4) und der Seele des Menschen (vgl. 7,8) gemacht hatte[546]. Auf die nach Jeremias 17,9 gestell-

---

545 7,9 (81,2-4); vgl. Kap. 2.4 zu 7,9 und Kap. 3.4.
546 Die parallele Disposition der beiden Abschnitte, gekennzeichnet durch einen thematischen Vorsatz und einen enigmatischen Nachsatz, wurde Kap. 3.3.2 bereits aufgezeigt.

te rhetorische Frage "Ein Mensch ist er, und wer wird ihn erkennen?"[547] erfolgt in 8,38 der wissende, aber geheimnisvolle Ausspruch: οὕτως ἐστι πάνυ βαθεῖα
καὶ δυσκατάληπτος ἡ τοῦ
τελείου ἀνθρώπου γνῶσις[548].
Hieß es hinsichtlich des irdischen Menschen, es sei schwer herauszufinden (χαλεπὸν δὲ ἐξευρεῖν), wo der erste Mensch entstanden sei[549]; und von der den Menschen belebenden Seele, sie sei sehr schwer zu finden und zu begreifen (δυσεύρετον πάνυ καὶ δυσκατανόητον)[550]; so gilt das erst recht von der Erkenntnis "des vollkommenen Menschen"[551]: sie ist "sehr tief und schwer zu begreifen". Eine dreifache ist also die Erkenntnis des Menschen, um die es dem AG geht: 1) die des Leibes, 2) die der Seele als psychisches Lebensprinzip und 3) die des vollkommen gewordenen inneren Menschen. In diesem Sinne ist daher auch der auf die vorausgehende Antwort als Begründung folgende Spruch über die Stufen der Erkenntnis zu interpretieren: "Anfang der Vollendung ist nämlich (γάρ) die Erkenntnis des Menschen, vollendete Vollendung aber ist die Erkenntnis Gottes"[552].

Damit ist das Programm umrissen, das der AG durchführen will: eine Schrift *Über den Menschen* bzw. dessen dreifache Erkenntnis zu schaffen, als Vorbereitung auf die eigentliche Erkenntnis Gottes (θεοῦ γνῶσις). In dieser Lehrschrift ist der Attiskommentar nur noch ein Teil, wenn auch der (nach den zwei über den irdischen Leib und die Seele handelnden Teilen) mit Abstand umfangreichste. Das Ganze ist hingeordnet auf die Erkenntnis des vollkommen, das heißt des Gott gleich gewordenen Menschen. Dessen Erkenntnis ist sehr tief und schwer. Sie ist zugleich der Anfang der eigentlichen Gnosis, der Erkenntnis Gottes, gemäß

---

547 Das Jeremiaszitat steht parallel zu dem Isaiaswort, mit dem in 7,2 das Rahmenthema eingeleitet wird.
548 8,38 (96,6f).
549 7,4 (79,13ff).
550 7,8 (80,18f).
551 8,37 (96,1-4).
552 8,38 (96,7f). In diesem Spruch geht es wesentlich um die Vollendung (τελείωσις) des Menschen, entsprechend dem voranstehenden Ausspruch über die Erkenntnis des vollkommenen Menschen (τοῦ τελείου ἀνθρώπου). Daher hat auch der einleitende Satz in 8,37 (96,3-5) ursprünglich nur gesagt, daß Jeremias "den vollkommenen Menschen" kennt; dessen weitere Bestimmung als "den aus Wasser und Geist wiedergeborenen" (vgl. Joh 3,5) ist daher Interpolation, vgl. Kap. 3.6.2.

dem oben zitierten Spruch, den H. als einen Kernpunkt der gnostischen Lehre seiner Vorlage erkannt und darum schon in das Kephalaion aufgenommen hat[553]:

ἀρχὴ τελειώσεως γνῶσις ἀνθρώπου,

θεοῦ δὲ γνῶσις ἀπηρτισμένη τελείωσις.

Dieser Spruch von den Stufen der Erkenntnis ist in 8,38 in seinem ursprünglichen Zusammenhang überliefert. In ihm ist das zentrale Thema der Lehrschrift des AG's wiedergegeben. Mehr noch: in diesem Spruch kommt das zentrale Anliegen, das Dogma der Gnosis überhaupt, prägnant zum Ausdruck. Mit ihm hat der AG die klassische, auch im Poimandres vorliegende Aufforderung zu jener Selbsterkenntnis, die zu Gott hinführt[554], in origineller Weise neu formuliert[555].

3.5.8 Anfang und Umfang der Lehrschrift "Über den Menschen"

Die aufgezeigte dreifache Erkenntnis des Menschen gibt die Grundlinien an, nach denen der AG seine Schrift aufgebaut hat. Ihre dreiteilige Disposition erlaubt uns nun, den bisher mehr allgemein umrissenen Umfang dieses gnostischen Traktats, vor allem dessen jetzt in H.s Redaktion in 7,1-2 verschwimmenden Anfang, genauer zu bestimmen. Der Anfang dieser gnostischen Lehrschrift ist uns nämlich keineswegs völlig verloren gegangen und durch eine subjektive Überleitung H.s ersetzt worden[556]. Vielmehr hat H. auch hier, entsprechend seiner bekannten polemischen Arbeitsweise, den einleitenden Text der gnostischen Vorlage in seine Einführung der Schrift mitaufgenommen und ironisch dagegen Stellung genommen. Nur so wird seine Polemik in 7,1-2 erst verständlich. Wogegen richtet sich diese, was wirft er den Naassenern vor? Vor allem geht es um die Weihen oder Mysterien der

---

553 6,6 (78,14f), vgl. X 9,2 (268,15f).
554 Poim. 21: ὁ νοήσας ἑαυτὸν εἰς αὐτὸ (scil. τὸ θεῖον) χωρεῖ; vgl.Reitzenstein, Poim.334,17f und 103 Anm.6; Ders., Hermetica ed. Scott II,275 Anm.2.
555 An seine Formel erinnert auch die Lehre der Valentinianer über die Vollendung der Pneumatiker, welche die vollkommene Erkenntnis Gottes und der Achamoth besitzen: Iren. I 6,1 (I 53 Harvey).
556 Wie Reitzenstein (Poim. 83 und Studien 161) meint. Richtig ist jedoch die Annahme, daß die umfangreiche Lehrschrift nicht ohne irgend eine Einleitung abrupt mit dem Lehrstück über den ersten Menschen (7,3-6) begonnen haben kann.

Barbaren und Griechen, welche die Häretiker in ihrem Sinn auslegen und Christus andichten[557]. Die Disposition der Völker nach Barbaren und Griechen bezieht sich zunächst auf das folgende kleine Lehrstück (7,3-6)[558]. Da aber besonders die Weihen (τὰς τελετάς) bzw. die Mysterien aller Völker (τὰ... πάντων... μυστήρια τῶν ἐθνῶν[559] hervorgehoben werden, so bezieht sich diese Disposition (wie auch H.s Polemik) zugleich auf den Attiskommentar und dessen universales Anliegen: daß die Völker in ihren Kulten unter ihren verschiedenen Gottheiten allein das eine göttliche Weltprinzip verehren. Diese Schlußfolgerung wird bestätigt durch H.s Behauptung, daß die Häretiker die Mysterien der Völker zusammentragen und Christus andichten. Denn das kann hier nur bedeuten, daß sie die von den Völkern verehrte eine Gottheit auf Christus deuten. Wie das genauer gemeint ist, geht aus H.s sofort folgender Begründung hervor: ἐπεὶ γὰρ ὑπόθεσις αὐτοῖς ὁ ἄνθρωπός ἐστιν Ἀδάμας[560]. Das ist zunächst eine Wiederholung dessen, was H. in seinem Kephalaion (6,4-5) gerade zuvor gesagt hatte. Im Lichte des Kontextes über die Mysterien der Völker kann und muß man aber die mit ἐπεὶ γὰρ eingeleitete Begründung H.s anders interpretieren: 1) die Völker verehren in ihren Kulten das eine göttliche Weltprinzip, 2) dieses wird von den Häretikern, welche den Menschen "Adamas" als einzig wahren Gott verkünden, auf Christus gedeutet. Da die in diesem Urteil hergestellte Beziehung auf Christus nachweislich Interpretation, das heißt Redaktion H.s ist[561], so kann in der Vorlage sinngemäß nur die Behauptung gestanden haben: daß die Völker in ihren verschiedenen Kulten den einen Gott, eben den himmlischen Menschen, verehren. Denn dieser Mensch oder "Adamas", so fügt H. erklärend hinzu, ist ihre grundlegende Lehre[562].

Diese aus dem Wortlaut von H.s Polemik sinngemäß abgeleitete

---

557 7,2 (79,2-6). Die offensichtliche Redaktion H.s läßt sich leicht erkennen und als Zusatz streichen, vgl. Kap. 2.4 zur Stelle und Anm. 165.
558 Sie ist im Text sachlich begründet und daher als Bestand der Vorlage H.s zu postulieren, vgl. Anm. 289.
559 7,1 (79,2.4f).
560 7,2 (79,6f). Der Terminus ὑπόθεσις gehört zum Vokabular H.s, vgl. IV 51,9 (75,32); V 13,12 (108,8); VI 21,1 und 22,1 (149,3.15.16); VII 22,2 (198,5); VII 27,11 (207,28) und VII 29,7 (211,9); er erweist die Erklärung in 7,2 als Redaktion H.s.
561 Vgl. Anm. 165.
562 So bereits im Kephalaion 6,4 (78,5f), vgl. X 9,1 (268,12f).

Aussage der Vorlage kann absolut am Anfang der Lehrschrift gestanden haben, sie kann sich aber auch relativ auf den Gott "Mensch" bezogen haben, falls dieser zuvor schon genannt worden war. Dieser zweite Fall hätte dann vorgelegen, wenn der von H. in das Kephalaion (6,5) als Musterbeispiel aufgenommene *Anthroposhymnus* der gnostischen Lehrschrift "Vom Menschen" als eine Art Akklamation vorangestellt gewesen wäre. Tatsächlich sprechen, wie bereits gezeigt wurde[563], mehrere Gründe für diese Annahme. Sie wird darüber hinaus durch den Passus 7,6 über den irdischen Menschen als Bild "jenes oberen, im Hymnus besungenen Menschen Adamas" (ἐκείνου τοῦ ἄνω, τοῦ ὑμνουμένου Ἀδάμαντος ἀνθρώπου), der auf den in *der Vorlage vorher zitierten* Hymnus zurückweist[564], ausdrücklich bestätigt. Wir gehen daher wohl nicht fehl, wenn wir den im Kephalaion zitierten Anthroposhymnus als den ursprünglichen Anfang der Naassenerschrift postulieren und das aus 7,1 erhobene kultische Zeugnis der Völker auf den im Hymnus besungenen "Anthropos" beziehen. Unter Berücksichtigung von H.s polemischer Arbeitsweise läßt sich somit aus H.s Bericht folgender Textzusammenhang am Anfang der gnostischen Lehrschrift erheben:

6,5: Ἀπὸ σοῦ πατὴρ
καὶ διὰ σὲ μήτηρ,
τὰ δύο ἀθάνατα ὀνόματα,
αἰώνων γονεῖς,
πολῖτα οὐρανοῦ.
μεγαλώνυμε ἄνθρωπε.

7,1: "τοῦτον" πάντα τὰ ἔθνη, βάρβαροι τε καὶ
Ἕλληνες ὁμοῦ, ἐν τοῖς μυστηρίοις αὐτῶν
"τελοῦσιν"[565].

---

563 Vgl. Kap. 2.4. Zum Text der Vorlage im Kephalaion vgl. Kap. 4,2.
564 7,6 (80,7f), vgl. Kap. 3.3. Der Hinweis auf den Hymnus ist im Kontext sachlich gerechtfertigt. Quellenkritisch besteht kein Grund, diesen Hinweis als redaktionellen Rückverweis H.s auf einen Hymnus zu interpretieren, den H. einer anderen Vorlage entnommen und dem einführenden Kephalaion einverleibt hätte.
565 6,5 (78,10f) und 7,1 (79,3-6). Die Rekonstruktion von 7,1 inspiriert sich an dem von H. gebrauchten, aber für den AG typischen Vokabular. Das zurückweisende τοῦτον (man muß einen Bezug auf Adamas einfügen) ist sinngemäße Ergänzung; ebenso τελοῦσιν am Schluß, vgl. 8,40 (96,17), oder vielleicht τιμῶσι, vgl. 9,11 (100,18). Der Satz ἴδωμεν τὰ κρυπτὰ καὶ ἀπόρρητα μυστήρια κ.τ.λ. (79,4-6) ist typische Redaktion H.s; für das stereotypi-

Anfang und Umfang der Lehrschrift "Über den Menschen"   111

Da die Erklärung über den Menschen "Adamas" als Zentralfigur der
naassenischen Lehre Redaktion H.s ist[566], folgte auf die Einleitung die Zitation des Prophetenwortes:
7,2a: γέγραπται περὶ αὐτοῦ·
"τὴν γενεὰν αὐτοῦ
τίς διηγήσεται;" (Is 53,8)[567],
welches das eigentliche Rahmenthema der gnostischen Lehrschrift
ankündigt: die Zweifel der Völker über das wahre Geschlecht des
Menschen[568], welches Thema die folgenden drei Hauptabschnitte
der Schrift als richtig erweisen sollen. Dunkel ist aber noch
der Passus 7,2b, der nach dem Isaiaszitat zum ersten Abschnitt,
dem Lehrstück über den aus Erde stammenden Menschen (7,3-6),
überleiten soll. Da nach dem Schriftwort (Is 53,8) ein Übergang
zu dem Lehrstück sachlich notwendig ist, der Passus 7,2b außerdem mehrere aus der Vorlage stammende Termini enthält[569], so
ist auch hier die Vorlage durch H.s Polemik entstellt. Diese
Polemik läßt sich gut erkennen und relativ leicht aus dem Text
der Vorlage streichen[570]. Der Sinn der ursprünglichen Aussage
ist aus dem größeren Zusammenhang des Rahmenthemas und dessen
Durchführung in den drei Hauptabschnitten erkennbar. In seiner
systematischen Disposition hat nämlich der AG "die Zweifel der
Völker" am Anfang des zweiten und dritten Abschnittes (über die
Seele und das Göttliche (= Attis) im Menschen) durch zwei parallele Sätze, die schon früher analysiert wurden, dem Leser bekannt gemacht: ζητοῦσιν οὖν αὐτοὶ πάλιν[571] und ἀποροῦσιν οὖν...
οἱ πάντες τῶν ἐθνῶν ἄνθρωποι[572]. Ein ähnlicher Satz wird daher
auch die in 7,2b angekündigten Zweifel der Völker über die Her-

---

sche ἴδωμεν vgl. V 19,1 (116,17); 22 (125,2); 28 (134,2f); VI 20,4 (148, 23) etc. Auch die anderen Termini sind polemisch gebraucht; der Kommentar selbst spricht immer nur von τὸ κρύφιον μυστήριον: 7,19 (83,4); 7,27 (85,4) oder von τὸ ἄρρητον μυστήριον: 7,19 (83,5); 7,34 (87,7); 8,9 (90, 23); 8,26 (94,3); 8,27 (94,6); 8,40 (96,17). Dagegen ist ἀπόρρητος in der Refutatio immer polemischer Zusatz H.s, der am Anfang oder Ende eines Berichtes oder in den Polemiken H.s aufscheint, z.B. IV 28,6 (55,18); 34, 1 (60,13); 42,2 (64,18); V 22 (124,29f); VI 6 (134,22) etc.
566 Vgl. Anm. 560.
567 7,2 (79,7f).
568 Vgl. Kap. 3.1.
569 Vgl. Anm. 164.
570 Vgl. Kap. 2.4 zur Stelle.
571 7,8 (80,15f), vgl. auch Kap. 3.3.2.
572 7,9 (81,2f), vgl. Kap. 2.4 zur Stelle.

kunft des irdischen Menschen vorgestellt haben. Dies ist umso wahrscheinlicher, als die Abschnitte über den Erdmenschen (7, 3-6) und dessen Seele (7,7-8) auch sonst eine parallele systematische Disposition aufweisen[573]. Da nach H. die Häretiker die Lehre von der Unauffindbarkeit und Unbestimmbarkeit des Menschengeschlechtes von den Völkern übernehmen (παρα τῶν ἐθνῶν... λαβόντες) und auf Christus übertragen, so wird auch der AG in der Vorlage "das unauffindbare und nicht sicher bestimmbare Geschlecht des Menschen" genannt haben, für das die Völker (durch ihre voneinander abweichenden Meinungen) Zeugnis ablegen[574]. Übernehmen wir diese Aussage und ergänzen wir einen zu den Einführungen in 7,8 und 7,9 parallelen Anfang, so läßt sich der alte Text sinngemäß etwa so rekonstruieren:

7,2b: (μαρτυροῦσιν οὖν)[575] τὰ ἔθνη κατὰ μέρος τῇ ἀνεξευρήτῳ καὶ ἀδιαφόρῳ τοῦ ἀνθρώπου γενεᾷ[576].

Ein solcher oder ähnlicher Satz bildet die logische Verbindung zwischen dem voranstehenden Schriftzeugnis (Is 53,8) und dem folgenden Lehrstück über den aus Erde stammenden Menschen, das die verschiedenen Meinungen der Reihe nach (κατὰ μέρος) anführt und auf diese Weise die aufgestellte These beweist.

Im Rahmen des Attiskommentars hat der AG, wie bereits gezeigt, außer zahlreichen Interpretationen die Homer-Exegese und den Passus über die Dreiteilung des Alls eingebettet. Am Ende des alten Kommentars (9,4), vor dem kommentierten Attislied, kommt er mit dem langen Apophasiszitat (9,5) und dem für seine gesamte vorausgehende "Verkündigung" als Schriftzeugnis dienenden Psalmwort 18,4 (9,6) auf das universale Zeugnis aller Menschen und seine zentrale soteriologische Botschaft zu sprechen: "So geschieht alles, was (in den kultischen Handlungen) von allen Menschen gesprochen und vollzogen wird, in einer geistigen Weise"[577]. Alle Menschen deuten ihm also in ihren Kulten auf

---

573 Vgl. Kap. 3.3.2.
574 7,2 (79,8-10). Streicht man H.s Redaktion, so bleiben die für den AG typischen, aus H.s Vorlage stammenden Termini übrig. Reitzenstein (Poim. 99) hat diesen Sachverhalt gesehen, aber für seinen Text dann nicht berücksichtigt.
575 Für μαρτυρεῖν, vgl. 7,16 (82,11) und 7,20 (83,9).
576 7,2 (79,8-10). Die für den Text der Hs vorgeschlagenen Emendationen (vgl. Wendland 79 Anm. zu Zeile 9; Reitzenstein, Poim. 83 und 99) scheinen mir unnötig.
577 9,7 (99,4-6); zum Text der Vorlage, siehe Kap. 2.4 und Anm. 204.

Anfang und Umfang der Lehrschrift "Über den Menschen" 113

etwas hin. Worauf sie hinweisen, ergibt sich aus dem Folgesatz,
der überleitet zu dem Sänger, der im Theater das synkretistische
Attislied vorträgt und damit die großen Mysterien (τὰ μεγάλα
μυστήρια) besingt[578]. Gemeint sind damit jene Mysterien und jener in den Eleusinien vorgebildete Weg, der die vom irdischen
Werden befreiten Menschen zum Gott-Werden "oben" führt[579]. Erst
dann, nach dem Attislied (9,8-9), hat der AG seinen kultischen
Universalismus und den diesem zugrundeliegenden pantheistischen
Gottesbegriff begründet (9,10-12) und durch die Allegorie von
dem großen Paradiesfluß in einem biblischen Bild veranschaulicht (9,15-18), welches er in dem folgenden Abschnitt (9,18-20)
weiter ausführt. Mit 9,20 und einem kurzen Passus über die Beurteilung des Menschen (9,21a) scheint er seine Darlegungen beendet
zu haben, da der Passus 9,22 - wie in Kap. 3,6 deutlich werden soll - wohl einer späteren Überarbeitung angehört.

Diese gnostische Lehrschrift "Über den Menschen" und seine
Erkenntnis dürfte mit dem sogenannten *Naassenerpsalm* (10,2) seinen definitiven Abschluß gefunden haben, ähnlich wie der alte
Attiskommentar mit dem Attislied geendet hatte. Denn da der AG
es war, der die Einleitung des von ihm erweiterten Kommentars
(7,9) nach der Theologie und Kosmologie des Psalms orientiert
hat[580], so ist auch er es gewesen, der diesen Psalm seiner Lehrschrift als Zusammenfassung der gnostischen Heilslehre angefügt
hat. Von ihm stammt daher auch der Hinweis (10,1) auf die besondere Bedeutung dieses Psalms[581]. Diese Einsicht bietet uns
die Möglichkeit, den ursprünglichen Übergang von den letzten
zwei Kapiteln der Lehrschrift zu dem Psalm aus H.s Redaktion in
10,1 zu rekonstruieren. Streicht man H.s offensichtliche Polemik, so bleibt (sinngemäß angepaßt) folgende einfache Überleitung übrig:

"Alle Mysterien besingen wir im Lied auf folgende Weise"
(πάντα δὲ τὰ μυστήρια διὰ ψαλμοῦ ἀείδομεν οὕτως[582]. Ob dieser
Psalm schon gnostisches Traditionsgut oder ob der AG ihn selbst
gedichtet hat, darf hier offen bleiben. Die Antwort wird nicht

---
578 9,7 (99,6-10).
579 Die in 8,42 (96,25ff) gegebene Deutung der Eleusinien wird von dem Gno-
    stiker in 8,44 (97,9-17) biblisch weitergedeutet.
580 Vgl. Kap. 3.4 und 3.5.5.
581 Vgl. Kap. 2.2.
582 Vgl. 10,1 (102,21f); zur Lesart, siehe Anm. 91 und Herzhoff 78 Anm.2.

zuletzt auch davon abhängen, ob es gelingen wird, den AG theologisch wie zeitlich genauer zu lokalisieren. Der sogenannte Naassenerpsalm dürfte jedenfalls mit "Naassenern" nichts zu tun gehabt haben und könnte zutreffender der "Gnosis-Psalm" oder ähnlich genannt werden.

Die Kenntnis der Struktur der naassenischen Überarbeitung des alten Attiskommentars ermöglicht es nun, den Übergang vom Kommentar zu dem Lehrstück über den Naas (9,12-20) aufzuhellen. Der Abschnitt 9,10-11 scheint auf den ersten Blick reine Redaktion H.s zu sein und keinen Text der Vorlage zu enthalten. Wir sahen aber bereits aus H.s Polemik gegen die δρώμενα bei den Mysterien (9,10), daß die vorangehende Aussage über die Bedeutung der Mysterien der "Großen Mutter" bereits in der Vorlage gestanden haben muß[583]. Aus der Sicht des AG's ist das auch nicht anders zu erwarten; denn es ist ganz unwahrscheinlich, daß er seine neue Lehre ohne Übergang an den Attiskommentar bzw. an das Attislied angefügt hätte. Irgendwie mußte er die Schlange, Symbol seines universalen Weltprinzips, mit dem dort gefeierten synkretistischen Attis identifizieren. Wie hätte er sonst den alten Attiskommentar seinem neuen doktrinellen Konzept dienstbar machen können! In dieser Sicht des AG's müssen wir den Abschnitt 9,10-11 lesen, um den Text der Vorlage aus der Redaktion H.s herauslösen zu können. Berücksichtigen wir dabei die Neigung H.s, seine polemischen Anmerkungen an den Aussagen seiner Gegner, also am Text der Vorlage aufzuhängen, so können wir den jetzt völlig unkenntlich gewordenen Übergang zu 9,12 aus H.s Text überraschend - sinngemäß und weitgehend vielleicht sogar wörtlich - wie folgt rekonstruieren:

      (οὕτως οἱ) παρεδρεύοντες τοῖς λεγομένοις
      Μητρὸς μεγάλης μυστηρίοις μάλιστα
      καθορᾶν νομίζουσι διὰ τῶν δρωμένων
      ἐκεῖ τὸ ὅλον μυστήριον[584].

---

583 Vgl. Kap. 2.4; H. selbst zeigt durch das νομίζοντες in 9,10 (100,12) an, daß er hier eine Meinung der Gnostiker wiedergibt, gegen die er polemisiert.
584 Vgl. 9,10 (100,11-13). Hier ist nur die einleitende Phrase, eine typische Wendung H.s (vgl. 8,1: 89,5), zu streichen und sinngemäß zu ersetzen. Der Passus steht dann parallel zu der ebenfalls vom AG stammenden Überleitung in 9,7 (99,4-6), vgl. Anm. 204 und 274. Die folgende Polemik bis 9,11 (100,18) ist Redaktion H.s.

Anfang und Umfang der Lehrschrift "Über den Menschen" 115

Mit dieser Aussage resümierte der AG den alten Attiskommentar bzw. die Meinung des ersten, dem synkretistischen Attiskult zugehörigen Kommentators: so glauben die den sogenannten Mysterien der Großen Mutter Beiwohnenden, durch die dort vollzogenen heiligen Handlungen das ganze Mysterium am besten zu schauen. Der AG stellte diese Meinung der synkretistischen Attismysten einfach fest, ohne sich damit zu identifizieren. Anders H., der aus seiner polemischen Sicht diese Feststellung dem AG selbst anlastet[585]. In dieser seiner verkürzten Sicht hat H. dann auch die zweite, die wichtigste Feststellung des AG über die Attismysten auf die christlichen Häretiker - die er nicht von jenen unterschied - allein bezogen: τιμῶσι δὲ οὐκ ἄλλο τι ἢ τὸν νάας οὗτοι[586]. Diese in H.s Text jetzt zusammenhanglos dastehende Aussage ist in der Vorlage die zentrale Aussage des AG's selbst gewesen, der eigentliche Übergang vom alten Kommentar zum Lehrstück über das universale, durch die Schlange symbolisierte Weltprinzip: "Diese Attismysten (οὗτοι) verehren aber (in ihrem unter vielen Götternamen sich offenbarenden Attis) nichts anderes als den Naas! Denn dieser Naas ist die Schlange, von der alle Tempel unter dem Himmel den Namen haben". Wir brauchen also nur die eben zitierte zentrale Aussage von 9,11 an den oben rekonstruierten Passus 9,10 anzuschließen, um den Text der Vorlage - sinngemäß und teilweise sogar wörtlich - wiederherzustellen. Damit dürfte die Verbindung zwischen dem Attiskommentar 7,9-9,9 und dem Lehrstück 9,12-20 deutlich geworden sein. Zugleich wird die in Kap. 2.2 aufgezeigte Einheit der Vorlage H.s anschaulich bestätigt.

---

585 Ähnlich polemisch hat H. auch in 7,8 (80,15-19) und 7,9 (81,2-4) die indirekte Rede der Vorlage auf die Häretiker selbst übertragen.
586 9,11 (100,18), wobei H. noch erklärend hinzufügt: Νααασηνοὶ καλούμενοι.

3.6 Die Überarbeitung der Anthropos-Lehrschrift durch den Pneuma-Gnostiker (PG)

3.6.1 Der neue Gotteskult

Wie verhält sich nun der in Kap. 3,1 aufgezeigte anthropologische Dualismus zu der bisher erhobenen zweischichtigen Struktur des Kommentars? Da die gegensätzliche Beurteilung, die der "Mensch" in dieser Welt erfährt, in 9,21 durch einen Vergleich aus Isaias (40,15) veranschaulicht wird, gehört er vielleicht zum erweiterten Kommentar des AG's. Hat dieser seinen neuen Gottesbegriff und das daraus folgende Wissen, daß alle Menschen in ihren Kulten das eine göttliche Weltprinzip verehren, zugleich als ein Exklusivwissen verstanden: alle verehren zwar die eine Gottheit, aber nur wir wissen darum? Oder ist der ausgeprägte anthropologische Dualismus das Ergebnis einer Überarbeitung der Lehrschrift "Über den Menschen"? Obgleich das gnostische Exklusivwissen, auf den ersten Blick, gut zur neuen Lehre des AG's zu passen scheint, läßt sich unsere Frage definitiv nur mit Hilfe der Strukturanalyse beantworten. Das folgt schon aus dem universalen Anliegen des AG's, der - ähnlich wie der erste Kommentator - vor allem ein missionarisches Ziel verfolgt: er will allen Menschen die von ihnen unter allen möglichen Namen verehrten Gottheiten als den einen, in allen Kulten intendierten Gott verkünden. Diese Predigt beinhaltet, genau genommen, nur den Aufweis, daß alle in ihren verschiedenen Gottheiten *tatsächlich* den einen Gott verehren. Sie hält den Menschen also nicht ihr "Nichtwissen" vor, sondern will diesen positiv zeigen, daß sie in ihren Kulten den einen Gott verehren. Der AG führt darin die synkretistische Intention des alten Attiskommentars nur weiter fort: ähnlich wie dieser früher den Attis, so verkündet er den Himmelsmenschen "Adamas" als die zentrale, überall verborgene Gottheit. Die Struktur dieser Lehrschrift liefert also weder für den Dualismus noch für das exklusive Wissen der Gnostiker eine innere Begründung. Es ist daher zu prüfen, ob die Anthropos-Lehrschrift ihrerseits eine Erweiterung erfahren hat, und wenn ja, ob diese den anthropologischen Dualismus innerlich verständlich macht.

Man kann hier fragen, ob es überhaupt möglich ist, die Struktur der Anthropos-Lehrschrift, die den ursprünglichen Synkretismus zu einem alle Menschen und alle Kulte umfassenden Universalismus erweitert hat, doktrinell nochmals zu überbieten. Die Antwort auf diese Frage gibt der Abschnitt 9,3-4 mit einem Jesuswort aus dem Johannesevangelium:

"Geist ist nämlich Gott. Deshalb beten die wahren Anbeter weder auf diesem Berg noch in Jerusalem an, sondern im Geiste. Denn geistig ist die Anbetung der Vollkommenen, nicht fleischlich"[587].

Der Passus ist ein Mischzitat, das Joh 4,24.21.23.24 zu einer zusammenhängenden Aussage kontrahiert, um ein Schriftzeugnis dafür zu bilden, daß auf Grund der Geistigkeit Gottes jede örtlich bedingte oder begrenzte Gottesverehrung hinfällig geworden ist: da Gott nur im Geiste (ἐν πνεύματι) angebetet werden kann[588]. Wahre Anbetung Gottes ist geistig (πνευματική), jede andere Art, Gott anzubeten, ist fleischlich (σαρκική), das heißt hier: irdisch oder zur irdischen Welt gehörig. Dieses Kultverständnis steht in radikalem Gegensatz zu dem des heidnischen Attiskommentars, aber wohl auch zu dem des AG's. Es hebt sowohl das synkretistische als auch das universalistische Verständnis der traditionellen Kulte auf, indem es jede an irgendeinen Tempel oder Ort gebundene Gottesverehrung für irdisch und nichtig, das heißt für "fleischlich" erklärt. Hier ist der Universalismus des AG's noch überboten worden, aber in einer Weise, die diesen aufhebt. Mit dem AG hatte die synkretistische Entwicklung der hellenistischen Welt ihren nicht mehr zu überbietenden Höhepunkt erreicht. In der Weiterbildung von 9,3-4 schlägt diese Entwicklung daher folgerichtig um in ihr Gegenteil. Hatte der AG in allen Heiligtümern, Weihen und Kulten wahre Gottesverehrung anerkannt, so wird jetzt jedes Heiligtum, jede Weihe und jeder Kult radikal abgewertet: auf keinem Berg und in keinem Tempel wird Gott wahrhaft verehrt. Es gibt nur eine wahre Gottesverehrung: im Geiste. Der Gotteskult wird hier nochmals über den Universalismus des AG's hinaus erweitert, aber nicht mehr in einer materiell umfassenderen Art, sondern in einer neuen, qualitativ anderen

---

587 9,3-4 (98,10-13).
588 Die hier vorliegende Exegese hat eine genaue Entsprechung in der Johanneserklärung des Herakleon Frgm. 20.21 und 24 (73-75 Völker).

Weise: im Pneuma. Die aus dieser neuen Weise der Gottesverehrung
resultierende neue doktrinelle Struktur findet ihren prägnanten
Ausdruck in dem Gegensatz: geistig-fleischlich (πνευματικόν -
σαρκικόν). Dieser Gegensatz besagt keine anthropologische Dicho-
tomie, sondern den Antagonismus von zwei qualitativ verschiedenen Seinsweisen. In der Anthropologie bedeutet er die Scheidung
von zwei radikal verschiedenen Menschengruppen und deren qualitativ verschiedene Verhaltensweisen: die einen leben nach dem
Geiste, die anderen nach dem Fleische. Letztlich gründet dieser
Antagonismus in dem Gegensatz von Geist und Fleisch (πνεῦμα -
σάρξ). Seine Wurzeln liegen in einem neuen Gottesverständnis,
welches den dynamisch-pantheistischen Gottesbegriff des AG's
sublimiert und aufgehoben hat. Das zeigt sich im Kommentar auch
äußerlich darin, daß die Johannesexegese in 9,3 an den Attis
als "Syriktas" angefügt wurde, der von den zwei ersten Kommentatoren als Weltseele (ψυχή) und als harmonisches Weltpneuma
(πνεῦμα ἐναρμόνιον) erklärt worden war[589]. Diese alte pythago-
reische Vorstellung[590] erfährt durch den Johannesinterpreten
eine radikale Umdeutung: Gott ist Geist (πνεῦμα) schlechthin und
daher frei von jeder noch so feinen materiellen Substanz. In
diesem neuen Gottesverständnis gründet der neue Gotteskult eines
dritten Kommentars, der den von dem AG erweiterten Attiskommentars in einer pneumatischen Sicht umgedeutet hat und den man
einen gnostischen Pneuma-Theologen oder kürzer den Pneuma-Gnostiker (= PG) nennen kann.

Der von Joh 4,24 übernommene pneumatische Gottesbegriff hat
die universalistische Lehre des AG jedoch nicht verdrängt, wohl
aber deren Dynamismus im Sinne einer absoluten Transzendenz
sublimiert. Das zeigt sich auch im Zusammenhang des in 7,25 zitierten, wohl von Isis-Osiris stammenden und vielleicht von der
Apophasis zitierten Offenbarungsspruchs[591]. Die als "Weltsame"
und "Ursache aller werdenden Dinge" definierte Gottheit hatte
von sich gesagt: "Ich werde, was ich will, und ich bin, was ich
bin"[592]. Dieser Spruch und die dahinter stehende pantheistische
Konzeption hatte durch den AG eine auf eine größere Transzendenz

---
589 9,3 (98,8-9).
590 Für Pythagoras und Empedokles, vgl. Emp. 31 B 136 (I 367,4 Diels).
591 Vgl. dazu Kap. 3.5.1.
592 7,25 (84,16).

der Gottheit zielende Umdeutung erfahren, die sich inhaltlich
wie sprachlich an der Philosophie des Aristoteles inspirierte:
διὰ τοῦτό φησι ἀκίνητον εἶναι τὸ πάντα κινοῦν[593]. In dieser
aristotelischen Ausdeutung des pantheistischen Offenbarungsspruchs offenbart sich jene Hochschätzung heidnischer Weisheit,
die für den christlichen AG charakteristisch ist. Von dieser
philosophischen Deutung weicht die folgende, neutestamentlich
inspirierte Weiterdeutung der zuerst noch als Neutrum (τὸ κινοῦν)
bestimmten transzenten Gottheit auffallend ab, in der es heißt:
"Dieser (οὗτος)[594] ist allein gut[595], und von diesem ist
das Wort des Erlösers gesagt worden: 'Was nennst du mich
gut? Einer ist gut, mein Vater im Himmel, der seine Sonne
aufgehen läßt über Gerechte und Ungerechte und regnen
läßt über Fromme und Sünder' (Mt 19,17 + Mt 5,45)"[596].
Der Vater, der hier verkündet wird, ist der unbekannte Gott
(ὁ ἄγνωστος θεός) der christlichen Gnostiker des zweiten Jahrhunderts, den Jesus als seinen Vater zuerst seinen Eltern (Lk
2,49), dann seinen Jüngern verkündet hat, damit diese ihn den
zwölf Stämmen Israels verkündeten[597]. Im Sinne dieser neuen Botschaft des Erlösers von dem transzendenten, allein guten Vater
müßte daher auch der (an die neue Definition von 7,26) anschließende Passus diese Offenbarung des Wesens Gottes nun das allen

---

593 7,25 (84,16f), vgl. Anm. 393.
594 H. schreibt in indirekter Rede: τοῦτον εἶναι φησιν ἀγαθὸν μόνον...
595 Diese Folgerung wirkt nach der in 7,25f vorausgegangenen Gedankenführung
 gekünstelt. Die ursprüngliche Darlegung über die Gottheit als das Gute
 (τὸ ἀγαθόν) ist im folgenden Abschnitt 7,25 (85,14) erhalten. Dort allein steht sie im Kontext am richtigen Platz, während in 7,26 ein Interpolator den neuen gnostischen Gottesbegriff eingeführt hat.
596 7,26 (84,18-85,2). Der vielzitierte Text des ersten Logions und die Form
 des Mischzitates können hier nicht erörtert werden; siehe Wendland 84 zu
 Zeile 20. Die gnostische Deutung des ersten Spruchs ist außer für Valentin bzw. seine Schüler vor allem für Markion (vgl. Hippol., Ref. VII 31,
 6: 217,16), sinngemäß aber auch bei dem Gnostiker Justin (Hippol., Ref.
 V 26,1: 126,20f) bezeugt. Für Basilides darf man eine ähnliche Exegese
 auf Grund einer von Epiphanios überlieferten Notiz vielleicht ebenfalls
 voraussetzen, vgl. Epiph. Pan. 24,5,4 (I 262,15-19 Holl): Basilides
 sagt aber, "über den Vater und sein Geheimnis solle man nichts enthüllen, sondern es in Schweigen bei sich behalten, es aber einem von tausend und zwei von zehntausend enthüllen"; vgl. Iren. I 24,6 und Thomas-
 Evangelium Spr. 23.
597 Vgl. Iren. I 20,2 (I 178 Harvey): "et propter hoc emisisse discipulos
 in duodecim tribus, annunciantes ignotum eis Deum". Was Irenäus hier
 bezeugt, hat eine überraschende Parallele in dem Passus 8,12 (91,10-16),
 der ebenfalls vom Interpolator stammt, siehe dazu Kap. 3.6.2.

unbekannte "Mysterium des Vaters"[598] nennen. Statt dessen folgt
die abschließende Zusammenfassung:

"Und dies sei das große und verborgene und unerkennbare
Mysterium des Alls (τῶν ὅλων ἄγνωστον μυστήριον)"[599].

Und weiter: das dieses Mysterium darstellende phallische Symbol
steht zu jedermanns Kenntnis am Eingang eines jeden Tempels,
verborgen bzw. verhüllt und zugleich offenbar, bekränzt mit all
seinen Früchten der werdenden Dinge. Alle Menschen sehen es und
nennen es das Gute (τὸ ἀγαθόν). Denn sie nennen es Bringer des
Guten (ἀγαθηφόρον), ohne zu wissen, was sie sagen[600]. Der Schluß
des Abschnittes 7,22-26 nimmt also auf die gerade verkündete
neue Lehre vom "unbekannten Vater" und dessen transzendenter Güte keinen Bezug; er führt vielmehr die in 7,25 begonnene Darlegung über den Weltsamen als Ursache aller werdenden Dinge zu
Ende. Die Lehre vom göttlichen Urprinzip, das - obwohl selbst
unbewegt - alles wird, was es will, das ist demnach das große
Mysterium des Alls (τῶν ὅλων), verborgen und offenbar zugleich[601].
Als Prinzip aller Fruchtbarkeit überhaupt wird es daher mit
"seinen Früchten" geschmückt und von allen Menschen das Gute
oder Gutesträger genannt. Diese Gedanken, zunächst in 7,27 für
die Ägypter und ihre Tempel ausgeführt, dann in 7,28 auf alle
Tempel und alle Menschen erweitert, entsprechen der *synkretistischen* Struktur des alten Attiskommentars und der *universalistischen* Struktur des Kommentars des AG's. Auf ihrem Hintergrund
erweisen sich die in 7,26 angeführten Schriftworte über den allein guten Vater, sowie die Charakterisierung des großen Mysteriums des Alls als ἄγνωστον[602] und die abschließende Bemerkung,
daß die Menschen das Gute so nennen, ohne zu wissen, was sie
sagen[603], als Interpolationen des dritten Kommentators, der den

---

598 Der Ausdruck περὶ πατρὸς καὶ τοῦ ἑαυτοῦ μυστηρίου wird laut Epiphanios in diesem Kontext von Basilides gebraucht, vgl. Anm. 596.
599 7,27 (85,4f). Der vorangehende Satz ist typische Polemik H.s.
600 Sinngemäß nach 7,27-28 (85,5-15).
601 Vgl. die Lehre der Apophasis und die Weiterbildung durch den AG in 7,25.
602 7,27 (85,5).
603 7,28 (85,15), siehe dazu Anm. 234. Der Gedanke, daß die Menschen das verborgene und zugleich offenbare Mysterium "nicht kennen", hebt den positiven Sinn der zuerst von dem AG in 7,28 (85,10-12) eingefügten neutestamentlichen Bildern auf: das mystische Symbol steht "wie ein Licht nicht unter dem Scheffel, sondern auf dem Leuchter" (Mt 5,15), als eine Verkündigung, "die von den Dächern verkündet wird" (Mt 10,27); doch dieses Licht und diese Botschaft können die Menschen zwar sehen und hören,

dynamischen Gottesbegriff des AG's im Sinne der absoluten Transzendenz seines pneumatischen Gottesbegriffs weitergedeutet hat[604].

3.6.2 Der neue Mensch

Wir haben den Gegensatz geistig-fleischlich als charakteristisches Merkmal eines dritten Kommentators an den zwei gegensätzlichen Arten der Gottesverehrung abgelesen. Diese Antipoden sind im Grunde nur die verschiedenen Ausdrucksweisen von zwei gegensätzlichen Menschengruppen: den Geistigen und den Fleischlichen (πνευματικοί - σαρκικοί). Denn die Pneumatiker sind es, die der PG in 9,3 mit den "wahren Anbetern" (vgl. Joh 4,23) meint, die Gott im Geiste (ἐν πνεύματι) anbeten, während die anderen Anbeter allesamt Sarkiker sind. Hier offenbart sich ein anthropologischer Dualismus, der für den PG charakteristisch ist und sich hinsichtlich der zwei gegensätzlichen Menschengruppen in jeweils antithetischen Seins- und Verhaltensweisen äußert. Einer der wesentlichen Gegensätze wird gleich im Anschluß an das Apophasiszitat (9,5) betreffs des im Menschen verborgenen göttlichen Funkens (9,6) ausgeführt. Dieses Göttliche, heißt es, ist das Himmelreich, das im Menschen zunächst klein wie das Senfkorn (vgl. Mk 4,31f) verborgen liegt, der im Menschen liegende "unteilbare Punkt"[605], den niemand kennt als die Pneumatiker al-

---

   aber nicht verstehen: so explizit in 8,11-12 und mittels des Logions Mk 4,12 in 8,3. Diese Stellen dürfen daher als Interpolation des PG's angesehen werden.
604 Die Transzendenz dieses an Joh 4,24 inspirierten Gottesbegriffs enthüllt sich auch an jenen Stellen, die - in gnostischer Interpretation von Joh 1,3 - den geschaffenen Kosmos als das Nicht (τὸ δὲ οὐδέν) erklären, das nicht durch das göttliche Weltprinzip Logos-Nus, sondern durch den Demiurgen gemacht wurde, vgl. 8,5 (89,26-90,2); 9,2 (98,7f). Zur Deutung von Joh 1,3 bei den Valentinianern, siehe Herakleon Fragm. 1 (63f Völker), Exc. Theod. 45,1-3 (III 121,5-12 Stählin) und Iren. I 8,5 (I 77f Harvey).
605 Der PG nimmt hier die Terminologie des Apophasiszitates 9,5 (98,22-24) auf und ergänzt das Bild vom unteilbaren Punkt (vgl. Anm. 409f) durch das Himmelreichbild vom Senfkorn. Dieser Vergleich war von allen Himmelreichbildern am besten geeignet, das Wachsen des göttlichen Samens im Menschen zu veranschaulichen. Er entspricht gut dem Bild von dem unteilbaren Punkt und man darf vermuten, daß das Gleichnis vom Senfkorn zuerst in jenen gnostischen Kreisen auf das Göttliche im Menschen angewandt wurde, die dieses mit der Apophasis mit dem kleinsten Punkt verglichen haben. Das besagt freilich nicht, daß das Senfkorngleichnis das erste Bild war, mit dem gnostisch orientierte Christen das im Menschen

lein (ἣν οἶδε οὐδεὶς ἢ οἱ πνευματικοὶ μόνοι)[606]. Hier erscheint
der für den dritten Kommentator (= PG) typische *Exklusivanspruch*,
der im Grunde nichts anderes ist als das Wissen des Pneumatikers
um die ihm eigene Seinsweise und die daraus resultierenden, ihm
allein zukommenden pneumatischen Fähigkeiten. Für die zentrale
Ebene des Erkennens, der "Gnosis" also, ergibt sich aus dieser
Seinsweise das exklusive Wissen des "Gnostikers", dessen Gegenstand nach 9,6 der im irdischen Menschen verborgene göttliche
"Mensch", das göttliche Samenkorn, ist. Dieses ist es, was der
AG den eigentlichen "Menschen" im Menschen genannt hatte, der
in dieser Welt nichts gilt. Jetzt aber wird von diesem "Menschen" mehr gesagt: an der gegensätzlichen Erkenntnis bzw.
Nichterkenntnis wird der Dualismus von fleischlichen und geistigen Menschen offenbar: die ersten erkennen ihn nicht, darum
achten sie ihn gering; die anderen aber kennen ihn, darum schät-
zen sie ihn hoch und geben um seineswillen alles andere hin[607].
Der anthropologische Dualismus, der in 9,21 bereits erhoben worden ist, erhält also in den Ausführungen des pneumatischen Johannesinterpreten in 9,3-4.6 seine innere Begründung. Er ist

---

  verborgene Göttliche als das Himmelreich bestimmten. Nach dem Zeugnis
  des Epiphanios (Pan. 24,5,2: I 262,7-10 Holl) hat Basilides dieses Göttliche mit der Perle verglichen, die nicht den Hunden und Schweinen vor-
  geworfen werden darf (vgl. Mt 7,6). Diese Deutung bezeugt auch der AG
  in 8,32f. Beide, Basilides und der AG, verweisen auf Mt 7,6, ohne sich
  auf das Himmelreichbild von der Perle (Mt 13,45f) zu beziehen. Das könnte ein Indiz dafür sein, daß man das Göttliche im Menschen zunächst nur
  mit einer Perle verglichen hat, was auch der Wortlaut von Mt 7,6 (werft
  "eure Perlen" nicht den Schweinen vor) nahelegt. Auch das Perlenlied
  der Thomasakten und die Parabel vom Perlenverkäufer (Christus) in den
  Petrusakten (NHC VI,1: 3-4) weisen in diese Richtung. Von hier aus lag
  es nahe, den Vergleich des Göttlichen mit der Perle durch das Perlen-
  gleichnis von Mt 13,45f (vgl. Thomas-Evangelium Log. 93) zu erweitern
  und so das Göttliche mit dem "Himmelreich" zu identifizieren. War dieser Schritt einmal getan, dann war es nur folgerichtig, auch die anderen
  Himmelreichbilder des Neuen Testamentes darauf anzuwenden. Diese Entwicklung bezeugen sowohl unser PG (vgl. 7,20; 8,8; 9,6; 9,21) als auch
  die Valentinianer (vgl. Iren. I 8,3 und Exc. Theod. 1,3; 2,1-2; dazu
  Frickel, Naassener oder Valentinianer, NHS 17, Leiden 1981, 104-112) und
  könnte daher auf Valentin selbst zurückgehen.
606 9,6 (98,25-99,2).
607 Die gegensätzliche Wertung des Menschen als ungeehrt und hochgeehrt
  (ἄτιμος - πολύτιμος) weist hin auf das Himmelreichgleichnis von der hoch-
  geschätzten Perle (ἕνα πολύτιμον μαργαρίτην) bei Mt 13,45f und zeigt,
  daß "der Mensch" in 9,21 wie in 9,6 als das Himmelreich verstanden wird,
  das die Pneumatiker allein kennen. Damit wird im Lichte von 9,6 die früher vorgeschlagene Textemendation von 9,21 bestätigt, vgl. Anm. 234.

Ausdruck des Exklusivanspruchs des Pneumatikers, der um die radikal verschiedene Seinsweise von geistigen und fleischlichen Menschen weiß.

Dieser Dualismus hat mit dem Synkretismus des alten Attiskommentars nichts zu tun. Er folgt aber auch nicht direkt aus dem Universalismus der Schrift des AG's über die schwierige Erkenntnis des Menschen. Er gründet vielmehr im dualistischen Konzept des PG's, als dessen Eigengut er daher anzusehen ist.

Damit ist uns die Möglichkeit gegeben, den in der ganzen Naassenerschrift immer wieder begegnenden anthropologischen Dualismus als Sondergut des PG's zu erkennen und ihn dort, wo er innerhalb oder außerhalb des Attiskommentars erscheint, als eine Interpolation des PG's zu bestimmen[608]. Der aus dem Wissen um die eigene pneumatische Seinsweise sich ergebende Exklusivanspruch offenbart ferner, wie der PG und die von ihm repräsentierte Gruppe sich näherhin verstanden. Sie wissen sich vor allem als *Pneumatiker*, weil sie allein eben die pneumatische Seinsweise und bestimmte damit gegebene pneumatische Fähigkeiten besitzen. Darum Formulierungen wie: "die Pneumatiker allein" oder "Wir allein" oder "allein" die Pneumatiker. Charakteristisch für diesen Exklusivanspruch ist das häufig wiederkehrende μόνοι[609], das die Pneumatiker als die einzig "Wissenden" von der großen Masse der "Nicht-Wissenden" trennt. Dieses Wissen geht über die Lehre des AG's hinaus; denn dessen "Gnosis" des Menschen war zwar "sehr tief und schwer zu fassen" (8,38), aber den Menschen nach entsprechender Belehrung doch möglich. In der ontologischen Sicht des PG's gründet dagegen alles in der Seinsweise. Ganz entsprechend heißt es daher bei ihm von der (dem "Wissen" vorausgehenden) Fähigkeit des "Hörens", daß die Nicht-Pneumatiker das Wort Gottes zwar hören, aber nicht befolgen[610], während die vollkommenen Gnostiker "allein" die wahren Hörer sind, das heißt die das Wort auch im Herzen aufnehmen und befolgen[611]. Der Hinweis auf Mk 4,9[612] zeigt in diesem Zusammen-

---

608 Tatsächlich läßt sich dieser Dualismus und der ihm eigene Gegensatz geistig-fleischlich überall als Zusatz leicht erkennen und ohne Substanzverlust aus der überlieferten Schrift des PG's streichen, genauso wie der aus der pneumatischen Seinsweise resultierende Exklusivanspruch.
609 8,26 (94,3); 8,29 (94,23f); 8,44 (97,15); 9,6 (99,1); 9,21 (102,14).
610 8,28 (94,9f).
611 8,29 (94,23f).
612 8,29 (94,22): "Wer Ohren hat, zu hören, höre!"

hang, daß die Pneuma-Gnostiker dieses Logion auf das wahre Hören des Wortes Gottes bezogen und dieses Hören als eine pneumatische Fähigkeit allein für sich in Anspruch nahmen, den Nicht-Pneumatikern aber absprachen[613]. Dieser auf den ersten Blick vielleicht anmaßend wirkende Anspruch darf nicht ohne weiteres als Beleg für eine statisch verstandene Prädestinationslehre, für das jedem Menschen durch seine Natur (φύσει) vorgegebene Heil oder Unheil interpretiert werden. Alle pneumatischen Fähigkeiten (wie Hören, Erkennen, Tun, Glauben, Hoffen usw.) entspringen der pneumatischen Seinsweise, der *Natur* des Pneumatikers. Die Frage geht also dahin, ob der Pneumatiker "seine Natur" von Anfang an besitzt oder ob er diese erst zu einem gewissen Zeitpunkt als Gabe von oben erhält.

Manche in der Naassenerschrift gebrauchten Bilder und Deutungen scheinen freilich eine statische Prädestinationslehre vorauszusetzen. So der Vergleich des Göttlichen im Menschen mit "von oben in das Plasma herabgefallenen Perlen"[614] oder die Deutung von "Eleusis" auf "uns, die von Adamas oben herabgekommenen Pneumatiker"[615]. An beiden Stellen ist jedoch zu beachten, daß zwei Deutungen oder Schichten übereinander gelagert sind: die des AG's und die des PG's. Die von oben herabgefallenen Perlen sind nach dem AG die in *jedem* Menschen befindlichen göttlichen Funken, der göttliche Seelenteil, der nicht im Irdischen untergehen, sondern zum Bewußtsein seiner selbst, seiner Berufung zur Gottgleichheit, gebracht werden soll. Daher wird das Jesuswort Mt 7,6 als Mahnung angefügt: "Werft das Heilige nicht den Hunden und die Perlen nicht den Schweinen vor!"[616] Der Abschnitt setzt im Kontext der Deutung des ἄκαρπος (8,31ff) voraus, daß "der Mensch" zunächst "fruchtlos" oder "tot" war, aber zum Leben erweckt werden und "fruchtbar" bzw. selbst "Frucht" werden soll. Die für 8,31-33 grundlegende Erklärung ist also typisch für den AG und besagt keine statische Prädestination. Innerhalb

---

[613] Denselben Exklusivanspruch verrät daher auch das in 8,3 (89,18) eingefügte Zitat aus Mk 4,12 und der ganze Abschnitt 8,11-12 (91,6-16), die sich dadurch als Interpolation des PG's erweisen.
[614] 8,32 (95,4-6).
[615] 8,41 (96,21f).
[616] 8,33 (95,7f). Der Passus steht im Einklang mit der am Schluß von Kap. 3. 5.6 aufgezeigten, allen Menschen verkündeten Zwei-Wege-Lehre des AG's: zum Heil oder zum Unheil, vgl. Anm. 605.

dieses Kontextes führt das Zitat aus dem Thomasevangelium einen neuen Gedanken ein[617], der die Argumentation des AG's über Erweckung und Fruchtbringen des Göttlichen im Menschen zwar nicht grundsätzlich verändert, aber empfindlich stört. Das Zitat ist daher wohl Interpolation des PG's[618].

Ein ähnlicher Sachverhalt liegt bei der etymologischen Deutung von Eleusis-Anaktoreion in 8,41 vor. Da der Ausdruck οἱ πνευματικοί nunmehr als typische Interpolation des PG's gelten darf, besagte die ursprüngliche Deutung von Eleusis auf das "Herabfließen von oben" keine Einschränkung des Göttlichen auf die Pneumatiker, sondern bezog sich auf den in allen Menschen ruhenden göttlichen Seelenteil. Die grundlegende Deutung zeigt daher das für den AG typische dynamische Schema der *Apophasis*: das Göttliche kommt "von oben" - ist "unten" - soll wieder "nach oben" aufsteigen[619]. Der PG hingegen wollte die ihm vorliegende Erklärung im Sinne seines anthropologischen Dualismus verdeutlichen: nur die Pneumatiker haben das eigentlich Göttliche empfangen und daher kehren auch nur sie nach ihrer himmlischen Heimat zurück. Er hat daher οἱ πνευματικοί nach dem ἤλθομεν[620] ergänzend in den Text eingefügt. Dadurch wurde die ur-

---

617 8,32 (95,3f): "Sie sagen also: 'Wenn ihr Totes gegessen und lebendig gemacht habt, was werdet ihr tun, wenn ihr Lebendiges eßt?'", vgl. Thomas-Evangelium Log. 11.
618 Man darf annehmen, daß der PG den vorausgehenden und folgenden Satz im Sinne seines Zusatzes modifiziert hat. Der AG hatte "die Früchte" wahrscheinlich im Sinne der Hermes-Logos Exegese (vgl. 7,30ff) als "die dem Logos ähnlich gewordenen, lebendigen Menschen" (S. 95,1f) bestimmt und nach einem bereits traditionellen Bild als "die Perlen" (vgl. Anm. 605) bezeichnet. Millers Textemendation (λογικοί zu λογικῶς, vgl. Wendlang 95 Anm. zu Zeile 2) ist sachlich richtig, aber nicht nötig (vgl. die ähnliche Aufzählung in H.s Bericht über Justin in V 27,3: 133,11). Ich möchte den Text des AG's sinngemäß daher ungefähr so rekonstruieren: καρποὶ γὰρ οὗτοί εἰσι μόνον οἱ λογικοὶ ζῶντες ἄνθρωποι. ζῶντες δὲ λέγονται καὶ λόγοι καὶ νόες καὶ ἄνθρωποι, οἱ μαργαρῖται..., ἐρριμμένοι εἰς τὸ πλάσμα καρποί: 8,31-32 (95,1-6), worauf Mt 7,6 als Beleg folgte. Vgl. dazu das von Epiphanios überlieferte Wort des Basilides, das einen enkratitischen Exklusivanspruch bereits ausdrückt: "Wir...sind die Menschen, die anderen alle sind Schweine und Hunde (ἡμεῖς..ἐσμὲν οἱ ἄνθρωποι, οἱ δὲ ἄλλοι πάντες ὕες καὶ κύνες). Und darum hat er (= Jesus) gesagt: 'Werfet eure Perlen nicht vor die Schweine und gebt das Heilige nicht den Hunden'". (Epiphan., Pan. 24,5,2: I 262,7-10 Holl). Diese Sprache könnte den ontologisch begründeten Dualismus des PG's vorbereitet haben.
619 Vielleicht hatte der alte Attiskommentar die Ausdrücke Eleusis-Anaktoreion bereits gedeutet.
620 8,41 (96,21).

sprüngliche Deutung vom Herabkommen des Göttlichen in jeden Menschen exklusiv auf die Pneumatiker eingeschränkt. War das nur die Folge einer ungeschickten Interpolation oder verbirgt sich hinter dieser Umdeutung ein verändertes anthropologisches und soteriologisches Konzept? Anders ausgedrückt: Versteht der PG unter der pneumatischen Seinsweise einfach nur den aus dem Todesschlaf erweckten göttlichen Seelenteil: das sich seiner Berufung zur Gottgleichheit bewußt gewordene, in jedem Menschen als Möglichkeit verborgene Göttliche, wie das der AG im Gefolge der Apophasis getan hatte? Oder versteht er "das Pneumatische" als etwas ganz anderes, als eine ganz neue Seinsweise, die der gottähnliche Seelenteil als eine besondere Gabe erst empfangen muß, um so erst "pneumatisch", das heißt "Pneumatiker" zu werden? Als eine Gabe also, die *kein* Mensch von Anfang an, gleichsam mit seiner irdischen Zeugung oder Geburt besitzt, die er vielmehr erst später "von oben" empfangen muß, um ein ganz anderer, nämlich ein *neuer Mensch* zu werden? In diesem Fall wäre die Umdeutung von "Eleusis" als ein Herabkommen des Göttlichen (= des Pneumatischen) von oben auf die Pneumatiker allein eine bewußte Korrektur der Lehre des AG's, welche trotz ihrer "Verchristlichung" im Wesentlichen doch eine heidnische Soteriologie geblieben war. Falsch wäre es in jedem Fall, die gnostische Umdeutung in einem gleichsam physischen Sinn so zu interpretieren, als ob die Pneumatiker von Anfang an eine privilegierte Menschenklasse darstellten, die ihre pneumatische Seinsweise mit Zeugung oder Geburt erhalten hätten. Solch mechanistische Vorstellung läßt sich nicht vereinen mit den wiederholten Aussagen des PG's über den radikalen Gegensatz zwischen irdischer Zeugung unten und pneumatischer Wiedergeburt oben. So besonders in 7,40 im Anschluß an die ältere Deutung des abwechselnd nach unten und nach oben strömenden Ozeans am Schluß der neupythagoreischen Hermesexegese[621]. Hier hatte der AG diese doppelte Strömung mit Hilfe von Ps 81,6.7 als das irdische und als das himmlische Werden erklärt (7,38-40), und abschließend kurz zusammengefaßt: "sterblich ist nämlich jedes Werden hier unten, unsterblich jedoch das oben gewordene (Werden)"[622]. Daran schließt nun der PG eine

---

621 Vgl. Kap. 3.5.6.
622 7,40 (88,21f): das Werden "oben" bezieht sich auf die wieder nach oben gelangten, vollendeten Menschen, vgl. 8,2 (89,12-15).

nochmalige Begründung an, mit der er zu dem für ihn charakteristischen anthropologischen Dualismus überleitet:

"Geboren nämlich aus Wasser und Geist allein wird der
Pneumatiker, nicht der Fleischliche. Der von unten aber
ist fleischlich[623]. Das bedeutet das Schriftwort:
'Was geboren ist aus dem Fleische, ist Fleisch, und was
geboren wird aus dem Geiste, ist Geist' (Joh 3,6)"[624].

Die pneumatische Seinsweise empfängt der Gnostiker also gerade nicht mit seiner irdischen Zeugung, sondern durch eine Geburt "oben", die eine Neugeburt "aus Wasser und Geist" ist, wie 8,37 nochmals betont wird[625]. Eine *Taufe* ist also notwendig, wie pneumatisch diese sakramentale Handlung auch immer verstanden sein mag. Der Mensch muß "abgewaschen werden im lebendigen Wasser"[626], um ein neuer Mensch (καινὸς ἄνθρωπος)[627] zu werden. Diese Waschung oder Reinigung ist der erste Aspekt des gnostischen Pneuma-Mysteriums. Denn auch eine *Salbung* ist notwendig, da der Mensch "mit unaussprechlichem Chrisma" gesalbt werden muß, um den Geist Gottes zu empfangen und "Pneumatiker" zu werden[628]. Das ist der zweite Aspekt des gnostischen Pneuma-Mysteriums, der erklärt, warum der Pneumatiker seine neue Seinsweise nicht von Anfang an hat, sondern diese im Mysterium der (geistigen) Reinigung und der Geistmitteilung erst gnadenhaft empfängt. Der irdische Mensch stammt von unten: er ist fleischlich. Sein Sinnen und Trachten richtet sich aus an den Werten dieser Welt: er ist

---

623 Der PG hat hier Joh 3,5 bewußt zu einer Aussage für sein dualistisches Schema (geistig-fleischlich) umgebildet. Von dieser freien Satzbildung hebt er den folgenden Vers (Joh 3,6) deutlich ab, den er als Schriftzeugnis für den Vorsatz deshalb wörtlich zitiert.
624 7,40 (88,23-26). Der Passus ist geprägt von dem Dualismus, der den Kommentar des PG's strukturell bestimmt.
625 Vgl. 8,37 (96,1-5). Der PG dürfte hier den letzten Satz der älteren Deutung des πολύκαρπος(8,36) modifiziert haben, wie τὰ δὲ σαρκικά (S.95,25) zeigt. Der ursprüngliche Gegensatz war wohl ἀθάνατα - θνητά; vgl. 7,40 (88,21f).
626 Vgl. 7,19 (83,5-8). Diese Deutung von Joh 4,10 gehört mit der oben (Kap. 3.6.1) analysierten pneumatischen Exegese von Joh 4,21-24 zusammen und ist wie diese vom Dualismus des PG's bestimmt. Gleiches gilt von der Interpolation in 9,18 (101,22-24).
627 Vgl. 7,15 (82,9). Die ursprünglich an Gal 3,28 und 6,15 orientierte Deutung des entmannten Attis auf eine "neue Schöpfung" oben, in der es "weder weiblich noch männlich" gibt, scheint der PG durch die Vorstellung vom "neuen Menschen" (Eph 2,15; 4,24) ergänzt zu haben.
628 9,22 (102,14-17) und 7,19 (83,7f). Beide Abschnitte sind vom Dualismus des PG's geprägt.

vorgebildet in Saul; denn wie dieser wandelt er nach dem Verlangen des Fleisches (τῆς σαρκικῆς ἐπιθυμίας)[629]. Der pneumatische Mensch dagegen stammt von oben: er ist geistig, weil oben neugeboren[630]. Sein Sinnen und Trachten richtet sich aus an den himmlischen Werten: er ist vorgebildet in David; denn wie dieser hat er den Gottesgeist bleibend empfangen und wandelt im Geiste[631]. Im Lichte dieses anthropologisch-soteriologischen Dualismus wird die in 8,41 vorliegende Deutung von "Eleusis" erst durchsichtig. Die grundlegende etymologische Deutung inspiriert sich an der orphisch-hellenistischen Vorstellung vom Fall bzw. vom Herabgebracht-Werden der göttlichen Seelen in die Materie, in die irdischen Leiber. Daher erklärte der AG Eleusis *universalistisch*: ὅτι ἤλθομεν ἄνωθεν...ῥυέντες κάτω[632]. Der PG leugnet diese Vorstellung nicht. Aber für ihn ist der göttliche Seelenteil, der Nus, nicht mehr das eigentlich "Göttliche" im Menschen. Der Nus-begabte Seelenteil ist für ihn nur mehr die natürliche Voraussetzung, das heißt die mit der menschlichen Natur gegebene "Fähigkeit", welche das göttliche Pneuma empfangen kann und soll[633]. Dieses Pneuma allein ist das wahre Göttliche. Dieses aber kann der Mensch nur als Geschenk von oben erhalten, in der Neugeburt, in der er die pneumatische Seinsweise erhält, "Pneumatiker" wird. Darum hat der PG die alte Deutung von Eleusis *exklusiv* auf die Pneumatiker umgedeutet. Er tat das vielleicht auch deshalb, weil er das von dem Propheten Joel vorausgesagte "Ausgießen" des Geistes[634] in der Deutung von Eleusis als das "Herabfließen" vorgebildet fand.

Die Umdeutung von Eleusis ist weiter aufschlußreich für das neue Menschenbild des PG's. In seiner Interpolation hat er näm-

---

629 9,22 (102,16f).
630 Die absolute Notwendigkeit der Wiedergeburt hat der PG dem Kommentar des AG's wiederholt angefügt, um dessen soteriologische Aussagen zu präzisieren, das heißt: sie im Sinne seines soteriologischen Dualismus zu interpretieren, z.B. 8,10 (91,4f); 8,18 (92,15f); 8,21 (93,5); 8,23 (93,18); 8,37 (96,4f); 9,18 (101,21). Vgl. auch L.Schottroff, Animae naturaliter salvandae, in: Christentum und Gnosis, W.Eltester (Hrsg.), Beiheft zur ZNW 37, Berlin 1969, 65-97.
631 9,22 (102,15f).
632 8,41 (96,21f). Die für die Vorstellung vom Fall der Seelen charakteristische Terminologie findet sich ähnlich in 7,31 (86,8); 7,36 (87,22 und 88,2); 8,14 (91,24f); 8,32 (95,6).
633 In theologischer Fachterminologie könnte man das die *potentia oboedientialis* nennen.
634 Joel 3,1-5, vgl. Apg 2,16-21.

lich die Lehre vom "Adamas" oben beibehalten bzw. seiner neuen
Sicht von Gott und Mensch angepaßt: "von Adamas oben" empfangen
die Pneumatiker ihre göttliche Natur. Die Pneumatiker allein
sind deshalb die eigentlichen "Menschen". Das ist die pneumatische Weiterdeutung der älteren Erklärung des AG's in 8,32, welche die vernunftgemäß "lebenden" Menschen als λόγοι καὶ νόες καὶ
ἄνθρωποι bestimmte[635]. Das wahre "Leben" erlangt der göttliche
Seelenteil, der "Mensch" im Menschen, erst dann, wenn er das
göttliche Pneuma von oben empfängt und als Pneumatiker lebt.
Nur diese sind die Menschen des himmlischen Menschen Adamas[636],
denn sie allein sind oben zum neuen Leben "im Geist" wiedergeboren[637]. So hat der pneumatische, an Joh 4,24 sich inspirierende Gottesbegriff die ältere Lehre vom Gott "Mensch" nicht völlig verdrängt, aber im Sinne größerer Transzendenz spirituali-
siert. Aus diesem Gottesbegriff hat sich eine neue, typisch
gnostische Sicht des Menschen entwickelt, ein neues Menschenbild, das durch den Dualismus geistig-fleischlich geprägt ist.
Diesen anthropologisch-soteriologischen Dualismus hat der PG
(wenigstens direkt) nicht Paulus entnommen, sondern dem Johannesevangelium, das diesen Gegensatz scharf hervorhebt. So besonders in Joh 3,3: "Was geboren ist aus dem Fleische, ist
Fleisch, und was geboren wird aus dem Geist, ist Geist". Eben
dieses Logion zitiert der PG als Beleg für seine neue soteriologische Lehre, das heißt für den Gegensatz von fleischlicher
und geistiger Geburt, der den radikalen Unterschied zwischen
fleischlichen und geistigen Menschen begründet[638]. Dieses sote-

---

635 8,32 (95,4f): "Lebend nennen sie Worte, Gedanken und Menschen", vgl.
Anm. 618. In dieser Aufzählung erscheint vielleicht eine frühe valentinianische Dreiteilung des Pleromas gemäß den drei aus dem Vorvater emanierten Größen: Nus, Logos, Anthropos, an denen, d.h. am Pleroma, die
vollkommenen Menschen nach 8,30 (94,27f) Anteil haben; vgl. Iren. I 2,6.
636 Damit erweist sich auch der Passus in 8,17 (92,12f): "Adamas spricht
zu *seinen* Menschen" als Interpolation des PG's. Dieselbe Terminologie
erscheint in 8,11-12 (91,6-16), der bereits als Zusatz bestimmt werden
konnte (siehe Anm. 613), sowie in H.s referierendem Kephalaion 6,7
(78,18f).
637 Nach aller Wahrscheinlichkeit hat der PG in 7,39 (88,20) die Deutung
des himmlischen Jerusalem als Mutter der Lebenden (μήτηρ ζώντων) interpoliert, um diese Mutterschaft auf die pneumatischen Menschen allein
einzugrenzen, vgl. 8,5 (89,27ff) und Kap. 3.6.4. Vielleicht hatte der
AG nach Gen 3,20 μήτηρ πάντων τῶν ζώντων gelesen. Gegen eine restriktive Deutung von Gen 3,20 polemisiert jedenfalls die peratische Schrift
bei Hippol., Ref. V 16,13 (113,15-18).
638 7,40 (88,24-26).

riologische Konzept findet seinen prägnanten Ausdruck in der
gnostischen Lesart von Joh 1,3.4: "was geworden ist in ihm",
das heißt dem Logos, "ist Leben" (ὃ δὲ γέγονεν ἐν αὐτῷ ζωή
ἐστιν). Diesen Text hat der PG in 8,5 wörtlich zitiert und in
kurzen Worten erklärt:

> "Dieses Leben ist das unsagbare Geschlecht der voll-
> kommenen Menschen, das 'den früheren Geschlechtern
> nicht bekannt war' (Eph 3,5)"[639].

Jenes Geschlecht der "lebenden" oder "wahren" Menschen sind die
Pneumatiker allein. Es war den früheren Geschlechtern unbekannt.
Es tritt daher an die Stelle der alttestamentlichen Vollkommenen
des AG's. Das heißt: an die Stelle von Mariam, Jothor, Sepphora
und Moses (vgl. 8,2) tritt das Geschlecht der pneumatischen Menschen, zu dem die Samariterin, die Dirne, der Jesus sich am Ja-
kobsbrunnen offenbarte (Joh 4,26), gehört[640], auch Maria Magda-
lena und der Herrenbruder Jakobus[641], der Blindgeborene (Joh
9,1), dem Jesus "das wahre Licht" zeigte, "das jeden Menschen
erleuchtet, der in die Welt kommt" (Joh 1,9)[642], die Zöllner und
Dirnen, denen Jesus das Himmelreich verheißen hat (Mt 21,31)[643].
Die Zöllner sind darüber hinaus Prototypen der Pneumatiker geworden, die sich mit jenen ausdrücklich identifizieren: "Wir
aber sind die Zöllner, auf die die Geschenke der Äonen herabgekommen sind (vgl. 1 Kor 10,11)"[644]. Die pneumatischen Menschen
des Neuen Testamentes haben die Vollkommenen des Alten Bundes
abgelöst. Zöllner und Sünderinnen sind in den Augen dieser Welt
verachtet, Gott aber hat sie angenommen und unter den vielen
Gerufenen als wenige auserwählt[645]. Der Zöllner nämlich ist es,
der den allein guten und barmherzigen Gott, den von Jesus verkündeten Vater, erkannt und verehrt hat. Der Pharisäer dagegen,

---

639 8,5 (89,26-90,1). Ganz ähnlich ist die restriktive Deutung "des Lebens" bei Valentins Schüler Herakleon, Frgm. 2 (64,28-31 Völker).
640 Siehe die Zitate aus Jesu Gespräch mit der Samariterin in 9,3 (98,2-12); 9,18 (101,23f); 7,19 (83,7).
641 Im Kephalaion 7,1 (78,23f).
642 9,20 (102,1-3).
643 8,28 (94,11f). Eingehen ins Himmelreich bedeutet hier: das im Menschen verborgene Himmelreich erkennen, vgl. Anm. 605. Zöllner und Dirnen er- weisen sich damit als "Gnostiker".
644 8,28 (94,13-16).
645 In diesem Sinne ist die von H. im Kephalaion 6,7 (78,20f) überlieferte Unterscheidung der Kirche der "Erwählten" von jener der "Berufenen" zu verstehen.

der sich seiner Werke rühmte, hat Gott weder erkannt noch angebetet. Er betet im Tempel zum gerechten Schöpfergott der Juden (Lk 18,10-14).

Markioniten und Valentinianer haben das Gleichnis vom Pharisäer und Zöllner in diesem dualistischen Sinn gedeutet[646]. In dieser Exegese war eine verschiedene Gotteserkenntnis mitausgesagt, waren zwei verschiedene Menschentypen charakterisiert: der Pharisäer als Unwissender, der Zöllner dagegen als Gnostiker. Im Lichte des am Johannesevangelium inspirierten gnostischen Dualismus wird der Zöllner daher ein wahrer Anbeter des Vaters, der "im Geiste" anbetet: er ist ein Pneumatiker. Der Pharisäer aber hat den Vater weder erkannt noch wirklich angebetet: er ist ein Sarkiker. Diese für den PG typische Sicht hat dazu geführt, die Zöllner überhaupt zum Typus des pneumatischen Geschlechts (πνευματικοῦ γένους) zu machen, wie das Irenäus auch für die Valentinianer bezeugt[647].

3.6.3 Drei Menschenklassen und drei Kirchen

Der pneumatische Gotteskult und die pneumatischen Gottesverehrer des PG's haben sich am Gottes- und Menschenbild des Johannesevangeliums inspiriert. Die in diesem pneumatischen Konzept sich offenbarende Soteriologie zeigt, daß der PG sich vollkommen als "Christ" versteht. Seine Lehre will kein "verchristlichtes" Heidentum sein, sondern genuine, das heißt geistgewirkte Auslegung der christlichen Botschaft, wie sie in den Evangelien, und hier besonders im Johannesevangelium ihren Niederschlag gefunden hat. Hoch schätzt er auch den Apostel Paulus, dessen Worte er wiederholt als Beleg für seinen anthropologischen Dualismus zitiert: für den neuen Menschen[648] und den diesem entgegengesetzten, in Unwissenheit und fleischlicher Begier

---

646 Iren. IV 36,8 (II 284 Harvey); Tert., Adv. Marc. IV 36,1-2 (CC 643 Kroymann), siehe dazu Frickel, Die Zöllner 378f.
647 Iren. I 8,3 (I 71 Harvey): Das pneumatische Geschlecht hat der Heiland angezeigt "indem er sprach: 'Laß die Toten ihre Toten begraben, du aber geh und verkünde das Reich Gottes' (Lk 9,60). Und ebenso, indem er zu Zachäus, dem Zöllner, sprach: 'Steig eilends herab, denn heute muß ich in deinem Hause bleiben' (Lk 19,5); diese Zöllner nämlich seien von dem geistigen Geschlecht".
648 7,15 (82,9): der "neue Mensch" (Eph 2,15; 4,24).

lebenden alten Menschen⁶⁴⁹. Paulus ist ihm geradezu die Stimme des göttlichen Logos⁶⁵⁰, offenbar deshalb, weil er auserwählt war, "das ganze verborgene, unsagbare Geheimnis der seligen Freude" zu verkünden⁶⁵¹, das zu schauen er in einer Vision gewürdigt worden war⁶⁵².

In der scharfen Betonung des anthropologisch-soteriologischen Dualismus kommt freilich eine ausschließliche Wertung des individuellen "Christen" und dessen pneumatischer Neugeburt zum Ausdruck, welche die Aussonderung der pneumatischen Menschen zu einer exklusiven Gemeinschaft zur Folge haben mußte. So ist es nicht verwunderlich, am Schluß der Naassenerschrift das selbstbewußte Zeugnis des pneumatischen Gnostikers zu hören:

"Und aus allen Menschen sind wir allein Christen⁶⁵³,
die am dritten Tor das Mysterium vollziehen und dort
mit unaussprechlichem Öl gesalbt werden..."⁶⁵⁴.

Sie wissen sich auserwählt aus allen Menschen, auch aus denen, die sich "Christen" nennen, dies in ihren Augen jedoch nicht sind. Denn sie allein besitzen die wahre Taufe im lebendigen Wasser und die Salbung, die den Geist verleiht.

Die Entgegensetzung von πνευματικοί - σαρκικοί könnte nun vermuten lassen, die Gnostiker hätten die von ihnen nicht als wahre oder pneumatische Christen anerkannten Getauften allesamt als "Fleischliche" bezeichnet. Es ist jedoch genauer zu sehen, ob der anthropologische Dualismus, der den fundamentalen Unter-

---

649 7,16-18 (82,13-83,3), wo er Röm 1,20-23.26-27 ausführlich zitiert.
650 Vgl. die Einleitung des vorgenannten Zitates in 7,16 (82,12f): καὶ τοῦτο εἶναι τὸ λεγόμενον ὑπὸ τοῦ λόγου διασαφοῦσι.
651 7,19 (83,3f). Dieses Geheimnis der seligen Freude ist - ganz im Sinne des pneumatischen Johannesexegeten - nichts anderes, als "mit lebendigem Wasser" (Joh 4,10) gebadet und "mit unsagbarem Öl" (vgl. 9,22) gesalbt werden.
652 8,25-26 (93,23-94,3). Dieser Passus, der 2 Kor 12,2-4 und 1 Kor 2,13.14 zu einer Einheit verbindet, gibt die Begründung für die in 7,16.19 dem Apostel Paulus gezollte Hochschätzung; zugleich begründet er die besondere Bedeutung des dritten Himmels und des dritten Himmelstores (siehe Anm. 396) innerhalb der Soteriologie des PG's, vgl. 9,22 (102,14-16) und 7,19 (83,3-8).
653 Aus dem Zusammenhang von 9,21f erhellt, daß der Satz καὶ ἐσμὲν ἐξ ἁπάντων ἀνθρώπων ἡμεῖς Χριστιανοὶ μόνοι in Parallele zu dem vorangehenden ἡμεῖς...δ' ἐσμὲν οἱ πνευματικοὶ οἱ ἐκλεγόμενοι ἀπὸ τοῦ ζῶντος ὕδατος κ.τ.λ. 9,21 (102,11f) steht, der Name "Christen" daher von den Pneumatikern exklusiv in Anspruch genommen wird. Es ist jener gnostische Exklusivanspruch, den auch Basilides vertritt, vgl. Anm. 618.
654 9,22 (102,14f).

Drei Menschenklassen und drei Kirchen   133

schied zwischen irdischer (= fleischlicher) und pneumatischer
Geburt (vgl. Joh 3,5f) anvisiert, in jeder Hinsicht eine Scheidung der Menschen in zwei Klassen zur Folge hat, oder ob er unter einem anderen Gesichtspunkt eine weitere Unterscheidung erlaubt. *Heilstheologisch* gesehen ist der Dualismus absolut: nur
der Pneumatiker ist wiedergeboren, kein Sarkiker[655]. Darum ist
es nur der Pneumatiker, der die Heilsbotschaft wirklich hört[656],
erfaßt[657], erkennt[658] und lebt[659], kein Sarkiker. Und deshalb
kann auch nur der Pneumatiker das wahre Heil, die Gottgleichheit[660], erlangen, kein Sarkiker[661]. *Heilsökonomisch* gesehen
besteht jedoch die Möglichkeit, innerhalb der zweiten Menschengruppe, der fleischlichen oder nur "unten" geborenen Menschen,
eine weitere Scheidung vorzunehmen, je nachdem das Sinnen und
Trachten dieser Menschen sich überwiegend an den Bedürfnissen
und Begierden ihrer leiblichen oder ihrer seelischen Natur orientiert. Diese Scheidung innerhalb der nicht pneumatischen Menschen wird in der von H. überlieferten Lehrschrift mehrfach deutlich zum Ausdruck gebracht, auch wenn die jene zwei Untergruppen
bezeichnende Terminologie nicht einheitlich, teilweise sogar
verwirrend ist. Aufschlußreich ist besonders Kap. 8,44: kein Unreiner (ἀκάθαρτος οὐδείς)[662], heißt es, wird durch die Himmels-
tür in das Haus Gottes eingehen, weder ein Psychiker noch ein
Fleischlicher (οὐ ψυχικός, οὐ σαρκικός), sondern den Pneumatikern allein (πνευματικοῖς μόνοις) ist es vorbehalten[663]. Hier
wird neben dem Sarkiker auch der Psychiker genannt und als Typ
einer dritten Menschengruppe sowohl vom Pneumatiker als auch vom
Sarkiker unterschieden. Beide, der Psychiker wie der Sarkiker,

---
655 7,40 (88,23-26).
656 8,29 (94,22-24).
657 8,26 (93,27-94,3).
658 9,6 (98,25-99,2).
659 8,27-28 (94,3-16).
660 8,10 (91,5), vgl. Kap. 3.6.2.
661 8,44 (97,13-15); 8,21 (93,4f); 9,21 (102,11-13).
662 8,44 (97,14). Nach Lobeck (Aglaophamus I 15) wurden zu den Mysterien nur
     κάθαροι zugelassen, worunter ursprünglich "Hellenen" im Unterschied zu
     Barbaren verstanden wurden, also Menschen griechischer Sprache und Kul-
     tur, d.h. die das "ingenium graecum" hatten, vgl. De Jong, Das antike
     Mysterienwesen 151f. Der PG nimmt diese Vorstellungen des bereits vom AG
     erweiterten Attiskommentars auf und deutet sie im Sinne der Lehre von
     den drei Menschenklassen weiter aus.
663 8,44 (97,12-15).

sind unrein und können daher nicht das den Pneumatikern reservierte Heil erlangen. Da die heilstheologische Scheidung der Menschen in Pneumatiker und Sarkiker, wie oben gezeigt, absolut ist, so ergibt sich notwendig, daß der Ausdruck σαρκικός in 8,44 eine andere Bedeutung hat als im soteriologischen Dualismus πνευματικός - σαρκικός . Folglich hat der PG innerhalb der vom Heil ausgeschlossenen Gruppe der "Sarkiker" nochmals zwischen Psychikern und Sarkikern in einem engeren Sinn unterschieden. Da die Pneumatiker die gemäß ihrer pneumatischen Natur lebenden Auserwählten sind[664], so dürften Psychiker und Sarkiker entsprechend jene Menschen sein, deren Handeln bestimmt ist von ihrer psychischen bzw. fleischlichen Natur und folglich in psychischer bzw. fleischlicher Weise (ψυχικῶς und σαρκικῶς) leben. Die Unterscheidung zwischen Psychikern und Sarkikern im engeren Sinn gründet jedenfalls nicht in der beiden gemeinsamen irdischen (= fleischlichen) Geburt, sondern in ihrer verschiedenen Lebensweise: indem der Psychiker sich an der psychischen Wesenheit, der Sarkiker sich an der sarkischen Wesenheit des Menschen orientiert.

Die hier abgeleitete Folgerung wird durch den kurzen Hinweis über Saul am Ende von H.s Bericht (9,22) bestätigt: wie David Typus des Pneumatikers, so ist Saul Typus des Sarkikers. Dieser in der radikalen Verschiedenheit der himmlischen Geburt und der fleischlichen Geburt gründende Dualismus wird für Saul durch einen bezeichnenden Zusatz genauer bestimmt: Saul ist derjenige, der mit dem bösen Dämon der fleischlichen Begierde (τῆς σαρκικῆς ἐπιθυμίας) zusammenlebte[665]. Saul ist demnach nicht nur Typus des "unten" geborenen fleischlichen Menschen, sondern zugleich auch des Sarkikers im engeren Sinn, jener Menschen also, die den fleischlichen Begierden frönen[666]. Diese müssen nicht notwendig

---

664 Vgl. Kap. 3.6.2.
665 9,22 (102,16f). Der Hinweis spielt an auf 1 Sam 16,14. Zur Vorstellung von bösen Dämonen, die in der Seele des Menschen hausen, vgl. Lk 8,27-39 Par.; Mt 12,43-45 etc. Valentin hat diese Lehre fortgebildet, vgl. Frgm. 2 bei Klemens Al., Strom. II 114,3-6 (II 175,1-14 Stählin); ebenso bei Hippol., Ref. VI 34,6 (163,13-19) im Zusammenhang mit den drei Menschenklassen. Eine Lehre wie die Valentins liegt auch der Deutung Sauls als Typus des Sarkikers in 9,22 zugrunde. Sie findet sich ähnlich (ohne die drei Menschenklassen) auch Past.Herm., Mand. VI 1-2 (36,1-10).
666 Zum Verständnis der Bedeutung von "fleischlichen Begierden" sind die Aussagen des Neuen Testamentes und hier besonders des Paulus, an denen sich der AG orientiert, heranzuziehen, vor allem Gal 5,16.24 (vgl. Eph 2,3);

"Heiden" sein. Auch Getaufte können ungeistig oder als Sarkiker leben, dann nämlich, wenn sie Eifersucht und Streit untereinander haben[667]. Dieser der Begierde des Fleisches lebende Mensch ist in den Augen des PG's der σαρκικός im engeren Sinn, der unfruchtbare Baum, der ausgehauen und ins Feuer geworfen wird[668]. Darüber hinaus zeigt der Hinweis auf Saul außerdem, wie der PG den Begriff "fleischlich" näherhin verstand. Auch Saul, sagt er, wurde gesalbt: aber nicht aus dem Horn, wie David, sondern aus einer irdenen Flasche (ὀστρακίνου φακοῦ)[669]. Diese Einzelheit soll zunächst den Unterschied zwischen der Salbung Davids und der Sauls unterstreichen[670]; sie war dem Gnostiker aber auch deshalb wichtig, weil das irdene Gefäß ihm jene materielle Substanz versinnbildete, zu der der Sarkiker im engeren Sinn eine besondere, für ihn charakteristische Beziehung hat: den aus dem Staub der Erde gebildeten irdischen oder choischen Leib. Das zeigt sich darin, daß er das Plasma des Vergessens (τῆς λήθης), in das nach dem AG der göttliche Mensch von oben herabgebracht wurde[671], zusätzlich noch als das irdene (τὸ ὀστράκινον) be-

---

ähnlich 1 Petr 2,11; siehe auch E.Schweizer, Art. σάρξ...σαρκικός, in: Kittel, TWN VII, 144-151 und 104 Anm. 52.
667 Vgl. 2 Kor 1,12; siehe auch Pastor Herm., Mand. V 1-2.
668 8,31 (94,30-95,1); τὴν ἐπιθυμίαν τῆς σαρκός ἐργάζηται (S. 94,31f) bringt geläufige antiepikureische Polemik zum Ausdruck, vgl. E.Schweizer, TWN VII, 104 Anm. 52; sie erscheint ähnlich auch Gal 5,16 und 1 Petr 2,11. In unserem Zusammenhang wird weiter deutlich, daß die nähere Bestimmung des ἄκαρπος als σαρκικός Zusatz des PG's ist. In der Sicht des AG's war der göttliche Seelenteil, ganz wie im heidnischen Attiskommentar, der in den Leib verbannte Attis selbst, der fruchtbar sein konnte und gerettet wurde, oder aber - wenn er der Begierde des Fleisches frönte - unfruchtbar war und zugrunde ging. Das Logion Mt 3,10 war in diesem Kontext dafür der Schriftbeweis des AG's, ganz ähnlich wie im Apophasisbericht VI 16,6 (142,22-25). In der Sicht des PG's blieb Attis zwar Bild des göttlichen Seelenteils, der auch unfruchtbar bleiben konnte. Aber die Rettung dieses "Menschen" erfolgt für ihn nicht mehr primär dadurch, daß der Mensch im Sinne der Homer-Exegese dem Ruf des Logos folgt und so λογικός wird (vgl. Anm.618), sondern durch die Wiedergeburt oben, die das göttliche Leben im Pneuma schenkt. Nach ihm wird der Unfruchtbare nicht dadurch fruchtbar, daß er sich von einem unvernünftigen zu einem dem Logos gemäßen Leben bekehrt, sondern dadurch, daß er vom Tod zum Leben im Pneuma wiedergeboren, d.h. vom Sarkiker zum Pneumatiker wird. Darum die wiederholte Betonung der ζῶντα in 8,31f (95,2.4) und der Spruch aus dem Thomas-Evangelium in 8,32.
669 9,22 (102,15f).
670 Vgl. 1 Sam 16,13 mit Sam 10,1 und Kap. 3.6.2.
671 Die Vorstellung, daß die Seele im Leib die himmlischen Ideen vergißt, ist platonisches Traditionsgut (vgl. Phaidr. 248C; 250A; Tim. 87A). Der AG findet Platons Lehre von der Einkerkerung der Seelen im biblischen Schöpfungsbericht wieder und verbindet daher auch das "Vergessen" mit dem

stimmt[672]. Dieser choische Leib, das Plasma, ist der Menschenleib, den Engelmächte im Paradies gebildet haben (Gen 2,7) und den nach valentinianischer Lehre alle Menschen von Adam empfangen haben[673]. Auch der Erlöser hat bei seiner Herabkunft einen choischen Menschen angenommen[674] und darin den choischen Menschen gemäß ihrer choischen Eigenart gepredigt[675]. Auf diese Weise hat

  biblischen Bild vom "Plasma", dem Leib (Gen 2,7). Daher heißt auch im "Apokryphon des Johannes" der Leib "die Fessel des Vergessens" (λήθη): NHC III 26,23; entsprechend im "Evangelium Veritatis": wer bis zuletzt unwissend ist, "ist ein Gebilde des Vergessens und wird mit ihm aufgelöst werden": NHC I 21,35f; vgl. ExAn: NHC II 132,20f (aber ohne das Bild vom Plasma). Gegen diese Lehre Platons und der christlichen Gnostiker wendet sich Tertullian, De anima 24,1-12 (siehe dazu J.H.Waszink, Tertullian: De anima 303-307). Ob der AG auch den über Adam gekommenen Schlaf (Gen 2,21) als das Vergessen der Seele gedeutet hat, muß offen bleiben; dafür spricht jedoch die Deutung in Exc.Theod. 2,2 (III 106,4f Stählin) und Philo, Leg. all. II 19-34.
  Im adjektivischen Sinn hat der AG von dem aus Lehm gemachten, tönernen Plasma (τὸ πήλινον, vgl. 7,30: 86,8f) gesprochen. Häufiger gebraucht er τὸ χοϊκόν (z.B. 7,36: 88,2f). Letzteres meint genauer die Formung des Menschen aus dem Staub der Erde (Gen 2,7: χοῦν ἀπὸ τῆς γῆς).
672 7,35 (88,3). Der Zusatz greift im Kontext des Testimoniums vom "abgeschnittenen Stein" zugleich das Bild von Dan 2,45 auf. Damit wird aber die ursprüngliche Deutung des AG's vom Herabbringen des Anthropos in das "Plasma des Vergessens" durch einen soteriologischen Gedanken überlagert bzw. aufgehoben: das Plasma oder der irdische Leib wird durch den von oben herabfallenden Stein (= Anthropos) zerstört werden; τὸ ὀστράκινον erweist sich damit als späterer Zusatz.
673 Vgl. 7,6 (80,5-9), sowie Kap. 3.5.5 und Exkurs II. Dieser choische Leib ist unsichtbar. Er ist nicht zu verwechseln mit dem sinnlich wahrnehmbaren Fleischesleib, mit dem die choischen Leiber der Stammeltern erst bei der Vertreibung aus dem Paradies umkleidet wurden (Gen 3,21). Unser Gnostiker vertritt eine gnostisierende Anthropologie, wie sie Valentin und dessen Schüler entfaltet haben: vgl. Hippol., Ref. X 13,4 (274,13f); Tert., Adv.Valent. 24,3 (CC II 771,13-15 Kroymann); Iren. I 5,5 (I 49f Harvey); Exc. Theod. 55,1 (III 125,8f Stählin); Julius Cassianus, bei Klemens Al., Strom. III 95,2 (II 239,26ff Stählin). Auch Origenes soll Gen 3,21 in diesem Sinn erklärt haben, vgl. Hieronymus, Epist.61 (Ad Pammachium) und Orig., in Genesin (PG XII 101 AB).
674 6,7 (78,15-17). In diesem Punkt stimmt der Gnostiker mit den Peraten (Ref. V 12,4-5: 104,26-105,10) und den Doketen (Ref. VIII 10,3-5: 229,22-230,11) überein, unterscheidet sich jedoch von den Schülern Valentins, die ausdrücklich (polemisch?) betonen, Materielles (ὑλικόν) oder Choisches (χοϊκόν) habe der Erlöser überhaupt nicht angenommen, weil dieses nicht fähig sei, gerettet zu werden: Iren. I 6,1-2 (I 53-54 Harvey);Exc. Theod.55,3 (III 125,11-13 Stählin) und 58,1-59,4 (III 126,8-25 Stählin); Hippol., Ref.VI 34,5 (163,12f). Die von H. in VI 35,4-7 berichteten Streitigkeiten der Schüler Valentins über die Beschaffenheit des Leibes des Erlösers dürften daher entstanden sein, daß Valentin selbst hier eine wesentlich einfachere, aber im System widersprüchliche Lehre vertreten hatte. Vielleicht eben die Meinung, der Erlöser habe auch das Choische angenommen.
675 6,7 (78,17-21) und 8,12 (91,10-16). Diese Lehre zitiert und bekämpft Irenäus ausdrücklich: "Die Apostel hätten den Worten des Heilandes noch al-

er der Uneinigkeit der Welt Einhalt geboten und Frieden geschaffen "den Fernen", das heißt den hylischen und choischen Menschen (τοῖς ὑλικοῖς καὶ χοϊκοῖς), und Frieden "den Nahen" (Is 57,19), das heißt den pneumatischen und vernünftigen, vollkommenen Menschen (τοῖς πνευματικοῖς καὶ νοεροῖς τελείοις ἀνθρώποις[676]. Hyliker oder Choiker erscheinen hier als eine Menschengruppe, die als "die Fernen" am weitesten von dem himmlischen Menschen entfernt sind. Sie sind die Sarkiker im engeren Sinn, die gemäß ihrer Eigenart im Tod zwar auch zur Ruhe kommen, aber weder am vollkommenen Heil der Pneumatiker, noch am unvollkommenen Heil der Psychiker Anteil haben können[677]. Diese letzteren sind die

---

lerlei aus dem Gesetz beigemischt; und nicht bloß die Apostel, sondern auch der Herr selbst habe seine Aussprüche teils vom Demiurgen, teils aus dem Ort der Mitte, teils von dem Allerhöchsten. Sie aber wüßten... das darin verborgene Geheimnis": Iren. III 2,2 (II 8 Harvey); daß Irenäus hier Valentinianer im Auge hat, zeigt Iren. I 7,3 (I 63 Harvey).

676 8,22 (93,6-12). In der Person des Erlösers, der bei seiner Herabkunft die drei Menschen (den noetischen, psychischen und choischen) angenommen hat (siehe Anm. 674), sieht der Gnostiker die anfängliche Einheit des Alls verkörpert, die durch die "Verkündigung des Erlösers" den in der Welt irrenden Menschen wieder geschenkt werden soll, sodaß jeder (seiner Natur entsprechend) das ihm mögliche Heil erlangen kann (vgl. Anm. 675; ähnlich die Doketen VIII 10,8-10: 230,26-231,16 und Basilides VIII 27,1-4: 206,1-21). An diese Heil und Frieden verkündende Botschaft des Erlösers denkt der PG, der die ältere Deutung des Papas durch den AG aufgegriffen und in der Terminologie der valentinianischen Menschenklassen erweitert zu haben scheint: "der Name Papas wird dem Attis (= Christus) von dem ganzen Kosmos - Himmlischen, Irdischen und Unterirdischen (Phil 2,10) - gegeben, die sagen: Mach ein Ende, mach ein Ende der Unordnung der Welt und schaffe 'Frieden den Fernen', das ist den (hylischen und) choischen, und 'Frieden den Nahen', das ist den (pneumatischen und) vernünftigen, vollkommenen Menschen". Der AG, der seine Lehre als Exegese von Is 57,19 verstand, sprach hier explizit vielleicht nur von zwei Menschengruppen, den Fernen und Nahen, d.h. den choischen und den vernünftigen, vollkommenen Menschen. Eine mittlere Gruppe von psychischen Menschen ist bei der friedenstiftenden Predigt des Erlösers gemäß der Dreiteilung der Schrift "Über den Menschen" selbstverständlich miteingeschlossen. Die Identität von πνευματικοί und τέλειοι hat der PG sinngemäß interpoliert, wie er das auch in 8,37 (96,3-5) und in 9,18 (101,21) getan hat. Pneumatisch sind nach ihm jene Menschen, die vollkommen, d.h. vernünftig geworden sind (so der AG), aber dies nur durch die Wiedergeburt oben (so der PG). Zur Identität von πνευματικοί und νοεροί, vgl. die Valentinianer bei Iren. I 7,1 (I 59 Harvey) und Exc. Theod. 64 (III 128,15-19 Stählin). Die Identität von ὑλικοί und χοϊκοί zeigt sich auch im valentinianischen Gebrauch dieser Termini, vgl. Hippol., Ref. VI 34,4-5 (163, 12f.18); Iren. I 6,1-2 (I 52-54 Harvey); Epiphan., Pan. 31,6-7 (I 397, 4-8 Holl).

677 Die Naassenerschrift spricht nicht explizit vom Heil der Psychiker. Die Unterscheidung von Psychikern und Sarkikern im engeren Sinne (8,44), sowie die einer psychischen und einer choischen Kirche im Kephalaion (6,7) setzen aber eine eigene, wenn auch unvollkommene Heilsmöglichkeit der

mittlere Menschengruppe, für die in 8,26 das Pauluswort 1 Kor
2,14 als Schriftzeugnis angeführt wird: "Ein psychischer Mensch
erfaßt nicht, was des Geistes Gottes ist, es ist ihm nämlich
Torheit".[678] Gemeint sind jene Menschen, die den Geist Gottes
nicht haben und daher, auch wenn sie die Weisheit dieser Welt
besitzen, die göttlichen Geheimnisse nicht verstehen.[679] Die von
Paulus im ersten Korintherbrief gezogene Unterscheidung[680] ist
der klassische Schriftbeweis der Valentinianer für die psychische Menschengruppe im Rahmen ihrer Lehre von den drei Naturen
geworden[681] und wird ganz in diesem Sinne in 8,26 von dem PG
gebraucht[682]. Dessen Aussagen über die Psychiker sind kurz und
dürftig, da er eine Lehre über dieselben offenbar als bekannt
voraussetzt. So wird bei der Erklärung des Attis als Aipolos
(Ziegenhirt) angemerkt: diesen nennen die Phrygier Aipolos,
"nicht, weil er Ziegen und Böcke weidete, wie die Psychiker meinen (ὡς οἱ ψυχικοὶ ὀνομάζουσιν)", sondern weil er... usw.[683].
Mit diesem Zusatz sollen die Psychiker nicht als einfältige
Menschen abgewertet werden. Ihr Fehler liegt vielmehr darin,
daß sie den Namen "Aipolos" allein durch die Ursprünge der phrygischen Attisverehrung erklären wollen.[684] Indem sie sich also

---

    Psychiker voraus. Eine gestufte Heilsvorstellung wie bei den Valentinianern ist daher wohl auch von unseren Gnostikern (AG und PG) angenommen worden; zu den Valentinianern, vgl. Iren. I 6,1-2.4; 7,5; Exc.Theod. 56, 3-5; 58,1-2; Hippol. VI 32,8-9; Epiph., Pan. 31,7,6.9.11.

678 8,26 (94,1-2).
679 Vgl. im NT auch Jak 3,15 und Jud 19.
680 Sie wird besonders von Klemens Al. aufgenommen: Strom. I cap. 12: 56,1 (II 35,28f Stählin); V cap. 4: 25,5 (II 341,28f Stählin); VI cap. 18: 166,3 (II 517,27).
681 Vgl. Iren. I 8,3 (I 72 Harvey); Hippol. VI 34,8 (164,1f). Nach dem Zeugnis des Anthimus (De sancta Ecclesia 9) hat Valentin selbst eine Abhandlung "Über die drei Naturen" geschrieben (siehe Frgm. 9: 60,7-10 Völker). Über die in Nag Hammadi gefundene Schrift "Über die drei Naturen" NHC I,4 siehe Puech-Quispel, Le quatrième écrit gnostique du codex Jung, VC 9, 1955, 65-102.
682 Die Übereinstimmung mit Valentin und seinen Schülern betrifft vor allem auch die biblischen Testimonien für die pneumatische Menschengruppe; sie setzt eine direkte oder wenigstens indirekte Verbindung zwischen dem PG und der Lehre Valentins voraus, vgl. Frickel, Naassener oder Valentinianer? 98-104.
683 8,34 (95,10f). Die ursprüngliche Deutung des Aipolos durch den AG dürfte den Hinweis auf die Psychiker bereits enthalten haben; sie inspiriert sich an Platons Kratylos 408 CD, wo Pan, der Bruder des Logos, als ἀεὶ πολῶν erklärt wird (Reitzenstein, Poim. 94 Anm. 4; Leisegang, Gnosis 127 Anm. 2 mit Hinweis auf Philo, De agric. 50f).
684 Aipolos als Beiname des Attis ist eine Anspielung auf den "Hirten" Attis, ebenso wie "Syriktas" in 9,3; vgl. Hepding, Attis 117 und 206-210. Attis

gleichsam mit naturwissenschaftlichen Erklärungen zufriedengeben, bleibt ihnen das wahre Wesen der Dinge, hier des "Aipolos", verborgen. Psychiker sind daher in den Augen des Kommentators solche Menschen, welche die Dinge und ihre Bedeutung nach dem Buchstaben zu verstehen suchen, nicht aber nach dem hinter dem Buchstaben verborgenen Sinn. Ihr Wissen ist oberflächlich und vordergründig, nicht tiefere Weisheit. Der Terminus "Psychiker" ist hier also nicht in einem soteriologischen Sinn, sondern rein erkenntnistheoretisch im Bereich des menschlichen Wissens gebraucht. Er ist hier nicht eigentlich "gnostisch" und könnte bereits zum alten Attiskommentar gehört haben.

Anders verhält es sich mit den Aussagen des AG's über die verschiedenen Menschenklassen. So besonders in der oben besprochenen Deutung des Attis als Papas (8,22). Hier liegt nicht der für den PG typische, in 7,40 begründete Dualismus σαρκικός - πνευματικός zugrunde, sondern eine Unterscheidung zwischen irdischen Menschen einerseits und vollkommenen vernünftigen Menschen andererseits, eine Unterscheidung, die deren "Ferne" oder "Nähe" zum Himmlischen Menschen ausdrücken will. Da die zwischen den zwei anthropologischen Polen choisch - noetisch liegende mittlere Zone des Psychischen mit eingeschlossen ist, so liegt hier die Dreiteilung von choisch - psychisch - noetisch vor, die der Dreiteilung der Anthropos-Lehrschrift entspricht[685] und die im Kephalaion[686] und in der Epitome[687] als ein Hauptlehrpunkt unserer Gnostiker hervorgehoben wird. Die Aussagen des AG's setzen demnach eine Lehre von den drei Menschenklassen voraus, die sich mit der entsprechenden Lehre der Valentinianer eng berührt[688], im Unterschied zu diesen jedoch das primäre oder höhere Element im Menschen nicht τὸ πνευματικόν sondern τὸ νοερόν nennt, und die entsprechende Menschengruppe als die νοεροί Menschen bezeichnet. Diese für den AG charakteristische Unterscheidung zeigt eine zunächst nur *anthropologische* Dreiteilung der Menschen an, die allerdings zu einer *ethischen* wird, indem sie

---

wird daher auch mit Pan identifiziert, vgl. Apuleius V 25,5 sowie Merkelbach, Roman und Mysterium in der Antike 24 Anm. 3.
685 Vgl. Kap. 3.5.7.
686 6,6-7 (78,11-19).
687 X 9,1-2 (268,13-18).
688 Z.B. Exc.Theod. 54,1-2 (III 124f Stählin), Iren. I 7,5, vgl. Anm. 682.

das persönliche ethische Verhalten der Menschen mitbezeichnen
soll. Im Sinne dieser Unterscheidung ist daher auch der Hinweis
im Kephalaion zu verstehen, wonach alle drei Teile des Alls
(das Noetische, das Psychische, das Choische) zusammen auf den
einen Menschen Jesus, den Sohn Mariens, herabgekommen sind und
diese drei Menschen in Jesus, gemäß ihrer Wesensart, zu den
ihnen entsprechenden Menschen gesprochen haben.[689] Die Dreiteilung des AG's ist also zunächst noch nicht theologisch, wie die
durch das πνευματικόν und die πνευματικοί charakterisierte Unterscheidung des PG's. Sie reflektiert ursprünglich die Dreiteilung
des Alls selbst, das in drei Arten (τρία γένη) untergeteilt wird:
in die engelgleiche, die seelische, die choische (ἀγγελικόν,
ψυχικόν, χοϊκόν)[690], die ihrerseits wohl einem Kosmos entsprechen, der 1) in den himmlischen Bereich der Engel, 2) das zwischen Himmel und Erde sich erstreckende Luftreich der Seelen und
3) die irdische Welt geteilt ist. Die Dreiteilung des Kosmos
spiegelt sich also in der Dreiteilung des Menschen, der als
Mikrokosmos den Makrokosmos abbildet. Wird diese Dreiteilung
auf die Predigt Jesu und das darauf antwortende Verhalten der
Menschen angewandt, so führt sie, wie schon gesagt, zu einer
ethischen Dreiteilung der Menschen, deren oberste Gruppe die
vollkommenen oder vernünftigen (νοεροί) Menschen bilden. Werden
dann - im Lichte des pneumatischen Gottesbegriffs - diese vollkommenen, gottgleich gewordenen Menschen als solche erkannt,
die das Göttliche im eigentlichen Sinn, das pneumatische Element
(τὸ πνευματικόν), von oben empfangen haben und daher πνευματικοί
geworden sind, dann wird die Dreiteilung der Menschen eine theologische, wie sie die Valentinianer bezeugen und die man daher
als eine Fortbildung der ethischen Dreiteilung der Menschen betrachten kann. In dieser Dreiteilung ist der Geistbesitz das
Wesensmerkmal der Pneumatiker und das entscheidende Kriterium
für die Unterscheidung der Menschenklassen geworden. Doch ist
die ursprünglich anthropologische Unterscheidung von Psychikern
und Choikern erhalten geblieben. Dieser Sachverhalt ändert sich
dann, wenn das πνευματικόν als das allein Wesentliche bestimmt
wird, das den Menschen erst zum "wahren" Menschen macht; als

---

689 6,7 (78,15-19), X 9,2 (268,16-18).
690 6,7 (78,19f).

das göttliche "Leben", das der Mensch in der Wiedergeburt empfangen muß, um ein "neuer Mensch" zu werden. Von da an scheiden sich am Besitz oder Nichtbesitz des Pneumas die Menschen: in neue Menschen und alte, in oben geborene und unten geborene, in Pneumatiker und Sarkiker. Das ist der heilstheologische Dualismus des PG's, der auch über die valentinianische Dreiteilung hinausgeht und dessen radikale Ausprägung der Valentinschüler Herakleon spekulativ erarbeitet haben dürfte.[691] In diesem Dualismus gründet der Exklusivanspruch, der in den Schlußkapiteln 9,21-22 prägnant zum Ausdruck kommt: im Wissen, allein die wahren Christen zu sein und daher auch allein die wahre Kirche Jesu Christi darzustellen.[692]

Mit diesem Dualismus radikalisiert der PG implizit auch jene Dreiteilung der Kirchen, die im Kephalaion ein Hauptlehrpunkt unserer Gnostiker (AG + PG) genannt wird. Sie unterscheiden, heißt es, entsprechend den drei Arten im All, auch "drei Gemeinden: die engelgleiche, die psychische, die choische (τρεῖς ἐκκλησίαι, ἀγγελική, ψυχική, χοϊκή); diese heißen: die Auserwählte, die Gerufene, die Gefangene".[693] Da die "engelgleiche" Art offensichtlich dem vernunftbegabten (νοερόν) Teil der in 6,6f genannten Dreiteilung entspricht,[694] so ist die "engelgleiche" Kirche in der Sicht des AG's zwangsläufig die Gemeinde der vernünftigen (νοεροί) oder vollkommenen (τέλειοι) Menschen, die in 8,22 mit "den Nahen" identifiziert[695] und in 8,31 dem fruchtbaren Baum verglichen und οἱ λογικοί ἄνθρωποι genannt werden.[696] Auch in dieser Unterscheidung der drei Kirchen berührt sich der AG eng mit der uns bekannten Lehre der Valentinianer, bei denen die vernünftigen (νοεροί) Menschen allerdings den Pneumatikern gleichgesetzt werden. Nach ihnen bilden diese ebenfalls eine eigene Kirche, die als pneumatischer Same von ihrer Mutter oben in diese Welt gesät worden ist.[697] Obwohl der Ausdruck pneumati-

---

691 Vgl. Kap. 3.6.1 und 3.5.4.
692 9,22 (102,14f), siehe Anm. 653.
693 6,7 (78,19-21).
694 6,6-7 (78,12-19).
695 8,22 (93,11f), siehe Anm. 676.
696 8,31 (95,1f).
697 Iren. I 8,4 (I 73 Harvey):ἐξ ἧς τὴν ὧδε θέλουσιν ἐσπάρθαι ἐκκλησίαν; vgl. I 7,5 (I 65 Harvey); Exc. Theod. 40 und 41,2 (III 119,14.22f Stählin). Nach H.s Bericht ist die "Mutter aller lebenden" (Gen 3,20) das himmlische Jerusalem oben: Ref. VI 32,9 (161,14-18) und 34,3-4 (163,1-5). Eine

sche oder engelgleiche Kirche[698] bei ihnen kaum bezeugt ist,
läßt sich aus den Äußerungen der Valentinianer erschließen, daß
sie die pneumatische Gemeinde ebenfalls als eine engelgleiche
Kirche verstanden haben. So werden die Pneumatiker nach ihnen
im Zustand der Vollkommenheit den Engeln des Heilandes, nach
deren Ähnlichkeit sie geboren sind,[699] als Bräute übergeben
werden.[700] Diese sind die Kirche hier unten, die in Engel verwandelt wird.[701] Das entspricht ganz der Lehre des AG's, die
auch der PG teilt. Wie diese Gnostiker die engelgleiche Kirche
hier unten verstanden haben, kann man ihrer Deutung des Attismythus entnehmen: "Attis, sagt er, wurde verschnitten,

> das heißt von den choischen Teilen der Schöpfung hier
> unten (befreit) und kam in das ewige Werden oben, wo
> es 'weder Frau noch Mann' (Gal 3,28) gibt, sondern
> 'eine neue Schöpfung' (Gal 6,15), 'ein neuer Mensch'
> (Eph 2,15; 4,24), der mann-weiblich ist".[702]

Gemäß dieser Lehre ist "der Verkehr einer Frau mit dem Manne
sehr böse und verboten".[703] Dieser Enkratismus wurde nach dem
Zeugnis des Klemens von Alexandrien im zweiten Jahrhundert von
dem Valentinianer Julius Kassianus[704] explizit vertreten und
mit Argumenten begründet, die überraschend an unsere Gnostiker
erinnern: οἱ ὑπὸ τῶν γηΐων βασιλευόμενοι καὶ γεννῶσι

ähnliche Spekulation dürfte der AG auch in 7,39 (88,19f) voraussetzen, vgl. Anm. 637.
698 Herakleon, Frgm. 37 (zu Joh 4,39) = 79,22f Völker. Der Terminus ἐκκλησία πνευματική erscheint auch 2 Klem. 14,3. Ps.-Barnabas nennt die pneumatischen Christen einen "vollkommenen Tempel für Gott" (4,11) oder "einen pneumatischen Tempel" (16,10).
699 Iren. I 4,5 (I 41 Harvey); 5,6 (I 50 Harvey), vgl. Exc. Theod. 53,3 (III 124,21-23 Stählin).
700 Iren. I 7,1.5 (I 59.65 Harvey), vgl. Exc. Theod. 64 (III 128,15-19 Stählin) und 35,1-5 (III 118,10-19 Stählin).
701 Exc. Theod. 21,3 (III 113,26f Stählin).
702 7,15 (82,6-10; Eph 2,15 scheint Zusatz des PG's zu sein, vgl. Anm. 627.
703 7,14 (82,4-6), vgl. H.s Wiederholung in 9,10 (100,14-17). Die Terminologie erinnert an den gnostisierenden Empedokles-Kommentar, den H. in Buch VII 29-30 der Refutatio zitiert, vgl. VII 29,22 (214,13-16).
704 Unser geringes Wissen über Kassianus verdanken wir hauptsächlich Klemens Al., der sich mit einigen Lehrpunkten desselben in den Stromata kritisch auseinandersetzt. Daß Kassianus Valentinianer war, bezeugt Klemens Strom. III cap. 13: 92,1-2 (III 238,22f Stählin), vgl. Theodoret, haer.fab. comp. I 8 (PG 83,357D): im Manuskript irrtümlich unter dem Namen Κοσσιανός. Er hat ein mehrbändiges exegetisches Werk und eine Schrift über Enthaltsamkeit (περὶ ἐγκρατείας ἢ περὶ εὐνουχίας) verfaßt.

καὶ γεννῶνται, ἡμῶν δὲ τὸ πολίτευμα ἐν οὐρανῷ,
ἐξ οὗ καὶ σωτῆρα ἀπεκδεχόμεθα.[705]

Dieses Zitat, das Lk 20,34 (in freier Form) und Phil 3,20 zur Beweisführung heranzieht, ist in mehrfacher Hinsicht aufschlußreich. Sachgemäß bringt es den gnostischen Dualismus von irdisch und himmlisch gesinnten Menschen zum Ausdruck, und zwar in jenem Punkt, der auch in den Augen des AG's entscheidend ist: der irdischen Zeugung. Denn "die von den irdischen Begierden beherrscht werden, zeugen und werden gezeugt". Obwohl in dem kurzen Zitat des Klemens Lk 20,34 nicht wörtlich angeführt wird, legt die Charakterisierung der irdisch gesinnten Menschen durch "Zeugen und gezeugt werden" wie auch die Entgegensetzung der himmlisch gesinnten Menschen eine Bezugnahme auf das Lukaslogion nahe. Dies gilt um so mehr, als Klemens im Zusammenhang dieselben Ansichten des Tatian und anderer enkratitischer Gnostiker bekämpft, die sich ausdrücklich auf Lk 20,34 berufen.[706] Auf diesem Hintergrund darf man folgern, daß auch Kassianus das Jesuswort Lk 20,34ff auf das Leben der himmlisch gesinnten Menschen angewandt hat: "Jene aber, die jener Welt und der Auferstehung von den Toten würdig erachtet wurden, heiraten nicht und werden nicht geheiratet...; den Engeln nämlich sind sie gleich (ἰσάγγελοι) und Söhne Gottes, weil sie Söhne der Auferstehung sind".[707] Sie leben schon jetzt wie die Engel in den Himmeln, weil ihr "Bürgertum im Himmel ist" (Phil 3,20).[708] Diese enkratitische Lehre müssen wir auch bei unseren Gnostikern voraussetzen, von denen H. bezeugt, daß sie sich als "die engelgleiche Kirche" bezeichneten.

Von dieser engelgleichen und in den Augen des PG's allein wahren Kirche haben unsere Gnostiker die psychische Kirche

---

705 Klemens Al., Strom. III cap. 14: 95,2 (II 240,4-5 Stählin).
706 Vgl. Strom. III cap. 12, besonders § 87,1-3 (II 236,10-21 Stählin), wo Klemens selbst das οὔτε γαμοῦσιν οὔτε γαμίζονται von Lk 20,35 - genau wie im Zitat aus Kassianus als γεννῶσι καὶ γεννῶνται erklärt; vgl. Strom. III cap. 6: 47,3-48,3 (II 218,3-20 Stählin).
707 Vgl. Lk 20,35f und die Entsprechung Mk 12,25 (Mt 22,30): sie sind wie die Engel in den Himmeln (ὡς ἄγγελοι ἐν τοῖς οὐρανοῖς).
708 Ganz ähnlich nennen auch die Sethianer H.s sich selbst "die wiedergeborenen Pneumatiker, nicht Sarkiker, deren 'Bürgertum im Himmel ist' (Phil 3,20) oben": V 21,6 (124,1-3). Ihre Terminologie berührt sich hier eng mit der des PG's und es erhebt sich die Frage, ob auch die von H. überlieferte Sethianerschrift, ähnlich wie die Anthropos-Lehrschrift, überarbeitet worden ist.

(ἐκκλησία ψυχική) unterschieden (vgl. 6,7), offenbar als die Gemeinschaft der psychischen Menschen, die zwar eine Taufe, nicht aber die pneumatische Taufe "aus dem Wasser und dem Geist"[709] empfangen haben und darum weder die Gabe des Geistes besitzen, noch Geistiges zu fassen vermögen. Sie sind nicht abgewaschen "im lebendigen Wasser" (Joh 4,10), welches "das Wasser über dem Firmament" (Gen 1,7) ist, das der Erlöser verheißen hat (Joh 4, 10)[710], sondern nur im Wasser "unter dem Firmament", im irdischen Wasser also, in dem die choischen und psychischen Menschen sich waschen.[711] Auch hier stimmen unsere Gnostiker mit den Valentinianern überein, die nach dem Zeugnis des Irenäus die hierarchisch organisierte Amtskirche als "die psychische Kirche" von ihrer Kirche der Pneumatiker unterschieden haben.[712] Diese psychische Kirche wird, wenngleich nur ihrer Art gemäß, gerettet werden, weil der Erlöser bei seiner Herabkunft das Psychische angezogen und in dieser Eigenschaft auch den psychischen Menschen gepredigt hat.[713]

Nach dem Kephalaion haben die Gnostiker als dritte eine irdische Kirche (ἐκκλησία χοϊκή) unterschieden, worunter sie entsprechend die große Menge jener Getauften verstanden haben dürften, die sie Hyliker oder Choiker nennen.[714] Jener Getauften also, die den fleischlichen Begierden frönen und damit ganz im Irdischen und Leiblichen gefangen bleiben. Sie nehmen im eigentlichen Sinn des Wortes nicht an der Erlösung teil, da ihr vernunftbegabter und seelischer Seelenteil bei ihrem Tod einfach zugrundegehen, so als hätten sie nie existiert. Wenn man mit unseren Gnostikern verwandte Vorstellungen zu Hilfe nehmen darf, dann sah man das "Heil" der Choiker oder Hyliker vielleicht

---

709 7,40 (88,23f); 8,37 (96,4).
710 9,18 (101,20-24); 7,19 (83,7).
711 Dieser Sachverhalt wird in der Naassenerschrift nicht eigens gesagt, ergibt sich aber auf dem Hintergrund des gnostischen Dualismus aus der Aussage vom Wasser über dem Firmament (9,18). Im Baruchbuch Justins wird der Unterschied der Taufen klar ausgesprochen: V 27,3 (133,7-12).Auch hier wäre zu prüfen, ob und wie das H. vorliegende Baruchbuch überarbeitet worden ist. Unsere Gnostiker haben gemäß den drei Kirchen vielleicht auch eine dreifache Taufe unterschieden, wie das z.B. die koptisch-gnostische Schrift ohne Titel (NHC II,5; 170,13-16) tut.
712 Iren. I 8,3f (I 72f Harvey), vgl. Iren. I 6,2.4 (I 54 und 57f Harvey).
713 Vgl. Anm. 675-677.
714 Auch Philippus-Evang. Spr. 9 (NHC II,3: 52,35ff) scheint drei Kirchen vorauszusetzen.

darin, daß die Ankunft des Erlösers sie vom bisherigen Los der Seelenwanderung befreite und damit das "Irren" der Seelen ein Ende nahm.[715] Gemäß der vom Erlöser verkündeten Scheidung und Rückführung der Arten zu ihrem Ursprung besteht das Heil der Hyliker und Choiker darin, daß sie im Tod wieder zur Hyle und zur Erde zurückkehren. Vielleicht hängt es damit zusammen, daß die uns erhaltenen Texte der Valentinianer von einer "choischen Kirche" nicht sprechen, wie sie auch von den Namen, welche der AG für die drei Kirchen kannte, nur die beiden ersten, die pneumatische und psychische Kirche bezeichnenden, bezeugen: die Auserwählte (ἐκλεκτή) und die Gerufene (κλητή), die dritte aber, die Gefangene (αἰχμάλωτος), nicht eigens erwähnen. Die im Matthäusevangelium gezogene Unterscheidung zwischen vielen Berufenen und wenigen Auserwählten[716] ist bei den Valentinianern gleichbedeutend für die Unterscheidung von Pneumatikern und Psychikern geworden.[717] Jesus Christus hat nach ihnen das angenommen, was er erlösen wollte: das Auserwählte und das Berufene (τὸ ἐκλεκτὸν καὶ τὸ κλητόν), das heißt das Geistige und das Psychische (τὸ πνευματικόν... τὸ ψυχικόν).[718] Diese vielleicht auf Valentin selbst zurückgehende Deutung der Auserwählten und Berufenen auf Pneumatiker und Psychiker[719] liegt auch der Unterscheidung unserer Gnostiker zwischen der auserwählten und der gerufenen Kirche zugrunde. Als die dritte Kirche, die "gefangene", hat man, wie schon gesagt, wohl die Choiker (= Hyliker) innerhalb der Großkirche angesehen. Da auch diesen der Erlöser "Frieden" verkündete, hat man vielleicht den Lk 4,18 zitierten Vers aus Isaias 61,1 in diesem Sinne ausgelegt: den Gefangenen

---

715 So nach den Doketen bei H., Ref. VIII 10,1-2 (229,11-22).
716 Mt 20,16 und 22.14 als Schlußanwendung von Parabeln, vgl. Mt 7,13f. Für die Kirche: 2 Joh 1.
717 Nach Iren. I 6,4 (I 56f Harvey) bezeichneten sich die Valentinianer als die Vollkommenen und den Samen der Auserwählung (σπέρματα ἐκλογῆς).
718 Exc. Theod. 58,1 (III 126,10-14 Stählin), vgl. Iren. I 6,1 und 7,2. In Exc. Theod. 21,1 werden die beiden Termini anders gebraucht.
719 Die Übereinstimmung zwischen dem valentinianischen Bericht des Irenäus und den Excerpten des Klemens aus Theodot weisen generell auf die beiden gnostischen Berichten gemeinsame Quelle zurück, d.h. auf Valentin selbst, vgl. G. Quispel, The Original doctrine of Valentine, VC 1, 1947, 43ff. Valentin selbst dürfte auch Röm 11,16-26 auf die Erlösung von Pneumatikern und Psychikern gedeutet haben, vgl. Exc. Theod. 56,4 und 58,2 mit Iren. I 6,1 und 8,3.

(αἰχμάλωτος) Vergebung zu verkünden.[720] Gefangene sind die dem Irdischen allein lebenden Hyliker, die keine Gotteserkenntnis haben und deren Seele unfruchtbar und tot, das heißt dem Fleisch und seinen Begierden verhaftet bleibt. Sie verharren in dem Zustand der Verbannung oder Gefangenschaft, in welchen der Mensch durch seinen Fall in den choischen Leib "unten" geraten ist. Vielleicht darf man daher jene Aussagen des aus valentinianischen Kreisen stammenden Philippusevangeliums, welche den Fall der Seele in den Körper deren "Gefangensein" nennen und dafür den griechischen Terminus αἰχμάλωτος übernehmen,[721] als Bestätigung dafür nehmen, daß unsere Gnostiker die dem Irdischen verhafteten Hyliker als Gefangene des Bösen[722] und diese in ihrer Gesamtheit als "die gefangene Kirche" bezeichneten.[723] Jedenfalls entspricht ihre Unterscheidung der drei Kirchen der in Kephalaion 6,6 gemachten Dreiteilung des Alls und darüber hinaus jenen drei Menschenklassen, die Valentin oder seine Schüler dann aus den paulinischen Schriften abgeleitet haben und die sie zunächst wohl auch mit den Worten des Paulus selbst belegt haben werden. Daher darf man annehmen, daß die von Irenäus überlieferten Schriftzeugnisse für die drei Menschenklassen, welche die Valentinianer aus dem ersten Korintherbrief anführten,[724] ursprünglicher sein dürften als die aus dem Lukasevangelium als

---

720 Nach Is 52,2 ist Jerusalem als Symbol des Judenvolkes "die Gefangene". Vielleicht hat man solche oder ähnliche Vorstellungen mit den Spekulationen über das Jerusalem "unten" als Symbol des sterblichen Werdens verbunden, vgl. 8,37 (96,1-3).
721 Philippus-Evang. Spr. 9 (NHC II, 101,12) und Spr. 125 (II, 133,29); siehe auch den Index bei J.E. Ménard, L'Evangile selon Philippe 249.
722 Vgl. 9,22 (102,16f): Saul, der mit dem bösen Geist der fleischlichen Begierde zusammenlebte. Auf diesem Hintergrund ist auch Exc. Theod. 52,1f (III 124,6-15 Stählin) zu interpretieren.
723 Auch Philippus-Evang. Spr. 123 (NHC II, 131,26) spricht von dieser Gefangenschaft unter der Gewalt des Bösen.
724 Nach Iren. I 8,3 (I 72 Harvey) fanden die Valentinianer die Choiker, Psychiker und Pneumatiker ausdrücklich bei Paulus bezeugt. Die ersten, wo Paulus sagt: "Wie der choische Mensch, sind auch die Choiker" (1 Kor 15,48); die zweiten in dem Wort: "Ein psychischer Mensch faßt nicht, was des Geistes ist" (1 Kor 2,14); die dritten darin: "Ein Pneumatiker erforscht alles" (1 Kor 2,15). Für die Choiker findet sich indirekt ein Beleg in Exc. Theod. 56,1 (III 125,14 Stählin). Das Testimonium für die Psychiker bezeugen auch die Valentinianer H.s in VI 34,8 (164,1f) und unser Gnostiker in 8,26 (94,1f); das für die Pneumatiker bezeugt Letzterer implizit in 8,26 (93,29f).

Belege ausgesuchten Herrenworte.[725] Da der PG 1 Kor 2,13.14 als Schriftzeugnis für die Pneumatiker und Psychiker wörtlich zitiert,[726] setzt er die Dreiklassenlehre der Valentinianer als bekannt voraus.[727] Im Rahmen der Anthropos-Lehrschrift war ihm die ethische Dreiteilung der Menschen durch den AG vorgegeben, die er akzeptiert, aber gemäß der valentinianischen Terminologie (πνευματικοί statt νοεροί) ergänzt. Sein persönlicher Beitrag ist jedoch der soteriologische Dualismus von Pneumatikern und Sarkikern, der sein Denken beherrscht und die Dreiteilung sowohl des AG's als auch der früheren Valentinianer modifiziert hat. Entsprechend diesem Dualismus dürfte er auch die ursprüngliche Unterscheidung des AG's von drei Kirchen radikalisiert und nur eine wahre Kirche anerkannt haben: die engelgleiche Kirche der Pneumatiker.

3.6.4 Antikirchliche Polemik des Pneuma-Gnostikers

Das Exklusivwissen der Pneumatiker um die ihnen, im Unterschied zu der großen Menge der Getauften, eigene pneumatische Seinsweise mag zunächst nur zu einer Absonderung der Pneumatiker in private Zirkel geführt haben. Zu einem bestimmten Zeitpunkt muß diese Entwicklung jedoch zu einem Bruch mit der Großkirche geführt haben, der eine oder mehrere pneumatische Gruppen veranlaßt hat, sich als eine eigene Kirche zu verstehen, die sich als solche von der Kirche der Psychiker und der Choiker im entscheidenden Punkt, dem des Geistbesitzes, wesentlich unterscheidet. Die am Schluß der sogenannten Naassenerschrift (9,22) von dem PG gleichsam als Bekenntnis ausgesprochene Selbsteinschätzung, aus allen Menschen *allein* Christen zu sein, setzt den Bruch mit der Großkirche jedenfalls voraus und ist Polemik gegen diese, auch wenn der Gegner nicht direkt genannt wird.[728] Die in den Spekulationen über die drei Menschen-Arten

---

725 Aus Lukas wählten die Valentinianer folgende Logia als Belege: 9,57 für die Hyliker; 9,61f für die Psychiker; 9,60 für die Pneumatiker: Iren. I 8,3 (I 70f Harvey).
726 8,26 (93,29-94,2).
727 Vgl. Frickel, Naassener oder Valentinianer? 98-104.
728 Auf die Auseinandersetzungen der christlichen Gnostiker mit der Großkirche hat zuletzt K. Koschorke in mehreren Studien aufmerksam gemacht: Die "Namen" im Philippusevangelium 314-320; Eine gnostische Pfingstpredigt.

und die drei diesen entsprechenden Kirchen schon früher ausgearbeiteten Unterscheidungen des AG's schliessen *per se* einen solchen Bruch noch nicht ein. Wohl aber dürften solche Distinktionen innerhalb der Kirche bald zu Streit und von der Absonderung zur Aussonderung geführt haben. Dabei boten diese Distinktionen und Dreiteilungen den Gnostikern das technische Vokabular, um die Gegner der Amtskirche als "Psychiker" bzw. als "Choiker" oder "Hyliker" zu klassifizieren und damit gegenüber den "Pneumatikern" zu disqualifizieren. Der Anspruch, als Pneumatiker die allein wahre Kirche Jesu Christi zu sein, die als "auserwählte" allein das wahre Heil erlangen kann, hat den Bruch definitiv besiegelt.

Ist diese Polemik gegen die offizielle Kirche einmal erkannt, so läßt sie sich, obgleich in mehr verhüllter Form, auch an anderen Stellen der überarbeiteten Anthropos-Schrift erheben. Aufschlußreich ist der ganze Abschnitt *9,21-22*, mit dem der PG seinen Kommentar beschließt, und hier nochmals die Entgegensetzung von David und Saul. Beide wurden gesalbt, aber David aus dem Horn (ἐκ κέρατος), Saul dagegen aus der irdenen Flasche (ὀστρακίνου φακοῦ).[729] Das verschiedene Salbgefäß soll also eine verschiedene Salbung andeuten, vermutlich in Anlehnung an die entsprechenden Schrifttexte. So heißt es bei David, der Geist des Herrn (πνεῦμα κυρίου) sei machtvoll auf ihn gekommen, von diesem Tag an (1 Sam 16,13). Seine Salbung ist Typus der pneumatischen Salbung mit dem unaussprechlichen Chrisma.[730] Diese erfolgte nach der Taufe, wahrscheinlich ganz ähnlich dem kirchlichen Brauch, wovon Tertullian sagt: sie geschehe mit geweihtem Öl, und durch eine solche Salbung aus dem Horn (de cornu) habe man schon im Alten Bund zum priesterlichen Dienst zu salben gepflegt.[731] Nach dem PG sind die Pneumatiker deshalb allein Christen, weil sie allein am dritten Tor die Geistsalbung empfangen,

---

Zur Auseinandersetzung zwischen gnostischem und kirchlichem Christentum am Beispiel der "Epistula Petri ad Philippum" 323-343; Die Polemik der Gnostiker gegen das kirchliche Christentum. Skizziert am Beispiel des Nag Hammadi Traktates Testimonium Veritatis, NHS VIII, 43-49.
729 9,22 (102,16).
730 9,22 (102,15); 7,19 (83,7f).
731 Tert., De bapt. 7,1 (CC I 282 Borleffs): So wurde bereits Aaron von Moses gesalbt (Ex 30,30; Lev 8,12); vgl. R.F. Refoulé, SC 35, 41: "Cette onction est rapprochée par tous les pères de celle des prêtres et des rois de l'Ancien Testament et de l'onction spirituelle du Christ".

die sie eben zu "Gesalbten", das heißt "Christen" macht.[732] Saul hingegen wurde (nach 1 Sam 10,1) zum Fürsten (εἰς ἄρχοντα) über das Volk Israel gesalbt. Auch er erhielt den Geist des Herrn, aber nur für kurze Zeit; denn dieser ist wieder von ihm gewichen und seinen Platz hat ein böser Geist eingenommen (1 Sam 16,14). Saul versinnbildet daher jene Menschen, die zwar berufen waren, sich aber von den irdischen Leidenschaften gefangen nehmen ließen[733] und wieder zu Sarkikern wurden. In diesem Licht wird die Salbung Sauls aus dem irdenen Gefäß zum Typus der Salbung, welche Psychiker und Choiker in der Kirche erhalten, deren Eigentümlichkeit entscheidend darin liegt, daß sie den Gottesgeist (bleibend) nicht geben kann. Die Unterscheidung dieser doppelten Salbung offenbart sich somit als ein Zug antikirchlicher Polemik.

Polemik kommt, unabhängig von der verschiedenen Salbung, auch in der einseitigen Aufwertung Davids gegenüber Saul zum Ausdruck, die mit der sonst bezeugten frühchristlichen Exegese kontrastiert. Bei aller Hochschätzung als Stammvater, aus dessen Geschlecht der Erlöser dem Fleische nach geboren werden sollte, blieb David ein Lehrbeispiel menschlicher Schwäche und Sündhaftigkeit. Zuerst, sagt Irenäus im Gefolge apostolischer Presbytertradition, da gefiel David Gott. Als er aber wegen seiner Begierde (propter concupiscentiam) Betsabee, das Weib des Urias sich zur Frau nahm, da mißfiel er Gott.[734] Im gnostischen *Testimonium Veritatis* wird David sogar zum Beispiel der fleischlichen Menschen, des Adamsgeschlechtes, das von der Begierde beherrscht wird. Sie haben Dämonen bei sich wohnen wie einst der König David, der den Grundstein zu Jerusalem (unten) legte; und sein Sohn Salomo ist es, den er im Ehebruch zeugte.[735] In anderer gnostischer Exegese werden David und Saul gleichwertig als Typen der heilbringenden Achtheit der ersten Äonen[736] oder der Dreißigzahl des Pleromas der Valentinianer gedeutet.[737] Ange-

---
732 9,22 (102,14-16).
733 Eine ähnliche Vorstellung findet sich bei den Valentinianern H.s, Ref. VI 32,8f (161,12-20) und 34,6 (163,13-19), vgl. Valentin, Frgm.2 bei Klemens A., Strom. II 20: 114,3-6 (II 174,31-175,14 Stählin).
734 Sinngemäß nach Iren. IV 27,1 (II 239 Harvey).
735 NHC IX,3: 67,9-14; deutsch nach Koschorke, Der gnostische Traktat "Testimonium Veritatis", ZNW 69, 1978, 115.
736 Iren. I 18,3 (I 172 Harvey).
737 Iren. I 18,4 (I 174f Harvey).

sichts dieses exegetischen Befunds überrascht sowohl die Aufwertung Davids zum Typus des Pneumatikers wie die Abwertung Sauls zum Typus des Sarkikers. Man kann sich fragen, ob die polemische Deutung des PG's von Markions Antithesen beeinflußt ist. Nach Markion ist der Schöpfergott (im Unterschied zum "Guten Gott") unwissend und wankelmütig; er bereut seine eigenen Anordnungen und Taten. Daher verwirft er die, die er einst approbiert hat, so wenn er sagte: "Es reut mich, daß ich Saul zum König salbte" (1 Sam 15,11).[738] Hat diese Zuordnung Sauls zum Schöpfergott eine Zuordnung Davids zum Guten Gott zur Antithese gehabt? Eine solche Antithese ist für Markion selbst nicht bezeugt. In den von Augustinus bekämpften Antithesen des Manichäers Adimantus wird jedoch David dem guten und milden Gott zugeordnet[739] und es ist nicht auszuschließen, daß Adimantus hier auf Markion zurückgreift. Sollte diese Vermutung richtig sein, so wäre eine zunächst für den Gegensatz zwischen gutem Gott und Weltschöpfer aufgestellte Antithese von unserem PG im Sinne der valentinianischen Menschenklassen weitergedeutet worden, wie das ähnlich für den Pharisäer und Zöllner im Tempel[740] und wahrscheinlich auch bei den Fragen und Antworten der drei Typen der Nachfolge (Lk 9,57-62) geschehen ist.[741]

Kap. 9,21 beginnt mit der gegensätzlichen Wertschätzung, die der "Mensch" in dieser Welt erfährt: hochgeschätzt (wie die Perle) von den Pneumatikern, ungeehrt von den irdischen Menschen, den Sarkikern, in deren Augen er nicht mehr ist als "ein Tropfen im (vollen) Eimer".[742] Die Anspielung auf Is 40,15 scheint zunächst nur zu unterstreichen, daß der Himmelsmensch in dieser

---

738 Vgl. Tertullian, Adv. Marc. II 23,1 und 24,1 (CC I 500f Kroymann); Harnack, Marcion 93 (1. Aufl. 89); Riedinger, Zur antimarkionitischen Polemik des Klemens von Alexandreia, VC 29, 1975, 24.
739 Augustinus, Contra Adimantum Manichaei discipulum 17,6 (PL 42, 161f) mit Verweis auf 1 Sam 24,3-8.
740 Vgl. Iren. IV 36,8 (II 284 Harvey) und Anm. 647.
741 Siehe Tert., Adv. Marc. IV 23,9-11 (CC I 606f Kroymann). Beim ersten Dialog (Lk 9,57f) ist der Bezug zum Schöpfergott nicht klar. Nach Tertullian scheint Markion "das Anerbieten des Ungenannten, ihm überall zu folgen, für Hochmut oder Heuchelei gehalten zu haben" (Harnack, Marcion 122). Beim zweiten und dritten Dialog (Lk 9,59f und 9,61f) will Tertullian dagegen zeigen, daß der Herr nichts gesagt habe, was den Gesetzen des Schöpfers widerspricht. Markions Exegese scheint also einen solchen Widerspruch betont zu haben. Die valentinianische Weiterdeutung des Gedankens gibt Irenäus I 8,3 wieder, vgl. Anm. 647 und 725.
742 9,21 (102,9f).

Welt nichts gilt. Im Kontext des messianischen Kapitels Isaias 40[743] besagt der Vers allerdings, daß die Heidenvölker *in den Augen des Herrn* "wie ein Tropfen im Eimer und wie Staub auf der Tenne" (Vers 15) und als "nichts" (Vers 17) erachtet werden. In dieser Anwendung auf die Heidenvölker wird Is 40,15 auch in der frühchristlichen Literatur durchgängig gebraucht: bei den Apologeten,[744] Irenäus,[745] Klemens von Alexandrien,[746] Tertullian.[747] Um so auffälliger ist die Anwendung bei unserem PG: gering geschätzt werden nicht die Heiden, sondern die von oben stammenden Pneumatiker. Wer schätzt diese gering? Ist es auch hier Gott der Herr, wie bei Isaias, oder sind es nur die Kinder dieser Welt, wie unser Text es nahelegt? Sollte es auch "der Herr" sein, dann wäre die Situation gegenüber der kirchlichen Deutung von Is 40,15 völlig umgedreht. Denn gerade zuvor war der Göttliche in dieser Welt πολύτιμος genannt worden, von denen nämlich, die ihn kennen, den Gnostikern also. Von diesem Gesichtspunkt aus müßte man folgern, daß "Gott der Herr" den Göttlichen, den pneumatischen Menschen also, nicht kennt! In diesem Falle wäre "der Herr" - aus gnostischer Sicht - nicht der unbekannte Gott und Vater Jesu Christi, sondern der Gott des Alten Testamentes, der zum unwissenden Schöpfergott degradiert worden ist. Und so wie dieser achten daher auch die Kinder "dieser Welt" den von oben stammenden "Menschen" gering. Am Anfang von 9,21 würde dann, nur im biblischen Bild, dasselbe gesagt, wie zuvor in 9,7: Niemand kennt den Göttlichen, der im Leib verborgen ist, als die Pneumatiker allein, kein Psychiker, kein Sarkiker.[748] Die Anspielung auf Is 40,15 wäre dann eine kaum verhüllte Polemik gegen das offizielle Christentum, das die Pneumatiker und deren Lehre nicht gelten lassen will und darum deren Wert auch nicht erkennt.

---

743 Vgl. 1,2f Par.; Röm 11,34; 1 Petr 1,24.
744 Justin, Dial. 50,3-5, zitiert Is 40,1-17 als Prophetie über den Vorläufer des Herrn. Dagegen sagt allerdings Tryphon (Dial.51,1): "Alle Worte dieser Prophetie sind zweideutig und tragen nichts bei zu dem Beweise, den du geben willst".
745 Iren.V 29,1(II 404 Harvey) gibt die klassische urchristliche Deutung auf die Heiden, die wegen ihrer Sünden vom Herrn zunächst nicht erwählt wurden.
746 Klemens Al., Strom. IV 154,4; VI 111,2; VII 110,3; an allen drei Stellen ist das Testimonium mit Ps 1,4 verbunden: Die Gottlosen sind wie Spreu, die der Wind verweht.
747 Tert.,De praescr.8,9; Adv.Marc.IV 25,11; De resurr.59,5; Adv.Jud.1,3.
748 9,6 (99,1f).

Diese für das Verhältnis von Amtskirche und Gnostiker aufschlußreiche Deutung wird nun bestätigt durch eine Polemik Tertullians gegen die Valentinianer, die Is 40,15 ganz im oben dargelegten Sinn gedeutet haben. Diese Gnostiker behaupteten von sich:
> "Wesen wie wir sind, hat nicht einmal der Demiurg konstant als Menschen gelten lassen, sondern uns 'wie einen Tropfen im Eimer und den Staub auf der Tenne' (Is 40,15), wie 'Auswurf' (Is 40,17) oder 'wie Heuschrecken' (Is 40,22) angesehen und uns sogar dem unvernünftigen Vieh gleichgestellt".[749]

Valentinianer haben also den bei Is 40,15 sprechenden "Herrn" als den unwissenden Demiurgen angesehen, der ihren wahren Wert nicht erkannt hat. Mehr noch: aus Tertullians Polemik folgt weiter, daß diese Valentinianer in jenen Worten des Isaias sich zugleich als ein anderes Geschlecht von Menschen (aliud hominis genus) angezeigt wußten, eben jene himmlischen Menschen (illos autem caelestes homines), die der Demiurg nicht kennt.[750] Das ist aber jenes Geschlecht von oben, das unser PG wie der Valentinianer Herakleon das Geschlecht "der Lebenden" nennt und in seiner Exegese von Joh 1,4 angekündet findet.[751] Damit bestätigt sich unsere obige Deutung der Anwendung von Is 40,15 in 9,21: sie ist gnostische Polemik gegen die "Christen" der Großkirche, die - wie der unwissende Demiurg - den Wert der pneumatischen Menschen nicht kennen. Die zunächst an dem christologischen Testimonium Is 53,3 inspirierte[752] antikosmisch orientierte Po-

---

[749] Tert., Scorp. 9,10,2 (CC II 1087,8-11 Reifferscheid-Wissowa). Teletos, Acinetos und Abascantos werden dabei (9,10,1) als Schüler Valentins von Tertullian ausdrücklich genannt.
[750] Scorp. 9,10,2-4 (CC II 1087,12-24 Reifferscheid-Wissowa).
[751] Vgl.8,5 (89,27-90,1) mit Herakleon, Frgm.2: zu Joh 1,4 (64,28-31 Völker).
[752] Der in 9,21 (102,9f) sich findende letzte Hinweis auf den ἄνθρωπος dürfte die Anthropos-Lehrschrift ursprünglich abgeschlossen haben. In Parallele zu dem Zitat Is 53,8 am Anfang der Schrift (7,2: 79,8) steht der Mensch als ἄτιμος in dieser Welt, wohl wieder in Anspielung auf Is 53,3, in dem die urchristliche Theologie "Christus" und sein Leben in dieser Welt vorherverkündet fand (vgl. Justin, Dial. 100,2; 110,2; 36,6; aber auch schon Mt 13,57 und 1 Kor 4,10; vgl. auch H.W.Wolff, Jesaja 53 im Urchristentum, Berlin ³1952. Der AG verband Is 53 wahrscheinlich mit der in manchen Mysterienkulten bekannten Vorstellung, wonach der Myste "für die Augen der Uneingeweihten ein armer, auf der Welt umherirrender Bettler (ist); niemand kennt seinen wahren Adel und seine göttliche Abkunft": Merkelbach, Roman und Mysterium in der Antike 270.

lemik des AG's[753] ist hier also von dem PG mit Hilfe des soteriologischen Dualismus zu einer antikirchlichen Polemik zugespitzt worden.[754]

Verdeckte Polemik findet sich auch in dem Abschnitt über Attis als Vielfrüchtigen (πολύκαρπος) in *8,36-38*. Die allegorische Deutung ist hier verwirrend und bedarf einer vorgängigen Analyse. Zunächst der Text:

36: "Es nennen diesen die Phryger aber auch 'den Vielfrüchtigen', weil 'die Kinder der Einsamen mehr sind als die derer, die den Mann hat' (Is 54,1; Gal 4,27), das heißt: die Wiedergeborenen (Kinder), die unsterblich sind und immer bleiben, sind viele, auch wenn die Geborenen wenig sind. Die Fleischlichen (Kinder) aber sind alle vergänglich, auch wenn die, die geboren werden, aber sehr viel sind.

37: Darum beweinte Rachel ihre Kinder und wollte sich nicht trösten lassen in ihrem Weinen über sie, denn sie wußte, daß sie nicht (mehr) sind (Is 31,15; Mt 2,18). Es beweinte aber auch Jeremias das Jerusalem unten, nicht die Stadt in Phönizien, sondern das vergängliche Werden hier unten. Denn auch Jeremias kannte den vollkommenen Menschen, den wiedergeborenen 'aus Wasser und Geist' (Joh 3,5), nicht den fleischlichen.

38: Jeremias selbst hat ja gesagt: 'Ein Mensch ist er, und wer wird ihn erkennen?' (Jer 17,9).

So ist die Erkenntnis des vollkommenen Menschen sehr schwer und unbegreiflich. Denn Anfang der Vollendung ist

---

753 Diese zeigt sich in der gegen den Demiurgen und die irdisch denkenen Menschen gerichteten Anwendung von Is 40,15, in der AG und PG einer Meinung sind. Der Schluß der Lehrschrift läßt sich durch Streichung der Interpolation in 9,21 vielleicht auf folgende Weise rekonstruieren: ἔστι δέ ὁ ἄνθρωπος ἐκεῖνος "ἄτιμος" ἐν τῷ κόσμῳ (Is 53,3), λελογισμένος "ὡς γάρ σταγών ἀπό κάδου" (Is 40,15). Das Rahmenthema der Anthropos-Lehrschrift, das in 7,2 mit einem Isaiaswort anhebt, schloß so in 9,21 mit einem Mischzitat aus Isaias 53,3 und 40,15: Dieser Mensch vom himmlischen Geschlecht des Adamas ist aber in dieser Welt ungeehrt und geringgeschätzt. Die urchristlichen Testimonien aus Isaias offenbaren dabei nochmals die *christologisch* orientierte Deutung "des Menschen" in der Anthropos-Lehrschrift.
754 Der dualistische Gegensatz zwischen Nicht-Wissenden (Sarkikern) und Wissenden (Pneumatikern) verrät die Hand des PG's (vgl. Anm. 234), dessen Interpolation die etwas schwerfällige Form des überlieferten Textes zur Folge gehabt hat.

die Erkenntnis des Menschen, vollendete Vollkommenheit
aber ist die Erkenntnis Gottes".[755]

Bei diesem Text ist zunächst festzuhalten, daß der erklärte Terminus πολύκαρπος im Attislied nicht ein Epitheton des Attis, sondern des unter dem Bild des Mandelbaumes (Amygdalos) vorgestellten Allvaters ist, der den Pan-Attis aus sich erzeugt,[756] welchen er zuvor als die vollkommene Frucht in sich trug.[757] In unserem Text faßt der Kommentator πολύκαρπος jedoch im übertragenen Sinn als Eigenschaft des Attis auf, was insofern berechtigt und sinnvoll ist, als er dafür an die mythischen Vorstellungen des "fruchtbringenden" Attis anschließen konnte.[758] Da die Deutung, im Unterschied zu den anderen Auslegungen des Kommentars, auf solche mythischen Vorstellungen aber nicht zurückgreift, sondern direkt mit der Exegese von Is 54,1 (Gal 4,27) beginnt, so stammt sie nicht aus dem alten Attiskommentar, sondern vom AG. Auch der Umstand, daß die sonst durchgängig dem Attislied folgende Disposition des Kommentars hier aufgegeben worden ist,[759] spricht dafür, den ganzen Passus 8,36-38 für eine zusätzliche Deutung des AG's anzusehen. Dies wird auch dadurch bestätigt, daß die vorliegende Deutung von Is 54,1 (Gal 4,27) direkt an die in 7,39 gebotene Exegese derselben Schriftworte anschließt und die dortige Deutung im Rahmen der später eingefügten Hermes-Exegese sicher Eigengut des AG's ist.

Die Deutung fällt auch inhaltlich aus dem Rahmen des übrigen Kommentars, da sie den Attis als "Vielfrüchtigen" nicht auf den göttlichen Seelenteil, also den "Menschen",[760] sondern unmittel-

---

755 8,36-38 (95,22-96,8).
756 Vgl. 9,8 (99,22f). Die Hs liest ὃν πολύκαρπος ἔτικτεν ἀμύγδαλος und davon ist ohne triftigen Grund nicht abzuweichen: zur Vielfrüchtigkeit von Bäumen, vgl. Pollux, Onomasticon I 240.
757 9,1 (97,26).
758 Vgl. Anm. 271. Wendlands Hinweis (S.99 Anm. zu Zeile 22), daß die Deutung in 8,36 die Lesart πολύκαρπον für das Attislied vorauszusetzen scheint, besagt daher nichts für den ursprünglichen Text des Liedes.
759 Die Deutung des "Vielfrüchtigen" folgt im Text auf die des "Aipolos" (8,34-36), während im Attislied der Vielfrüchtige erst nach der "grün geernteten Ähre" genannt wird, vgl. 9,8 (99,21f).
760 So wie kurz zuvor Attis als "unfruchtbar" gedeutet wurde: 8,31 (94,30-95,2), vgl. Anm. 668. Eine individuelle Deutung auf die "Seele" des Menschen hatte schon Philo gegeben, der Is 54,1 als eine Allegorie für die Geschichte der Seele ausgelegt hatte, De praemiis et poenis 158: ὅπερ λόγιον καὶ ἐπὶ ψυχῆς ἀλληγορεῖται. Die Seele ist nämlich nach Philo dann

bar auf die ohne Mann seiende "Einsame" und damit auf die Fruchtbarkeit des Jerusalem "oben" (vgl. 7,39) zu beziehen scheint, die im Gegensatz zu der irdischen und vergänglichen Fruchtbarkeit des Jerusalem "unten" (vgl. 8,37) unvergänglich ist. Diese Anwendung ist allerdings nur dann sinnvoll, wenn man das Jerusalem oben als Partnerin des himmlischen Menschen auffaßt, die - obwohl zunächst einsam und daher kinderlos - durch diesen fruchtbar wird und Kinder gebiert.[761] In dem uns vorliegenden Text ist dieser grundlegende Bezug zum Himmelsmenschen und dessen Fruchtbarkeit jedoch überdeckt durch den soteriologischen Gegensatz zwischen der pneumatischen Wiedergeburt oben (τὰ ἀναγεννώμενα ἀθάνατα) und der fleischlichen Geburt unten (τὰ δὲ σαρκικὰ φθαρτὰ πάντα), der das πλείονα des Isaiasverses[762] erklären soll. Es geht in dieser dualistischen Sicht mehr um die totale Vergänglichkeit der Sarkiker als um die größere Fruchtbarkeit "des Menschen", die doch erklärt werden soll. Diese Tendenz in der Isaiasdeutung wird noch verstärkt durch das zur Erklärung angefügte Jeremiaszitat: Deshalb "beweinte Rachel ihre Kinder und wollte sich nicht trösten lassen in ihrem Weinen über sie; denn sie wußte, daß sie nicht (mehr) sind". Die Sarkiker sind es also, die Rachel beweint. In diesem soteriologischen Dualismus von pneumatischer Wiedergeburt und fleischlicher Geburt erkennt

---

viel (πολλή), wenn sie voll von Leidenschaften und Lastern wie mit ihren Kindern ist; in diesem Zustand der Fülle ist die Seele in Wirklichkeit jedoch schwach und krank und fast schon tot. Wenn die Seele aber unfruchtbar geworden ist (στειρωθεῖσα) und keine Kinder mehr gebiert, wird sie durch Umwandlung eine reine Jungfrau, empfängt aber nun den göttlichen Samen und formt und gebiert neues Leben von kostbarer und wunderbarer Art: Weisheit und alle anderen Tugenden (ebd. 159f).

761 Unser AG würde dann eine allegorische Deutung von Is 54,1 voraussetzen, wie sie ähnlich im Philippus-Evang. Spr. 36 und 28 vorliegt. Für die Unfruchtbare, vgl. Spr. 36: "Die Sophia aber ist unfruchtbar (und) kinderlos... und zahlreich sind ihre Kinder", vgl. Spr. 55. Für die größere Fruchtbarkeit, vgl. Spr. 28: "Die Kinder des Himmelsmenschen sind zahlreicher als (die des) Erdenmenschen. Wenn die Kinder Adams zahlreich sind, obwohl sie sterben, um wieviel mehr sind es die Kinder des vollkommenen Menschen, die nicht sterben, sondern allezeit gezeugt werden" (deutsch nach M. Krause, Gnosis II, 102 und 100f; vgl. Ménard, L'Evangile selon Philippe 62-65 und 60f). Es geht in dieser Deutung also um die Fruchtbarkeit des himmlischen oder vollkommenen Menschen.

762 Sein Isaiastext weicht hier, wahrscheinlich wegen der beabsichtigten allegorischen Deutung, von der überlieferten Lesart πολλὰ τὰ τέκνα ab, vgl. Gal 4,27.

man das doktrinelle Konzept des PG's, das in den Kontext der Ausführungen über den vollkommenen Menschen und dessen Erkenntnis (8,37-38), die die Deutung des Attis als "Vielfrüchtigen" abschließen und krönen,[763] schlecht paßt und auch sonst wie eine Interpolation wirkt. Tatsächlich wird in der Gesamtdeutung des Abschnittes 8,36-38 ein exegetisch klarer Zusammenhang erst dann durchsichtig, wenn man das Zitat über die Wehklage der Rachel[764] als Zusatz streicht und die dualistische Terminologie des PG's in der Deutung von Is 54,1 sinngemäß durch jene Terminologie ersetzt, die der AG bei der entsprechenden, aber ausführlicheren Deutung des Jerusalem "oben" in 7,38ff entwickelt hatte.[765] Der ganze Abschnitt erhellt dann als eine zusammenhängende Aussage über den (mannweiblichen) göttlichen "Menschen", dessen männliche Seite infolge des Zitates Is 54,1 zwar nicht eigens genannt, aber in seiner zeugenden Vaterfunktion durchsichtig wird, dessen weibliche Seite hingegen in der gebärenden Mutterfunktion des Jerusalem "oben" offenbar wird. Verändern wir den überlieferten Text im vorgenannten Sinn, dann läßt sich die folgende Exegese *über den vollkommenen Menschen* als grundlegende Deutung des AG's sinngemäß ungefähr so erheben:

> "Es nennen diesen die Phryger aber auch den Vielfrüchtigen, weil 'die Kinder der Einsamen mehr sind als die derer, die den Mann hat' (Is 54,1), das heißt: die oben Geborenen,[766] die unsterblich sind und immer bleiben, sind viele, auch wenn die, die geboren werden, wenig sind. Die unten aber[767] sind alle vergänglich, auch wenn die, die geboren werden, sehr viel sind. Darum beweinte Jeremias[768] das Jerusalem unten, nicht die Stadt in Phöni-

---

763 Vgl. Kap. 3.5.7.
764 8,37 (95,27-96,1).
765 7,38-40 (88,12-22). Die Terminologie ist hier ursprünglicher als in 8, 36f, da der PG sein dualistisches Konzept in diesen Passus nicht interpoliert, sondern diesem ergänzend angefügt hat, vgl. 7,40 (88,23-89,1).
766 Ich betrachte also τὰ ἀναγεννώμενα als Interpolation des PG's und postuliere ἄνω γεννώμενα für den ursprünglichen Text des AG's, vgl. 7,40 (88,22).
767 Ebenso ersetze ich τὰ δὲ σαρκικά durch τὰ δὲ κάτω, entsprechend der Terminologie von 7,39f (88,19-22).
768 Für die Rekonstruktion belasse ich διὰ τοῦτο (8,37: 95,26f), ziehe es aber sinngemäß zu der Wehklage des Jeremias über das irdische Jerusalem (8,37: 96,1ff).

zien, sondern das vergängliche Werden hier unten.[769] Denn auch Jeremias kannte den vollkommenen Menschen (τὸν τέλειον ἄνθρωπον).[770] Jeremias selbst hat ja gesagt: 'Ein Mensch ist er, und wer wird ihn erkennen?' So ist die Erkenntnis des vollkommenen Menschen (ἡ τοῦ τελείου ἀνθρώπου γνῶσις) sehr schwer und unbegreiflich. Denn Anfang der Vollendung ist die Erkenntnis des Menschen (γνῶσις ἀνθρώπου), vollendete Vollkommenheit aber ist die Erkenntnis Gottes".[771]

Sollte der hier gewagte Versuch, eine hinter dem uns überlieferten Text verborgene ältere Deutung des "Vielfrüchtigen" durch den AG zu rekonstruieren, richtig sein, dann hätten wir in diesem rekonstruierten Text einerseits den ursprünglichen Kontext für die zentrale Aussage der Anthropos-Lehrschrift über die Erkenntnis des Menschen erhoben: Erkenntnis des vollkommenen Menschen als Vorstufe zur Erkenntnis Gottes. Andererseits bietet uns die Interpolation des PG's eine weitere Möglichkeit, dessen doktrinelle Intention aus einer neuen Sicht genauer zu fassen. Die grundlegende Deutung des "vielfrüchtigen" Attis als des fruchtbaren, vollkommenen Menschen "oben" ist durch den PG mit Hilfe des soteriologischen Dualismus nämlich so umgedeutet worden, daß die Kinder (τὰ τέκνα) des Himmelsmenschen, das heißt "die aus Wasser und Geist" wiedergeborenen Pneumatiker, an die Stelle des vollkommenen Menschen getreten sind. Diese Umdeutung war insofern berechtigt, als der Himmelsmensch selbst im irdischen Menschen verbannt ist und von dort nach seinem wahren "Ich" oben zurückstrebt. Aber durch diese Umdeutung ist die Lehrschrift des AG's zu einem Traktat über den *neuen, aus Wasser und Geist geborenen Menschen* weitergebildet worden.

Antikirchliche Polemik offenbart sich nun in der gnostischen Ausdeutung des frühchristlichen Testimoniums Jeremias 31,15 (Mt 2,18): der Wehklage Rachels über ihre toten Kinder.[772] Der PG

---

769 τὴν κάτω γένεσιν τὴν φθαρτήν zeigt, daß die ursprüngliche Deutung des AG's an die Terminologie von 7,39f (88,19-22) anschloß, nicht an die dualistische Terminologie Pneuma-Sarx des PG's.
770 Nach der grundlegenden Deutung des AG's ist "der vollkommene Mensch" hier der Himmelsmensch, der vielfrüchtige (πολύκαρπος), durch den die zunächst Unfruchtbare (= Jerusalem oben) fruchtbar wird und gebiert.
771 8,36-38 (95,22-96,8), siehe den überlieferten Text in Kap. 3.6.4.
772 8,37 (95,27-96,1); Resch, TU X,3: 162f.

zitiert den Ausspruch als Schriftzeugnis für die Klage der zunächst kinderreichen Frau, deren Kinder - weil fleischlich geboren - alle verloren sind. Rachel erscheint hier als Mutter der Sarkiker, im Gegensatz zum oberen Jerusalem, der "Mutter der Lebenden". Diese Deutung ist in mehrfacher Hinsicht ungewöhnlich und auffällig. Einmal deshalb, weil nach der alttestamentlichen Erzählung ja Rachel die Unfruchtbare und Kinderlose war (Gen 29,31), der Gott erst spät den Schoß öffnete (Gen 30,22). Rachel wäre daher besonders geeignet gewesen, symbolisch für die zunächst kinderlose Frau von Is 54,1 zu stehen. Für den AG hätte eine solche Deutung der Lieblingsfrau Jakobs und der Mutter Benjamins auch deshalb nahe gelegen, weil er sowohl Jakob als auch Benjamin einen bevorzugten Platz in seiner Typologie einräumt. So ist ihm Jakob Typus für den Menschen, welcher der Schau des Himmelstores und des Hauses Gottes gewürdigt wird.[773] Und von Benjamin hebt er hervor, daß der Weissagungspokal des Königs (= Josephs) unter seinem guten Samen gefunden wurde.[774] Beide sind ihm also vorbildlich wie Moses und andere alttestamentliche Figuren (vgl. 8,2). Angesichts dieser positiven Bewertung Jakobs und Benjamins wirkt die Abwertung Rachels zur Mutter der sarkischen Menschen befremdlich. Dieser Eindruck wird durch den Vergleich mit der frühchristlichen Exegese von Jer 31,15 noch verstärkt. Justin zählt Rachel mit den Patriarchen unter die Gerechten, die vor dem Gesetz des Moses lebten.[775] Wie Mt 2,18 erklärt er das Wehklagen beim Kindermord in Bethlehem als Erfüllung der Weissagung des Jeremias von der Klage Rachels, der Frau Jakobs, des heiligen Patriarchen. An anderer Stelle erklärt er die zwei Ehen Jakobs als Typen dessen, was durch Christus in Erfüllung gehen sollte: Lia ist das Judenvolk und die Synagoge,

---

773 8,19-20 (92,23-93,1). Diese Deutung wird ähnlich auch von Valentinianern berichtet, vgl. Exc.Theod. 56,5 (III 126,3-6 Stählin): "Israel wird allegorisch aufgefaßt als der Pneumatische, der Gott sehen wird, der echte Sohn des gläubigen Abraham von 'der Freien', nicht der 'nach dem Fleisch' von der ägyptischen Sklavin" (vgl. Gal 4,22f.28), deutsch nach Foerster, Gnosis I 200. In dieser fortentwickelteren Deutung ist Isaak mit Jakob zum Typus des gottschauenden Gnostikers verschmolzen worden.
774 8,6 (90,4-5). Der Pokal versinnbildet hier das im Mysterium verborgene Offenbarungswort, das den Menschen zur Gnosis erweckt, vgl. 8,7 (90,14-16) und den parallel dazu stehenden Offenbarungsspruch aus der Apophasis in 9,5 (98,16-19).
775 Justin, Dial. 46,3 und 78,8.

Rachel dagegen ist Typus der Kirche. So wie Jakob dem Laban wegen seiner zwei Töchter diente, so steht auch Christus für Synagoge und Kirche noch heute im Dienst usw.[776] Eine entsprechende Deutung bringt auch Irenäus als alte Presbytertradition.[777] In seiner Ausführung über Abraham und die Patriarchen als Typen des Neuen Bundes bedeutet Lia das mosaische Gesetz, Rachel ist Typus der Kirche.[778] Angesichts dieser altkirchlichen Deutung Rachels als Typus der Kirche kann die abwertende Deutung unseres PG's nur als ein weiteres Zeugnis seiner antikirchlichen Polemik verstanden werden. In ihr kommt ein neues Kirchenverständnis zum Ausdruck, das dem der Großkirche entgegensteht. Geht es Paulus und der durch Justin und Irenäus bezeugten Tradition um die *Einigung* aller Menschen in der Kirche Jesu Christi, so geht es dem Gnostiker trotz und gerade wegen der "Frieden" stiftenden Botschaft des Erlösers (vgl. 8,22) in erster Linie um die durch diese Botschaft bewirkte *Trennung* der Menschen gemäß ihrer Naturen. Indem der Gnostiker seine Deutung von Jer 31,15 an das vorausgehende Zitat Is 54,1 und dessen dualistisch umgedeutete Exegese (pneumatische und sarkische Geburt) anschließt, hat er Rachel bewußt zum Gegentyp jener "Einsamen", die keinen Mann hat und doch zur "Mutter der Lebenden" wird, gemacht. Rachel, sonst Typus der Kirche im Unterschied zur Synagoge, ist damit Typus jener Kirche geworden, die zwar viele Kinder hat, aber keine pneumatisch wiedergeborenen. Ihre große Kinderzahl nützt ihr nichts, weil alle nur "unten" geboren sind. Der kirchlichen Auslegung von Gal 4,27 (Is 54,1) wird damit eine neue, gnostische Paulusinterpretation entgegengesetzt.[779]

Vielleicht vermag eine ausgedehntere Analyse noch weitere

---

776 Diese Typologie veranschaulicht die christliche Botschaft von der Einheit aller Menschen (Juden und Heiden, Knechten und Freien) in Christus, wie sie z.B. Eph 2,11-22 entwickelt.
777 Iren. IV 21,3 (II 226-228 Harvey). Das ganze Kapitel 21 gilt als Teil eines älteren, antimarkionitischen Traktates von den "Prophetenweissagungen", den Irenäus in sein Werk aufgenommen hat, vgl. M.Widmann, Irenäus und seine theologischen Väter, ZThK 54, 1957, 161.
778 Rachel als Typus der Kirche auch bei Hieronymus, in Osee 11,1.
779 Vielleicht ist die abwertende Racheldeutung des PG's mitbeeinflußt von Philo, der Lia gegenüber Rachel den Vorzug gibt. Philo deutet Rachel wegen ihres unvernünftigen und tadelswerten Verhaltens allegorisch als Sinnlichkeit (Leg.all. II 46f; III 180). Lia bedeutet ihm die vernünftige, Rachel die unvernünftige sinnliche Erkenntniskraft der Seele (De congr. erud. gratia 26f.31; vgl. De somn. II 16).

antikirchliche Polemik aus dem Text der überarbeiteten Anthropos-Lehrschrift zu erheben. Die oben aufgezeigte Frontstellung gegen die Amtskirche ist jedenfalls bestimmt von der doktrinellen Struktur des PG's, das heißt von dem soteriologischen Gegensatz von pneumatischer und sarkischer Geburt, zwischen Pneumatikern und Sarkikern. Immer dort, wo dieser (oft nur in Form eines kleinen Zusatzes interpolierte) Dualismus begegnet, kommt daher auch antikirchliche Polemik zum Ausdruck. Zugleich offenbart die oben aufgezeigte Abwertung des großkirchlichen Christentums, wie sehr die Gnostiker sich als pneumatische Gruppe betont von der Großkirche absetzten. Man wird wohl nicht fehlgehen, wenn man das ausgeprägte Selbstbewußtsein dieser christlichen Gnostiker auch als eine Reaktion auf vorausgegangene kirchliche Angriffe versteht. Der gnostische Exklusivanspruch und die antikirchliche Polemik setzen voraus, daß die Großkirche unsere Gnostiker als außerhalb der kirchlichen Gemeinschaft stehende Häretiker betrachtet, während diese ihrerseits die Mitglieder der Großkirche als Psychiker und Hyliker, das heißt als Sarkiker, von der wahren Kirche und vom wahren Heil ausschliessen.

3.6.5 Der Anthropos-Gnostiker und der Pneuma-Gnostiker: Valentinianer?

Wenn wir versuchen, den theologischen Standort des gnostischen Interpolators der Anthropos-Lehrschrift genauer zu bestimmen, so ist vor allem dessen christlich orientierte Schriftauslegung zu berücksichtigen, und hier besonders die pneumatische Exegese des Johannesevangeliums und des Paulus. Wir haben es mit einem "christlichen" Gnostiker zu tun, auch wenn dieser außerhalb der Großkirche steht. Ferner dürfte, besonders in den vorausgegangenen Kapiteln über die drei Menschenklassen bzw. der drei Kirchen und über die antikirchliche Polemik[780] deutlich geworden sein, wie zahlreich die Berührungspunkte und Übereinstimmungen zwischen dem PG und den Valentinianern sind, sei es hinsichtlich ihrer biblischen Exegese, sei es des gnostischen

---

780 Vgl. Kap. 3.6.3 und 3.6.4.

Kirchenverständnisses, sei es der gnostischen Welt- und Erlösungsvorstellung überhaupt.

Einige der neutestamentlichen Exegesen, in denen Naassenerschrift und Valentinianer sich miteinander treffen, habe ich in einer früheren Studie verglichen: 1) die gemeinsamen Testimonien für die pneumatische Menschenklasse, 2) die Identifizierung des pneumatischen Samens mit dem "Himmelreich in uns", 3) einige Parallelen in der pneumatischen Auslegung des Johannesevangeliums: die Exegesen von Joh 1,1-4 über das "göttliche Weltprinzip"; von Joh 4,10.14 über das von Jesus verheißene "lebendige Wasser"; von Joh 4,23 über "die Anbetung in Geist und Wahrheit".[781] Die Verwendung und Deutung derselben neutestamentlichen Zitate für die pneumatische Menschenklasse sprach dabei für eine direkte oder wenigstens indirekte Verbindung zwischen dem zweiten gnostischen Bearbeiter des alten Attiskommentars (= PG) und den Valentinianern. In der Deutung des pneumatischen Samens als das im Menschen verborgene Himmelreich werden die Bilder vom Senfkorn und vom Sauerteig von beiden gebraucht. Doch schien diese Übereinstimmung nicht notwendig eine Abhängigkeit zwischen dem PG und den Valentinianern zu besagen, da das Göttliche im Menschen schon früher mit einer "Perle" verglichen worden war und dieses Bild den Anlaß gegeben haben dürfte, das Göttliche im Menschen erstmals als das "Himmelreich in uns" zu identifizieren.[782] Unser Gnostiker und die Valentinianer könnten daher, so schien es, die gnostische Deutung des Himmelreiches von einer ihnen vorausliegenden "christlichen" Gnosis übernommen haben.[783] Zu dem selben Schluß schienen auch die Paral-

---

781 Vgl. Frickel, Naassener oder Valentinianer? 95-119.
782 Vgl. Mt 13,45f und Anm. 605.
783 Da auch Basilides das Göttliche im Menschen mit der Perle vergleicht, die nicht den Schweinen und Hunden vorzuwerfen ist (Mt 7,6), schien mir die gnostische Deutung der Himmelreichbilder älter zu sein als Basilides und Valentin. Diesen Schluß habe ich zu korrigieren. Basilides und der (dem PG vorausliegende) AG (vgl. 8,33 und Anm. 618) zitieren nämlich Mt 7,6 ohne auf das Bild vom Himmelreich anzuspielen. Es ist also durchaus möglich, daß z.B. Basilides die gnostische Deutung des Göttlichen im Menschen als "das Himmelreich in uns" noch nicht kannte, diese jedoch erstmals von Valentin, dessen Schüler sie bezeugen, entwickelt wurde. In diesem Falle würde der PG sicher von Valentin abhängen. Die zahlreichen weiteren Übereinstimmungen des PG's mit den Valentinianern scheinen mir diese Annahme zu bestätigen.

lelen in der Johannesexegese zu führen, insofern sie keine hinreichende Handhabe zu bieten schienen, eine direkte Verbindung zwischen dem PG und den Valentinianern zu postulieren; beide schienen vielmehr von einer älteren gnostischen Deutung abzuhängen.

Diese Bestimmung des Abhängigkeitsverhältnisses untereinander ist auf Grund der zahlreichen, in den vorausgehenden Kapiteln zusätzlich erhobenen Parallelen zu der valentinianischen Gnosis der Korrektur bedürftig. Ganz abgesehen von der überwiegend am Johannesevangelium und an Paulus orientierten Bibelexegese unseres PG's, die nach dem Zeugnis des Irenäus und der uns erhaltenen Fragmente gerade von den Valentinianern vorzüglich und ausgiebig geübt wurde,[784] lassen sich in vergleichbaren Einzelexegesen so viele exegetische und doktrinelle Übereinstimmungen des PG's mit den Valentinianern nachweisen, daß eine *direkte* Verbindung des PG's mit diesen angenommen werden darf und jener daher als Valentinianer anzusehen ist. Hierher gehört nicht nur die valentinianische Unterscheidung der drei Arten von Menschen, sondern die daraus sich ergebende Lehre von der dreifachen Predigt des Erlösers, gemäß der Natur jener drei Arten. Auch die Lehre, daß der Erlöser bei seiner Herabkunft drei Menschen angezogen hat, gehört in diesen Kontext, wenngleich die Meinung, der Erlöser habe dabei auch einen choischen Menschen angenommen archaisch wirkt und mit den subtilen Unterscheidungen der Schüler Valentins kontrastiert.[785] Ähnliches gilt von der Unterscheidung der drei Kirchen. Gerade diese vorgenannten, aus der Lehre von den drei Menschenklassen direkt oder indirekt abgeleiteten Lehrpunkte über die verschiedenen Dreiteilungen machen aber zugleich deutlich, daß nicht nur der PG, sondern bereits der diesem vorausliegende Verfasser der Anthropos-Lehrschrift, der AG also, diese typisch valentinianischen Lehren vertritt,

---

[784] Für Johannes, siehe Iren.III 11,7 (II 46 Harvey) und die ausgedehnten valentinianischen Exegesen von Joh 1,1ff bei Iren.I 8,5 und Exc.Theod.6,1-4, sowie die Fragmente Herakleons zum Johannesevangelium, vgl. E.H.Pagels, The Johannine Gospel in Gnostic Exegesis. Heracleon's Commentary on John, Nashville and New York 1973. Paulus wiederum ist wegen der ihm zuteil gewordenen Schau der himmlischen Geheimnisse (vgl.2 Kor 12,2-4) für den PG wie für bestimmte Valentinianer zum Typus des pneumatischen Menschen geworden, vgl. Iren.III 13,1 (II 72 Harvey).
[785] Vgl. Anm. 674 und 676.

obgleich er statt des Pneumatischen vom Noetischen spricht und
seine anthropologische Dreiteilung mehr ethisch als theologisch
orientiert ist.[786] Wie die Valentinianer nennt auch der AG in
seiner Hermes-Exegese den Demiurgen "Vater", "Herr" und "Gott",[787]
sieht auch er die Zöllner als Typen der den Willen Gottes erfül-
lenden Menschen.[788] Man muß daher bereits für den AG fragen, in
welchem Verhältnis er zu Valentins Lehre steht bzw. ob die in
seiner Anthropologie wiederholt festgestellten archaischen Züge[789] es erlauben, die in seiner Anthropos-Lehrschrift vorausgesetzte gnostische Theologie als eine Vorform oder als eine
Frühform valentinianischer Gnosis anzusprechen.

Es ist hier nicht möglich, dieser Frage im einzelnen nachzu-
gehen noch darauf eine Antwort zu geben. Es soll nur festgehal-
ten werden, daß der AG es war, der den alten Attiskommentar im
Sinne einer bereits "christlichen" Gnosis neu interpretiert und
dabei vielfach erweitert hat, nicht zuletzt durch den Einbau
einer von ihm neugeprägten pythagoreischen Hermes-Exegese. Unter
seiner Hand ist der theosophische Kommentar von Attis als Weltseele zu einem gnostischen Traktat über den göttlichen Menschen
geworden, den er im Anschluß an die Offenbarungsschrift *Apophasis Megale* als alles durchdringendes universales Weltprinzip
versteht, das in allen Dingen verborgen liegt und im Menschen
bzw. mit dessen Hilfe zu seinem göttlichen Ursprung zurückstrebt. Sein Eigengut ist vor allem das doktrinelle Rahmenthema
"Über die Erkenntnis des Menschen", in das er seinen neuinter-
pretierten Attiskommentar eingefügt hat. "Erkenntnis des Menschen als Weg zur Erkenntnis Gottes" ist sein oberstes Lehr-
prinzip, in dem er die klassische Mahnung zur Selbsterkenntnis
als Weg zu Gott neu formuliert hat.[790] Dabei mag offen bleiben,
ob der AG den die Anthropos-Lehrschrift abschließenden gnostischen Naassener-Psalm (besser: Gnosis-Psalm)[791] schon als Traditionsgut vorgefunden oder, was durchaus möglich sein könnte,

---

786 Vgl. Kap. 3.6.3.
787 Vgl. Iren.III 12,12 (II 68 Harvey) mit 7,30f (86,9-11), siehe auch Va-
    lentin, Frgm.5 bei Klemens Al., Strom.IV 13: 90,2 (II 287,27-29 Stählin).
788 Vgl. Anm. 647 und 8,28 (94,11-16); der PG hat die Lehre des AG's mit
    seinem Exklusivanspruch erweitert.
789 Vgl. Anm. 674 und Exkurs II.
790 Vgl. Kap. 3.5.7.
791 Vgl. Kap. 3.5.8.

diesen selbst gedichtet hat.[792] Auf jeden Fall war der AG ein
mit griechischer Philosophie, hellenistischem Mysterienwesen
und frühkirchlicher Theologie vertrauter Mann von umfassender
Bildung, der den Versuch gewagt hat, eine synkretistische hellenistische Erlösungslehre biblisch zu überformen und "christlich"
zu deuten. Seine durchgängige Verwendung urchristlicher Testimonien und seine "christologische" Deutung des Göttlichen im Menschen und dessen Erlösung erinnert sehr an theologische Spekulationen, wie sie beispielsweise im Ps.-Barnabas (vor 140) vorliegen. Seine Anthropologie und die von ihm vertretene "Gnosis"
zeigt enge Beziehungen zur Lehre Valentins, auch wenn noch offen bleibt, ob er diesem darin vorausgeht oder dessen Lehre -
in welchem Stadium auch immer - reflektiert. Vielleicht läßt

---

792 Herzhoff 125f hat einige m.E. nicht stichhaltige Gründe dafür angeführt,
warum "ein Naassener die Verse (= den Psalm) unmöglich gedichtet haben
kann": 1) Der Name αὐτογενής (V 7,9: 81,3) für das Prinzip, das im Psalm
Nus heißt, widerspreche der biblischen Bezeichnung πρωτότοκος im 1. und
2. Vers des Psalms. Dem ist entgegenzuhalten: αὐτογενής ist eine verfehl-
te Emendation; die Hs liest αὐτοῦ γένους und darf begründet in αὐτοῦ γε
νοός emendiert werden (siehe oben S.60f), worin sie dem Psalm genau entspricht. Die Schilderung in 9,1 (97,24ff) spricht klar von der Zeugung
des Weltprinzips.
2) Die "Seele" der Naassener belebe nur den dreigeteilten Kosmos, habe
aber nichts "Überhimmlisches", der Erlösung bedürftiges an sich, wie die
Seele im Psalm.-Aber: der Begriff "Seele" ist vielschichtig und erfährt
bei jedem Epitheton des Attis eine neue Deutung. Bei der Deutung des Attis als "Korybas" (8,13ff) ist Fall und Erlösungsbedürftigkeit des Attis
(= Seele) das Hauptthema.
3) Eine kosmogonische Funktion der Seele sei den Naassenern unbekannt;
diese erhalte nur das innerweltliche Leben, wie die Weltseele des Timäus.
Aber: das mag für den alten Attiskommentar vielleicht gelten, aber nicht
für den AG, der sich mit dem Offenbarungswort in 7,25 (84,16) und dem
Zitat aus der Apophasis in 9,5 zum dynamischen, das heißt absolut pantheistischen Gottesbegriff bekennt.
4) Die Seele sei nicht wie im Psalm eine in der Welt leidende göttliche
Hypostase, sondern im Gegenteil das Prinzip, das das Göttliche knechtet
und straft (7,7f:80,12ff).- Aber: nochmals, "Seele" bedeutet dem AG nicht
immer dasselbe; in 7,7f ist es das vom Demiurgen eingehauchte psychische
Lebensprinzip; in der Hermes-Exegese 7,30-41 ist damit der göttliche Seelenteil im Menschen gemeint; im Psalm ist es die göttliche, in die Welt
eingehende und dort leidende Weltseele. Der Psalm schildert ein vorweltliches, weltschaffendes Sein eines in der Materie irrenden göttlichen
Wesens; die Anthropos-Lehrschrift spricht meist vom konkreten Menschen
und dem in jedem Menschen gefangenen göttlichen "Menschen". Trotzdem ist
der Psalm insofern eine Art Kurzfassung der im Kommentar vorausgesetzten "Gnosis", als er Leiden und Erlösung der "Seele" durch Gnosis dort
vorbildlich für das Irren und die Erlösung der göttlichen Seelen in dieser Welt zeigt. Der Psalm könnte jedoch schon vor der Anthropos-Lehrschrift gedichtet worden sein.

Anthropos- und Pneuma-Gnostiker: Valentinianer?   165

sich seine Anthropos-Lehrschrift global um die Mitte des zweiten Jahrhunderts datieren, wahrscheinlich vor 150.

Anders liegt der Fall für den PG, der - außer den bereits genannten Übereinstimmungen - besonders in der pneumatischen Exegese des Johannesevangeliums überraschende Parallelen mit den Valentinianern, vor allem mit Herakleon aufweist. Wirkliche Differenzen schienen hier nur in der Deutung von Joh 1,1-3 betreffs der Person des Logos zu bestehen. Während die Valentinianer hier klar drei göttliche Größen unterscheiden (den Bythos, den Anfang oder Nus und den Logos),[793] scheint der PG nur zwei göttliche Größen anzunehmen: den vorherexistierenden Vater des Alls und den Sohn, den er mit dem Logos des Johannesprologs identifiziert.[794] Diese einfachere Deutung des johanneischen Logos möchte ich heute jedoch nicht mehr für den PG annehmen. An beiden Stellen nämlich, wo der PG Joh 1,3 zitiert, hat er den Vers in die ihm vorliegende Anthropos-Lehrschrift des AG's interpoliert und damit deren Deutung in *seinem* Sinne interpretiert und ergänzt. Auch wenn daher der AG den aus dem vorseienden Vater geborenen "Sohn" als den göttlichen Nus verstanden haben sollte,[795] so muß der PG diesen Sachverhalt nicht notwendig im selben Sinn verstanden und interpretiert haben. Er kann den aus dem vorseienden Vater geborenen παῖς, die vollkommene Frucht (τὸν τέλειον καρπόν) (9,1), im Sinne valentinianischer Lehre sehr gut als die vom Vorvater und dem ganzen Pleroma erzeugte vollkommene Frucht Jesus (τέλειον καρπὸν τὸν Ἰησοῦν), den sie auch Heiland nennen und Christus und Logos und das All (σωτῆρα... καὶ χριστὸν καὶ λόγον καὶ τὰ πάντα), aufgefaßt haben.[796] Dieser

---

793 Zum Beispiel in der Exegese bei Iren. I 8,5 (I 76f Harvey) oder Exc. Theod. 6,1-3 (III 107,17-26 Stählin).
794 Diese scheinbar einfache Anwendung von Joh 1,3 erscheint zweimal: 8,5 (89,26f) und 9,2 (98,7f). Ähnlich wie der PG scheinen auch die Peraten Joh 1,3 anzuwenden, die nach dem Urprinzip, dem Vater, nur den Sohn oder "Logos" unterscheiden: Hippol., Ref. V 17,1-2 (114,15-18) und 16, 12 (113,11-14). Peraten und PG schienen mir daher früher eine einfachere Exegese des Johannesprologs zu bezeugen als die Valentinianer, vgl. Frickel, Naassener oder Valentinianer? 112-115.
795 Die in 9,1 (97,24-98,3) beschriebene Zeugung des "Kindes" aus dem Vater ist zunächst im Lichte von 7,9 (81,3) und des Naassenerpsalms 10,2 (102, 23f), also vom göttlichen Nus, zu verstehen.
796 Vgl. Iren. I 2,6 (I 22 Harvey); Hippol. VI 32,1-2 (160,1-9); Iren. I 8,6. Nach anderen Valentinianern wurde Christus nicht von den Äonen des Pleroma hervorgebracht, sondern von der aus dem Pleroma gefallenen All-Mutter Sophia: Iren. I 11,1; Exc. Theod. 32,1; Iren. I 3,4.

Jesus, die gemeinsame Frucht des Pleromas, enthält die ganze
Fülle der Gottheit in sich und verkörpert daher den vorseienden
Vater des Alls selbst.[797] Er ist zugleich der göttliche Logos,
durch dessen Wirken alles außerhalb des Pleromas geschaffen
wird, und auf den die Schüler Valentins daher Joh 1,3 angewandt
haben.[798] Nun hat der PG den älteren Kommentar zu Attis als
das himmlische Mondhorn (8,5) mit Hilfe von Joh 1,3 auf den Logos weitergedeutet, dabei aber genau unterschieden zwischen alles (πάντα), das durch ihn geworden ist, und dem nichts (οὐδέν),
das ohne ihn geworden ist: der vom Demiurgen geschaffenen irdischen Welt nämlich.[799] Mit "Logos" meint er hier daher den,
durch dessen Wirken alles außerhalb des Pleromas vom Demiurgen
geschaffen wurde, genau wie Herakleon in Frgm. 1 das erklärt.
Der PG vertritt also keine Frühform gnostischer Johannesexegese,
die Nus und Logos identifiziert hätte, sondern jene subtile Unterscheidung gnostischer Johannesinterpretation, die Herakleon
(vgl. auch Exc. Theod. 45,3) kennzeichnet. Damit ist aber das
Hauptargument dagegen gefallen, den PG als Valentinianer anzusprechen.

Es ist hier nicht der Ort, das Verhältnis des PG's im Rahmen
der valentinianischen Gnosis ausführlicher zu untersuchen. Die
bisherigen Darlegungen dürften jedoch hinreichend deutlich gemacht haben, warum der PG als Valentinianer angesehen werden
darf. Bestimmte archaische Vorstellungen, die er in der Anthropos-Lehrschrift übernommen hat, deuten darauf hin, daß er in
der Anthropologie eine ältere Form des Valentinianismus vertritt, welche beispielsweise die Formung des choischen Menschen
nach dem Bild des Adamas oben noch als gültig anerkannte.[800]
Eine Gen 1,26 und Gen 2,7 in dieser Weise verbindende Deutung
dürfte für die meisten der späteren Valentinianer kaum mehr

---

797 Iren. I 3,4 (I 28 Harvey).
798 Exc. Theod. 45,3; Iren. I 8,6 und besonders Herakleon, Frgm. 1. In Iren.
I 8,5 wird Joh 1,3 dagegen auf den aus dem göttlichen Nus emanierten
Logos angewandt, mit der Einschränkung allerdings, daß der Logos *für alle Äonen nach ihm* Ursache der Gestaltung und des Werdens wurde. Diese
Deutung ist bedingt durch die ptolemäische Exegese des Johannesprologs
und ist die Transponierung der Schöpferfunktion des Logos in die vor-
weltlich-vorbildliche Sphäre des Pleromas.
799 8,5 (89,26-90,2); vgl. dazu Herakleon, Frgm. 1.
800 Vgl. 7,6 (80,6-8) und Exkurs II.

Anthropos- und Pneuma-Gnostiker: Valentinianer? 167

möglich gewesen sein, da diese die Formung des choischen Leibes "nach dem Bild" nicht mehr direkt auf die oberste Gottheit "Mensch", sondern immer nur auf den Demiurgen beziehen.[801] Die Lehre von dem allen unbekannten Gott hat die Deutung des biblischen Schöpfungsberichtes im Sinne einer größeren Transzendenz der Gottheit mitgeprägt. Es ging daher nicht mehr an, den choischen Adam einfach das "Bild" des himmlischen Menschen zu nennen, wie das in 7,6 geschieht. Doch ist die valentinianische Anthropologie auch in diesem Punkt sicher unterschiedlich gewesen. Valentin selbst hat nach Ausweis der Fragmente 1 und 5 mit großer Subtilität versucht, den irdischen Adam wenigstens indirekt als Bild "des vorherexistierenden Menschen" dazutun.[802] Er erweist sich darin als Modifikator jener archaischen Anthropologie, die verchristlichte Barbelognostiker und Ophiten in verschiedenen Ausprägungen vertreten haben.[803] Will man daher versuchen, den gnostischen Überarbeiter der Anthropos-Lehrschrift im Rahmen der valentinianischen Gnosis näher zu bestimmen, so wird man sich (zeitlich und ideologisch) nicht weit von Valentin selbst entfernen dürfen. Andererseits zeigt seine pneumatische Exegese von Johannes überraschende Übereinstimmungen mit Herakleon,[804] den Klemens von Alexandrien als den berühmtesten Schüler Valentins bezeichnet hat.[805] Obwohl unsere Kenntnis von Valentins neutestamentlicher Exegese äußerst dürftig ist, wird man bezweifeln dürfen, daß seine Johannesexegese schon so entwickelt war, wie die Herakleons und des PG's. Über Valentin hinaus weist auch die in 8,7-8 vorliegende Erweiterung und gnostische Deutung des die Wahrheit vermittelnden Trinkbechers des

---

801 Vgl. Iren. I 5,5 (I 49 Harvey): Nachdem der Demiurg die Welt geschaffen hatte, hat er auch den choischen Menschen gemacht, in den er den psychischen Menschen geblasen habe; und der sei der, der "nach dem Bild und der Ähnlichkeit" (Gen 1,26) geworden sei: nach dem Bild sei der hylische (= choische) Mensch, der Gott ähnlich, aber nicht gleich sei; nach der Ähnlichkeit aber sei der psychische Mensch; daher werde der "Geist des Lebens" (Gen 2,7) auch dessen Wesenheit genannt. Vgl. dazu den Parallelbericht in Exc. Theod. 50,1-2 (III 123,9-14 Stählin) und 54,2 (III 125,1-4 Stählin), sowie Tert., Adv. Valent. 24,2-3 (CC II 771 Kroymann).
802 Frgm. 1 und Frgm. 5 bei Klemens Al., Strom. II 8 (36,2-4 Stählin) und Strom. IV 13 (II 89,6-90,2 Stählin).
803 Siehe Exkurs II.
804 Vgl. Kap. 3.6.1 und Frickel, Naassener oder Valentinianer? 117-118.
805 Frgm. 50: Strom. IV 71,1 (II 280,10f Stählin).

Anakreon auf das Weinwunder von Kana (Joh 2,1-11).[806] Die dortige Deutung ist keine geistlose, durch die Erwähnung von Wasser und Wein in den Anakreonversen veranlaßte Assoziation,[807] sondern eine originelle Weiterbildung der gnostischen Deutung der Himmelreichgleichnisse (Mt 13 Par.). Sie geht über Valentin hinaus, der als erster die neutestamentlichen Himmelreichbilder gnostisch gedeutet zu haben scheint,[808] und verrät einen eigenständigen Theologen, der eine ganz neue Interpretation der johanneischen Zeichen (σημεῖα) geschaffen hat.[809]

Haben wir von daher mit der Möglichkeit zu rechnen, daß Herakleon oder einer seiner Anhänger die Lehrschrift des AG's im Sinne des soteriologischen Dualismus überarbeitet hat? Vielleicht vermag eine inhaltliche und sprachliche Analyse der Fragmente Herakleons die hier als Frage aufgezeigte Möglichkeit genauer zu klären. In diesem Zusammenhang müßte auch der von H. überlieferte valentinianische Bericht,[810] der zahlreiche Berührungspunkte mit unserem PG aufweist[811] und in seiner vorliegenden Form aus dem Kreis um Herakleon stammen dürfte,[812] daraufhin untersucht werden, ob darin ältere und jüngere Quellen verarbeitet worden sind. Die Frage nach der Identität des PG's bleibt also vorerst offen. Man wird diesen zeitlich aber kaum später als Herakleon, dessen Wirksamkeit in die Zeit zwischen 145 und 180 fiel,[813] ansetzen dürfen. Da die Trennung in eine Kirche der Pneumatiker und eine Kirche der Psychiker polemisch als feste Tatsache vorausgesetzt ist, muß der Bruch Valentins mit der römischen Kirche, der wahrscheinlich nach der Wahl des Pius zum römischen Bischof (143 nach Chr.) stattgefunden hat,[814] schon einige Zeit zurückliegen. Die dualistische Überarbeitung der Anthropos-Lehrschrift dürfte daher vor der Mitte des zwei-

---

806 8,7-8 (90,17-22).
807 Reitzenstein, Poim. 101 Anm. 4: "Der Christ fügt wegen der Erwähnung von Wein und Wasser den übel gelungenen Verweis auf die Hochzeit zu Kana ein.
808 Vgl. Anm. 605.
809 Vgl. Frickel, Naassener oder Valentinianer? 106-107.
810 Hippol., Ref. VI 29,5-36,4 (156,8-166,14).
811 Vgl. Kap. 3.6.3.
812 Hilgenfeld, Ketzergeschichte 465; Brooke, The fragments of Heracleon 41; Lipsius, Valentin und seine Schule 601.
813 Harnack, Geschichte der altchristlichen Literatur II,2 (Chronologie) 294.
814 Vgl. Foerster, Gnosis I 162.

Anthropos- und Pneuma-Gnostiker: Valentinianer? 169

ten Jahrhunderts kaum möglich gewesen sein. Man wird sie also im Zeitraum von 150 bis 190 anzusetzen haben.

Die gnostische Überarbeitung der Anthropos-Lehrschrift wirft nun Licht darauf, wie der PG das für jede Gnosis fundamentale Verhältnis von Gott und Welt versteht. Den Traktat des AG's konnte er nämlich nur deshalb ergänzend überarbeiten, weil er selbst dessen Lehre vom kultischen Universalismus in ihren Grundzügen teilte. Auch nach ihm bezeugen die Menschen in ihren Kulten und Weihen den von ihm verkündeten Gott, aber sie tun das, *ohne zu wissen*, was sie tun. Sein Dualismus schließt also nicht ein, daß der unbekannte Gott dieser von dem Demiurgen gemachten Welt völlig fremd sei, so daß sich nirgends Spuren von ihm fänden. Im Gegenteil. Im Demiurgen und in dessen Werk erkennt auch der PG, genau wie der AG und Valentin,[815] das unvergängliche Vorbild der überhimmlischen Welt schattenhaft wieder. Darum nennt auch er, mit dem AG und Valentin, den Demiurgen den "Vater der irdischen Welt"[816] und leitet dessen "Vaterschaft im Himmel" von dem überhimmlischen Vater selbst her.[817] Darum gibt ihm nicht nur der Mythos von Attis und Rhea, sondern gleichsam die ganze Schöpfung Zeugnis für das große Geheimnis Gottes.[818] Darin weiß sich der PG einig mit Paulus, den er zitiert:

"Denn sein unsichtbares Wesen wird von der Schaffung der Welt an in seinen Geschöpfen erfaßbar geschaut, nämlich seine ewige Kraft und Gottheit, sodaß sie unentschuldbar sind (Röm 1,20)".[819]

In dieser platonisierenden Sicht der irdischen Welt und des, trotz oder gerade wegen seiner Unwissenheit, von der göttlichen Sophia unsichtbar gelenkten Demiurgen liegt der tiefere Grund dafür, warum der PG den vom AG universalistisch erweiterten Attiskommentar überhaupt als Vorlage benützt und dualistisch überarbeitet hat. Der von ihm verkündete Gott wird überall, auch in

---

815 Vgl. Valentin, Frgm.5: "Denn Valentin bezeichnet den Demiurgen, insofern er Gott und Vater genannt wurde, als das Bild des wahren Gottes und als seinen Verkünder (εἰκόνα τοῦ ἀληθινοῦ θεοῦ καὶ προφήτην), als Maler aber die Sophia, deren Werk das Abbild ist zur Verherrlichung des Unsichtbaren": Klemens Al., Strom. IV 13: 90,2 (II 287,27-30 Stählin).
816 7,31 (86,10f).
817 7,7 (80,10-12); zur Abänderung des Textes von Eph 3,15 siehe Exkurs II.
818 7,16 (82,11f).
819 7,16 (82,13-16).

den kultischen Handlungen der Menschen transparent. Jedoch nur
für den Wissenden, den Gnostiker. Die große Masse der Menschen
verehrt Gott auf fleischliche Art, ohne zu wissen, was sie tut.
Der PG hat also den im Rahmen der Anthropos-Lehrschrift universalistischen Attiskommentar bewußt gewählt, um an ihm die Nich-
tigkeit, das heißt die irdische oder fleischliche Natur aller
Kulte überhaupt aufzudecken und damit zugleich den einen, allein
guten, von allen erstrebten, aber *allen unbekannten Gott* zu verkünden. Daher auch sein den ganzen Exklusivanspruch und das
Sendungsbewußtsein des Gnostikers ausdrückendes Selbstzeugnis,
mit dem er seine Schrift über den Menschen abschließt (9,21-22).
Mit seinem Dualismus hat der PG den Universalismus der Anthropos-Lehrschrift umgedeutet und diesen in den Dienst seiner
neuen Verkündigung gestellt: die Lehrschrift über den göttlichen
Menschen ist zu einem Traktat über den neuen, "aus Wasser und
Geist wiedergeborenen" Menschen und über den allen "unbekannten
Gott" geworden.

Diese Schrift ist nicht nur das geistvollste,[820] sondern
vielleicht auch das theologisch bedeutsamste Lehrstück, das die
christliche Gnosis des zweiten Jahrhunderts hervorgebracht hat.
Der gnostische Bearbeiter (= PG) der Anthropos-Lehrschrift war
kein Epigone. Sein am Johannesevangelium sich inspirierender
pneumatischer Gottesbegriff bildet die Grundlage seiner gesamten Theologie wie auch seiner am Dualismus von fleischlicher
und pneumatischer Geburt orientierten Anthropologie. Die in den
Kapiteln 3.6.1-4 erhobene und unter den verschiedensten Aspek-
ten aufgezeigte doktrinelle Struktur, die der dualistischen
Überarbeitung der Anthropos-Lehrschrift zugrunde liegt, offenbart ein ausgebildetes theologisches System, das einer rein
religionsgeschichtlichen Betrachtung der uns überlieferten
Naassenerschrift freilich verborgen bleiben wird. Wer diese
Struktur und die dahinter verborgene gnostische Theologie übersieht, in dessen Augen mögen der AG und der PG einen alten Attiskommentar "in der unsinnigsten Weise durch Zusätze aus dem
Neuen... und aus dem Alten Testament entstellt" haben[821] und
diese Gnostiker selbst geistig völlig unbedeutend gewesen

---

820 So Schenke, Der Gott "Mensch" in der Gnosis 57, siehe Anm. 9.
821 So Reitzenstein, Studien 105.

sein.⁸²² Versucht man jedoch, die gnostische Anthropos-Schrift und ihre Überarbeitung von ihrer doktrinellen Struktur her zu erfassen, so wird man zu einem entgegengesetzten Urteil gelangen. Eine wesentliche Voraussetzung ist allerdings, daß man den von H. überlieferten Naassenerbericht als die Wiedergabe einer zusammengehörigen gnostischen Lehrschrift erfaßt und die darin enthaltenen Brüche und Widersprüche als Kriterien eines überarbeiteten Traktats versteht, in dem der alte Attiskommentar nur ein Teil der gnostischen Verkündigung geworden ist.

---

822 Reitzenstein, Studien 106: "Der Bearbeiter steht geistig sehr tief und hat vom Christentum recht wenig Ahnung".

4. SCHICHTENSCHEIDUNG INNERHALB DER ANTHROPOS-LEHRSCHRIFT

4.1 Objekt und Methode der Schichtenscheidung

Auf Grund der vorausgegangenen Strukturanalysen soll nun versucht werden, die erste und zweite gnostische Überarbeitung des alten Attiskommentars im Rahmen der uns überlieferten Lehrschrift über den Menschen voneinander zu scheiden, soweit dies in den bisherigen Untersuchungen noch nicht geschehen ist. Es geht dabei in erster Linie um die Trennung der (valentinianischen) Neubearbeitung des PG's von der Anthropos-Lehrschrift des AG's. Diese Lehrschrift soll dort, wo sie durch polemische Unterbrechungen oder Redaktionen H.s entstellt worden ist, nach Möglichkeit rekonstruiert werden. Dort aber, wo sie durch Interpolationen des PG's erweitert oder verändert worden ist, soll versucht werden, sie in ihrer ursprünglichen Form freizulegen, als Zeugnis einer "verchristlichten" Gnosis, wie sie um die Mitte des zweiten Jahrhunderts bestanden hat. Eine Scheidung dieser gnostischen Lehrschrift vom alten (heidnischen) Attiskommentar soll dagegen nicht vorgenommen werden. Einmal weil die Schrift des AG's in ihrem dritten und umfangreichsten Teil grundsätzlich auf dem alten Kommentar aufbaut und trotz ihrer verschiedenen doktrinellen Struktur daher oft unsicher bleibt, wo der erste Kommentar aufhört und wo der zweite beginnt.[823] Sodann, weil unter den gegebenen Umständen der alte Kommentar im besten Falle nur als ein Torso aus der Überarbeitung herausgelöst werden könnte. Die *Existenz* eines alten, synkretistischen Kommentars des Attisliedes über Attis als die von jeder Natur erstrebte Weltseele halte ich jedoch auf Grund von dessen in Kap. 3.2 erhobenen doktrinellen Struktur für gesichert.

Unsere Aufgabe besteht methodisch darin, die von der doktrinellen Struktur des PG's geprägten Zusätze zu den zentralen

---

[823] So ist z.B. bei der Deutung des Amygdalos (9,1-2) nicht klar, ob außer der Einführung (S. 97,24f) auch die folgende Erklärung des "Vorseienden" (der an Valentins Frgm. 1 erinnert) und des Aufritzens (ἀμύξαι) zum alten Kommentar gehört oder, was mir wahrscheinlicher scheint, Eigengut des AG's ist.

Lehraussagen der Anthropos-Schriften (über Gott, Welt und
Mensch) von dieser durch den AG ursprünglich konzepierten Lehrschrift abzulösen. Diese Zusätze lassen sich alle aus dem soteriologischen Dualismus herleiten, der das Denken des PG's bestimmt. Charakteristisch für diesen sind dabei die in Kap. 3,6
erhobenen Wesenselemente: der grundlegende pneumatische Gottesbegriff, der soteriologische Dualismus von fleischlicher und
pneumatischer Geburt, der daraus folgende gnostische Exklusivanspruch, die Betonung des Pneumatischen und das damit gegebene
exklusive Heil durch Taufe und Salbung am dritten Himmelstor,
die gnostische Deutung der biblischen Himmelreichbilder sowie
die antikirchliche Polemik. Dabei versteht der PG seine Lehre
vor allem als pneumatische Exegese des Johannesevangeliums und
der Briefe des Paulus, ausgenommen die 7,39 und 8,36f zugrundeliegende Deutung des himmlischen Jerusalem, die sich an Is 54,1
(bzw. Gal 4,26f) inspiriert. Zitationen und Deutungen von Johannes und Paulus sind daher als Eigengut des PG's anzusehen, ebenso die Zitate aus dem Thomas-Evangelium.[824] Wir sehen die Naht-
stellen des überlieferten Textes von Anfang an abschnittweise
durch, um die verschiedenen Schichten aufzuzeigen und dort, wo
es notwendig und möglich ist, eine Rekonstruktion des ursprünglichen Textes des AG's zu versuchen. Wo dies schon im Laufe der
Strukturanalyse geschehen ist, wird auf diese zurückverwiesen
werden, um Wiederholungen nach Möglichkeit zu vermeiden.

4.2 *Kap. 6,3-7:*

Der Anfang des Kephalaions vor dem eigentlichen Hauptbericht
(6,4 - 7,1) verschwimmt in einer Redaktion H.s, welcher die
wichtige Bestimmung des Anthropos als "das erste Prinzip des
Alls" zum Opfer gefallen ist.[825] Wir haben bereits den im Kephalaion zitierten Anthropos-Hymnus (6,5) als Anfang der Anthropos-
Lehrschrift postuliert; man darf jedoch weiter fragen, ob die
Vorlage H.s sich erst in den zwei Schlußkapiteln (9,21-22) als
gnostische Lehrschrift explizit auswies, oder ob sie sich be-

---

824 7,20 (83,14-16) und 8,32 (95,3f), siehe dazu Kap. 3.6.2 und Anm. 617.
Dagegen könnte der Hinweis auf das Ägypter-Evangelium in 7,9 (81,1f)
bereits zur Anthropos-Lehrschrift gehört haben.
825 Vgl. damit die Epitome X 9,1 (268,12f).

reits am Anfang als solche zu erkennen gab? Ist das, was H. in 6,4 einleitend von den "Gnostikern" sagt, reine Redaktion, oder hat H. hier eine Art Präambel der Vorlage in seine Polemik aufgenommen? Nach H.s Worten haben die Häretiker selbst sich "Gnostiker" genannt und behauptet, allein die Tiefen zu kennen (φάσκοντες μόνοι τὰ βάθη γινώσκειν).[826] Von dieser doppelten Aussage wird die erste durch H.s Vorlage nur schwach gedeckt,[827] für die zweite findet sich keinerlei Hinweis. Wir müssen daher mit der Möglichkeit rechnen, daß H. bereits in 6,4 gegen eine einleitende These seiner Vorlage polemisiert. Dies gilt um so mehr, als die dortige Eingrenzung des "Wissens" auf die Gnostiker "allein" den in der Vorlage wiederholt betonten und für die Gnostiker typischen Exklusivanspruch prägnant zum Ausdruck bringt. Man kann daher mit einer gewissen Wahrscheinlichkeit eine entsprechende Einführung in der Vorlage selbst annehmen, worin die Gnostiker ihr Wissensprivileg ankündigten. Berücksichtigt man den in 6,4 überlieferten Text und H.s bekannte polemische Arbeitsweise, so könnte ein kurzer Satz wie der folgende als Einführung des PG's vielleicht erhoben werden: ἡμεῖς ἐσμὲν οἱ γνωστικοί, οἱ μόνοι τὰ βάθη γινώσκοντες.[828] Eine solche Rekonstruktion bleibt natürlich rein hypothetisch, sie würde jedoch als Auftakt der Schrift gut dem abschließenden Selbstzeugnis in 9,21 entsprechen.[829] Sie wäre auch in der Linie des Spruchs von den Stufen der Erkenntnis, wonach Gotteserkenntnis vollkommene "Gnosis" ist, Vollendung der dreifachen Erkenntnis des Menschen, die in der "Gnosis" des vollkommenen, pneumatischen Menschen gipfelt. Von dieser letzten heißt es, sie sei "sehr tief (πάνυ βαθεῖα) und schwer zu begreifen",[830] offenbar deshalb, weil sie direkt zur vollkommenen Gotteserkenntnis hinführt. Letztere wird dann folgerichtig als die eigentliche Tiefe (τὸ βάθος) verstanden worden sein. Eine solche Vorstellung, die sich an Röm 11,33 oder Eph 3,18 inspiriert haben könnte, lag

---

826 6,4 (78,2f).
827 Vgl. 8,29 (94,23f).
828 Vgl. 6,4 (78,2f). Auch Irenäus wußte von Gnostikern, die von sich behaupteten, die tiefsten Geheimnisse Gottes (profunda Dei) gefunden zu haben: II 22,3 (I 328 Harvey).
829 9,21 (102,11f).
830 8,38 (96,6f), vgl. Kap. 3.5.7.

für den PG, der Eph 3,15 zweimal zitiert,[831] sicher nahe. Es ist also durchaus möglich, daß die Gnostiker ihre Verkündigungsschrift mit einer Phrase über ihr privilegiertes Erkennen "der Tiefen" Gottes vorgestellt haben, gegen das H. polemisiert. In diesem Falle hätte der anschließende Anthropos-Hymnus dazu gedient, die Gnostiker als Kinder des "himmlischen Vaters" auszuweisen und ihre Kenntnis der göttlichen Tiefen vom Vater selbst herzuleiten.

Die in 6,6 vorliegende Dreiteilung des Menschen und der dazugehörige Satz über die (dreifache) Erkenntnis des Menschen künden sowohl die Disposition als auch das formale Prinzip der ganzen Lehrschrift an. Sie gehören daher notwendig zum Text der Anthropos-Lehrschrift. Dreiteilung und Erkenntnissatz beziehen sich aber nur auf den *Sohn des Menschen*, der daher in der Textrekonstruktion sinngemäß zu ergänzen ist; vgl. das τοῦτον in der Epitome X 9,1 (268,13) und die ähnliche Vorstellung bei Monoimos in Buch VIII 12-13, besonders 13,3-4.

Der Passus 6,7 schließt zwar an die für die Anthropos-Lehrschrift charakteristische Dreiteilung von 6,6 an, führt diese jedoch zu einem neuen Gedankengang weiter: zur Lehre von den drei Menschen in Christus, von den drei Menschenklassen und von den drei diesen Menschen entsprechenden Kirchen. Für diese Dreiteilung ist die Lehre von den drei *Wesenheiten* typisch, indem den drei Klassen von Menschen drei Wesenheiten in Christus entsprechen. Dessen Verkündigung ist darum von seinen Hörern auf verschiedene Weise gehört und verstanden worden, eben gemäß ihrer eigenen Natur. Diese theologische Dreiteilung ist die eigentliche Hauptlehre des PG's (vgl. 8,11-12) und die Voraussetzung für dessen soteriologischen Dualismus; sie wird daher, typisch gnostisch, in 7,1 über Mariamne und den Herrenbruder Jakobus auf den himmlischen Offenbarer selbst zurückgeführt.

---

831 7,7 (80,10-12) und 7,35 (87,17f); vgl. auch die Hinweise auf Eph 3,18 und Röm 11,34 in der valentinianischen Exegese in H.s Bericht: VI 34,7 (163,23f) und 29,5 (156,10).

4.3 Kap. 7,1-2:

Die in 7,1-2 verborgene Einleitung der Anthropos-Lehrschrift ist im Zusammenhang mit H.s Eingriffen in den Text der Vorlage schon untersucht[832] und in ihrer ursprünglichen Form, wenigstens sinngemäß, rekonstruiert worden.[833] In dieser Einleitung wurde Barbaren und Griechen eingeräumt, in ihren Kulten und Mysterien das universale Weltprinzip, den Menschen oder Adamas, zu verehren. Eine solche Aussage ist auf dem Hintergrund des pantheistischen Gottesbegriffs des AG's, der die Gottheit (Naas) in allen Tempeln und allen Mysterien gegenwärtig weiß,[834] ohne weiteres verständlich. Sie überrascht jedoch im Munde des PG's, dessen Denken vom pneumatischen Gottesbegriff und vom anthropologischen Dualismus bestimmt ist, wonach Gott auf keinem Berg und in keinem Tempel wahrhaft angebetet wird. Wahre Gottesverehrung geschieht "im Geiste".[835] Sie ist ein Akt der vollkommenen Menschen, der Pneumatiker allein, und setzt wahre Erkenntnis Gottes notwendig voraus. Dagegen ist die Gottesverehrung der grossen Masse fleischlich, das heißt unwahr oder irrig. Diese dualistische Sicht ist aufschlußreich für den ursprünglichen Wortlaut der Einleitung 7,1 in H.s Vorlage. Wenn nämlich der PG im Gefolge des AG's hier allen Menschen trotzdem einräumt, in ihren Kulten den allein wahren Gott zu intendieren, dann sicher nur mit der fundamentalen Einschränkung, daß sie das tun, ohne Gott wirklich zu kennen. Diese Einschränkung, die der PG sowohl in der Mitte des Kommentars[836] als auch am Ende desselben[837]

---

832 Kap. 2.4.
833 Vgl. Kap. 3.5.8.
834 9,12 (100,19-24).
835 9,3-4 (98,11-13).
836 Nach 7,28 (85,15) nennen die Menschen Gott zwar "das Gute", aber ohne zu wissen, was sie sagen (ὃ λέγουσιν οὐκ εἰδότες).
837 Nach 9,7 (99,10) besingt der Sänger im Theater die Großen Mysterien Gottes, tatsächlich weiß er aber nicht, was er sagt (οὐκ εἰδὼς ἃ λέγει). Ähnlich in 9,21 (102,8-10). Die dualistische Denk- und Redeweise hat der PG wohl aus dem Johannesevangelium übernommen. So sagt Jesus im Gespräch mit der Samariterin: ὑμεῖς προσκυνεῖτε ὃ οὐκ οἴδατε, ἡμεῖς προσκυνοῦμεν ὃ οἴδαμεν (Joh 4,22), vgl. Joh 1,26; 2,9; 3,10; 9,20f; 21,24 oder Gal 3,8. Ähnlich wie der PG denkt und spricht auch der Valentinianer in dem von H. überlieferten Bericht: "Alle Propheten und das Gesetz haben im Namen des Demiurgen, des törichten Gottes, gesprochen; sie sind selbst nichtswissende Toren (οὐδὲν εἰδότες)": VI 35,1 (164,7f) mit Joh 10,8 als Beleg; siehe auch VI 35,2 (164,11f). Der Nichtwissende *par excellence*

eigens betont, muß daher auch für die Einleitung in 7,1 postuliert werden.

Überprüfen wir im Licht dieser Überlegungen den fraglichen Passus, so fällt in H.s Redaktion in 7,1 sofort die für den PG typische Wendung οὐκ εἰδότες in die Augen. Im Zusammenhang beschuldigt hier allerdings H. die Gnostiker, über Christus Lügen zu verbreiten und die Menschen zu betrügen, welche diese Mysterien nicht kennen (ἐξαπατῶσι τοὺς ταῦτα οὐκ εἰδότας).[838] Diesen Satz als reine Polemik H.s aufzufassen, verbietet sowohl die darin gebrauchte typisch gnostische Terminologie als auch die obige Erkenntnis, daß die gnostische Einschränkung der heidnischen Gottesverehrung im Zusammenhang sachlich gefordert werden muß. Versucht man, den Text der Vorlage aus H.s Polemik herauszulösen, so ist die bereits früher rekonstruierte Aussage des AG's über das kultische Zeugnis aller Menschen, gegen die H. in 7,1-2 polemisiert, zusätzlich mit der Einschränkung des PG's zu versehen. Also: die Völker, Barbaren und Griechen, verehren oder intendieren in ihren Mysterien den Menschen (Adamas), aber sie wissen es nicht (αὐτὸν οὐκ εἰδότες). Die in Kap. 3.5.8 rekonstruierte Einleitung der Vorlage ist also im Sinne des PG's zu ergänzen.

4.4. Kap. 7,3-6:

Das Lehrstück über den aus Erde gebildeten Menschen gehört zur Anthropos-Lehrschrift. In der Beschreibung des von Engelmächten gemachten, zunächst leblos daliegenden Menschengebildes fällt die Häufung der Adjektive auf, die den Zustand der Unbeweglichkeit umschreiben sollen: Adam war atemlos, unbewegt, ganz starr (ἄπνουν, ἀκίνητον, ἀσάλευτον).[839] Das ἀσάλευτον findet in der Anthroposschrift keine Entsprechung; dagegen weist das ἀκίνητον auf die höchste Gottheit selbst als den unbewegten (ἀκίνητον) Beweger aller Dinge (vgl. 7,25) zurück. Der unbeweglich daliegende Adam offenbart als "Bild Gottes" also die transzendente Unveränderlichkeit des Allprinzips.

---

ist der Demiurg: VI 33 (162,5-9), genau wie im Bericht des Irenäus I 5,1-6 (passim) und I 7,1.4.
838 7,1 (79,5f).
839 7,6 (80,6).

4.5 Kap. 7,7-9a:

Das Stück über die Seele gehört zum AG.[840] Zusatz des PG's ist in 7,7 das Eph 3,15 nachgebildete Zitat. Der Hinweis auf das Ägypterevangelium dürfte vom AG stammen.

4.6 Kap. 7,9b-15:

Für den Beginn des Attiskommentars (7,9bc) wurde eine Rekonstruktion bereits versucht.[842] Die Ausführungen über die Belebung der scheinbar unbelebten Natur (7,10) und die Dreiteilung gemäß Phil 2,10 (7,11a) sind Eigengut des AG's.[843] Dagegen dürfte die Deutung des dreifach geliebten Adonis (7,11-12) im wesentlichen auf den alten Kommentar zurückgehen. Die Deutung des entmannten Attis auf die männliche Kraft der Seele (7,13-15) ist von der Lehre des mannweiblichen Anthropos und der neuen Schöpfung "oben" bestimmt und daher dem AG zuzuweisen; dagegen scheint der Begriff des "neuen Menschen" in Anlehnung an Eph 2,15; 4,24 vom PG ergänzend zugefügt worden zu sein.[844]

4.7 Kap. 7,16-19:

Das Zitat aus Röm 1,20-27 (7,16-18) ist bedingt durch den anthropologischen Dualismus des PG's: es soll, im Gegensatz zu dem in 7,15 (Ende) genannten "neuen" Menschen, den "alten" oder fleischlichen Menschen vor Augen führen.[845] Die Deutung der Schamlosigkeit (ἀσχημοσύνη) als die erste, selige, unförmige (ἀσχημάτιστος) Wesenheit, welche Ursache jeglicher Formung denjenigen ist, die geformt werden (7,18), bezieht sich vielleicht auf das ungeordnete Verlangen der Sophia der Valentinianer. Der PG übernimmt hier die Terminologie von Röm 1,27, denkt aber vielleicht auch an Vorstellungen wie Plato, Phaedr. 247c. Die

---

840 Vgl. Kap. 3.3.2.
841 Vgl. Exkurs II.
842 Siehe Kap. 2.4 zur Stelle.
843 Kap. 3.5.1 und Anm. 676.
844 Anm. 627.
845 Vgl. Kap. 3.6.3.

Kap. 7,20-22

Aussagen über Taufe und Salbung (7,19) gehören zur Exegese von Joh 4,10 des PG's.[846]

4.8 Kap. 7,20-22:

Ist der vorangehende Passus 7,16-19 ein späterer Zusatz des PG's, dann ist das den folgenden Abschnitt 7,20ff einleitende ἐπιμαρτυρεῖν, das auf das μαρτυρεῖν in 7,16 zurückweist,[847] wieder in das Simplex des ursprünglichen Textes abzuändern. Der Text des AG's ist hier aus einer doppelten Überarbeitung herauszulösen: aus den Interpolationen des PG's und aus der Redaktion H.s, der seine Polemik mehrfach in den Text der Vorlage eingestreut hat. Auf H.s Konto gehen, abgesehen von der Wiedergabe in der indirekten Rede: 1) der Hinweis, daß die Gnostiker nicht die Lehre Christi, sondern des Hippokrates verkündeten,[848] 2) der nochmalige Hinweis auf Hippokrates und dessen Lehre, sowie auf den Apostel Thomas,[849] 3) das überleitende λέγουσι γοῦν in 7,22.[850] Darüber hinaus ist der überlieferte Text durch eine Lücke entstellt,[851] in der ein Hinweis auf die folgenden Mysterien der Ägypter gestanden haben muß.[852] Streicht man die offen-

---

846 Anm. 628 und 710.
847 Vgl. 7,20 (83,9) und 7,16 (82,11).
848 7,21 (83,16f).
849 7,21 (83,18-21).
850 7,22 (83,22).
851 Diese Lücke hat zuerst die Göttinger Ausgabe (vgl. PG 16,3: 3131C-3133A) erkannt und durch ein zwischen die Mysterien der Assyrer und Phrygier eingeschobenes ἀλλά zu schließen versucht. Zu Unrecht; denn diese beiden Mysterien gehen dem fraglichen Text voraus und werden folglich als zwei bereits bekannte Zeugen für die Doppelnatur des Göttlichen angeführt. Was fehlt, ist ein Hinweis auf die folgenden Mysterien der Ägypter.
852 Reitzenstein (Poim.86) hat diesen Sachverhalt richtig gesehen; er fügt seine Ergänzung jedoch hinter φύσιν (S.83,12) ein, da er den folgenden Abschnitt von ἥνπερ bis φανερούμενον (S.83,12-21) als Interpolation der heidnischen Urschrift ansieht. Dabei ist ihm jedoch ein doppeltes Versehen unterlaufen. Einmal hat er die fundamentale Definition der Ägypter über den Ursamen als Urnatur (7,21: 83,17f) damit ebenfalls aus seinem Text verbannt; aber eben diese Definition wird in 7,25 (84,14f) als bekannt aufgenommen und vom AG erklärt; sie muß also zuvor (eben in 7,21) bereits erwähnt worden sein. Vor allem aber hat Reitzenstein übersehen, daß der Hinweis auf die Mysterien der Ägypter doch auch in der interpolierten Naassenerschrift, also in H.s Vorlage, gestanden haben muß. Dort kann dieser Hinweis aber unmöglich hinter φύσιν (S.83,12) gestanden haben, da das folgende ἥνπερ direkt an dieses anschließt. Folglich können die Mysterien der Ägypter nur am Anfang, also unmittelbar nach denen der Assyrer und Phrygier genannt worden sein.

sichtliche Polemik H.s, dann läßt sich der Text seiner Vorlage
(sinngemäß und weitgehend wohl auch wörtlich) wie folgt erheben:

> οὐ μόνον (δὲ) μαρτυρεῖ τῷ λόγῳ τὰ ʼΑσσυρίων
> μυστήρια καὶ Φρυγῶν (ἀλλὰ καὶ τὰ Αἰγυπτίων)
> περὶ τὴν ... μακαρίαν κρυβομένην ὁμοῦ καὶ
> φανερουμένην φύσιν, ἥπερ (ἐστὶ) ἡ ἐντὸς
> ἀνθρώπου βασιλεία οὐρανῶν ζητουμένη· περὶ ἧς
> διαρρήδην ἐν τῷ κατὰ Θωμᾶν ἐπιγραφομένῳ
> εὐαγγελίῳ παραδίδοται οὕτως· "ἐμὲ ὁ ζητῶν
> εὑρήσει ἐν παιδίοις ἀπὸ ἐτῶν ἑπτά· ἐκεῖ γὰρ
> ἐν τῷ τεσσαρεσκαιδεκάτῳ αἰῶνι κρυβόμενος
> φανεροῦμαι". ὅθεν οὗτοι (scil. die Ägypter!)
> τὴν ἀρχέγονον φύσιν τῶν ὅλων ἐν ἀρχεγόνῳ
> τιθέασι σπέρματι. οὗτός ἐστιν ὁ (αὐτῶν)
> λόγος μυστικός[853]. Αἰγύπτιοι (δέ), πάντων
> ἀνθρώπων μετὰ τοὺς Φρύγας ἀρχαιότεροι κ.τ.λ.[854].

Auch der so rekonstruierte Text von H.s Vorlage bleibt
schwerfällig, überladen durch die Deutung der göttlichen Allnatur auf das im Menschen verborgene Himmelreich und das Zitat aus
dem Thomasevangelium,[855] die den Zusammenhang stören, obwohl das
Zitat offensichtlich den eingangs genannten zentralen Lehrgegenstand, das heißt die verborgene und zugleich offenbare selige
Natur, durch ein Jesuswort belegen soll.[856] Die Interpolation
ist so massiv, daß die zentrale Lehre von der Doppelnatur des
Göttlichen, welche zuerst die Mysterien der Assyrer und Phrygier, nun aber die Isismysterien der Ägypter bezeugen sollen,
für die letzteren fast nicht mehr sichtbar wird. Gewiß trägt H.
mit seiner Polemik gegen die Gnostiker die Hauptschuld dafür,
daß die Gleichsetzung der Urnatur mit dem Ursamen nicht als Lehre der Ägypter, sondern nurmehr als die der Gnostiker erscheint.
Zu Recht nämlich hat er das Zitat aus dem Thomasevangelium als

---

[853] Das ἀπόρρητος der Hs ist Polemik H.s, vgl. Anm. 565. Zum "Logos mystikos" als mystische Formel, siehe Hepding, Attis 102. In 7,28 (85,15f) wird darauf mittels des mystischen Symbols Bezug genommen.
[854] 7,20-22 (83,9-23).
[855] Der Ausspruch bezieht sich vielleicht auf die Logia 3 und 4 des Thomasevangeliums, obwohl die Abweichungen zu dem koptischen überlieferten Text von NHC II,2 auffallen.
[856] Die κρυβομένη ὁμοῦ καὶ φανερουμένη φύσις kehrt in dem κρυβόμενος φανεροῦμαι des Logion wieder: 7,20 (83,11f und 83,16).

Kap. 7,23-24

einen Beleg und daher auch als Beweis dafür verstanden, daß die Gnostiker die Urnatur in den Ursamen verlegen.[857] Mit dieser berechtigten, aber den Sinn der gnostischen Beweisführung störenden Darstellung hat H. den ursprünglichen Zusammenhang völlig verdunkelt. Aber dieser Nexus war infolge der langen Interpolation des PG's schon in H.s Vorlage nicht mehr gut sichtbar, wie obige Rekonstruktion derselben deutlich macht. Denn es kann kein Zweifel sein, daß die Bestimmung der göttlichen Urnatur als Ursamen (ἀρχέγονον σπέρμα) die zentrale ägyptische Lehre ist,[858] die der Kommentator hier für seinen Beweisgang anführt.[859] Die Gedankenführung des Kommentars wird durch den Gedanken vom Himmelreich und das Logion aus Thomas hier so evident unterbrochen, daß allein dieser Passus genügen würde, um H.s Vorlage als Interpolation eines älteren Kommentars zu erweisen. Streichen wir nun auch die auf Kosten des PG's gehenden Einschübe, so läßt sich der folgende Text (sinngemäß und weitgehend vielleicht auch wörtlich) als Grundsubstanz des Kommentars des AG's[860] ablösen:

οὐ μόνον (δέ) μαρτυρεῖ τῷ λόγῳ τὰ Ἀσσυρίων
μυστήρια καὶ Φρυγῶν (ἀλλὰ καὶ τὰ Αἰγυπτίων)
περὶ τὴν ... μακαρίαν κρυβομένην ὁμοῦ καὶ
φανερουμένην φύσιν· οὗτοι (γὰρ) τὴν ἀρχέγονον
φύσιν τῶν ὅλων ἐν ἀρχεγόνῳ τιθέασι σπέρματι.
οὗτός ἐστιν ὁ (αὐτῶν) λόγος μυστικός. Αἰγύπτιοι
(δὲ) κ.τ.λ.

4.9 *Kap. 7,23-24:*

Die Ausführungen über die Ägypter und die kurze Darstellung der Isismysterien könnte der AG vom alten Kommentar übernommen haben. Den Hinweis: "Osiris aber nennen sie das Wasser", dürfte der AG hinzugefügt haben, um eine Übereinstimmung der Ägypter mit seiner eigenen Lehre hervorzuheben.[861] Das λέγουσιν in 7,23

---
857 7,21 (83,17f): ὅθεν οὗτοι (scil. die Gnostiker) τὴν ἀρχέγονον φύσιν τῶν ὅλων ἐν ἀρχεγόνῳ τιθέμενοι σπέρματι.
858 Vgl. Anm. 386.
859 Vgl. Anm. 852.
860 Die zentrale Lehre von der verborgenen und zugleich offenbaren Natur des Göttlichen deckt sich mit der Lehre der *Apophasis Megale,* an der sich der AG inspiriert, vgl. Kap. 3.5.3.
861 Vgl. Anm.386, sowie 7,23 (84,5) mit 9,13 (100,24) und 7,38 (88,12ff).

182 Schichtenscheidung in der Anthropos-Lehrschrift

ist jedenfalls Text der Vorlage, nicht Redaktion H.s, genau wie am Anfang von 7,25[862] und auch sonst häufig im Kommentar.[863] Die Deutung des siebenfachen Gewandes der Isis[864] auf die sieben Planetensphären ist eine chaldäische Lehre;[865] durch sie wird das veränderliche Werden, das heißt die von dem Unsagbaren, Unerforschlichen,[866] Unerkennbaren und Gestaltlosen umgewandelte Schöpfung angezeigt.[867] Diese astronomische Lehre findet der AG in dem der Weisheitsliteratur zugehörigen Spruch der Schrift wieder: "Siebenmal fällt der Gerechte und steht wieder auf" (Prov 24,16). Denn diese "Fälle" sind die Veränderungen der Stellung der Sterne, die der alles Bewegende bewegt.[868] Mit dieser biblischen Anwendung, hinter der sich eine ganze Spekulation über die göttliche Weisheit als kosmologisches Prinzip verbirgt,[869] leitet der AG zu seinem pantheistischen Gottesbegriff über, den er in der ägyptischen Lehre von Osiris als Weltsamen vorgebildet findet.

4.10 *Kap. 7,25-29:*

Zunächst wird die Vorstellung vom Weltsamen aufgenommen und gemäß der Lehre vom unbewegten Beweger interpretiert.[870] Die Weiterdeutung auf den allein guten Vater des Erlösers (vgl. Mk 10,18 Par.) ist durch den Dualismus des PG's bestimmt;[871] sie unterbricht die Gedankenführung des AG's und ist daher dem PG zuzuweisen.[872] In 7,27f wird der Gedanke über die Urnatur als

---

862 Vgl. 7,23 (84,5) mit 7,25 (84,14).
863 Z.B. 8,22 (93,12); 8,24 (93,21); 8,39 (96,9); 9,1 (97,24).
864 Plutarch, De Iside 53 (372 EF).
865 De Jong, Das antike Mysterienwesen 51 Anm. 1.
866 Die Lesart der Hs ἀνεξιχνιάστου gibt in der Aufzählung der negativen Attribute Gottes, dessen Wesenheit sich jeder menschlichen Erkenntnis entzieht, einen guten Sinn; Wendlands Korrektur zu ἀνεξεικονίστου ist daher unbegründet. Der Terminus begegnet Röm 11,33 und ebenso bei dem Gnostiker Ptolemäus in Iren. I 2,2 (τὸ ἀνεξιχνίαστον τοῦ πατρός).
867 7,23 (84,9f).
868 7,24 (84,10-13).
869 Zum Verständnis solcher und ähnlicher Spekulationen mag man die valentinianische Deutung in Exc. Theod. 47,1 (III 121,17f Stählin) heranziehen: "Der erste und allgemeine Demiurg ist also der Heiland, die Sophia aber 'baut sich als zweite ein Haus und stützt es mit sieben Säulen'(Prov 9,1)".
870 Kap. 3.5.1.
871 Vgl. 7,28 (85,15) und Anm. 596.
872 Kap. 3.6.1.

Weltsame zu Ende geführt, biblisch erweitert durch die Logia Mt 5,15 und 10,27.[873] Die Darlegungen über die Mysterien der Ägypter dürften mit dem Hinweis auf die Hermen der Griechen (7,28-29a) geendet haben,[874] um mit dem Mondhorn, dem nächsten phallischen Symbol (8,4), weiterzufahren.[875] Die Ausführungen über den Hermes der Kyllenier (7,29) stammen jedenfalls vom AG und sollen die von diesem in den alten Kommentar eingeschobene Hermes-Exegese einleiten.[876]

4.11 Kap. 7,30-41:

Die allegorische Homerdeutung von Od. 24,1-12 ist Eigengut des AG, der seinerseits auf einer neupythagoreischen Exegese aufbaut.[877] Die in den Mysterienreligionen übliche Deutung des Empedokleswortes Frgm. 119 auf die Verbannung der Seelen in den Leib[878] wendet der AG näherhin auf den Ursprung der Seelen von Adamas oben und deren Knechtung unter die Weltmächte an.[879] Eigenständig ist seine Exegese entsprechender Vorstellungen des Alten Testamentes,[880] wozu auch das an Eph 5,14 erinnernde apokryphe Eliaswort gehört.[881] In dessen christologischer Deutung unterscheidet der AG, gemäß dem Bild von Hermes und dessen Herrschaft über die Seelen (Od. 24,2-4), zwischen dem Logos als Erwecker und den von diesem "als Christus" Erweckten. Daher ergänzt er den folgenden Schluß, daß Tod und Erweckung der Seelen Sinn der ganzen Eleusinien sind,[882] durch einen Hinweis auf die Macht des Logos, dem "alles unterworfen ist".[883] Diesen doppelten Sachverhalt findet der AG in dem christologischen Te-

---

873 Anm. 603.
874 7,29 (85,18).
875 Siehe den Rekonstruktionsversuch in Kap. 3.5.4.
876 Kap. 3.5.4; zum Text siehe Anm. 430.
877 Kap. 3.5.4.
878 Plutarch, De exilio 17 (607E); Klemens Al., Strom. IV 13,1 (II 254,10 Stählin); Reitzenstein, Die Göttin Psyche 64 Anm. 2.
879 7,30 (86,7-11).
880 So zu Ps 2,9 in 7,32 (86,16ff) und Ps 18,5 in 7,34 (87,8f).
881 7,33 (87,3-6). Der Erweckte soll selbst zum "Sohn des Menschen", zum "Christus" werden, vgl. Anm. 514.
882 7,34 (87,6f) und Anm. 488.
883 7,34 (87,7f), vgl. Ps 8,7 und 1 Kor 15,27. Die beiden Gedanken gehören zusammen; folglich ist nach ὑποτέτακται ein Punkt zu setzen.

stimonium Ps 18,5,[884] aber ebenso auch in dem Homerwort Od. 24,5[885] ausgedrückt.

An die folgenden Verse Homers (Od. 24,6-8) hat der AG sodann seine originelle Deutung des "Felsens" als Adamas oben und dessen Herabkunft und Zersplitterung (als Steine) in die irdischen Leiber angefügt.[886] Hier dürfte sich der erste Einschub des PG's finden: der anatomische, wohl vom AG stammende Vergleich des Hauptsteins oben mit dem im Kopf befindlichen Gehirn, wird als "die Wesenheit" gedeutet, "aus der jedes Vatersein"[887] ausgeprägt wird.[888] Die der ursprünglichen Deutung zugrunde liegende *anthropologische* Vorstellung vom Hauptstein (= Kopf) oben, von dem die göttlichen Seelen herabgebracht wurden, wird damit von einem neuen, *soteriologischen* Gedanken unterbrochen: der Adamas oben ist das Vater-Prinzip, von dem die aus der Verbannung zurückgerufenen Seelen ihr väterliches Merkmal (= ihr Vater-sein) empfangen. Denn in den Seelen muß die Ähnlichkeit mit Gott, dem Vater oben, allmählich entwickelt bzw. das in ihnen keimhaft angelegte väterliche Merkmal (πατρικὸς χαρακτήρ)[889] ausgeprägt werden (χαρακτηρίζεται). Der soteriologische Einschub erweist sich als Interpolation des PG's, ganz ähnlich wie in 7,7 in dem Passus über die Seele.[890] Er führt damit die anatomische Spekulation fort, die der AG in seiner Anthropologie bereits verwendet hatte.[891] Zusatz dürfte auch das ὀστράκινον am Ende vom 7,36 sein.[892]

In der folgenden Deutung des Ozeans (7,38f) hat der AG seine Soteriologie umrissen.[893] Zusatz scheint hier nur die Bestimmung des Jerusalem oben als Mutter "der Lebenden" zu sein.[894]

---

884 Vgl. Röm 10,18; Justin, Dial.42,1; 64,8 etc. Auf diese Verkündigung der "Worte" nimmt das zusammenfassende ῥῆμα τοῦ θεοῦ in 9,5 (98,16) Bezug.
885 7,34 (87,9-11); zum Text siehe Anm. 490.
886 Vgl. Kap. 3.5.5.
887 Vgl. Eph 3,15.
888 7,35 (87,17-18).
889 Der Ausdruck kommt hier nicht vor, wohl aber in H.s Bericht über die Peraten: V 17,5 (114,3f) und 17,6.8 (115,2.15f). Die Verwendung und Abänderung von Eph 3,15 zeigt aber, daß in 7,35 dieselbe Vorstellung wie bei den Peraten zugrundeliegt; vgl. auch den Apophasisbericht H.s: VI 16,1 (142,2f).
890 7,7 (80,10-12), vgl.Exkurs II Anm.6 und die dort folgenden Ausführungen.
891 Vgl. Anm. 393.
892 7,36 (88,3), vgl. Anm. 672.
893 Kap. 3.5.1 und 3.5.6.
894 Vgl. Anm. 637.

Eigengut des PG's sind sodann die von dem soteriologischen Dualismus geprägten Ausführungen über fleischliche und pneumatische Geburt,[895] während der Passus über den Jordan (8,41) das Bild vom Ozean weiterführt und zu der von der Apophasis inspirierten Dreiteilung des AG's gehört.[896]

4.12 Kap. 8,1-8:

Nach der Redaktion H.s (8,1) folgt die für den AG typische Lehre von der dynamischen Dreiteilung des Alls. Diese inspiriert sich an der Lehre der Apophasis, wonach das in der Materie verlorene Göttliche sich in seinem dritten Stadium vollendet: dann nämlich, wenn es der Welt unten entflieht und nach oben, zu seinem Ursprung zurückfindet, wo es dann - selbst zu einer unfaßbaren Größe geworden - stehen wird bei der seligen unbegrenzten Kraft.[897] Diese Vorstellung ist in 8,1-2 eingekleidet in Bilder aus der Exodusallegorie des AG's, aber zugleich eingefügt in ein dreifach gegliedertes Schema, das die dynamische Dreiteilung an drei Naturen (φύσεις) bzw. an drei Stadien derselben kurz aufzeigt. In seiner prägnanten und zugleich geheimnisvollen Sprache erinnert dieses Schema an den Stil der *Apophasis Megale*[898] und man fragt sich unwillkürlich, ob der AG hier einen Text aus dieser uns nur wenig bekannten Offenbarungsschrift in erweiterter Form wiedergibt.[899]

Nach dem Homerzitat (8,3) soll ein erster Einschub die vom AG genannten Größen (τὰ μεγέθη) im Sinne des exklusiven Hörens der Pneumatiker erklären, die Mk 4,12 Par. entsprechend auslegen.[900] Die anschließend genannten Größen entstammen bibli-

---

895 7,40 (88,23-89,1), vgl. Kap. 3.6.1-2.
896 Vgl. 8,4 (89,20-22) und Kap. 3.5.4.
897 Vgl. VI 17,1 (143,1f) und 14,6 (140,4-6), sowie Kap. 3.5.3.
898 Vgl. Anm. 897 und Frickel, Apophasis 145-147.
899 Diese Vermutung wird dadurch verstärkt, daß das erste und zweite Glied der Aufzählung einem einfachen Schema entsprechen, während im dritten Glied unvermittelt ein Wechsel zu dem "königlosen", oben gewordenen Geschlecht erfolgt. Es ist daher möglich, daß 8,2 ein Spruch aus der *Apophasis Megale* zugrundeliegt, der ursprünglich vielleicht so gelautet haben könnte: μία γάρ ἐστιν ἡ μακαρία φύσις ἄνω· μία δὲ ἡ θνητὴ κάτω· μία δὲ ἡ ἄνω γενομένη. Das königlose Geschlecht sind die von der Herrschaft des Demiurgen und seiner Mächte befreiten Menschen, vgl. Apokalypse Adams (NHC V,5: 82,20-83,3 und 76,21ff); Eugnostosbrief (NHC III, 3: 75,20f); Wesen der Archonten (NHC II,4: 97,4).
900 8,3 (89,17f), vgl. Anm. 613.

schen Spekulationen[901] und gehören zum AG. Mit dem mannweiblichen Anthropos führt der AG das Bild des nach oben strebenden Göttlichen (= des Jordans), der die dynamische Dreiteilung des Alls in sich verkörpert, weiter und leitet damit zum Mondhorn des alten Kommentars über (8,4). Der Hinweis auf die Unwissenden (οἱ ἀγνοοῦντες), die den Anthropos den dreileibigen Gereon nennen, spielt dagegen auf die statische Dreiteilung des Menschen an[902] und paßt schlecht zur positiven Einschätzung heidnischer Weisheit, die den AG kennzeichnet; er ist daher wohl Zusatz des PG's. Auch die Weiterdeutung des alles vermischenden Mondhorns gemäß der valentinianischen Exegese von Joh 1,3-4 (Herakleons) ist Interpolation.[903] Der AG war von der in 8,4 gegebenen Deutung des Mondhorns (μηνὸς κέρας) als des All-Mischkrugs[904] unmittelbar zu der weiteren Deutung des Horns auf den Trinkbecher (ποτήριον) der Anakreonverse übergegangen, wie das wohl schon im alten Attiskommentar geschehen war.[905] Interpolation des PG's ist die dualistische Aussage über das, was der Mensch werden soll: "ein Pneumatiker, nicht ein Sarkiker";[906] ebenso die Weiterdeutung durch den Vergleich mit dem Weinwunder von Kana in Galiläa, welche die gnostische Himmelreichexegese voraussetzt und diese durch eine originelle Interpretation der johanneischen "Zeichen" ergänzt;[907] ebenso die gnostische Anwendung der Himmelreichgleichnisse in 8,8.

---

901 Vgl. Anm. 439.
902 8,4 (89,23f).
903 8,5 (89,26-90,2), vgl. Anm. 637 und 604. Zum "Nichts" (Joh 1,3), siehe Jonas, Gnosis und spätantiker Geist I 349.
904 In dem nach Platons Timäos Gott alle Bestandteile der Welt miteinander vermengte (Leisegang, Gnosis 126).
905 Er hat die ältere Deutung dabei geschickt mit der Geschichte des ägyptischen Joseph und dessen Trinkpokal (τὸ κόνδυ: vgl. Gen 44,2ff) verbunden und überdies den Anschein erweckt, als sei diese Geschichte die ursprüngliche, die der Griechen dagegen nur eine (davon abhängige?) Parallele dazu, vgl. seine Erklärung: λέγουσι δὲ αὐτὸ καὶ Ἕλληνες (8,6: 90,5). Doch zeigen sowohl der βασιλεύς wie auch das Schlüsselwort τὸ ποτήριον, das im Kontext viermal (S.90,3.9.13.14) aufscheint, daß Gen 44 hier sekundär ist, der Kommentar also früher nur die Anakreonverse erklärt hat. Der letzte, zuerst von Cruice hinzugefügte Vers (Anakreontea 17,26: Preisendanz 16), ist zum Verständnis der Deutung nicht erforderlich, da er im Text (S. 90,13-15) angeführt und erklärt wird.
906 8,7 (90,15f).
907 Vgl. Kap. 3.6.5.

4.13 Kap. 8,9-12:

Stammen die vorangehenden Ausführungen über das Himmelreich (8,7b-8) vom PG, dann muß dem folgenden Mysterium der Samothraker (8,9) im Kommentar des AG's eine besondere Bedeutung beigemessen worden sein.[908] Dieses enthält dann nämlich die Antwort auf das im Schweigen zu hörende, verborgene Geheimnis, das der Becher des Anakreon verkündet: die Antwort darauf, was der Mensch werden muß (ποδαπὸν αὐτὸν δεῖ γενέσθαι).[909] Sich selbst finden, sich selbst werden, das ist der eigentliche Sinn gnostischer Erlösung, der im samothrakischen Mysterium demnach besonders anschaulich vorgebildet sein soll. Tatsächlich kommt diese Vorzugsstellung bereits formal im einleitenden Satz, dessen Struktur gegenüber der soteriologischen, an dem καλοῦσι des Attisliedes orientierten Einleitung aller anderen Mysterien auffällig abweicht,[910] deutlich zum Ausdruck. "Dieses ist das große und unaussprechliche Mysterium der Samothraker", heißt es in direktem Anschluß an den Spruch des Weissagungsbechers,[911] "das allein die Vollendeten (τοῖς τελείοις)[912] wissen dürfen".[913] Worin besteht dieses große Geheimnis? Darin, daß die Samothraker in den bei ihnen vollzogenen Mysterien ausdrücklich *jenen Adam* als den Urmenschen überliefern".[914] Diese Anwendung ist ganz offensichtlich durch die anthropologische Perspektive des AG's bestimmt, der den Passus über die Entstehung des irdischen

---

908 Zum Samothrakischen Mysterium, siehe Herodot II,51; Kern, Die boiotischen Kabiren 14; Ders., Kabeiros und Kabeiroi 1425; Rubensohn, Die Mysterienheiligtümer in Eleusis und Samothrake. Die Weihen von Samothrake wurden an Bedeutung denen von Eleusis gleichgesetzt (Pauly-Wissowa XX, 1423ff).
909 8,7 (90,15).
910 Vgl. 9,8 (99,13ff) und die entsprechenden Aufzählungen im Kommentar, die konstant das καλοῦσι (8,13; 8,22 etc.) oder λέγουσι (vgl. Anm. 863) aufnehmen.
911 Dieser Zusammenhang wird durch die Interpolation über das Himmelreich (8,7b-8) offensichtlich verdunkelt.
912 Der zur Mysteriensprache gehörige Ausdruck erscheint auch 8,22 (93,12), 8,37f (96,4.7) und 9,18 (101,21); er meint die in die Großen Mysterien Eingeweihten, vgl. Bousset, Kyrios Christos 239. Dagegen meint das angefügte "uns" (ἡμῖν), das die Vollendeten in den Weihen mit den Pneumatikern identifiziert (8,9: 90,24), den nicht auf höherer Weihe, sondern auf einer neuen "Natur" begründeten gnostischen Exklusivanspruch des PG's.
913 8,9 (90,23f).
914 8,9 (90,24-26).

Menschen bereits zielsicher auf den Adam als Bild des himmlischen Adamas hingeordnet (7,3-6) und seinen Traktat überhaupt als Lehrschrift "über den Menschen als Bild und Gleichnis des Adamas" konzipiert hat.[915] Zentraler Punkt dieser Lehre ist die Gott-Gleichheit, zu der der Mensch auf Grund seiner Gott-Ähnlichkeit berufen ist. Genau das zeigt das Mysterium der Samothraker, in deren Allerheiligstem[916] die Standbilder zweier nackter Menschen stehen, die ihre Hände zum Himmel strecken und deren Schamglieder nach oben gerichtet sind,[917] genau wie die Statue des Hermes in Kyllene.[918] Die erwähnten Statuen, so erläutert der AG, sind die Bilder des himmlischen Urmenschen und des oben geborenen Menschen,[919] der jenem Urmenschen in jeder Hinsicht wesensgleich (ὁμοούσιος) geworden ist.[920]

Der folgende Abschnitt 8,11-12 ist geprägt von der statischen Naturenlehre und dem Exklusivanspruch des PG's.[921] Er soll, wie die Einleitung des neutestamentlichen Mischzitates zeigt, erklären, auf welche Weise die Wesensgleichheit des Pneumatikers mit dem göttlichen Adamas erfolgt. Die Wiedergeburt ist das Wichtigste; aber sie ist nur der Anfang des neuen Lebens. Denn das nun folgende Mischzitat, das wohl Joh 6,53 + Mt 20,22 + Joh 8,21 zu einem Erlöserwort verbindet, spricht vom "Trinken des Blutes" und vom "Essen des Fleisches" des Erlösers. Der PG spielt also auf ein kultisches Mahl an, welches das Trinken aus dem Becher und das Essen einer Speise wesentlich einschließt; denn durch dieses Essen und Trinken verwirklicht sich die Wesensgleichheit mit Gott. Diese Beziehung zwischen Wesens-

---

915 Vgl. Kap.3.5.7. Der alte Kommentar der Attismysten hatte in 8,9 (wie auch im Lied 9,8: 99,17) wohl Ἀδάμνα gelesen: vgl.Th.Bergk, Anthologia lyrica 1041 (nach Hesychios von Alexandrien, zu ἀδαμνεῖν); Kern, Kabeiros 1425; Wilamowitz, Hermes 37, 1902, 392f; Dibelius, Isisweihe 42.
916 8,10 (91,1): τὸ ἀνώτατον ist die Königs- bzw. Götterwohnung. Ich übersetze mit Leisegang (Gnosis 126) "in dem Allerheiligsten"; "in dem Tempel" (Foerster, Gnosis I 350) ist zu schwach.
917 8,10 (90,26-91,3). Herodot II,51 nennt nur die Geheimlehren über den phallischen Hermes, wovon die Athener die ὀρθὰ αἰδοῖα der Hermesstatuen übernommen hätten.
918 Hier wird also vom AG auf die Gestalt der Hermesstatuen von 7,29 (85, 20-22) zurückverwiesen, vgl. Anm. 287.
919 Der PG bestimmt den nach oben gelangten (vielleicht las der Text ursprünglich wie 8,2 (89,12) ἄνω γενομένου) bzw. oben geborenen Menschen als den "Pneumatiker".
920 8,10 (91,3-5); der AG folgt hier der Lehre der Apophasis, siehe Kap.3.5.6.
921 Vgl. Anm. 613.

gleichheit und Speisesakrament ist nicht willkürlich, sondern schließt an den in manchen Mysterien geübten Brauch eines kultischen Mahles[922] an. Über ein solches Kultmahl im Attismysterium berichtet Firmicus Maternus, der dabei das bekannte Symbol, das die zu Weihenden sprechen mußten,[923] zitiert und dagegen drei Stellen aus dem Johannesevangelium (6,35 + 7,37 + 6,53) anführt. Firmicus zitiert dabei Joh 6,53 in seiner kanonischen Form,[924] im Unterschied zum PG, der den Text im Sinne der gnostischen Himmelreichdeutung abgewandelt hat: Essen und Trinken der eucharistischen Speise als Vollendung der Wesensgleichheit, das heißt nach ihm: "Eingehen in das Himmelreich".[925]

Im letzten Teil des Mischzitates wird mittels Joh 8,21 eine Einschränkung angebracht, die sich offensichtlich gegen eine zu simple Auffassung vom Essen des Fleisches und Trinken des Blutes des Erlösers richtet: eine Polemik also, gegen ein zu plumpes Verständnis des eucharistischen Mahles.[926] Manche in der Großkirche vertretene zu realistische Auffassung[927] mag diese Reaktion der Gnostiker mithervorgerufen haben: das Essen und Trinken der eucharistischen Speise allein genügt nicht, um Gott wesensgleich zu werden, denn das tun auch die Hyliker und Psychiker! Diese Einschränkung erinnert sehr an Herakleons Kommentar zu Joh 8,21.[928] Was also ist nötig, damit der Mensch in Wahrheit Gott wesensgleich wird bzw. in das Himmelreich eingehen kann? Antwort auf diese Frage gibt die spezielle Lehre von den

---

922 Siehe dazu Hepding 185-187; Cumont, Textes et Monuments figurés I 175. 318-321; vgl. Apuleius XI 24 (4-5).
923 Zu den drei Fassungen dieses Symbols, siehe Dibelius, Isisweihe 8-15.
924 Firmicus Maternus, De errore 18,1.7 (62f Ziegler).
925 Der kanonische Text hat die abschließende Folgerung: οὐκ ἔχετε ζωὴν ἐν ἑαυτοῖς; vgl.Resch, TU X,4:109f. Es besteht keinerlei Handhabe, das Zitat des PG's dem Ägypterevangelium zuzuschreiben (so Zahn, Geschichte des neutestamentlichen Kanons II 630 Anm.1);es ist ein zur theologischen Beweisführung verbundenes Mischzitat, ähnlich wie das Zitat aus Joh 4,21ff in 9,3.
926 Hier findet sich also ein weiterer Zug jener Polemik des PG's, die in Kap. 3.6.4 bereits aufgezeigt wurde.
927 Siehe die von Justin in Apol. I 66,2 für die breite Öffentlichkeit vorgetragene kirchliche Lehre, wo unter Anspielung auf Joh 6,57 eine realistische Umwandlung der Gläubigen in Christus durch den Genuß der eucharistischen Speise verkündet wird.
928 "Zu dem Wort aber 'Wohin ich gehe, könnt ihr nicht kommen', sagt er: 'Wie können die, die in Unwissenheit, Unglauben und Sünde sind, zur Unsterblichkeit kommen?'": Origenes, Joh.Com.19,14 (314,14-17 Preuschen) = Herakleon, Frgm. 41 (82,13-17 Völker), deutsch nach Foerster, Gnosis I 234f.

drei Naturen, die der PG in 8,11-12 an der Predigt der zwölf Apostel veranschaulicht.[929] Die hier vertretene Scheidung der Menschen *nach ihren Naturen* setzt dabei eine entsprechende Scheidung der zwölf Apostel selbst voraus.[930] Solche Unterscheidung geht auf ältere valentinianische Tradition, vielleicht auf Valentin selbst zurück,[931] dürfte aber insofern darüber hinausführen, als sie mit Hilfe des φύσις-Begriffs begrifflich strenger gefaßt worden ist. Die ganze Deutung des Mischzitates, und hier besonders der nach Joh 8,21 gemachten Einschränkung, deckt sich überraschend mit der Exegese, die Herakleon zu Joh 8,21[932] und zu Joh 8,44[933] erstmals, wie es scheint, vorgelegt hat. Ein Indiz mehr, den PG bei Herakleon bzw. in seinem Kreis zu suchen.[934]

4.14 *Kap. 8,13-21:*

Die ursprünglich wohl schon zum alten Attiskommentar gehörende Etymologie des Attis als "Korybas" hat der AG mit Hilfe eines apokryphen christologischen Schriftzeugnisses auf die unerkannte Herabkunft des Anthropos von dem merkmallosen Gehirn oben in den choischen Leib weitergedeutet.[935] Vielleicht hat er dabei auch

---

929 Die Verwirklichung der Wesensgleichheit des Menschen mit dem göttlichen Urmenschen erläutert der PG durch die Worte des Erlösers:"'Wenn ihr nicht mein Blut trinkt und mein Fleisch eßt (Joh 6,53), geht ihr bestimmt nicht in das Himmelreich ein. Aber auch wenn ihr den Kelch trinkt, den ich trinke (Mt 20,22), könnt ihr dahin nicht kommen, wohin ich gehe (Joh 8,21)'. Denn er wußte, aus welcher Natur jeder seiner Jünger ist und daß jeder von ihnen in seine eigene Natur gehen muß. Denn aus den zwölf Stämmen wählte er zwölf Jünger aus, und durch sie hat er zu jedem Stamm geredet. Darum haben die Verkündigungen der zwölf Jünger nicht alle gehört, noch, wenn sie sie hören, können sie sie aufnehmen. Denn was nicht ihrer Natur gemäß ist, das ist gegen (ihre) Natur": 8,11-12 (91,6-16).
930 Nach 8,12 (91,10f) wußte nämlich Jesus im voraus, aus welcher Natur (ἐξ ὁποίας φύσεως) jeder seiner Jünger ist.
931 Die in Adv. haer. III 1-5. 12-15 überlieferte Polemik des Irenäus gegen entsprechende Lehren der Valentinianer hat keinen Bezug zum φύσις-Begriff und setzt wohl ältere Tradition voraus. Einige Beispiele: sie behaupten, die Apostel "hätten gepredigt, bevor sie die vollkommene Erkenntnis besessen hätten"(III 1,1). "Die Apostel hätten den Worten des Heilandes noch allerlei aus dem Gesetz beigemischt" (III 2,2: II 8 Harvey). Valentinianer behaupten, "die Apostel hätten... ihre Lehre nach der Fassungskraft ihrer Zuhörer eingerichtet und ihre Antworten nach den Vorurteilen der Frager" (III 5,1: II 19 Harvey).
932 Herakleon, Frgm.41: siehe Anm. 928.
933 Herakleon, Frgm.44-47 (83,4-84,29 Völker).
934 Vgl. Kap. 3.6.5.
935 Der Passus 8,13-14 wird in Exkurs II (siehe dort Anm.26)eigens erörtert.

Kap. 8,13-21

an andere alttestamentliche Weissagungen (z.B. Ps 18) gedacht, nach denen Christus von den Höhen des Himmels (ἀπ' ἄκρων τῶν οὐρανῶν) in die Welt kommen sollte und nach oben wieder zurückkehren werde (vgl. Deut 30,12; Prov 30,4; im NT: Joh 3,13).[936] Seine biblisch inspirierte Deutung des Abstiegs von oben will jedenfalls auf eine nicht sichtbare, wohl aber hörbare Gottesoffenbarung des Anthropos hinaus, auch wenn oder gerade weil dieser dann unerkannt in den Wassern der Materie unten, das heißt im irdischen Leib versinkt. Was der AG in 8,15-17 über den im Irdischen verlorenen göttlichen Seelenteil in biblischen Bildern (vor allem mittels Ps 21; 28 und 34 sowie Is 41 und 49) zur Sprache bringt, ist eine knappe Zusammenfassung solcher alttestamentlichen Vorstellungen, in denen frühchristliche Theologie die Niedrigkeit und Unscheinbarkeit Christi in dieser Welt vorherverkündet fand[937] und die christliche Gnosis schon früh auf die Verbannung der Seele (= Israel) in die materielle Welt angewandt hat.[938] Zusatz des PG's scheint hier nur der Hinweis auf Adamas zu sein, der zu seinen eigenen (τοὺς ἰδίους) Menschen spricht.[939] Prägnant beschreibt der AG dann in 8,18-21 den Aufstieg der Seele, besonders in der bildhaften Sprache des christologischen Testimoniums Ps 23;[940] ein Aufstieg, den der PG sogleich mit der Wiedergeburt zum Pneumatiker gleichsetzt.[941] Es ist ein Aufstieg, der die innere Umkehr der Seele und deren

---

936 So Justin in Dial. 64,2 und 64,4 (wo Ps 18,1-6 als Beleg zitiert wird). Jedenfalls hat der AG das frühchristliche Testimonium Ps 18 in 7,34 und in 9,6 christologisch verwendet.
937 Ps 21 wird Mt 27,35-46 mehrfach angeführt; vgl. Joh 19,24.29; Hebr 2,12; 1 Klemens 16,15-16; zu Justin, siehe P. Katz, Justins Zitate aus dem AT: Studia Patristica I 343-353. Zu Ps 23: vgl. 1 Kor 10,26; Justin, Dial. 36,3f; 125,2.
938 In H.s Sethianerbericht wird V 19,16 (119,13-16) wohl ebenfalls auf Ps 28,3 angespielt; vgl. Peraten V 16,7 (112,9ff): Ps 21,11? Die Leiden der Seele und ihr Rufen zum Vater um Rettung: vgl. ExAn (NHC II,6: 128,33ff) und Naassenerpsalm 10,2 (103,3-13), siehe auch Markos bei Iren. I 14,8.
939 8,17 (92,12f), vielleicht in Anlehnung an die Hirtenrede Joh 10,3; vgl. die Exegese von Joh 10,9 in 8,20f (93,1-2.4-5); vgl. Anm. 636.
940 Vgl. Justin, Dial. 36; Iren., Epid. 84 und Adv. haer. IV 33,13; auch Daniélou, Théologie du Judéo-Christianisme I 231f; Kähler, Studien zum Te Deum und zur Geschichte des 24. Psalms in der alten Kirche, Göttingen 1958; Rose, Attolite portas, principes, vestras... 453-478; Cabaniss, The Harrowing of Hell, VC 7, 1953, 65-75; Böhlig, Christentum und Gnosis im Ägypterevangelium 7.
941 8,18 (92,15f).

Befreiung aus der Vermischung des irdischen Leibes zur Voraussetzung hat.[942] Er erfolgt durch "das Himmelstor", den Eingang zum "Haus Gottes", das der Patriarch Jakob in einer furchterregenden Vision schaute, sodaß er ausrief: "Wie schrecklich ist dieser Ort. Nichts anderes ist das, als das Haus Gottes und das Tor des Himmels".[943] Nicht jedem ist diese Schau des Himmelstores gegeben. Auch Jakob konnte sie erst haben, als er vom Kind zum Jüngling und zum Manne herangereift war, als er nach Mesopotamien reiste.[944] Mit diesem Beispiel will der AG zeigen, wie der Gnostiker durch Belehrung wachsen muß; anders der PG, dessen Schwerpunkt auf der Wiedergeburt liegt. Zur Gnosis muß der Mensch reifen, wie Jakob oder "Israel", der der Schau der göttlichen Dinge teilhaft wurde.[945] Mesopotamien aber ist eine Allegorie für den Strom des großen Ozeans, der aus der Mitte des vollkommenen Menschen fließt.[946] Nach dieser an den Strom des großen Ozeans (vgl. 7,38) und an den aus Edem entspringenden großen Strom (vgl. 9,14f) anknüpfenden Deutung kehrt der AG zur Schau Jakobs und zum Ziel des Aufstiegs zurück: das Haus Gottes[947] und das Tor zum Himmel.[948]

---

942 8,19 (82,21-23). Es ist Befreiung nach dem "Kampf" im Leib, von dem Job 40,27 allegorisch spricht, und der an die von H.in Ref.I 24,5 (29,5-8) berichtete Lehre der Brahmanen erinnert; vgl.ExAn (NHC II,6: 134,8-15).
943 8,19-20 (92,23-93,1), vgl. Gen 28,7.12.17. Über diese Vision spekulierte bereits Philo (De somniis I 133-135). In frühchristlicher Theologie dient die Vision von Gen 28 als Testimonium für die Existenz des Logos als eines zweiten göttlichen Wesens, durch den Gott der Schöpfer sich offenbart: Justin, Dial. 58,11-13.
944 8,19 (92,23-27).
945 Jakob ist "Israel", das heißt der, der Gott sieht. So schon Philo, De nominum mut.81; De praemiis 44. In der Gnosis: Exc. Theod. 56,5 (= der Pneumatiker); ebenso Klemens Al., Paed. I 7,57,2 und 9,77,2; Hippol., Contra Noetum 5.
946 Wie Ägypten in 7,41 und Madian in 8,2 wird hier auch Mesopotamien allegorisch gedeutet; vgl.die Gotteserscheinung an Abraham in der Stephanusrede: Apg 7,2. Liegt Joh 7,38 eine ähnlich allegorische Vorstellung zugrunde?
947 Dieser aus Gen 28,17 übernommene Terminus wird in 8,44 (97,13) wiederholt. Er steht für das "Heilige Haus", wo die Mysterien vollzogen werden, siehe Βακχεῖον in Pauly-Wissowa II,2: Sp. 2783. Der AG scheint eine Frühform jener alttestamentlichen Spekulationen zu bieten, die sich ausführlicher bei den Valentinianern finden, z.B. Exc. Theod. 38,2; Herakleon Frgm. 13; Philippusevangelium Spr. 76 und Spr. 125 (dazu Ménard, L'Évangile selon Philippe 195f).
948 Dieses ursprüngliche Bild vom Aufstieg bis zum Himmelstor bezeugt auch der Gnostiker Justin in H.s Ref. V 26,14-16 (129,1-14), der Ps 117,9f zitiert. Der PG hat diese Vorstellung durch das Bild von den *drei Türen* des Himmels erweitert: 8,31 (95,3).

Die Weiterdeutung des Himmelstores auf Jesus als "das wahre Tor"[949] ist pneumatisch-exklusive Erklärung einer älteren Exegese von Joh 10,1.9[950] und gehört daher dem PG an.[951]

4.15 *Kap. 8,22ab:*

Die sicher auf einer älteren Erklärung des Attis als "Papas"[952] aufbauende Deutung des AG wurde bereits erörtert und von einer (wahrscheinlich nur die Menschenklassen betreffenden) Erweiterung des PG's geschieden.[953] Der AG übernimmt die Dreiteilung des Kosmos nach Phil 2,10 (wie schon in 7,11) und deutet damit den Papas auf den vom Himmel gesandten Jesus, der den Menschen Gnosis zur Erlösung mitteilt. Aber er schaut damit zugleich, wie der gesamte Kosmos dem Himmel und Erde versöhnenden Erlöser, dem "alles unterworfen ist",[955] seine Huldigung darbringt (vgl. Phil 2,10). Es ist die *gnostische* Erklärung der kosmischen Vision des Philipperhymnus, die in kultischen Bräuchen[956] und Exegesen der Gnostiker[957] ihren Niederschlag gefunden hat. Erlösung ist die Befreiung "des Menschen" aus der Macht der kosmischen Mächte durch Mitteilung und Übung der Gnosis.

---

949 8,20f (93,1-5).
950 Bezeugt bei den Peraten: V 17,9 (115,18); weitere Stellen bei Resch, TU X,4: 126-128.
951 Vgl. 9,21 (102,13), auch Exc. Theod. 26,2 und Philippusevang. Spr. 27 (siehe dazu Ménard 147).
952 Reitzenstein (Die Göttin Psyche 81) verweist auf eine ähnliche Vorstellung in der "Kore Kosmou", wo die im Körper gefangenen Seelen "in Unwissenheit" Frevel über Frevel häufen, bis auf Bitten der Elemente die höchste Gottheit Osiris und Isis sendet, die Recht und Ordnung wieder herstellen und den Menschen die Gotteserkenntnis bringen, besonders das Wissen um den Weg zur himmlischen Heimat. Im alten Attiskommentar könnte der Name "Papas" daher vielleicht auf die Erlösung der in der Welt irrenden Seelen gedeutet worden sein, vielleicht so: παῦε παῦε τὴν ἀσυμφωνίαν τοῦ κόσμου καὶ "τὴν πλάνην τῶν ψυχῶν", vgl.8,22 (93,9f) und die ähnliche Vorstellung bei den mit dem Naassenerbericht verwandten Doketen: Hippol.,Ref. VIII 10,1 (229,11-16) und 10,2 (229,20f). Zu Attis als "Papas", siehe Schneidewin, Hymnorum 255f; Hepding, Attis 208 und 112 Anm. 5.
953 Vgl. Anm. 676.
954 Wie im Schlußpsalm 10,2 (103,12ff).
955 Darum die Anspielung auf 1 Kor 15,27 in 7,34 (87,8).
956 Bei Iren. I 21,3 (I 185 Harvey): εἰρήνη πᾶσιν, ἐφ' οὓς τὸ ὄνομα τοῦτο ἐπαναπέπαυται.
957 Z.B. Exc. Theod. 72-74 (III 130,1-22 Stählin); Ps.-Klemens, Hom. 17,9. 10 (GCS 42,234f Rehm).

4.16 *Kap. 8,22c-30:*

Nach dem kosmischen Bezug der Erlösung kommt der AG zu Attis, "dem Toten" (8,22c-24a), der aber umgekehrt zugleich "Gott" genannt wird (8,24b-30), also zum Zentralthema der Gnosis.

Die erste Deutung folgt Plato, nach dem die Seele im Leib wie in einer Gruft und einem Grab begraben ist.[958] Diesen Zustand der Todesverfallenheit findet der AG in dem Schriftwort Mt 23,27 wieder: "Ihr seid übertünchte Gräber, innen voll von Totengebeinen".[959] Doch wird der Unterschied zwischen der traditionellen platonischen und der vorliegenden Deutung offenbar, wenn diese den Tod der Seele gnostisch versteht und darum hinzufügt: "weil in euch der lebende Mensch (ἄνθρωπος ὁ ζῶν) nicht ist".[960] Einkerkerung der Seele im Leib *und* Vergessen ihrer himmlischen Heimat machen den im Plasma gefangenen "Menschen" gleichsam zu einem Toten. Tot bleibt der Mensch, solange er den Ruf der Erweckung nicht vernimmt und in Unkenntnis seiner Herkunft, seines wahren Seins, verbleibt. Auf dieses Erwachen aus dem Todesschlaf spielt das zweite Jesuswort an, das der AG als Beleg für den Todeszustand des Menschen im Leib anführt: "Und ferner", sagt er, "werden die Toten aus den Gräbern aufspringen".[961] Dieses Schriftwort, Apokryphon oder freie Weiterbildung von Mt 27,53,[962] bezeugt sowohl die Menschen als Tote im Grab des Leibes, als auch deren Auferweckung aus dem Todesleib, was, wie der AG hinzufügt, das Auferstehen aus den choischen Leibern

---

958 Kratylos 400C; Phaid. 64C; vgl. Leisegang, Gnosis 127 Anm.1; ebenso Philo, Leg. all. I 108; Courcelle, Tradition platonicienne et traditions chrétiennes du corps-prison: REL 43, 1965, 406-443.
959 Der Text lautet dem Justins (Dial. 17,4; 112,4) ähnlich (Preuschen, Antilegomena 2, S.44), doch betont der AG nicht den Gegensatz von außen-innen der Gräber, sondern von tot-lebend, der die Gnosis allein interessiert. Die Ähnlichkeit mit dem Text Justins könnte aber ein Indiz sein, um Verfasser und Abfassungsort der Anthropos-Schrift näher zu bestimmen: ein in alexandrinischer Theologie geschulter synkretistischer Platoniker in Rom?
960 8,23 (93,15f). Im Text gehen Jesuswort und Erklärung (ὅτι) ineinander über.
961 8,23 (93,16f); das Verb ἐξαλοῦνται der Hs scheint im Zusammenhang unpassend; denn der AG denkt an die Auferstehung aus den Gräbern im gnostischen Sinn: die Toten hören den Erweckungsruf und verlassen die Begierden des irdischen Leibes. Vielleicht stand ursprünglich ἐκαλοῦνται? Vgl. 7,30 (86,3) und die Apophasis-Paraphrase VI 16,1 (142,3).
962 Eine Umbildung von Joh 5,25 oder 5,28 (so vermutet Wendland, S.93 zu Zeile 17) scheint der Wortlaut nicht zu rechtfertigen.

(ἐκ τῶν σωμάτων τῶν χοϊκῶν) bedeutet. Nicht aus dem fleischlichen Leib, nicht nach dem physischen Tod also erfolgt die Auferstehung, sondern jetzt schon, in diesem Leben, ist der Mensch dazu aufgerufen, den seinen Nus und seine Seele unsichtbar umhüllenden "choischen" Leib zu verlassen, um dem Nus und dem Logos gemäß zu leben. Eine gnostische, der valentinianischen Lehre von Exc. Theod. 50-52 gleiche oder ähnliche Anthropologie ist hier vorausgesetzt. Verkündet wird eine bereits jetzt erfolgte Auferstehung, wie sie ähnlich schon 1 Kor 15,12 bzw. 2 Tim 2,18 als bekannt vorausgesetzt wird[963] und die Irenäus als gnostisches Traditionsgut treffend kennzeichnet, wenn er sagt: "Sie behaupten, die Auferstehung von den Toten sei nichts anderes als die Erkenntnis ihrer Wahrheit".[964] Mit dem Hinweis auf die Auferweckung aus den "choischen" Leibern liefert der AG nur die anthropologische Begründung (Valentins?) für dieses gnostische Dogma nach. Der PG aber ergänzt diese philosophische Aussage im Sinne seines soteriologischen Dualismus: Auferstehen ist allein Sache der wiedergeborenen Pneumatiker, nicht der Sarkiker. "Dies", sagt er, "ist die Auferstehung, welche durch das Tor der Himmel[965] erfolgt. Die nicht eingehen durch dieses Tor, bleiben alle tot".[966]

Von diesen dualistisch geprägten Gedanken hebt sich die folgende Deutung des Attis als "Gott" deutlich ab, indem der AG sinngemäß erst jetzt, bei der Erklärung der Vergöttlichung, von der Auferweckung zur eigentlichen Auferstehung übergeht: "Attis wird Gott, wenn er, aus den Toten auferstanden, durch das Tor in den Himmel eingeht".[967] Dies sind die zwei Zentralgedanken der gnostischen Erlösung und Gottwerdung: Auferstehen aus der Nacht des Todesleibes und Eingehen durch das Himmelstor. Alle

---

963 Vgl. J. Schniewind, Die Leugner der Auferstehung in Korinth, in: Nachgelassene Reden und Aufsätze, Göttingen 1952, 110-139; E.H. Pagels, The Mystery of the Resurrection: A gnostic Reading of 1 Corinthians 15, in: HThR 93, 1974, 276ff.
964 Iren. II 31,2 (I 370 Harvey).
965 διὰ τῆς πύλης...τῶν οὐρανῶν (im Plural), gemäß der Lehre von der pneumatischen Taufe und Salbung am dritten Himmelstor: 9,22 (102,14f);der AG spricht hingegen von dem einen Himmelstor: 8,20 (93,1); 8,44 (97,12f).
966 8,24 (93,18-20). Die Verbindung von Wiedergeburt und Eingehen durch das Himmelstor ist wohl pneumatische Exegese von Joh 10,1.9 (vgl. 8,21).
967 8,24 (93,21-23). Der Hinweis auf das "sobeschaffene" Tor zielt auf Jesus als das "wahre" Tor (8,20: 93,2) und dürfte daher Zusatz des PG's sein.

Mysterien und Kulte der Völker sind auf diese zwei zentralen Geheimnisse hingeordnet. Darum, so folgert der universalistisch denkende AG, sind dies "die von allen (ὑπὸ πάντων) unaussprechlich genannten Mysterien".[968] Auf dem Hintergrund dieser klaren, das Gott-werden des Menschen erklärenden Gedankenführung hebt sich die in 8,25 dazwischenliegende Erklärung der Paulusvision (2 Kor 12,2-4) deutlich als späterer Zusatz ab.[969] Diese Vision, schon früh von Gnostikern als Schriftzeugnis für Sonderoffenbarungen und ihr eigenes (ebenfalls auf Offenbarung gründendes) Wissen in Anspruch genommen,[970] hat der PG an das vorgenannte Himmelstor angeschlossen, den Gedanken des Kommentars dabei jedoch verändert: er zielt einmal auf den Nachweis von mehreren Himmeln, genauer auf den zweiten und dritten Himmel;[971] vor allem will er jedoch auf die unaussprechlichen Worte (ῥήματα ἄρρητα) hinaus, die Paulus gehört hat, die nur der Pneumatiker erforscht, der Psychiker dagegen nicht zu erfassen vermag (1 Kor 2,13.14).[972] Der Gedankengang wird also von den μυστήρια der Gottwerdung auf die ῥήματα des Geistes verlagert. Darum wird der ursprüngliche Hinweis auf "die von allen unaussprechlich genannten Mysteria" (8,26) nunmehr wiederholt, aber zugleich auf die unaussprechlichen Geheimnisse des Geistes (τὰ τοῦ πνεύματος ἄρρητα μυστήρια) ausgeweitet, die - ganz im exklusiven Sinn des PG's -, "die Pneumatiker allein kennen".[973]

Dieser Vorzug des Pneumatikers wird im folgenden Abschnitt (8,27-28) immer wieder betont. So wird zunächst das Wort des Erlösers Joh 6,44a nicht zitiert als ein Beleg für die Auferweckung, obwohl das Joh 6,44b nahe gelegt hätte, sondern als Zeugnis für die göttliche Auswahl des Pneumatikers.[974] Dann erst

---

968 8,26 (93,27f). Das ist die in Kap. 3.5.1 erhobene doktrinelle Struktur des vom AG verkündeten kultischen Universalismus.
969 8,25 (93,23-27), vgl. Anm. 652.
970 Vgl.Iren.III 13,1 (Anfang) und III 14,1 (Ende), sowie Tert.,Praescr.24,5.
971 2 Kor spricht nur von einer Erhebung "bis zum dritten Himmel". Der PG will in 2 Kor 12 wohl ein Schriftzeugnis für die pneumatischen Mysterien am dritten Himmeltor (vgl.9,22) finden. Nach Iren.II 30,7 (II 365f Harvey) beriefen sich Gnostiker auf die Paulusvision für ihre Lehre von den sieben Himmeln des Demiurgen, der selbst im vierten Himmel thront.
972 8,26 (93,28-94,2). Hier berührt sich der PG wieder mit dem Bearbeiter des valentinianischen Systems monistischer Prägung in Hippol.,Ref.VI 34,8.
973 8,26 (94,2f).
974 8,27 (94,3-5); vgl. das Zitat ähnlich in der "Exegese über die Seele": NHC II,6: 134,34-135,4 und Frickel, Naassener oder Valentinianer? 99f.

kommt der ursprüngliche Satz, welcher die in 7,26 von allen unaussprechlich (ἄρρητα) genannten Mysterien aufgreift und erkärt: "sehr schwer ist es nämlich, dieses große und unaussprechliche (ἄρρητον) Geheimnis zu erfassen".[975] Ganz im Sinne dieser Aussage nennen die dann folgenden zwei Logien Jesu (Mt 7,21 und Mt 21,31) eine Grundbedingung zur Gottwerdung, die mit der vorgenannten, durch Joh 6,44a belegten Gnadenhaftigkeit von Gottes Auswahl merkwürdig kontrastiert: es genügt nicht, das Wort Gottes nur zu hören, sondern man muß es auch in der Tat befolgen.[976] Hier tritt die an stoische Lehre anschließende Ethik des AG's deutlich zutage. Auch die Etymologie des Wortes τελῶναι (Zöllner) paßt gut zu den übrigen etymologischen Ableitungen des AG's.[977] Zusatz dürfte nur der gnostische Exklusivanspruch in dem Satz "Wir aber sind die Zöllner usw."[978] sein, während das mit der stereotypischen Formel τοῦτό ἐστι τὸ εἰρημένον eingeleitete Gleichnis vom Sämann und dem auf unfruchtbaren bzw. fruchtbaren Boden fallenden Samen[979] offenbar wieder zur Exegese des AG's gehört. Darum das abschließende: "Wer Ohren hat zu hören, der höre" (Mt 13,3-9 Par.), während der Nachsatz über das exklusive Vermögen zu hören[980] den PG verrät. Im Gleichnis vom Sämann ist bedeutsam, daß der göttliche Same dreifach gesät wird:[981] in zwei Gruppen von Menschen geht er zugrunde, aber in einer Gruppe bringt er Frucht. Diese Anwendung des AG's offenbart eine Vor- oder Frühform der valentinianischen Gnosis, indem der Same als das eigentlich pneumatische Element von oben nicht exklusiv

---

975 8,27 (94,5f); ursprünglich wohl nur λαβεῖν, während das παραδέξασθαι Interpolation des PG's sein dürfte, vgl. 8,12 (91,15).
976 8,27-28 (94,7-12); zu Mt 7,21 vgl. die entsprechende Exegese in Ecl. proph.19,1 (III 142,4 Stählin);Klemens, Strom.VII 104,4(III 73,26f Stählin).
977 8,28 (94,12-17); vgl. 8,2 (89,14f); 8,20 (9,2,27f); 8,41 (96,20-24). Die Vollendung der Welt durch den vollkommenen Menschen lehrt (in erweiterter Form) auch Ptolemäus bei Iren. I 6,1 (114,5-10 Völker).
978 8,28 (94,13f): "Wir aber sind die Zöllner, auf die die Geschenke der Äonen herabgekommen sind", vgl. 1 Kor 10,11.
979 8,29 (94,17-22).
980 8,29 (94,22-24).
981 Statt vier Beispiele über den Samen (wie im kanonischen Text Mt 13,3-9 par. und im Thomasevangelium Spr.9), werden hier nur drei aufgezählt: der erste Samen fiel auf den Weg und wurde zertreten; ein zweiter fiel auf steinigen Grund, ging zwar auf, hatte aber keine Tiefe und verdorrte; nur ein Teil fiel auf guten Boden und brachte Frucht. Wahrscheinlich soll das Gleichnis zugleich drei Menschentypen veranschaulichen: Choiker, Psychiker, Noetische Menschen, vgl. 6,7 und Kap. 3.6.3.

in die Pneumatiker, sondern universalistisch in alle Hörer des Wortes gesät wird. Frucht allerdings bringt er nur in einer Gruppe, die der AG allegorisch mit jener schönen und guten Erde vergleicht, die Gott durch Moses seinem Volke Israel verheißen hat, dem Land, wo Milch und Honig fließen (Deut 31,20). Hier wird ein weiterer Zug jener Exodus-Allegorie und frühchristlicher Erlösungstypologie sichtbar, worauf der AG wiederholt zurückgreift: Auszug aus Ägypten, Durchzug durch das Rote Meer und Zug in die Wüste (vgl. 7,39), Stauung des Jordan durch Josue (7,41), Einzug in das verheißene Land (8,30).[982] Milch und Honig sind dem AG Speise zur Unsterblichkeit,[983] durch deren Genuß die Vollkommenen königlos werden und am Pleroma teilhaben. Eine Deutung des Pleromas, durch das alle (vollkommen) gewordenen Geschlechter von dem Ungezeugten entstanden sind und erfüllt wurden, beschließt die kurze Exegese des von oben gesäten und fruchtbar gewordenen Samens.[984]

4.17 Kap. 8,31-33:

Die Deutung des Attis als "unfruchtbar" ist in Kap. 3.6.2-3 auf ihre Überarbeitung durch den PG bereits untersucht, und der Text des AG's rekonstruiert worden.[985] Zusätze scheinen die Bestimmung des Unfruchtbaren als σαρκικός und die Erwähnung des dritten Tores in 8,31, sowie das Zitat aus dem Thomasevangelium (8,32), das den Gedankengang stört. Den Abschluß bildete das Zitat Mt 7,6 mit der enkratitischen Anwendung.[986]

4.18 Kap. 8,34-36a:

Attis als "Aipolos" und seine kosmologische Deutung sind in Kap. 3.6.3 erklärt worden. Die Spitze gegen die Psychiker könnte aus dem alten Kommentar stammen; die weitere Deutung stammt

---

982 Vgl. Justin, Dial. 113,3-4.
983 Solche Speise war bereits im Attiskult vorgebildet, vgl. Hepding, Attis 197f; zu Milch und Honig, siehe Usener, in: Kleine Schriften IV, 398-417.
984 8,30 (94,28f).
985 Vgl. Anm. 618.
986 8,33 (95,6-9), vgl. Anm. 668; zu den Perlen, siehe Anm. 605.

aber vom AG, der sich dabei wohl an älteren Etymologien inspiriert hat.[987] Auch die positive Stellung zu dem Homerwort über den truglosen Meergreis Proteus (Od. 4,384f) deutet auf den AG hin. Proteus, der in philosophischer Allegorie als Bild der Urmaterie,[988] in gnostisierenden Zirkeln aber wahrscheinlich als Seher und Künder gedeutet wurde, der den in der Welt irrenden Seelen den Weg zur himmlischen Heimat weist,[989] ist auch dem AG eine Symbolfigur für den Weg nach oben. Darum resumiert dieser die kosmologische Deutung des Aipolos in einer für ihn typischen Wiederholungsformel[990] und fügt in einer auch die Soteriologie einschließenden Anwendung hinzu: "Auf diese Weise nennen die Phrygier Aipolos den, der immer alles überall zu dem Eigenen (πρὸς τὰ οἰκεῖα) dreht und wendet".[991] Typisch für den AG ist auch die zum anschaulichen Erklären in der ersten Person Plural vorgetragene Lehrform, die hier gehäuft, aber auch sonst im Kommentar auftritt,[992] und die wegen ihres relativ häufigen Vorkommens wohl als literarisches Indiz für die Hand des AG's gelten darf.

4.19 *Kap. 8,36b-38:*

Die Bedeutung des Attis als "Vielfrüchtigen" ist in Kap. 3.2 (Struktur des Attiskommentars) erörtert,[993] eine ausführlichere Analyse der christlich gnostischen Deutung und eine Scheidung von AG und PG in Kap. 3.6.4 im Rahmen der antikirchlichen Polemik des PG's vorgenommen worden.[994] Die vorliegende Deutung, die eine Erweiterung des alten Attiskommentars darstellt, ist

---

987 Vgl. Anm. 683f.
988 F.Buffière, Les Mythes d'Homère et la pensée grecque, Paris 1956, 181.
989 Nach Homer soll der im Vers genannte "Alte vom Meer" dem Odysseus den Weg der Heimfahrt zeigen: Od.4,388f. Die gnostisierende Homerexegese, speziell der Odyssee (vgl. Hippol., Ref. VI 15,4-16,2), brauchte das nur auf den Weg zur Heimat oben zu übertragen.
990 8,36 (95,20-22), die Formel hat der AG in 9,2 (98,5f) wiederholt; vgl. auch 8,38 (96,6f).
991 Genau das lehrt der AG in dem auf den Attiskommentar folgenden Schlußteil 9,14 (100,29f) und 9,19 (101,24ff).
992 Vgl. οἰκοῦμεν, στρεφόμεθα καὶ πολοῦμεν mit 7,29 (85,15), 8,13 (91,21), 8,41 (96,21), 9,1 (98,3).
993 Vgl. Anm. 271.
994 Vgl. Anm. 766-769.

200   Schichtenscheidung in der Anthropos-Lehrschrift

in ihrer Grundsubstanz eine Exegese von Gal 4,27 durch den AG,
der den vollkommenen Menschen als Ziel seiner Anthropos-Schrift
dartun will. Mit seinen vom soteriologischen Dualismus geprägten Interpolationen hat der PG versucht, diese Schrift zu einem
Traktat über den "neuen" Menschen, den "aus Wasser und Geist
wiedergeborenen", weiterzubilden.

4.20   *Kap. 8,39-45:*

Die hier überlieferte Beschreibung und Deutung des Attis als
"der grün gemähten Ähre", die den vorzeitigen Tod des Attis symbolisiert, ist höchstwahrscheinlich von dem alten Attiskommentar
übernommen.[995] Nach der Erwähnung des Höhepunktes der Einweihung,
der Epoptie,[996] hat der AG den Kommentar mehrfach in seinem Sinne erweitert: so durch die Deutung der πότνια als das himmlische
Werden oben und durch die Etymologie von Eleusis-Anaktoreion in
8,41.[997] Da der AG die traditionelle Unterscheidung der kleinen
und großen Mysterien von Eleusis eigens betont, unterscheidet
auch er offenbar zwei ähnliche Stufen zur Vollkommenheit,[998] gemäß seiner gnostischen Sicht des Christseins. Auf dem Hintergrund des Attiskommentars kann er jedoch die erste, den kleinen
Mysterien entsprechene Stufe *nicht nur negativ* gedeutet haben.
Diese ist ja gleichsam ein erster Schritt auf dem Weg zur Vollendung des Menschen, eine Art natürlicher Voraussetzung dazu,
auch wenn die Vollendung nur in der zweiten, den großen Mysterien entsprechenden Stufe erreicht wird. Da eine positive Wertung auch der kleinen Mysterien in der 8,42-44 zugrundeliegenden Erklärung deutlich zum Ausdruck kommt,[999] so kann die jetzt

---

995 Zu Attis als Frucht- und Korngott: Frazer, Adonis, Attis, Osiris 175f;
    De Jong, Das antike Mysterienwesen 23; auch Baudissin, Adonis und Esmun
    161-166.
996 Dazu De Jong, a.a.O. 22 und 65f; Tert., Adv. Valent. I 3.
997 Zum Stil des AG's, siehe Anm. 992; zur Interpolation dieser Etymologie
    durch den PG, vgl. Kap. 3.6.2.
998 Die dionysisch-orphische Religion galt "als eine unerläßliche Vorstufe
    zu den eleusinischen Mysterien": E. Maaß, Orpheus 97. Philo (De Cherubin 49) vergleicht die kleinen und großen Mysterien der Eleusinier mit
    den "Mysterien", die er zuerst bei Moses und später bei Jeremias kennengelernt habe. Gesetz und Prophetie?
999 Auch das in 8,43 als Beleg positiv angeführte Wort des Dichters (Parmenides, Frgm. 20 Diels) zeigt das klar; zum Text: De Jong, Das antike
    Mysterienwesen 78f und 154.

vorherrschende, durch den radikalen soteriologischen Dualismus des PG's zwischen dem fleischlichen Werden (τῆς σαρκικῆς γενέσεως) und der Geburt der Pneumatiker[1000] bestimmte Abwertung nicht ursprünglich sein. Will man die Zweiteilung des AG's aus der jetzt vorliegenden Überarbeitung herauslösen, so muß man auf dessen in 7,38-40a in ursprünglicher Fassung erhaltene Unterscheidung von κάτω und ἄνω, von Werden unten und Werden oben (ἡ κάτω γένεσις... ἡ ἄνω) zurückgreifen. Tatsächlich liegt diese Unterscheidung auch dem jetzt interpolierten Text von 8,43-45a zugrunde. Man kann dies auf folgende Weise erheben: da die großen Mysterien im Attiskommentar die himmlischen (τὰ ἐπουράνια) heißen, so wird der AG die kleinen Mysterien, die der Persephone hier unten (τὰ τῆς Περσεφόνης κάτω),[1001] entsprechend als die irdischen (τὰ ἐπίγεια) verstanden haben. Da der AG ferner die zwei Mysterien nicht als Vorbilder zweier christlicher Weihen auffaßt, sondern die großen Mysterien als das himmlische Werden oben (ἡ γένεσις ἡ ἐπουράνιος ἡ ἄνω) deutet,[1002] so wird er die kleinen Mysterien entsprechend als das irdische Werden unten (κάτω) erklärt haben, gemäß der in 7,38-40a vorliegenden Unterscheidung. In dieser Perspektive bringt das Werden "unten" dem Menschen zwar auch kein Heil, aber es ist die irdische Voraussetzung, die der Mensch hinter sich lassen muß, um zum Werden "oben", zur Mutter oben, zu gelangen. Anders in der Sicht des PG's, der das Werden unten als fleischlich (σαρκική) weiterinterpretiert und damit in den Dualismus Pneuma-Sarx zwingt. Nach ihm ist das Werden unten nicht nur sterblich (θνητή), sondern es ist Untergang und Verderben. Diese radikale Zuspitzung zeigt sich näher darin, wie der PG das zweifache Werden mit der Lehre von den *zwei Wegen* verbindet, also mit der freien Wahl des Menschen: den breiten Weg des Verderbens zu gehen, indem er gemäß dem fleischlichen Werden *lebt* oder den eigenen steilen Weg zum Leben, indem er pneumatisch lebt.[1003] Der Dualismus des vor-

---

[1000] Vgl. 8,40 (96,10) und 8,44 (97,9) mit 8,44 (97,15).
[1001] Vgl. 8,43f (97,2-3.11); zu Persephone als Geleiterin (ähnlich Hermes) der Toten zur Unterwelt: Rohde, Psyche II 388, Anm.2.
[1002] 8,41 (96,19): das entspricht dem im Jerusalem oben gewordenen Werden in 7,39f (88,17-22); vgl. 8,44 (97,11).
[1003] Im Sinne dieser zwei Wege ist Mt 7,13 bereits in 8,43 (97,3f) interpoliert; sodann werden die Logien Mt 7,13.14 in freier Form in 8,45 (97, 20-23) zitiert. Zu dieser zwei Wege Lehre in Didache 1,1 und Ps.-Barna-

gegebenen *Zustandes* ist zu einem Dualismus des in einer radikal verschiedenen Seinsweise gründenden *Lebens* des Menschen geworden. Dieser Dualismus des PG's wertet das Werden unten als "fleischlich" total ab, während der Dualismus des AG's dieses irdische Werden eher positiv als Vorstufe des Menschen zu dessen Aufstieg verstand.

Dieser Aufstieg endet nach dem AG am "Tor des Himmels", am "Haus Gottes", in das kein Unreiner eingeht.[1004] Mit dieser kultischen Reinheit hängt das folgende Empfangen (λαβεῖν)[1005] der Gewänder aufs engste zusammen. Denn eben diese "Reinheit" ist unabdingbare Voraussetzung, um das himmlische Kleid, das den Eintritt in den Himmel ermöglicht, anlegen zu können. Wesentlicher Teil dieser Reinheit ist, daß alle Erwählten durch die Geburt aus dem jungfräulichen Geist entmannte Bräutigame werden (γενέσθαι νυμφίους ἀπηρσενωμένους).[1006] Diese Aussage ist im Licht der in 7,13 erklärten Entmannung des Attis zu sehen, die

---

bas 18-20: H. Windisch, Die Apostolischen Väter III: Der Barnabasbrief, Tübingen 1920, 396-406.

1004 8,44 (97,12f), vgl. Anm. 947 und 662. Der folgende Hinweis auf den "Guten Gott", der allein in diesem Haus wohnt, unterbricht den Gedankengang; er verrät den absolut transzendenten Gottesbegriff des PG's und ist wohl interpoliert, genau wie die vom soteriologischen Dualismus bestimmte Aufzählung der drei Menschenklassen.

1005 So die Lesart der Hs. Die Korrektur zu βαλεῖν (so bereits die Göttinger Ausgabe, dann Reitzenstein, Wendland, Völker und alle deutschen Übersetzungen, sowie H. Jonas, Gnosis und spätantiker Geist II,1 S.102) dreht den Sinn um, ist aber m.E. nicht gerechtfertigt: sie übersieht 1) das der Deutung zugrundeliegende kultische Vorbild des synkretistischen Attiskommentars, das Reinheit und Bekleidung mit einem reinen Gewand verbindet (vgl. zum Isiskult: Plutarch, De Iside et Osiri 4 mit Hinweis auf Platos Phaid.67B); sie verwechselt 2) das hier gemeinte "Empfangen" des himmlischen Kleides mit dem in der gnostischen Symbolik weitverbreiteten Bild vom "Abstreifen" des Gewandes, welches Abstreifen eben nicht durch βαλεῖν, sondern gewöhnlich durch ein Verb mit dem Präfix ἀπό ausgedrückt wird: so im Neuen Testament Eph 4,22; Kol 3,9; 2,11 und auch in den anderen Berichten aus H.s gnostischem Sondergut (Sethianer V 19,21: 121,1; Justin V 26,28: 131,14; Doketen VIII 10,7: 230,20), vgl. auch Iren. I 7,1 bzw. Exc. Theod. 64. Dagegen bedeutet λαβεῖν soviel wie "empfangen": Exc. Theod. 61,8 (III 127,25 Stählin). Darum ist 3) der Hinweis auf Ägypterevangelium Frgm. 3 (τὸ τῆς αἰσχύνης ἔνδυμα πατήσητε: so Wendland 97 und Völker 23 zur Stelle) unangebracht, weil es in unserem Text sicher nicht um die "Gewänder der Scham", sondern um die Umkleidung mit dem himmlischen Lichtgewand gehen dürfte, welche die Einheit der vollkommenen Menschen in dem *einen* Himmelsmenschen bewirken.

1006 8,44 (97,16f). Der Ausdruck "jungfräulicher Geist" erinnert an die Barbelognosis bei Iren. I 29,1.3 (I 222ff Harvey).

ein Zurückrufen der männlichen, das heißt noetischen Kraft der
Seele zur himmlischen Heimat symbolisiert. Der "innere Mensch"
muß also von allen Leidenschaften des Körpers und der Seele
frei werden, das ganze Werden und Zeugen "unten" hinter sich
lassen und nach "oben" gelangen, zu der in 7,39 genannten Mutter (vgl. Gal 4,26), dem himmlischen Jerusalem. Auf diese Mutter, den jungfräulichen Geist, wird Is 7,14 in freier Form angewandt: "Denn dies ist die Jungfrau, die schwanger ist, empfängt und einen Sohn gebiert: nicht einen psychischen, nicht
einen leiblichen (οὐ ψυχικόν, οὐ σωματικόν), sondern einen seligen Äon der Äonen".[1007] Die Mutter empfängt also (συλλαμβάνουσα: vgl. Lk 1,31), weil jungfräulich, ohne Zeugungsakt, wohl in
Erinnerung an die zuvor geschauten Äonen des Pleromas, den vollkommenen Menschen, der alle vollendeten Menschen in sich enthält und verkörpert. Zusatz des PG's ist in 8,45 dann nur die
nach Mt 7,13.14 formulierte Anwendung der Lehre von den zwei
Wegen, die, wie bereits gesagt, vom soteriologischen Dualismus
des PG's bestimmt ist.

4.21 *Kap. 9,1-9*:

Im Abschnitt über den die vollkommene Frucht hervorbringenden Mandel(baum) (9,1f)[1008] ist, anders als in der vorausgehenden Erklärung der grün geernteten Ähre (8,39f), nicht deutlich,
ob die grundlegende Deutung auf den alten Attiskommentar zurückgeht oder vom AG stammt. Die Bezeichnung des Allvaters
als des Vorseienden (τὸν προόντα), d.h. der vor allen Äonen,

1007 8,45 (97,18f). Diese Geburt aus der Jungfrau-Mutter wird auf den seligen Äon eingeschränkt, der weder ein psychischer noch ein leiblicher
Sohn ist. Steht hinter dieser Aufzählung, die sehr wohl vom AG stammen
könnte, die Vorstellung von drei Geburten aus "der Mutter aller Lebenden", wie das Iren.I 11,1 (I 100f Harvey) von Valentins ursprünglicher
Lehre berichtet wird? Dort gebiert die außerhalb des Pleromas befindliche Mutter drei Söhne: 1) den männlichen (ἄρρενα) Christus in Erinnerung der Mächtigen, 2) den Demiurgen, 3) den linken Archon. Ist die
vorweltliche Geburt des Christus, der den Schatten von sich abtrennte
(ἀποκόψαντα, vgl. Attis) und ins Pleroma aufstieg, zugleich typisch
für die Geburt des vollkommenen (entmannten) Menschen aus dem jungfräulichen Geist? Hat der AG das Ausgeprägtwerden zum "Christus", Ziel der
Vollendung in der Anthropos-Lehrschrift, als diese Geburt aus der
Jungfrau-Mutter verstanden?
1008 Zu "Amygdalos" siehe Pauly-Wissowa I,2 Sp. 1990-95; Carcopino, De Pythagore 118 Anm. 101; Pollux, Onomastikon I 233 (72,22).

Kräften, Göttern usw. existierenden Wurzel des Alls (vgl. 9,5), die charakteristische etymologische Ableitung des Namens "Amygdalos" und die typische Wiederaufnahme der Deutung in 9,2 mit οὕτως,[1009] deuten ebenfalls auf den AG als Verfasser des ganzen Abschnittes 9,1-2. Das am Schluß von 9,2 angefügte Zitat Joh 1,3 ist bereits diskutiert und als Zusatz des PG's, eines sehr an die Exegese des Herakleon erinnernden Valentinianers, bestimmt worden.[1010] Die in 9,3 folgende Deutung des Flötenspielers Attis (Syriktas) als das aus dem Vater hervorgetretene harmonische Weltpneuma[1011] hat der PG dann benützt, um mit Hilfe des Mischzitats Joh 4,24.21.23 seinen pneumatischen Gottesbegriff und den daraus resultierenden, nur im Pneuma möglichen neuen Gotteskult zu verkünden.[1012]

Bei der in 9,4 folgenden Aussage über das Pneuma ist zunächst zu sehen, ob das Gesagte an das harmonische Weltpneuma des AG's, oder an den pneumatischen Gottesbegriff des PG's anschließt. Es geht um eine nähere Bestimmung des Pneumas, die, wie das zweimalige ἐκεῖ zeigt, irgendwie mit dem Ort zusammenhängt, an dem der Vater genannt wird. Eine wie immer verstandene Einschränkung des Pneumas auf *diesen Ort* ist also mitausgesagt. Das paßt aber nicht zu dem gerade vom PG betonten pneumatischen Gottesbegriff, der jede Einschränkung auf einen Ort oder einen örtlich bestimmten Kult ausschließt. Der fragliche Satz dürfte also nicht vom PG stammen. In der Sicht des AG's dagegen und nach den in 9,1-3 stehenden Erklärungen ist der aus dem Vater gezeugte Sohn (παῖς) derselbe wie der als hamonisches Weltpneuma bestimmte Syriktas. Eben diese Identität zwischen dem Sohn (υἱός) und dem aus dem Vater gezeugten Pneuma will aber der fragliche Satz zum Ausdruck bringen, wenn auch unter einer besonderen, in 9,1-3 noch nicht genannten Rücksicht: "Das Pneuma aber ist dort, wo auch der Vater genannt wird (ὀνομάζεται), auch der aus diesem Vater dort geborene Sohn".[1013] Hinter dieser nicht ohne weiteres ein-

---

1009 9,2 (98,3-5. 5-7), vgl. die Parallele in 8,36 (95,20).
1010 Vgl. Kap. 3.6.5 und Anm. 794-799.
1011 Zu "Syriktas" siehe Hepding, Attis 117. 206-210; Steuding, Griechische und römische Mythologie, Berlin ⁵1919, 58; Leisegang, Gnosis 131.
1012 9,3-4 (98,9-13), vgl. Kap. 3.6.1-2.
1013 9,4 (98,13f). Der in jedem Fall defekte Text ist dann nur durch ein ἐστιν zu ergänzen: τὸ δὲ πνεῦμα ἐκεῖ, ὅπου καὶ ὁ πατὴρ ὀνομάζεται, καὶ ὁ υἱός (ἐστιν) ἐκ τούτου τοῦ πατρὸς ἐκεῖ γεννώμενος.

sichtigen Aussage verbirgt sich eine gnostische Spekulation über den anfangs in Gott verborgenen, dann aber aus Gott hervortretenden und sich selbst denkenden Gedanken Gottes: Gott erkennt sich selbst durch seinen eigenen, aus ihm hervorgegangenen Gedanken als das alles in sich enthaltende göttliche Prinzip: als Vater. In diesem Akt des Hervorgehens und der Erkenntnis erkennt, das heißt, nennt der Vater sich selbst. Es ist eine Art modalistischer Spekulation, die der Paraphrast der *Apophasis Megale* entwickelt hat[1014] und die der AG in seiner Deutung des Syriktas abschließend rekapituliert:[1015] dort wo der Vater sich selbst erkennt, wird der Sohn, der das Weltpneuma ist, geboren. Oder: diese Selbsterkenntnis Gottes in seinem eigenen Gedanken ist die Geburt des Sohnes. Mit diesem aus dem Vater geborenen Sohn gibt der AG die Antwort auf die am Anfang des Attiskommentars gestellte Frage nach der Herkunft der all-belebenden Seele: ob sie aus dem Vorseienden ist, das heißt aus dessen Nus, oder aus dem ausgeschütteten Chaos.[1016] Im Sinne dieser Frage ist daher auch die Antwort des AG's auszulegen: die alles belebende und alles durchdringende Seele (ψυχή), das ist *der Sohn*, der dort, wo der Vater genannt wird, aus diesem Vater, *das heißt aus dessen Nus*, geboren wird. Darnach ist also zwischen Vater und Sohn der Nus, wenigstens als gedankliches (noetisches) Zwischenglied, einzuschieben, offenbar gemäß der aristotelischen Unterscheidung von Fähigkeit und Tätigkeit, Potenz und Akt (δύναμις - ἐνέργεια); diese fundamentale Unterscheidung wird im Kommentar des AG's nicht klar sichtbar, sie wird aber sowohl

---

1014 Hippol., Ref. VI 18,4-5 (144,19-25): "Das ist der, der steht, stand und stehen wird: eine mannweibliche Kraft, die weder Anfang noch Ende hat, in Einzigkeit bestehend. Daraus ging der in Einzigkeit bestehende Gedanke hervor, und es wurden zwei. Jener war einer. Er hatte ihn in sich und war einer, aber nicht der erste, obgleich er vorher da war; er erschien aber aus sich selbst von sich selbst und wurde zweiter. Aber auch Vater wurde er nicht genannt, bevor er (der Gedanke) ihn Vater nannte (ὀνομάσαι)". Zum kommentarischen Charakter dieses Stücks aus H.s Apophasisbericht, siehe B. Aland, Die Apophasis Megale und die simonianische Gnosis, in: Theol. und Philosophie 27, 1973, 410-418.

1015 Bereits in 9,2 hat der AG den Sprachgebrauch des Apophasis Paraphrasten übernommen, wenn er sagt: "So nennen die Phryger den Vorseienden Amygdalos, von dem hervorging (ἀφ' οὗ προῆλθε) und erzeugt wurde der Unsichtbare:" 9,2 (98,6f); vgl. damit Ref. VI 18,4 (144,21f): ἀπὸ γὰρ ταύτης προελθοῦσα ἡ ἐν μονότητι ἐπίνοια ἐγένετο δύο.

1016 7,9 (81,3f), vgl. Kap. 3.4.

durch den Naassenerpsalm[1017] als auch durch die Paraphrase zur Apophasis[1018] bestätigt. Der PG hat diese Unterscheidung klarer betont, indem er den aus dem Vater gezeugten Sohn nach Joh 1,3 als den Logos bestimmte.[1019]

Mit dem Sohn, der zugleich das Weltpneuma ist, hat der AG die Verbindung zum alten Kommentar wieder hergestellt, der nun alle gedeuteten Figuren des Attisliedes in Attis als dem Vielnamigen, dem mit tausend Augen, zusammenfaßt, dann den die Struktur des Kommentars bestimmenden Lehrsatz vom Streben jeder Natur nach Seele wiederholt (9,4) und damit die ganze Attisexegese zu ihrem krönenden Abschluß bringt.[1020] Daran hat der AG das große Zitat aus der Apophasis angefügt (9,5), das die Struktur des alten Attiskommentars unterbricht bzw. diesen als eine durch die Mysterien aller Völker erfolgte Verkündigung des Wortes Gottes versteht und damit in die gnostische Anthropos-Lehrschrift einfügt.[1021] Das Schriftwort Ps 18,4 am Schluß von 9,6 ist das Schriftzeugnis für diese universale Verkündigung,[1022] während das Wort vom Senfkorn im Innern des Menschen und dessen Deutung (9,6) vom soteriologischen Dualismus des PG's bestimmt sind.[1023] In 9,7 erklärt der AG ausführlich die universale Verkündigung Gottes in den Mysterien der Völker: alle verkünden auf ihre Art "die großen Mysterien" Gottes.[1024] Wichtig ist der Hinweis auf den im Theater auftretenden und die großen Geheimnisse künden-

---

1017 10,2 (102,23-103,1). Das dreigeteilte kosmologische Schema des Psalms steht mit der Lehre der Apophasis, wie sie das Zitat bei Hippol., Ref. VI 18,2-4 (144,11-19) überliefert, in engem Zusammenhang.
1018 Vgl. Ref. VI 18,4-7 (144,19-145,5).
1019 Die hier nach 7,9 geforderte Unterscheidung zwischen Vorseiendem (Vater) und dessen Nus als Prinzipien der Weltseele wirft eine Reihe von Problemen hinsichtlich der ursprünglichen noetischen Spekulation des AG's auf. Daß er sich zu einer Äonenlehre bekennt, wird durch das Apophasiszitat in 9,5 erwiesen. Seine Allegorie des aus Edem entspringenden großen Paradiesflusses, der sich in vier Flüsse teilt (9,15-18), könnte ein Indiz für eine zunächst nur *sechs* Äonen umfassende Spekulation sein, wie sie von dem Paraphrasten zur Apophasis (Ref.VI 12-14) vertreten wird. Dort heißt das erste sich offenbarende Äonenpaar Nus und Epinoia, Logos aber ist die in allen sechs Äonen seiende und sich verkörpernde Siebte Kraft, welche das "Bild" der vorseienden unendlichen Kraft ist. Das Verhältnis dieser Spekulation zu der der Valentinianer ist noch ungeklärt.
1020 Kap. 3.2 und Anm. 266f.
1021 Kap. 3.2 und 3.5.3.
1022 Kap. 3.5.8.
1023 Kap. 3.6.2 und Anm. 605.
1024 Kap. 3.5.8, vgl. Kap. 2.4 und Anm. 204.

den Sänger. Dieses zentrale Argument des AG's fand sich nach dem Zeugnis des Irenäus auch im Munde von Valentinianern, die es im selben Sinn wie der AG bzw. der PG gebraucht zu haben scheinen.[1025] Das Attislied selbst (9,8) soll hier nicht diskutiert werden. Es bildete, vielleicht zusammen mit dem in 9,9 folgenden Hymnus, den Abschluß des alten Kommentars.[1026]

4.22 *Kap. 9,10-22:*

Der jetzt durch H.s Polemik entstellte Übergang vom Attiskommentar zum Schlußteil der Anthropos-Lehrschrift (9,10) ist bereits besprochen und wenigstens sinngemäß rekonstruiert worden. Er schließt mit der den ganzen Attiskommentar zusammenfassenden Feststellung des AG's, daß alle Völker in ihren Kulten unter allen möglichen Namen niemand anderen verehren als den einen, durch die Schlange symbolisierten und darum (auch) Naas genannten Gott (9,11).[1027] In 9,12-14 hat der AG seinen universalen Gottesbegriff vorgelegt und diesen in 9,15-18 durch die biblische Allegorie des großen Paradiesflusses veranschaulicht. Diese ursprünglich auf die vier Sinne des Menschen gedeutete Allegorie soll hier die alles durchdringende und alles belebende Funktion des göttlichen Weltprinzips hinsichtlich des ganzen Kosmos veranschaulichen, wobei der Kosmos offenbar selbst als "Mensch" bzw. als geschaffenes Abbild des Gottes "Mensch" verstanden wird. Beim vierten Fluß "Euphrat" erfolgt mittels eines Wortspiels mit dem Verb εὐφραίνειν (erfreuen)[1028] eine Anwendung auf die geistliche Nahrung des vollkommenen Menschen, hinter der Spekulationen über alttestamentliche Verheißungen über "das Wasser" in einer glücklichen Zeit stehen könnten.[1029] Die Deutung

---

1025 Iren. II 14,1 (I 289 Harvey): "inenarrabilia et incognita mysteria solos se dicentes scire: quae ubique in theatris ab hypocritis splendissimis vocibus comoedisantur, transferentes in suum argumentum, imo vero eisdem argumentis dicentes, tantum immutantes nomina." Nach dem Kontext hat Irenäus hier Valentinianer im Auge.
1026 Vgl. Anm. 275.
1027 Kap. 3.5.8 (Schluß) und Anm. 584.
1028 Ähnlich schon Philo, Leg. all. I 72: Der vierte Paradiesfluß "Euphrat" bedeutet Fruchtbarkeit und bezeichnet die vierte Tugend (Gerechtigkeit), die ja fruchtbar ist und das Denken erfreut (εὐφραίνουσα).
1029 Z.B. Is 12,3 über das in Sion wohnende Volk Israel:"Und ihr werdet mit Frohlocken (μετ' εὐφροσύνης) Wasser schöpfen aus den Quellen des Heils".

begründet, warum der Euphrat der "Mund" des Menschen sein soll und ist daher, genau wie die Begründungen bei den drei ersten Flüssen, ursprünglich, auch wenn die Bestimmung des vollkommenen Menschen als des "pneumatischen" Zusatz des PG's sein dürfte. Dagegen scheint die Weiterdeutung des Euphrat auf "das Wasser über dem Firmament" (Gen 1,7) in 9,18, die durch das Zitat Joh 4,10.14 im Sinne des soteriologischen Dualismus bestimmt ist, wie das Zitat selbst Interpolation zu sein. Das Bild von dem alles durchdringenden großen Fluß wird nämlich in 9,19 ohne Rücksicht auf das gerade zuvor genannte pneumatische Wasser über dem Firmament mit ἐπὶ τοῦτο τὸ ὕδωρ ganz generell für jegliche Natur weiter ausgeführt: "Zu diesem Wasser geht jede Natur hin (εἰσέρχεται) und sucht sich ihr eigenes Wesen aus. Und von diesem Wasser kommt jeder Natur das Eigene zu (προσέρχεται): mehr als das Eisen zum Magnetstein und das Gold zum Stachel der Krampfroche und die Spreu zum Bernstein".[1030] Die ursprüngliche Formel des alten Attiskommentars ψυχῆς πᾶσα φύσις ὀρέγεται (vgl. 7,10.11 und 9,4) hat der AG hier durch eine neue, die doppelte Bewegung jeder Natur von Gott her und zu Gott hin ausdrückende Definition ersetzt.

Die alles belebende Kraft des Weltprinzips wird in 9,20 durch das Bild von dem großen, aus Edem entspringenden Fluß noch weiter ausgeführt: er fließt gleichsam durch einen mit allen Bäumen und Samen bepflanzten Paradiesgarten, und so wird anschaulich, daß aus ein und demselben Wasser auswählt und an sich zieht: der Ölbaum das Öl, der Weinstock den Wein, und so jedes andere Gewächs nach seiner Art.[1031] Aber dieses Anschauungsbeispiel wird gebrochen durch einen für den PG typischen Gedankengang: der in diese Welt geworfene "Mensch" kann diese alles be-

---

[1030] 9,19 (101,24-102,1). Es ist sicher kein Zufall, daß dieselben Vergleiche im gnostischen Sondergut H.s noch zweimal, wenn auch in je verschiedener Anwendung, gebraucht werden: im Peraten Bericht V 17,9-10 und im Sethianer Bericht V 21,8. Die Beispiele selbst sind Traditionsgut. Nach den "Scholia in Platonis rem publicam" 600A (I 73,7f Diels) habe schon Thales von Milet aus der Beobachtung des Magneten und des Bernstein erkannt, daß auch die unbelebten Dinge eine Seele hätten. *Galenos*, De usu partium VI 15 (I 350f Helmreich) veranschaulicht durch mehrere Beispiele, auch durch Magnet und Eisen, wie das Herz Luft und Blut durch die Arterien und Blutadern an sich zieht; vgl. auch Klemens Alex., Strom. VII 9,4 und Ecl. proph. 27,5.
[1031] 9,20 (102,4-8).

lebende, vor allem aber die pneumatische Funktion der einen Gotteskraft nicht sehen bzw. verstehen; er ist wie der Blindgeborene (Joh 9,1ff), der ohne das wahre Licht, das jeden in diese Welt kommenden Menschen erleuchten muß (Joh 1,9), blind bleibt. Erst durch uns, die Gnostiker, kann er sehend werden, zur Erkenntnis gelangen.

Die Kosmologie des AG's ist hier in die pneumatische Johannesexegese des PG's hineingepreßt worden. Der uns überlieferte Text ist gekünstelt, sprachlich und inhaltlich. Worum es dem PG geht, ist nicht die All-Belebung durch das Weltprinzip, den Naas. Ihn interessiert in erster Linie das Wissen um das göttliche Samenkorn, den "Göttlichen" im Menschen, den niemand kennt als die Pneumatiker allein.[1032] Will man den Text des AG einigermaßen wiederherstellen, so ist die pneumatische Exegese von Joh 1,9 und 9,1 aus dem Text zu streichen und der verbleibende Text sinngemäß zu verbinden. Man kann dann im Anschluß an die drei Beispiele von der Anziehung ungefähr so lesen: (οὕτως)

οἱονεὶ διά τινος παραδείσου παμφύτου καὶ πολυσπερμάτου ὕδωρ διέρχεται διὰ πάντων τῶν φυτῶν καὶ τῶν σπερμάτων, καὶ ἐξ ἑνὸς καὶ τοῦ αὐτοῦ ὕδατος κ.τ.λ.[1033]

Dieser und alle übrigen bisher unternommenen Versuche, den Text des AG's zu rekonstruieren, setzen voraus, daß der PG den Text der Anthropos-Lehrschrift nach Möglichkeit unversehrt belassen und sich auf Interpolationen beschränkt hat. Begründet ist diese Voraussetzung in der Beobachtung, daß der PG sich zu wesentlichen Lehren des AG's bekennt, auch wenn er diese nach seinem pneumatischen Gottesbegriff und seiner dualistischen Anthropologie weiterdeutet. Dieser Sachverhalt zeigt sich nochmals in dem die Anthropos-Lehrschrift abschließenden Passus über den göttlichen Menschen, der in dieser Welt verkannt ist, gering geachtet (nach der Art des Demiurgen) wie ein Tropfen am vollen Eimer (9,21). Das Wesentliche dieser abschließenden Feststellung bleibt, aber durch den Gegensatz von Wissenden und Nichtwissenden (εἰδότες - οὐκ εἰδότες)[1034] hat der PG sie im Sinne seines

---

[1032] Vgl. 9,6 (99,1f) und besonders den im Sinne des exklusiven Wissens interpolierten Schluß der Anthropos-Lehrschrift in 9,21 (dazu gleich im Text).
[1033] 9,20 (102,4-8).
[1034] Anm. 234.

soteriologischen Dualismus neu interpretiert.[1035] Der letzte, bekenntnishafte Abschnitt der pneumatischen Gnostiker wurde bereits wiederholt analysiert;[1036] er ist Eigengut des PG's und veranschaulicht im Gegensatz David-Saul noch einmal dessen dualistische Anthropologie.

4.23 *Kap. 10,1-2:*

Bei der Bestimmung des Umfangs der Naassener-Vorlage H.s wurde die Zugehörigkeit des Naassener-Psalms zu dieser bereits postuliert.[1037] Da der Psalm mit guten Gründen als Abschluß der Anthropos-Lehrschrift angesehen werden darf, konnte versucht werden, die wohl schon in der Vorlage stehende Ein- und Überleitung zum Psalm aus H.s Text zu rekonstruieren.[1038] Der Psalm selbst steht in der vorliegenden Arbeit nicht zur Diskussion. Auch die Frage, ob Valentin selbst der Verfasser des Psalms sei,[1039] kann hier nicht erörtert werden. Doch erhält diese Frage neue Aktualität durch den Umstand, daß einerseits der PG Valentinianer ist, vielleicht Herakleon oder doch einer aus dessen Kreis, und daß andererseits der AG selbst eine Vor- oder Frühform von valentinianischer Gnosis vertritt, und daß eben der AG es war, der den heidnischen Attiskommentar nach dem dreiteiligen kosmischen Schema des Psalms neu orientiert und interpretiert hat.[1040]

Die vorgenannten Gnostiker (PG und AG), vor allem jedoch der Verfasser der Anthropos-Schrift, zu dem der PG sich trotz seiner Neuinterpretation bekennt, werden nach ihrem Stil und ihrer Lehre noch genauer zu untersuchen und mit allem erreichbaren Material aus der valentinianischen Gnosis zu vergleichen sein. Vielleicht gelingt es dann, beide im Rahmen dieser Gnosis zu bestimmen, beiden einen Namen zu geben. Eine Voraussetzung

---

1035 Vgl. Kap. 3.6.4 und Anm. 753.
1036 Kap. 3.6.2-4.
1037 Kap. 2.2.
1038 Kap. 3.5.8 und Anm. 583f.
1039 So Herzhoff, Zwei gnostische Psalmen 132-140.
1040 Vgl. die einleitende Frage in 7,9 (81,2-4) und die abschließende Antwort in 9,4 (98,13f).

dafür möchten die hier durchgeführte Strukturanalyse der Naassenerschrift und die innerhalb der Anthropos-Lehrschrift versuchte Schichtenscheidung liefern. In der folgenden Rekonstruktion ging es mir deshalb primär darum, den grundlegenden Traktat des AG's von der Überarbeitung des PG's zu lösen und damit die wohl vor 150 n.Chr. anzusetzende gnostische Anthropos-Lehrschrift wieder herzustellen, in der der großangelegte Versuch gewagt wurde, eine alle Kulte und alle Mysterien umfassende heidnische Erlösungslehre im Lichte der christlichen Botschaft neu zu deuten.

5. DIE GNOSTISCHE ANTHROPOS-LEHRSCHRIFT

5.1 Vorbemerkung zum folgenden Rekonstruktionsversuch

Bei den vorausgegangenen Studien, den Strukturanalysen und besonders bei der Schichtenscheidung mag in zunehmendem Maße deutlich geworden sein, wie schwierig es an nicht wenigen Stellen ist, den ursprünglichen Text der Anthroposschrift von der Überarbeitung des PG's zu schneiden. Bei der Deutung des Attis als "Gott" (8,24-30) scheinen zum Beispiel die neutestamentlichen Zitate und deren Ausdeutung so ineinander überzugehen, daß es fast eine Frage des subjektiven Ermessens wird, ob dieses oder jenes Zitat ein Zusatz ist oder ursprünglich zum AG gehört. Wenn an dieser und ähnlichen Stellen trotzdem eine Schichtenscheidung versucht wurde, so stützt sich diese auf die erhobene verschiedene doktrinelle Struktur, welche das universalistische Konzept der Anthropos-Lehrschrift von dem dualistischen Gesichtspunkt des späteren Bearbeiters (= PG) unterscheidet. Hier scheint mir ein wesentlicher Unterschied zwischen dem Anthropos-Gnostiker und dem Pneuma-Gnostiker zu liegen, der, trotz gelegentlicher Unsicherheitsfaktoren der genauen Abgrenzung, eine Scheidung zwischen den beiden Schichten rechtfertigt und sachlich auch erlaubt. An Einzelfragen wie in der Lehre von den drei Menschenklassen (vgl. Kap. 3.6.3) wird hingegen deutlich, wie der PG die ursprüngliche Teilung des AG's grundsätzlich bejaht und darauf aufbaut, diese aber dualistisch weiter ausdeutet.

Die folgende Rekonstruktion der Anthropos-Lehrschrift erhebt, wie bereits im Vorwort gesagt, keinen Anspruch auf Endgültigkeit. Sie ist ein Versuch, aus einem vorgegebenen, aber überarbeiteten Text eine ältere Schicht herauszulösen, vielfach durch einfache Streichung der späteren Interpolationen, öfter aber auch durch sinngemäße Ergänzungen, dort nämlich, wo der ursprüngliche Text infolge der Interpolationen des PG's oder durch polemische Redaktionen H.s verdunkelt, entstellt oder verändert worden sein dürfte. Sachlich fundierte Korrekturen werde ich gerne annehmen, geht es doch darum, ein nicht unbedeutendes Dokument früher christlicher Gnosis wieder zu gewinnen.

Vorbemerkungen zum folgenden Rekonstruktionsversuch

Nach dem Sinnzusammenhang rekonstruierte größere oder kleinere Abschnitte sind durch runde Klammern ( ) gekennzeichnet. Diese Ergänzungen sollen zunächst dazu dienen, die durch H.s Eingriffe entstellte gnostische Vorlage sinngemäß wieder herzustellen. Sodann wollen sie versuchen, ein abgerundetes Bild von der Anthropos-Lehrschrift zu vermitteln. Aus diesem Grunde wurden auch die Interpolationen des PG's nur als Anmerkungen gedruckt. Die Rekonstruktion ist keine textkritische Ausgabe und liefert daher auch keinen kritischen Apparat mit. Der Text von Wendlands Ausgabe ist vorausgesetzt. Auf Abweichungen davon habe ich bei der Besprechung des jeweiligen Sinnabschnittes in Kap. 4 (Schichtentrennung) aufmerksam gemacht. Dort finden sich auch die Hinweise auf alle Textemendationen und Rekonstruktionen.

5.2 Text der Anthropos-Lehrschrift[1]

6,4 Ἡ πρώτη τῶν ὅλων ἀρχὴ ἄνθρωπός ἐστι καὶ υἱὸς ἀνθρώπου.[2]
5 ἔστι δὲ ἄνθρωπος οὗτος ἀρσενόθηλυς, καλεῖται δὲ Ἀδάμας, (ὃν ὑμνοῦμεν οὕτως·)[3]

> Ἀπὸ σοῦ πατὴρ
> καὶ διὰ σὲ μήτηρ,
> τὰ δύο ἀθάνατα ὀνόματα,
> αἰώνων γονεῖς,
> πολῖτα οὐρανοῦ,
> μεγαλώνυμε ἄνθρωπε.

6 (ὁ δὲ υἱὸς τοῦ ἀνθρώπου)[4] τριχῇ διαιρεῖται· ἔστι γὰρ τούτου τὸ μὲν νοερόν, τὸ δὲ ψυχικόν, τὸ δὲ χοϊκόν. καὶ ἐστὶ ἡ γνῶσις αὐτοῦ ἀρχὴ τοῦ δύνασθαι γνῶναι τὸν θεόν.[5]

7,1 (τὸν δὲ ἄνθρωπον Ἀδάμαν)[6] πάντα τὰ ἔθνη, βάρβαροί τε καὶ Ἕλληνες ὁμοῦ, ἐν τοῖς μυστηρίοις αὐτῶν (τελοῦσιν).[7]

---

1 Vielleicht hat der PG der Anthropos-Lehrschrift einen kurzen Satz über das exklusive Wissen der Gnostiker vorangestellt, vgl. Kap. 4,2.
2 Der Text der Vorlage ist im Hauptbericht (Buch V) durch H.s Polemik entstellt, läßt sich aber aus der Epitome (X,9,1-2) wieder herstellen.
3 Die Einführung des Anthroposhymnus wurde sinngemäß ergänzt entsprechend der Einführung des Attishymnus in 9,7 (99,9) und in 9,9 (99,24), sowie der des Naassenerpsalms in 10,1 (102,22); siehe die Rekonstruktion der beiden Stellen.
4 Zur Ergänzung des "Sohnes des Menschen" vgl. Kap. 4,2.
5 ταῦτα δὲ πάντα τὰ νοερὰ καὶ ψυχικὰ καὶ χοϊκὰ κεχώρηκε καὶ κατῆλθεν εἰς ἕνα ἄνθρωπον ὁμοῦ, Ἰησοῦν τὸν ἐκ τῆς Μαρίας γεγενημένον· καὶ ἐλάλουν ὁμοῦ κατὰ τὸ αὐτὸ οἱ τρεῖς οὗτοι ἄνθρωποι ἀπὸ τῶν ἰδίων οὐσιῶν τοῖς ἰδίοις ἕκαστος. ἔστι γὰρ τῶν ὅλων τρία γένη· ἀγγελικόν, ψυχικόν, χοϊκόν· καὶ τρεῖς ἐκκλησίαι, ἀγγελική, ψυχική, χοϊκή· ὀνόματα δὲ αὐταῖς ἐκλεκτή, κλητή, αἰχμάλωτος.
ταῦτά ἐστι τὰ κεφάλαια, ἃ παραδέδωκε Μαριάμμῃ ὁ Ἰάκωβος τοῦ κυρίου ὁ ἀδελφός. (Zusatz des PG's).
Zu 6,7 siehe die Schichtenscheidung in Kap. 4,2. Die Geburt des himmlischen Christus aus der Jungfrau Maria wird hier vom PG nicht näher erklärt. Zur Frage vgl. auch M. Tardieu, "Comme à travers un tuyau", in B. Barc (Hrsg.), Colloque international sur les textes de Nag Hammadi (Québec 22.-25.8.1978), Québec 1981, 151-177.
6 Nach den Hauptlehren von 6,6-7 muß im Text der Vorlage auf den Menschen Adamas wieder Bezug genommen worden sein. Die entsprechende Textergänzung wird auf doppelte Weise bestätigt: a) durch die Redaktion H.s am Anfang von 7,2 (79,6f), b) durch den in 7,6 (80,4-8) tatsächlich hergestellten Bezug des irdischen Menschen *Adam* zum himmlischen Menschen *Adamas*.
7 Zusatz des PG.s: αὐτὸν οὐκ εἰδότες. Die Zusätze des PG.s werden in den folgenden Anmerkungen ohne weiteren Hinweis auf den PG wiedergegeben.

2 γέγραπται περὶ αὐτοῦ· "τὴν γενεὰν αὐτοῦ τίς διηγήσεται;"[8]
   (μαρτυροῦσιν δὲ) τὰ ἔθνη κατὰ μέρος τῇ ἀνεξευρήτῳ καὶ
   ἀδιαφόρῳ τοῦ ἀνθρώπου γενεᾷ.

3 γῆ δέ, φασὶν οἱ Ἕλληνες, ἄνθρωπον ἀνέδωκε πρώτη καλὸν ἐνεγ-
   καμένη γέρας, μὴ φυτῶν ἀναισθήτων μηδὲ θηρίων ἀλόγων, ἀλλὰ
4 ἡμέρου ζῴου καὶ θεοφιλοῦς ἐθέλουσα μήτηρ γενέσθαι. χαλεπὸν
   δὲ ἐξευρεῖν, εἴτε Βοιωτοῖς Ἀλαλκομενεὺς ὑπὲρ λίμνης Κηφισί-
   δος ἀνέσχε πρῶτος ἀνθρώπων, εἴτε Κουρῆτες ἦσαν Ἰδαῖοι,
   θεῖον γένος, ἢ Φρύγιοι Κορύβαντες, οὓς πρώτους ἥλιος ἐπεῖδε
   δενδροφυεῖς ἀναβλαστάνοντας, εἴτε προσεληναῖον Ἀρκαδία
   Πελασγόν, ἢ Ῥαρίας οἰκήτορα Δυσαύλην Ἐλευσίν, ἢ Λῆμνος
   καλλίπαιδα Κάβιρον ἀρρήτῳ ἐτέκνωσεν ὀργιασμῷ, εἴτε Πελλήνη
5 Φλεγραῖον Ἀλκυονέα, πρεσβύτατον Γιγάντων. Λίβυες δὲ Γαρά-
   μαντά φασι πρωτόγονον αὐχμηρῶν ἀναδύντα πεδίων γλυκείας
   ἀπάρξασθαι Διὸς βαλάνου. Αἰγυπτίαν δὲ Νεῖλος ἰλὺν ἐπιλιπαί-
   νων μέχρι σήμερον ζῳογονῶν ὑγρᾷ σαρκούμενα θερμότητι ζῷα
   (καὶ σῶμα) ἀναδίδωσιν.

6 Ἀσσύριοι δὲ Ὡάννην ἰχθυοφάγον γενέσθαι παρ' αὐτοῖς, Χαλ-
   δαῖοι δὲ τὸν Ἀδάμ.
   καὶ οὗτός ἐστιν ὁ ἄνθρωπος, ὃν ἀνέδωκεν ἡ γῆ μόνον· κεῖσθαι
   δὲ αὐτὸν ἄπνουν, ἀκίνητον, ἀσάλευτον, ὡς ἀνδριάντα, εἰκόνα
   ὑπάρχοντα ἐκείνου τοῦ ἄνω, τοῦ ὑμνουμένου Ἀδάμαντος ἀνθρώπου, γενόμενον ὑπὸ δυνάμεων τῶν πολλῶν.

7 Ἵν' οὖν τελέως ᾖ κεκρατημένος ὁ μέγας ἄνθρωπος ἄνω,[9] ἐδόθη
   αὐτῷ καὶ ψυχή, ἵνα διὰ τῆς ψυχῆς πάσχῃ καὶ κολάζηται καταδουλούμενον τὸ πλάσμα τοῦ μεγάλου καὶ καλλίστου καὶ τελείου
   ἀνθρώπου·

8 ζητοῦσιν οὖν αὐτοὶ πάλιν τίς ἐστιν ἡ ψυχὴ καὶ πόθεν καὶ πο-
   ταπὴ τὴν φύσιν, ἵν' ἐλθοῦσα εἰς τὸν ἄνθρωπον καὶ κινήσασα
   καταδουλώσῃ καὶ κολάσῃ τὸ πλάσμα τοῦ τελείου ἀνθρώπου· ἔστι
   δὲ ἡ ψυχὴ δυσεύρετος πάνυ καὶ δυσκατανόητος· οὐ γὰρ μένει
   ἐπὶ σχήματος οὐδὲ μορφῆς τῆς αὐτῆς πάντοτε οὐδὲ πάθους ἑνός,
9 ἵνα τις αὐτὴν ἢ τύπῳ εἴπῃ ἢ οὐσίᾳ καταλήψεται. τὰς δὲ ἐξαλ-
   λαγὰς ταύτας τὰς ποικίλας ἐν τῷ ἐπιγραφομένῳ κατ' Αἰγυπτίους
   εὐαγγελίῳ κειμένας (ἔχομεν).

---
[8] Is 53,8.
[9] ἄνωθεν, "ἀφ' οὗ πᾶσα πατριὰ ὀνομαζομένη ἐπὶ γῆς καὶ ἐν τοῖς οὐρανοῖς" συνέστηκεν; vgl. Eph 3,15. Siehe Exkurs II.

ἀποροῦσιν οὖν οἱ πάντες τῶν ἐθνῶν ἄνθρωποι, πότερόν ποτε ἐκ
τοῦ προόντος ἐστίν, ἐκ τοῦ αὐτοῦ γε νοὸς ἢ ἐκ τοῦ ἐκκεχυμένου χάους. πρῶτοι (δὲ) Ἀσσύριοι τὴν ψυχὴν τριμερῆ νομίζου-
10 σιν εἶναι καὶ μίαν. ψυχῆς γάρ, φασί, πᾶσα φύσις, ἄλλη δὲ
ἄλλως, ὀρέγεται, ἔστι γὰρ ψυχὴ πάντων τῶν γινομένων αἰτία·
πάντα γὰρ ὅσα τρέφεται καὶ αὔξει, ψυχῆς δεῖται. οὐδὲν γὰρ
οὔτε τροφῆς, οὔτε αὐξήσεως οἷόν (τ') ἐστὶν ἐπιτυχεῖν ψυχῆς
μὴ παρούσης. καὶ γὰρ οἱ λίθοι εἰσὶν ἔμψυχοι· ἔχουσι γὰρ τὸ
αὐξητικόν. αὔξησις δὲ οὐκ ἄν ποτε γένοιτο χωρὶς τροφῆς· κατὰ
προσθήκην γὰρ αὔξει τὰ αὐξανόμενα· ἡ δὲ προσθήκη τροφὴ τοῦ
τρεφομένου.
11 πᾶσα οὖν φύσις "ἐπουρανίων καὶ ἐπιγείων καὶ καταχθονίων"[10]
ψυχῆς ὀρέγεται. καλοῦσι δὲ Ἀσσύριοι τὸ τοιοῦτον "Ἄδωνιν ἢ
Ἐνδυμίωνα· καὶ ὅταν μὲν Ἄδωνις καλῆται, Ἀφροδίτη ἐρᾷ καὶ
ἐπιθυμεῖ τῆς ψυχῆς τοῦ τοιούτου ὀνόματος· Ἀφροδίτη δὲ ἡ
12 γένεσίς. ὅταν δὲ ἡ Περσεφόνη ἡ καὶ Κόρη ἐρᾷ τοῦ Ἀδώνιδος,
θνητή τις τῆς Ἀφροδίτης κεχωρισμένη τῶν γενέσεών ἐστιν ἡ
ψυχή. ἐὰν δὲ ἡ Σελήνη Ἐνδυμίωνος εἰς ἐπιθυμίαν ἔλθῃ καὶ
ἔρωτα μορφῆς, ἡ τῶν ὑψηλοτέρων κτίσις προσδεῖται καὶ (αὐτὴ)
13 ψυχῆς. ἐὰν δὲ ἡ μήτηρ τῶν θεῶν ἀποκόψῃ τὸν Ἄττιν καὶ αὐτὴ
τοῦτον ἔχουσα ἐρώμενον, ἡ τῶν ὑπερκοσμίων καὶ αἰωνίων ἄνω
μακαρία φύσις τὴν ἀρρενικὴν δύναμιν τῆς ψυχῆς ἀνακαλεῖται
14 πρὸς αὑτήν. ἔστι γὰρ ἀρρενόθηλυς ὁ ἄνθρωπος. κατὰ τοῦτον
οὖν τὸν λόγον πάνυ πονηρὸν καὶ κεκωλυμένον κατὰ τὴν διδασκα-
λίαν ἡ γυναικὸς πρὸς ἄνδρα δεδειγμένη καθέστηκεν ὁμιλία.
15 ἀπεκόπη γὰρ ὁ Ἄττις, τοῦτ' ἐστιν ἀπὸ τῶν χοϊκῶν τῆς κτίσεως
κάτωθεν μερῶν, καὶ ἐπὶ τὴν αἰωνίαν ἄνω μετελήλυθεν οὐσίαν,
ὅπου οὐκ ἔστιν οὔτε θῆλυ οὔτε ἄρσεν, ἀλλὰ καινὴ κτίσις.[11]

---

10 Phil 2,10.
11 Vgl. Gal 3,28 und Gal 6,15; dann: "καινὸς ἄνθρωπος", ὅ ἐστιν ἀρσενόθηλυς;
vgl. Eph 2,15; 4,24, dann: Μαρτυρεῖν δὲ τούτῳ τῷ λόγῳ οὐχ ἁπλῶς μόνην τὴν
Ῥέαν, ἀλλὰ γὰρ ὡς ἔπος εἰπεῖν ὅλην τὴν κτίσιν. καὶ τοῦτο εἶναι τὸ λεγόμενον ὑπὸ τοῦ λόγου διασαφοῦσι· "τὰ γὰρ ἀόρατα αὐτοῦ ἀπὸ τῆς κτίσεως τοῦ
κόσμου τοῖς ποιήμασιν αὐτοῦ νοούμενα καθορᾶται, ἥ τε ἀΐδιος αὐτοῦ δύναμις
καὶ θειότης, πρὸς τὸ εἶναι αὐτοὺς ἀναπολογήτους· διότι γνόντες τὸν θεὸν
οὐχ ὡς θεὸν ἐδόξασαν ἢ ηὐχαρίστησαν, ἀλλ' ἐματαιώθη ἡ ἀσύνετος αὐτῶν καρδία·
φάσκοντες γὰρ εἶναι σοφοὶ ἐμωράνθησαν καὶ ἤλλαξαν τὴν δόξαν τοῦ ἀφθάρτου
θεοῦ ἐν ὁμοιώμασιν εἰκόνος φθαρτοῦ ἀνθρώπου καὶ πετεινῶν καὶ τετραπόδων
καὶ ἑρπετῶν. διὸ καὶ παρέδωκεν αὐτοὺς ὁ θεὸς εἰς πάθη ἀτιμίας· αἵ τε γὰρ
θήλειαι αὐτῶν μετήλλαξαν τὴν φυσικὴν χρῆσιν εἰς τὴν παρὰ φύσιν. ὁμοίως δὲ
καὶ οἱ ἄρρενες ἀφέντες τὴν φυσικὴν χρῆσιν τῆς θηλείας ἐξεκαύθησαν ἐν τῇ
ὀρέξει αὐτῶν εἰς ἀλλήλους, ἄρρενες ἐν ἄρρεσι τὴν ἀσχημοσύνην κατεργαζόμενοι"

20 Οὐ μόνον (δὲ) μαρτυρεῖ τῷ λόγῳ τὰ Ἀσσυρίων μυστήρια καὶ Φρυγῶν (ἀλλὰ καὶ τὰ Αἰγυπτίων) περὶ τὴν τῶν γεγονότων καὶ γινομένων καὶ ἐσομένων ἔτι μακαρίαν κρυβομένην ὁμοῦ καὶ
21 φανερουμένην φύσιν.[12] οὗτοι (γὰρ) τὴν ἀρχέγονον φύσιν τῶν ὅλων ἐν ἀρχεγόνῳ τιθέασι σπέρματι.

22 οὗτός ἐστιν ὁ (αὐτῶν) λόγος μυστικός. Αἰγύπτιοι (δέ), πάντων ἀνθρώπων μετὰ τοὺς Φρύγας ἀρχαιότεροι καθεστῶτες καὶ πᾶσι τοῖς ἄλλοις ἀνθρώποις ὁμολογουμένως τελετὰς καὶ ὄργια θεῶν πάντων ὁμοῦ μετ' αὐτοὺς πρῶτον κατηγγελκότες (καὶ) ἰδέας καὶ ἐνεργείας, ἱερὰ καὶ σεβάσμια καὶ ἀνεξαγόρευτα τοῖς
23 μὴ τετελεσμένοις τὰ Ἴσιδος ἔχουσι μυστήρια· τὰ δ' εἰσὶν οὐκ ἄλλο τι ἢ ἡρπασμένον καὶ ζητούμενον ὑπὸ τῆς ἑπταστόλου καὶ μελανείμονος αἰσχύνη Ὀσίριδος. Ὄσιριν δὲ λέγουσιν ὕδωρ. ἡ δὲ φύσις ἑπτάστολος, περὶ αὐτὴν ἔχουσα καὶ ἐστολισμένη ἑπτὰ στολὰς αἰθερίους - τοὺς πλάνητας γὰρ ἀστέρας οὕτω προσαγορεύουσιν ἀλληγοροῦντες καὶ αἰθερίους καλοῦντες καθὼς -, ἡ μεταβλητὴ γένεσις, ὑπὸ τοῦ ἀρρήτου καὶ ἀνεξεικονίστου καὶ ἀνεννοήτου καὶ ἀμόρφου μεταμορφουμένη κτίσις ἀναδείκνυται·
24 καὶ τοῦτό ἐστι τὸ εἰρημένον ἐν τῇ γραφῇ· "ἑπτάκις πεσεῖται ὁ δίκαιος καὶ ἀναστήσεται".[13] αὗται γὰρ αἱ πτώσεις αἱ τῶν ἄστρων μεταβολαὶ ὑπὸ τοῦ πάντα κινοῦντος κινούμεναι.

25 Λέγουσιν οὖν περὶ τῆς τοῦ σπέρματος οὐσίας, ἥτις ἐστὶ πάντων τῶν γινομένων αἰτία, ὅτι τούτων ἔστιν οὐδέν, γεννᾷ δὲ καὶ ποιεῖ πάντα τὰ γινόμενα, λέγοντες οὕτως· "γίνομαι ὃ θέλω καὶ εἰμὶ ὅ εἰμί".[14] διὰ τοῦτο ἀκίνητον εἶναι τὸ πάντα κινοῦν· μένει γὰρ ὃ ἐστι ποιοῦν τὰ πάντα καὶ οὐδὲν τῶν γινομένων γίνεται.[15]

- ἀσχημοσύνη δέ ἐστιν ἡ πρώτη καὶ μακαρία ἀσχημάτιστος οὐσία, ἡ πάντων σχημάτων τοῖς σχηματιζομένοις αἰτία - "καὶ τὴν ἀντιμισθίαν ἣν ἔδει τῆς πλάνης αὐτῶν ἐν ἑαυτοῖς ἀπολαμβάνοντες." ἐν γὰρ τούτοις τοῖς λόγοις, οἷς εἴρηκεν ὁ Παῦλος, ὅλον συνέχεται τὸ κρύφιον καὶ ἄρρητον τῆς μακαρίας μυστήριον ἡδονῆς. ἡ γὰρ ἐπαγγελία τοῦ λουτροῦ οὐκ ἄλλη τίς ἐστιν ἢ τὸ εἰσαγαγεῖν εἰς τὴν ἀμάραντον ἡδονὴν τὸν λουόμενον ζῶντι ὕδατι καὶ χριόμενον ἀλάλῳ χρίσματι. Vgl. Röm 1,20-23.26-27 und Anm. 649.

12 ἥπερ (ἐστὶ) ἡ ἐντὸς ἀνθρώπου βασιλεία οὐρανῶν ζητουμένη. περὶ ἧς διαρρήδην ἐν τῷ κατὰ Θωμᾶν ἐπιγραφομένῳ εὐαγγελίῳ παραδίδοται οὕτως· "ἐμὲ ὁ ζητῶν εὑρήσει ἐν παιδίοις ἀπὸ ἐτῶν ἑπτά· ἐκεῖ γὰρ ἐν τῷ τεσσαρεσκαιδεκάτῳ αἰῶνι κρυβόμενος φανεροῦμαι".

13 Prov 24,16.

14 Isisspruch, aus Apophasis?

15 οὗτός ἐστιν (ὁ) ἀγαθὸς μόνος, καὶ περὶ τούτου λελέχθαι τὸ ὑπὸ τοῦ σωτῆρος λεγόμενον· "τί με λέγεις ἀγαθόν; εἷς ἐστιν ἀγαθός, ὁ πατήρ μου ὁ ἐν τοῖς οὐρανοῖς, ὃς ἀνατέλλει τὸν ἥλιον αὐτοῦ ἐπὶ δικαίους καὶ ἀδίκους καὶ βρέχει

27 καὶ τοῦτό ἐστι τὸ μέγα καὶ κρύφιον τῶν ὅλων[16] μυστήριον παρὰ
τοῖς Αἰγυπτίοις κεκαλυμμένον καὶ ἀνακεκαλυμμένον. οὐδεὶς γάρ
ἐστι ναὸς ἐν ᾧ πρὸ τῆς εἰσόδου οὐχ ἕστηκε γυμνὸν τὸ κεκρυμμένον, κάτωθεν ἄνω βλέπον καὶ πάντας αὐτοῦ τοὺς καρποὺς τῶν
28 γινομένων στεφανούμενον· ἕστηκε δὲ οὐ μόνον ἐν τοῖς ἁγιωτά-
τοις πρὸ τῶν ἀγαλμάτων ναοῖς τὸ τοιοῦτον, ἀλλὰ γὰρ καὶ εἰς
τὴν ἁπάντων ἐπίγνωσιν, οἱονεὶ φῶς (οὐχ) ὑπὸ τὸν μόδιον, ἀλλ'
ἐπὶ τὴν λυχνίαν ἐπικείμενον, κήρυγμα κηρυσσόμενον ἐπὶ τῶν
δωμάτων,[17] ἐν πάσαις ὁδοῖς καὶ πάσαις ἀγυιαῖς καὶ παρ' αὐταῖς
ταῖς οἰκίαις, ὅρον τινὰ καὶ τέρμα τῆς οἰκίας προτεταγμένον,
καὶ τοῦτό ἐστι τὸ ἀγαθὸν ὑπὸ πάντων λεγόμενον· ἀγαθηφόρον
γὰρ αὐτὸ καλοῦσιν.[18]

καὶ τοῦτο Ἕλληνες μυστικὸν ἀπὸ Αἰγυπτίων παραλαβόντες φυ-
λάσσουσι μέχρι σήμερον.

29 τοὺς γοῦν Ἑρμᾶς παρ' αὐτοῖς τοιούτῳ τετιμημένους σχήματι
θεωροῦμεν. Κυλλήνιοι δὲ διαφερόντως τιμῶντες λόγον φασι
(γοῦν). "Ἑρμῆς ἐστι λόγος", (ὃς) ἑρμηνεὺς ὢν καὶ δημιουργὸς τῶν γεγονότων ὁμοῦ καὶ γινομένων καὶ ἐσομένων παρ' αὐτοῖς
τιμώμενος ἕστηκε τοιούτῳ τινὶ κεχαρακτηρισμένος σχήματι,
ὅπερ ἐστὶν αἰσχύνη ἀνθρώπου, ἀπὸ τῶν κάτω ἐπὶ τὰ ἄνω ὁρμὴν
ἔχων.

30 Καὶ ὅτι οὗτος, τουτέστιν ὁ τοιοῦτος Ἑρμῆς, ψυχαγωγός ἐστι
καὶ ψυχοπομπὸς καὶ ψυχῶν αἴτιος, οὐδὲ τοὺς ποιητὰς τῶν ἐθνῶν λανθάνει λέγοντας οὕτως·

Ἑρμῆς δὲ ψυχὰς Κυλλήνιος ἐξεκαλεῖτο
ἀνδρῶν μνηστήρων,[19]

οὐ τῶν Πηνελόπης, ὦ κακοδαίμονες, μνηστήρων, ἀλλὰ τῶν ἐξυπνισ-
μένων καὶ ἀνεμνησμένων, "ἐξ οἵης τιμῆς καὶ ὅσου μήκεος ὄλβου",[20]
τουτέστιν ἀπὸ τοῦ μακαρίου ἄνωθεν ἀνθρώπου ἢ ἀρχανθρώπου ἢ
Ἀδάμαντος κατηνέχθησαν ὧδε εἰς πλάσμα τὸ πήλινον, ἵνα δου-
λεύσωσι τῷ ταύτης τῆς κτίσεως δημιουργῷ Ἡσαλδαίῳ, θεῷ πυρίνῳ,
31 ἀριθμὸν τετάρτῳ· οὕτως γὰρ ὁ δημιουργὸς πατὴρ τοῦ ἰδικοῦ κόσμου καλεῖται.

ἐπὶ ὁσίους καὶ ἁμαρτωλούς". Vgl. Mk 10,18 Par.; Mt 5,45.
16 ἄγνωστον.
17 Vgl. Mt 5,15 und Mt 10,27.
18 ὃ λέγουσιν οὐκ εἰδότες.
19 Od. 24,1-2.
20 Empedokles Frgm. 119 Diels.

ἔχε δὲ ῥάβδον μετὰ χερσὶ καλήν, χρυσείην,
τῇ τ' ἀνδρῶν ὄμματα θέλγει ὦν ἐθέλει, τοὺς
δ' αὖτε καὶ ὑπνώοντας ἐγείρει.²¹

32 οὗτός ἐστιν ὁ τῆς ζωῆς καὶ τοῦ θανάτου μόνος ἔχων ἐξουσίαν.
περὶ τούτου γέγραπται· "ποιμανεῖς αὐτοὺς ἐν ῥάβδῳ σιδηρᾷ."²²
ὁ δὲ ποιητὴς κοσμῆσαι βουλόμενος τὸ ἀπερινόητον τῆς μακαρίας
φύσεως τοῦ λόγου, οὐ σιδηρᾶν, ἀλλὰ χρυσῆν περιέθηκε τὴν
ῥάβδον αὐτῷ.

θέλγει δὲ τὰ ὄμματα τῶν νεκρῶν, ὥς φησι, τοὺς δ' αὖτε καὶ
ὑπνώοντας ἐγείρει, τοὺς ἐξυπνισμένους καὶ γεγονότας μνηστῆ-
33 ρας. περὶ τούτων ἡ γραφὴ λέγει· "ἔγειραι ὁ καθεύδων καὶ
ἐξεγέρθητι, καὶ ἐπιφαύσει σοι ὁ Χριστός".²³ οὗτός ἐστιν ὁ
Χριστός, ὁ ἐν πᾶσι τοῖς γενητοῖς υἱὸς ἀνθρώπου κεχαρακτηρισ-
34 μένος ἀπὸ τοῦ ἀχαρακτηρίστου λόγου. τοῦτό ἐστι τὸ μέγα καὶ
ἄρρητον Ἐλευσινίων μυστήριον "ὗε κύε" καὶ ὅτι αὐτῷ "πάντα
ὑποτέτακται"²⁴ καὶ τοῦτ' ἐστι τὸ εἰρημένον· "εἰς πᾶσαν τὴν
γῆν ἐξῆλθεν ὁ φθόγγος αὐτῶν".²⁵

ὡς τὸ τὴν ῥάβδον (ἄγει) κινήσας ὁ Ἑρμῆς,
αἱ δὲ τρίζουσαι ἕπονται αἱ ψυχαὶ συνεχῶς
οὕτως,²⁶ ὡς διὰ τῆς εἰκόνος ὁ ποιητὴς ἐπιδέδειχε
λέγω·

ὡς δ' ὅτε νυκτερίδες μυχῷ ἄντρου θεσπεσίοιο
τρίζουσαι ποτέονται, ἐπεί κέ τις ἀποπέσῃσιν
ὁρμαθοῦ ἐκ πέτρης, ἀνά τ' ἀλλήλῃσιν ἔχονται.²⁷

35 πέτρης τοῦ Ἀδάμαντος λέγει. οὗτός ἐστιν ὁ ἀδάμας "ὁ λίθος
ὁ ἀκρογωνιαῖος εἰς κεφαλὴν γεγενημένος γωνίας"²⁸ - ἐν κεφα-
λῇ γάρ ἐστιν ὁ χαρακτηριστικὸς ἐγκέφαλος.²⁹ - "ὃν ἐντάσσω
ἀδάμαντα εἰς τὰ θεμέλια Σιών".³⁰ ἀλληγορῶν τὸ πλάσμα τοῦ
ἀνθρώπου λέγει.
36 ὁ δὲ ἐντασσόμενος ἀδάμας ἐστὶν (ἐκεῖ οἱονεὶ μετὰ) ὀδόντας·

---
21 Od. 24,2-4.
22 Ps 2,9.
23 Apokryphon.
24 Vgl. 1 Kor 15,27.
25 Ps 18,5; vgl. Röm 10,18.
26 Od. 24,5.
27 Od. 24,6-8.
28 Is 28,16 und Ps 117,22.
29 ἡ οὐσία, "ἐξ οὗ πᾶσα πατριὰ χαρακτηρίζεται", vgl. Eph 3,15.
30 Am 7,8 und Ps 117,22.

ὡς Ὅμηρος λέγει "ἕρκος ὀδόντων",[31] τουτέστι τεῖχος καὶ χαράκωμα, ἐν ᾧ ἐστιν ὁ ἔσω ἄνθρωπος,[32] ἐκεῖσε ἀποπεπτωκὼς ἀπὸ τοῦ ἀρχανθρώπου ἄνωθεν Ἀδάμαντος, "ὁ τμηθεὶς ἄνευ χειρῶν"[33] τεμνουσῶν καὶ κατενηνεγμένος εἰς τὸ πλάσμα τῆς λήθης, τὸ χοϊκόν.[34]

37 καὶ φησὶν ὅτι τετριγυῖαι αὐτῷ ἠκολούθουν αἱ ψυχαί, τῷ λόγῳ,
    ὡς αὗται τετριγυῖαι ἅμ' ἦϊσαν, ἦρχε δ'ἄρα σφιν
    - τουτέστιν ἡγεῖτο -
    Ἑρμείας ἀνά κητα κατ' εὐρώεντα κέλευθα,[35]
τουτέστι εἰς τὰ πάσης κακίας ἀπηλλαγμένα αἰώνια χωρία.
ποῦ γάρ, φησίν, ἦλθον;
    πὰρ δ' ἴσαν Ὠκεανοῦ τε ῥοὰς καὶ Λευκάδα πέτρην,
    ἠ(δὲ) παρ' Ἠελίοιο πύλας καὶ δῆμον ὀνείρων.[36]

38 οὗτός ἐστιν Ὠκεανὸς "γένεσίς (τε) θεῶν γένεσίς τ' ἀνθρώπων",[37] ἐκ παλιρροίας στρεφόμενος αἰεί, ποτὲ ἄνω ποτὲ κάτω. ἀλλ' ὅταν κάτω ῥέῃ ὁ Ὠκεανός, γένεσίς ἐστιν ἀνθρώπων, ὅταν δὲ ἄνω ἐπὶ τὸ τεῖχος καὶ τὸ χαράκωμα καὶ τὴν Λευκάδα πέτρην,
39 γένεσίς ἐστι θεῶν. τοῦτό ἐστι τὸ γεγραμμένον· "ἐγὼ εἶπα· θεοί ἐστε καὶ υἱοὶ ὑψίστου πάντες",[38] ἐὰν ἀπὸ τῆς Αἰγύπτου φυγεῖν σπεύσητε καὶ γένησθε πέραν τῆς Ἐρυθρᾶς θαλάσσης εἰς τὴν ἔρημον, τουτέστιν ἀπὸ τῆς κάτω μίξεως ἐπὶ τὴν ἄνω Ἰερουσαλὴμ ἥτις ἐστὶ μήτηρ (πάντων τῶν) ζώντων.[39] ἐὰν δὲ πάλιν ἐπιστραφῆτε ἐπὶ τὴν Αἴγυπτον, τουτέστιν ἐπὶ τὴν κάτω μῖξιν, "ὡς ἄνθρωποι ἀποθνῄσκετε".[40] θνητὴ γὰρ πᾶσα ἡ κάτω γένεσις, ἀθάνατος δὲ ἡ ἄνω γενομένη.[41]

41 οὗτός ἐστιν ὁ μέγας Ἰορδάνης, ὃν κάτω ῥέοντα καὶ κωλύοντα

---

31 Z.B. Ilias 4,350.
32 Vgl. Röm 7,22.
33 Dan 2,45.
34 τὸ ὀστράκινον; vgl. Dan 2,45.
35 Od. 24,9-10.
36 Od. 24,11-12.
37 Ilias 14,201.246; vgl. Wendland 88, Anm. zu Zeile 12.
38 Ps 81,6.
39 Vgl. Gal 4,26 und Gen 3,20.
40 Ps 81,7.
41 γεννᾶται γὰρ ἐξ ὕδατος μόνου καὶ πνεύματος πνευματικός· οὐ σαρκικός· ὁ δὲ κάτω σαρκικός. τοῦτ' ἔστι τὸ γεγραμμένον· "τὸ γεγεννημένον ἐκ τῆς σαρκὸς σάρξ ἐστι, καὶ τὸ γεγεννημένον ἐκ τοῦ πνεύματος πνεῦμά ἐστιν". αὕτη ἐστὶν ἡ πνευματικὴ γένεσις; vgl. Joh 3,5.6.

ἐξελθεῖν τοὺς υἱοὺς Ἰσραὴλ ἐκ γῆς Αἰγύπτου[42] - ἤγουν ἐκ τῆς κάτω μίξεως· Αἴγυπτος γάρ ἐστι τὸ σῶμα - ἀνέστειλεν Ἰησοῦς καὶ ἐποίησεν ἄνω ῥέειν.

8,1 ὁ λέγων τὰ πάντα ἐξ ἑνὸς συνεστάναι πλανᾶται, ὁ λέγων ἐκ
2 τριῶν ἀληθεύει καὶ περὶ τῶν ὅλων τὴν ἀπόδειξιν δώσει. μία γάρ ἐστι ἡ μακαρία φύσις τοῦ μακαρίου ἀνθρώπου τοῦ ἄνω, τοῦ Ἀδάμαντος· μία δὲ ἡ θνητὴ κάτω· μία δὲ ἡ ἀβασίλευτος γενεὰ ἡ ἄνω γενομένη, ὅπου ἐστὶ Μαριὰμ ἡ ζητουμένη καὶ Ἰοθὼρ ὁ μέγας σοφὸς καὶ Σεπφώρα ἡ βλέπουσα καὶ Μωσῆς, οὗ γένεσις οὐκ
3 ἔστιν ἐν Αἰγύπτῳ· γεγόνασι γὰρ αὐτῷ παῖδες ἐν Μαδιάμ. καὶ τοῦτο οὐδὲ τοὺς ποιητὰς λέληθε·

τριχθὰ δὲ πάντα δέδασται, ἕκαστος δ'ἔμμορε τιμῆς.

δεῖ γὰρ λαλεῖσθαι τὰ μεγέθη,[43] εἰ μὴ γὰρ ἐλαλεῖτο τὰ μεγέθη,
4 ὁ κόσμος συνεστάναι οὐκ ἠδύνατο. οὗτοί εἰσιν οἱ τρεῖς ὑπέρογκοι λόγοι Καυλακαῦ, Σαυλασαῦ, Ζεησάρ,[44] Καυλακαῦ τοῦ ἄνω, τοῦ Ἀδάμαντος, Σαυλασαῦ τοῦ κάτω θνητοῦ, Ζεησὰρ τοῦ ἐπὶ τὰ ἄνω ῥεύσαντος Ἰορδάνου. οὗτός ἐστι ὁ ἐν πᾶσιν ἀρσενόθηλυς ἄνθρωπος, ὃν[45] κοινῇ δὲ Ἕλληνες ἐπουράνιον μηνὸς κέρας καλοῦσιν, ὅτι καταμέμιχε καὶ κεκέρακε πάντα πᾶσι.[46]
6 τοῦτό ἐστι τὸ ποτήριον "τὸ κόνδυ, ἐν ᾧ βασιλεὺς πίνων οἰωνίζεται".[47] τοῦτο κεκρυμμένον εὑρέθη ἐν τοῖς καλοῖς τοῦ Βενιαμὶν σπέρμασι.[48] λέγουσι δὲ αὐτὸ καὶ Ἕλληνες οὕτως μαινομένῳ στόματι·

φέρ' ὕδωρ, φέρ' οἶνον, ὦ παῖ,
μέθυσόν με καὶ κάρωσον.
τὸ ποτήριον λέγει μοι,
ποδαπόν με δεῖ γενέσθαι,[49]

---

42 Vgl. Jos 3,7-17.
43 Ilias 15,189. Dann: λαλεῖσθαι δὲ οὕτως ὑπὸ πάντων πανταχῇ, "ἵνα ἀκούοντες μὴ ἀκούωσι καὶ βλέποντες μὴ βλέπωσιν", vgl. Mk 4,12 Par.
44 Vgl. Is 28,10.
45 (ὃν) οἱ ἀγνοοῦντες Γηρυόνην καλοῦσι τρισώματον, ὡς ἐκ γῆς ῥέοντα Γηρυόνην.
46 "πάντα γάρ", φησί, "δι' αὐτοῦ ἐγένετο καὶ χωρὶς αὐτοῦ ἐγένετο οὐδέν. ὃ δὲ γέγονεν ἐν αὐτῷ ζωή ἐστιν". αὕτη ἐστὶν ἡ ζωὴ ἡ ἄρρητος γενεὰ τῶν τελείων ἀνθρώπων, ἣ ταῖς προτέραις γενεαῖς οὐκ ἐγνώσθη· τὸ δὲ οὐδέν ἐστιν, ὃ χωρὶς αὐτοῦ γέγονεν, ὁ κόσμος (ὁ) ἰδικός· γέγονεν γὰρ χωρὶς αὐτοῦ ὑπὸ τρίτου καὶ τετάρτου. Vgl. Joh 1,3.4; Eph 3,5.
47 Vgl. Gen 44,2.5.
48 Vgl. Gen 44,12.
49 Anakr. 52,10ff.

7   τοῦτο ἥρκει μόνον νοηθὲν ἀνθρώποις τὸ τοῦ Ἀνακρέοντος ποτήριον ἀλάλως λαλοῦν μυστήριον ἄρρητον. ἄλαλον γὰρ τὸ Ἀνακρέοντος ποτήριον, ὅπερ αὐτῷ, φησὶν Ἀνακρέων, λαλεῖ ἀλάλῳ φθέγματι, ποδαπὸν αὐτὸν δεῖ γενέσθαι,⁵⁰ ἐὰν ἀκούσῃ τὸ κεκρυμμένον μυστήριον ἐν σιωπῇ.⁵¹

9   Τοῦτ' ἔστι τὸ μέγα καὶ ἄρρητον Σαμοθρᾴκων μυστήριον, ὃ μόνοις ἔξεστιν εἰδέναι τοῖς τελείοις.⁵² διαρρήδην γὰρ οἱ Σαμόθρᾳκες τὸν Ἀδὰμ ἐκεῖνον παραδιδόασιν ἐν τοῖς μυστηρίοις τοῖς
10 ἐπιτελουμένοις παρ' αὐτοῖς ἀρχάνθρωπον. ἕστηκε δὲ ἀγάλματα δύο ἐν τῷ Σαμοθρᾴκων ἀνακτόρῳ ἀνθρώπων γυμνῶν, ἄνω τεταμένας ἔχοντων τὰς χεῖρας ἀμφοτέρας εἰς οὐρανὸν καὶ τὰς αἰσχύνας ἄνω ἐστραμμένας, καθάπερ ἐν Κυλλήνῃ τὸ τοῦ Ἑρμοῦ. εἰκόνες δέ εἰσι τὰ προειρημένα ἀγάλματα τοῦ ἀρχανθρώπου καὶ τοῦ ἄνω γενομένου⁵³ κατὰ πάνθ' ὁμοουσίου ἐκείνῳ τῷ ἀνθρώπῳ.⁵⁴

13 Τοῦτον Θρᾷκες οἱ περὶ τὸν Αἷμον οἰκοῦντες Κορύβαντα καλοῦσι καὶ Θραξὶν οἱ Φρύγες παραπλησίως, ὅτι ἀπὸ τῆς κορυφῆς ἄνωθεν καὶ ἀπὸ τοῦ ἀχαρακτηρίστου ἐγκεφάλου τὴν ἀρχὴν τῆς καταβάσεως λαμβάνων καὶ πάσας τὰς τῶν ὑποκειμένων διερχόμενος ἀρ-
14 χὰς πῶς καὶ τίνα τρόπον κατέρχεται, οὐ νοοῦμεν. τοῦτ' ἔστι τὸ εἰρημένον· "φωνὴν μὲν αὐτοῦ ἠκούσαμεν, εἶδος δὲ αὐτοῦ οὐχ ἑωράκαμεν".⁵⁵ ἀποτεταμένου γὰρ αὐτοῦ καὶ χαρακτηρισμένου ἀκούεται φωνή, τὸ δὲ εἶδος τὸ κατελθὸν ἄνωθεν ἀπὸ τοῦ ἀχαρακτηρίστου ὁποῖόν ἐστιν εἶδεν οὐδείς. ἔστι δὲ ἐν τῷ πλάσματι τῷ

---

50 τουτέστι πνευματικόν, οὐ σαρκικόν.
51 καὶ τοῦτό ἐστι τὸ ὕδωρ τὸ ἐν τοῖς καλοῖς ἐκείνοις γάμοις, ὃ στρέψας ὁ Ἰησοῦς ἐποίησεν οἶνον. αὕτη ἐστὶν ἡ μεγάλη καὶ ἀληθινὴ "ἀρχὴ τῶν σημείων", ἣν ἐποίησεν "ὁ Ἰησοῦς ἐν Κανᾷ τῆς Γαλιλαίας καὶ ἐφανέρωσε" τὴν βασιλείαν τῶν οὐρανῶν. αὕτη ἐστὶν ἡ βασιλεία τῶν οὐρανῶν ἐντὸς ἡμῶν κατακειμένη ὡς θησαυρός, ὡς ζύμη "εἰς ἀλεύρου τρία σάτα" κεκρυμμένη. Vgl. Joh 2,1-11; Lk 17,21; Mt 13,44.33.
52 ἡμῖν.
53 ἀναγεννωμένου πνευματικοῦ.
54 τοῦτό ἐστι τὸ εἰρημένον ὑπὸ τοῦ σωτῆρος· "ἐὰν μὴ πίνητέ μου τὸ αἷμα καὶ φάγητέ μου τὴν σάρκα, οὐ μὴ εἰσέλθητε εἰς τὴν βασιλείαν τῶν οὐρανῶν· ἀλλὰ κἂν πίητε τὸ ποτήριον ὃ ἐγὼ πίνω, ὅπου ἐγὼ ὑπάγω, ἐκεῖ ὑμεῖς εἰσελθεῖν οὐ δύνασθε". ᾔδει γάρ, ἐξ ὁποίας φύσεως ἕκαστος τῶν μαθητῶν αὐτοῦ ἐστι καὶ ὅτι ἕκαστον αὐτῶν εἰς τὴν ἰδίαν φύσιν ἐλθεῖν ἀνάγκη. ἀπὸ γὰρ τῶν δώδεκα φυλῶν μαθητὰς ἐξελέξατο δώδεκα καὶ δι' αὐτῶν ἐλάλησε πάσῃ φυλῇ· διὰ τοῦτο τὰ τῶν δώδεκα μαθητῶν κηρύγματα οὔτε πάντες ἀκηκόασιν οὔτε, ἐὰν ἀκούωσι, παραδέξασθαι δύνανται. ἔστι γὰρ αὐτοῖς παρὰ φύσιν τὰ μὴ κατὰ φύσιν. Vgl. Joh 6,53; Mk 10,38 (Mt 20,22); Joh 8,21 (13,33).
55 Apokryphon, vgl. Deut 4,12.

15 χοϊκῷ, γινώσκει δὲ αὐτὸ οὐδείς. οὗτός ἐστιν "ὁ τὸν κατακλυσ-
μὸν οἰκιῶν θεός"⁵⁶ κατὰ τὸ ψαλτήριον καὶ φθεγγόμενος (καὶ)
κεκραγὼς ἀπὸ "ὑδάτων πολλῶν".⁵⁷ ὕδατά ἐστι πολλὰ ἡ πολυσχι-
δὴς τῶν θνητῶν γένεσις ἀνθρώπων, ἀφ' ἧς βοᾷ καὶ κέκραγε πρὸς
τὸν ἀχαρακτήριστον ἄνθρωπον, "ῥῦσαι" λέγων "ἀπὸ λεόντων τὴν
16 μονογενῆ μου".⁵⁸ πρὸς τοῦτόν ἐστι εἰρημένον· "παῖς μου εἶ
σὺ 'Ισραήλ, μὴ φοβοῦ· ἐὰν διὰ ποταμῶν διέλθῃς, οὐ μή σε συγ-
κλύσωσιν, ἐὰν διὰ πυρὸς διέλθῃς, οὐ μή σε συγκαύσει".⁵⁹ πο-
ταμοὺς λέγει τὴν ὑγρὰν τῆς γενέσεως οὐσίαν, πῦρ δὲ τὴν ἐπὶ
17 τὴν γένεσιν ὁρμὴν καὶ ἐπιθυμίαν· "σὺ ἐμὸς εἶ, μὴ φοβοῦ".⁶⁰
καὶ πάλιν, "εἰ ἐπιλήσεται μήτηρ τῶν τέκνων αὐτῆς μὴ ἐλεῆσαι
μηδὲ ἐπιδοῦναι μαστόν, κἀγὼ ἐπιλήσομαι ὑμῶν",⁶¹ ὁ 'Αδάμας
λέγει,⁶² "ἀλλὰ εἰ καὶ ἐπιλήσεται ταῦτα γυνή, ἀλλ' ἐγὼ οὐκ
ἐπιλήσομαι ὑμῶν. ἐπὶ τῶν χειρῶν μου ἐζωγράφηκα ὑμᾶς".⁶³
18 περὶ δὲ τῆς ἀνόδου αὐτοῦ,⁶⁴ λέγει ἡ γραφή· "ἄρατε πύλας οἱ
ἄρχοντες ὑμῶν, καὶ ἐπάρθητε πύλαι αἰώνιοι, καὶ εἰσελεύσεται
ὁ βασιλεὺς τῆς δόξης".⁶⁵ τοῦτ' ἐστι θαῦμα θαυμάτων. "τίς"
γὰρ "ἐστὶν οὗτος ὁ βασιλεὺς τῆς δόξης;"⁶⁶ "σκώληξ καὶ οὐκ
ἄνθρωπος, ὄνειδος ἀνθρώπου καὶ ἐξουθένημα λαοῦ".⁶⁷ "αὐτός
19 ἐστιν ὁ βασιλεὺς τῆς δόξης, ὁ ἐν πολέμῳ δυνατός".⁶⁸ πόλεμον
δὲ λέγει τὸν ἐν σώματι, ὅτι ἐκ μαχίμων στοιχείων πέπλασται
τὸ πλάσμα, καθὼς γέγραπται, "μνήσθητι πόλεμον τὸν γινόμενον
ἐν σώματι".⁶⁹ ταύτην τὴν εἴσοδον καὶ ταύτην τὴν πύλην εἶδεν
εἰς Μεσοποταμίαν πορευόμενος ὁ 'Ιακώβ, ὅπερ ἐστὶν ἀπὸ τοῦ
παιδὸς ἔφηβος ἤδη γινόμενος καὶ ἀνήρ, τουτέστιν ἐγνωρίσθη
20 τῷ εἰς Μεσοποταμίαν πορευομένῳ· Μεσοποταμία δέ ἐστιν ἡ τοῦ
μεγάλου 'Ωκεανοῦ ῥοή, ἀπὸ τῶν μέσων ῥέουσα τοῦ τελείου
ἀνθρώπου. καὶ ἐθαύμασε τὴν οὐράνιον πύλην εἰπών· "ὡς φοβερὸς

---

56 Ps 28,10.
57 Ps 28,3.
58 Ps 34,17; vgl. Ps 21,21f.
59 Is 41,8 und Is 43,2.
60 Is 43,1.
61 Is 49,15.
62 πρὸς τοὺς ἰδίους ἀνθρώπους·
63 Is 49,15f.
64 τουτέστι τῆς ἀναγεννήσεως, ἵνα γένηται πνευματικός, οὐ σαρκικός.
65 Ps 23,7.9.
66 Ps 23,10.
67 Ps 21,7.
68 Ps 23,8.
69 Job 40,32(27).

ὁ τόπος οὗτος. οὐκ ἔστι τοῦτο ἀλλ' ἢ οἶκος θεοῦ, καὶ αὕτη ἡ πύλη τοῦ οὐρανοῦ".[70]

22 Τὸν αὐτὸν δὲ τοῦτον Φρύγες καὶ Πάπαν καλοῦσιν, ὅτι πάντα ἔπαυσεν ἀτάκτως καὶ πλημμελῶς πρὸ τῆς ἑαυτοῦ φανερώσεως κεκινημένα. τὸ γὰρ ὄνομα τοῦ πάπα πάντων ὁμοῦ ἐστι "τῶν ἐπουρανίων καὶ ἐπιγείων καὶ καταχθονίων"[71] λεγόντων· παῦε παῦε τὴν ἀσυμφωνίαν τοῦ κόσμου καὶ ποίησον "εἰρήνην τοῖς μακράν", τουτέστι τοῖς[72] χοϊκοῖς, καὶ "εἰρήνην τοῖς ἐγγύς",[73] τούτεστι τοῖς[74] νοεροῖς τελείοις ἀνθρώποις.

λέγουσι δὲ οἱ Φρύγες τὸν αὐτὸν τοῦτον καὶ νέκυν, οἱονεὶ ἐν
23 μνήματι καὶ τάφῳ ἐγκατωρυγμένον ἐν τῷ σώματι. τοῦτό ἐστι τὸ εἰρημένον· "τάφοι ἐστὲ κεκονιαμένοι, γέμοντες ἔσωθεν ὀστέων νεκρῶν",[75] ὅτι οὐκ ἔστιν ἐν ὑμῖν ἄνθρωπος ὁ ζῶν· καὶ πάλιν, "ἐξαλοῦνται ἐκ τῶν μνημείων οἱ νεκροί",[76] τουτέστιν ἐκ τῶν σωμάτων τῶν χοϊκῶν.[77]

24 οἱ δὲ αὐτοὶ Φρύγες τὸν αὐτὸν τοῦτον πάλιν ἐκ μεταβολῆς λέγουσι θεόν. γίνεται γὰρ θεός, ὅταν ἐκ νεκρῶν ἀναστὰς διὰ
25 τῆς[78] πύλης εἰσελεύσεται εἰς τὸν οὐρανόν.[79] ταῦτά ἐστι τὰ ἄρρητα ὑπὸ πάντων λεγόμενα μυστήρια.[80] πάνυ γὰρ δύσκολόν ἐστι[81]

---

70 Gen 28,17. Dann: διὰ τοῦτο λέγει ὁ Ἰησοῦς· "ἐγώ εἰμι ἡ πύλη ἡ ἀληθινή". ἔστι δὲ ὁ ταῦτα λέγων ὁ ἀπὸ τοῦ ἀχαρακτηρίστου ἄνωθεν κεχαρακτηρισμένος τέλειος ἄνθρωπος. οὐ δύναται οὖν σωθῆναι ὁ τέλειος ἄνθρωπος, ἐὰν μὴ ἀναγεννηθῇ διὰ ταύτης εἰσελθὼν τῆς πύλης; vgl. Joh 10,1.9.
71 Phil 2,10.
72 (τοῖς) ὑλικοῖς καὶ.
73 Vgl. Is 57,19.
74 (τοῖς) πνευματικοῖς καὶ.
75 Mt 23,27.
76 Mt 27,53?
77 ἀναγεννηθέντες πνευματικοί, οὐ σαρκικοί. αὕτη ἐστὶν ἡ ἀνάστασις ἡ διὰ τῆς πύλης γινομένη τῶν οὐρανῶν, δι' ἧς οἱ μὴ εἰσελθόντες πάντες μένουσι νεκροί. vgl. Joh 10,9.
78 τοιαύτης.
79 ταύτην τὴν πύλην Παῦλος οἶδεν ὁ ἀπόστολος, παρανοίξας ἐν μυστηρίῳ καὶ εἰπὼν "ἡρπάσθαι ὑπὸ ἀγγέλου καὶ γεγονέναι ἕως δευτέρου καὶ τρίτου οὐρανοῦ εἰς τὸν παράδεισον αὐτόν, καὶ ἑωρακέναι ἃ ἑώρακε, καὶ ἀκηκοέναι ῥήματα ἄρρητα ἃ οὐκ ἐξὸν ἀνθρώπῳ εἰπεῖν"; vgl. 2 Kor 12,2-4 (frei zitiert).
80 "ἃ (καὶ λαλοῦμεν) οὐκ ἐν διδακτοῖς ἀνθρωπίνης σοφίας λόγοις, ἀλλ' ἐν διδακτοῖς πνεύματος, πνευματικοῖς πνευματικὰ συγκρίνοντες. ψυχικὸς δὲ ἄνθρωπος οὐ δέχεται τὰ τοῦ πνεύματος τοῦ θεοῦ· μωρία γὰρ αὐτῷ ἐστί". καὶ ταῦτά ἐστι τὰ τοῦ πνεύματος ἄρρητα μυστήρια, ἃ ἡμεῖς ἴσμεν μόνοι. περὶ τούτων εἴρηκεν ὁ σωτήρ· "οὐδεὶς δύναται ἐλθεῖν πρός με, ἐὰν μή τινα ἑλκύσῃ ὁ πατήρ μου ὁ οὐράνιος"; vgl. 1 Kor 2,13.14; Joh 6,44.
81 (ἐστι) παραδέξασθαι καὶ.

λαβεῖν τὸ μέγα τοῦτο καὶ ἄρρητον μυστήριον. (διὸ)⁸² "οὐ πᾶς ὁ λέγων μοι κύριε κύριε εἰσελεύσεται εἰς τὴν βασιλείαν τῶν οὐρανῶν, ἀλλ᾽ ὁ ποιῶν τὸ θέλημα τοῦ πατρός μου τοῦ ἐν τοῖς
28 οὐρανοῖς".⁸³ ὃ δεῖ ποιήσαντας, οὐχὶ ἀκούσαντας μόνον, εἰς τὴν βασιλείαν εἰσελθεῖν τῶν οὐρανῶν. καὶ πάλιν.⁸⁴ "οἱ τελῶναι καὶ αἱ πόρναι προάγουσιν ὑμᾶς εἰς τὴν βασιλείαν τῶν οὐρανῶν".⁸⁵ τελῶναι γάρ εἰσιν οἱ τὰ τέλη τῶν ὅλων λαμβάνοντες,⁸⁶ τέλη γάρ εἰσι τὰ ἀπὸ τοῦ ἀχαρακτηρίστου εἰς τὸν κόσμον κατεσπαρμένα σπέρματα, δι᾽ ὧν ὁ πᾶς συντελεῖται κόσμος·
29 διὰ γὰρ αὐτῶν καὶ ἤρξατο γενέσθαι. καὶ τοῦτό ἐστι τὸ εἰρημένον· "ἐξῆλθεν ὁ σπείρων τοῦ σπεῖραι· καὶ τὰ μὲν ἔπεσε παρὰ τὴν ὁδὸν καὶ κατεπατήθη, τὰ δὲ ἐπὶ τὰ πετρώδη καὶ ἐξανέτειλε καὶ διὰ τὸ μὴ ἔχειν βάθος ἐξηράνθη καὶ ἀπέθανε· τὰ δὲ ἔπεσε ἐπὶ τὴν γῆν τὴν καλὴν καὶ ἀγαθήν, καὶ ἐποίει καρπόν, ὃ μὲν ἑκατόν, ὃ δὲ ἑξήκοντα, ὃ δὲ τριάκοντα. ὁ ἔχων ὦτα ἀκούειν ἀκουέτω".⁸⁷
30 αὕτη ἐστὶν ἡ καλὴ καὶ ἀγαθή, ἣν λέγει Μωϋσῆς· "εἰσάξω ὑμᾶς εἰς γῆν καλὴν καὶ ἀγαθήν, εἰς γῆν ῥέουσαν γάλα καὶ μέλι".⁸⁸ τοῦτό ἐστι τὸ μέλι καὶ τὸ γάλα, οὗ γευσαμένους τοὺς τελείους ἀβασιλεύτους γενέσθαι καὶ μετασχεῖν τοῦ πληρώματος. τοῦτό ἐστι τὸ πλήρωμα, δι᾽ οὗ πάντα (τὰ) γινόμενα γένη ἀπὸ τοῦ ἀγεννήτου γέγονέ τε καὶ πεπλήρωται.
31 Ὁ δὲ αὐτὸς οὗτος ὑπὸ τῶν Φρυγῶν καὶ ἄκαρπος καλεῖται. ἔστι γὰρ ἄκαρπος, ὅταν⁸⁹ τὴν "ἐπιθυμίαν τῆς σαρκὸς"⁹⁰ ἐργάζηται. τοῦτό ἐστι τὸ εἰρημένον· "πᾶν δένδρον μὴ ποιοῦν καρπὸν καλὸν ἐκκόπτεται καὶ εἰς πῦρ βάλλεται".⁹¹ καρποὶ γὰρ οὗτοί εἰσι
32 μόνον οἱ λογικοὶ ζῶντες ἄνθρωποι.⁹² ζῶντες δὲ λέγονται καὶ λόγοι καὶ νόες καὶ ἄνθρωποι, οἱ μαργαρῖται ἐκείνου τοῦ

---

82 καὶ πάλιν εἴρηκεν ὁ σωτήρ·
83 Mt 7,21.
84 εἴρηκεν·
85 Mt 21,31.
86 ἡμεῖς δέ ἐσμεν οἱ τελῶναι, "εἰς οὓς τὰ τέλη τῶν αἰώνων κατήντηκε"; vgl. 1 Kor 10,11.
87 Mt 13,3-9 Par. Dann: τοῦτ᾽ ἔστι, οὐδεὶς τούτων τῶν μυστηρίων ἀκροατὴς γέγονεν εἰ μὴ μόνοι (οἱ) γνωστικοὶ τέλειοι.
88 Deut 31,20.
89 (ὅταν) ᾖ σαρκικὸς καί.
90 Vgl. Gal 5,16.
91 Mt 3,10.
92 οἱ διὰ τῆς πύλης εἰσερχόμενοι τῆς τρίτης. λέγουσι γοῦν· "εἰ νεκρὰ ἐφάγετε καὶ ζῶντα ἐποιήσατε, τί, ἂν ζῶντα φάγητε, ποιήσετε;" vgl. ThomEv, Log.11.

33 ἀχαρακτηρίστου ἐρριμμένοι εἰς τὸ πλάσμα καρποί. τοῦτ' ἔστιν
ὃ λέγει· "μὴ βάλητε τὸ ἅγιον τοῖς κυσὶ μηδὲ τοὺς μαργαρίτας
τοῖς χοίροις",[93] χοίρων καὶ κυνῶν ἔργον (γὰρ) ἐστὶν ἡ γυναικὸς πρὸς ἄνδρα ὁμιλία.

34 τὸν αὐτὸν δὲ τοῦτον οἱ Φρύγες καλοῦσιν αἰπόλον, οὐχ ὅτι ἔβοσ-
κεν αἶγας καὶ τράγους, ὡς οἱ ψυχικοὶ ὀνομάζουσιν, ἀλλ' ὅτι
ἐστὶν ἀειπόλος, τουτέστιν ὁ ἀεὶ πολῶν καὶ στρέφων καὶ περιε-
λαύνων τὸν κόσμον ὅλον στροφῇ. πολεῖν γάρ ἐστι τὸ στρέφειν
35 καὶ μεταβάλλειν τὰ πράγματα· ἔνθεν καὶ τὰ δύο κέντρα τοῦ
οὐρανοῦ ἅπαντες προσαγορεύουσι πόλους. καὶ ὁ ποιητὴς δέ
φησι·
    πωλεῖταί τις δεῦρο γέρων ἅλιος νημερτής,
    ἀθάνατος Πρωτεὺς Αἰγύπτιος.[94]
οὐ πιπράσκεται, ἀλλὰ στρέφεται αὐτοῦ οἱονεὶ καὶ περιέρχεται
λέγει. καὶ πόλεις, ἐν αἷς οἰκοῦμεν, ὅτι στρεφόμεθα καὶ πο-
36 λοῦμεν ἐν αὐταῖς, καὶ καλοῦνται πόλεις. οὕτως οἱ Φρύγες
αἰπόλον τοῦτον καλοῦσι τὸν πάντοτε (πάντα) πανταχῇ στρέφον-
τα καὶ μεταβάλλοντα πρὸς τὰ οἰκεῖα.

καλοῦσι δὲ αὐτὸν καὶ πολύκαρπον οἱ Φρύγες, ὅτι "πλείονα τὰ
τέκνα τῆς ἐρήμου μᾶλλον ἢ τῆς ἐχούσης τὸν ἄνδρα",[95] τουτέστι
τὰ ἄνω γενόμενα ἀθάνατα καὶ ἀεὶ διαμένοντα ἐστὶ πολλά, κἂν
ὀλίγα ᾖ τὰ γενόμενα· τὰ δὲ κάτω θνητὰ[96] πάντα, κἂν ᾖ πολλὰ
(τὰ) γεννώμενα.[97]
37 (διὰ τοῦτο) θρηνεῖ[98] Ἱερεμίας τὴν κάτω Ἱερουσαλήμ, οὐ τὴν
ἐν Φοινίκῃ πόλιν, ἀλλὰ τὴν κάτω γένεσιν τὴν φθαρτήν· ἔγνω
38 γὰρ καὶ Ἱερεμίας τὸν τέλειον ἄνθρωπον.[99] αὐτὸς γοῦν ὁ Ἱερεμίας ἔλεγε· "ἄνθρωπός ἐστι καὶ τίς γνώσεται αὐτόν;"[100] οὕτως
ἐστὶ πάνυ βαθεῖα καὶ δυσκατάληπτος ἡ τοῦ τελείου ἀνθρώπου
γνῶσις. "ἀρχὴ γὰρ τελειώσεως γνῶσις ἀνθρώπου, θεοῦ δὲ γνῶσις ἀπηρτισμένη τελείωσις".

---

93 Mt 7,6.
94 Ilias 4,384f.
95 Is 54,1 (Gal 4,27).
96 (τὰ δὲ) σαρκικὰ φθαρτά.
97 διὰ τοῦτο "ἔκλαιε ῾Ραχὴλ τὰ τέκνα καὶ οὐκ ἤθελε παρακαλεῖσθαι κλαίουσα ἐπ᾽ αὐτοῖς· ᾔδει γάρ, ὅτι οὔκ εἰσι"; Jerem 31,15 (Mt 2,18).
98 δὲ καί.
99 τὸν ἀναγεννώμενον "ἐξ ὕδατος καὶ πνεύματος", οὐ σαρκικόν.
100 Jer 17,9.

39 Λέγουσι δὲ αὐτὸν Φρύγες καὶ χλοερὸν στάχυν τεθερισμένον, καὶ μετὰ τοὺς Φρύγας Ἀθηναῖοι μυοῦντες Ἐλευσίνια καὶ ἐπιδεικνύντες τοῖς ἐποπτεύουσι τὸ μέγα καὶ θαυμαστὸν καὶ τελειότατον ἐποπτικὸν ἐκεῖ μυστήριον ἐν σιωπῇ, τεθερισμένον στάχυν.

40 ὁ δὲ στάχυς οὗτός ἐστι καὶ παρὰ Ἀθηναίοις ὁ παρὰ τοῦ ἀχαρακτηρίστου φωστὴρ τέλειος μέγας, καθάπερ αὐτὸς ὁ ἱεροφάντης, οὐκ ἀποκεκομμένος μέν, ὡς ὁ Ἄττις, εὐνουχισμένος δὲ διὰ κωνείου καὶ πᾶσαν ἀπηρτημένος τὴν κάτω[101] γένεσιν, νυκτὸς ἐν Ἐλευσῖνι ὑπὸ πολλῷ πυρὶ τελῶν τὰ μεγάλα καὶ ἄρρητα μυστήρια βοᾷ καὶ κέκραγε λέγων· "ἱερὸν ἔτεκε πότνια κοῦρον Βριμὼ Βριμόν", τουτέστιν ἰσχυρὰ ἰσχυρόν.

41 πότνια δέ ἐστι ἡ γένεσις[102] ἡ ἐπουράνιος, ἡ ἄνω· ἰσχυρὸς δέ ἐστιν ὁ οὕτω γεννώμενος. ἔστι γὰρ τὸ λεγόμενον μυστήριον Ἐλευσὶν καὶ ἀνακτόρειον· Ἐλευσίν, ὅτι ἤλθομεν[103] ἄνωθεν ἀπὸ τοῦ Ἀδάμαντος ῥυέντες κάτω - ἐλεύσεσθαι γάρ ἐστιν

42 ἐλθεῖν -, τὸ δὲ ἀνακτόρειον (διὰ) τὸ ἀνελθεῖν ἄνω. τοῦτό ἐστιν, ὅ λέγουσιν οἱ κατωργιασμένοι τῶν Ἐλευσινίων τὰ (μεγάλα) μυστήρια· θέσμιον δέ ἐστι τὰ μικρὰ μεμυημένους αὖθις τὰ μεγάλα μυεῖσθαι. "μόροι γὰρ μείζονες μείζονας μοίρας λαγχάνουσι".[104]

43 μικρά ἐστι τὰ μυστήρια τὰ τῆς Περσεφόνης κάτω, περὶ ὧν μυστηρίων καὶ τῆς ὁδοῦ τῆς ἀγούσης[105] ἐπὶ τὴν Περσεφόνην, καὶ ὁ ποιητής, φησιν·
αὐτὰρ ὑπ' αὐτήν ἐστιν ἀταρπιτὸς ὀκρυόεσσα,
κοίλη, πηλώδης· ἡ δ' ἡγήσασθαι ἀρίστη
ἄλσος ἐς ἱμερόεν πολυτιμήτου Ἀφροδίτης.[106]

44 ταῦτ' ἐστὶ τὰ μικρὰ μυστήρια τὰ τῆς κάτω[107] γενέσεως, ἅ μυηθέντες οἱ ἄνθρωποι μικρὰ παύσασθαι ὀφείλουσι, (πρὶν) καὶ μυεῖσθαι τὰ μεγάλα τὰ ἐπουράνια. οἱ γὰρ τοὺς ἐκεῖ λαχόντες "μόρους μείζονας μοίρας λαμβάνουσιν". αὕτη γάρ ἐστιν "ἡ πύλη τοῦ οὐρανοῦ" καὶ οὗτος (ὁ) "οἶκος θεοῦ",[108] εἰς ὃν οὐκ

---

101 σαρκικὴν.
102 ἡ πνευματική.
103 οἱ πνευματικοί.
104 Heraklit, Frgm. 25 Diels.
105 ἐκεῖ, οὔσης "πλατείας καὶ εὐρυχώρου" καὶ φερούσης τοὺς ἀπολλυμένους; vgl. Mt 7,13.
106 Parmenides, Frgm. 20 Diels.
107 σαρκικῆς.
108 Vgl. Gen 28,17. Dann: ὅπου ὁ ἀγαθὸς θεὸς κατοικεῖ μόνος.

εἰσελεύσεται ἀκάθαρτος οὐδείς,[109] ὅπου δεῖ γενομένους λαβεῖν
τὰ ἐνδύματα καὶ πάντας γενέσθαι νυμφίους ἀπηρσενωμένους διὰ
45 τοῦ παρθενικοῦ πνεύματος. αὕτη γάρ ἐστιν ἡ παρθένος ἡ ἐν
γαστρὶ ἔχουσα καὶ συλλαμβάνουσα καὶ τίκτουσα υἱόν,[110] οὐ
ψυχικόν, οὐ σωματικόν, ἀλλὰ μακάριον αἰῶνα αἰώνων.[111]

9,1 Ἔτι δὲ οἱ Φρύγες λέγουσι τὸν πατέρα τῶν ὅλων εἶναι ἀμύγδαλον, οὐχὶ δένδρον, ἀλλὰ εἶναι ἀμύγδαλον ἐκεῖνον τὸν προόντα,
ὃς ἔχων ἐν ἑαυτῷ τὸν τέλειον καρπὸν οἱονεὶ διασφύζοντα καὶ
κινούμενον ἐν βάθει, διήμυξε τοὺς κόλπους αὐτοῦ, καὶ ἐγέννη-
σε τὸν ἀόρατον καὶ ἀκατονόμαστον (καὶ) ἄρρητον παῖδα ἑαυτοῦ,
2 περὶ οὗ λαλοῦμεν. ἀμύξαι γάρ ἐστιν οἱονεὶ ῥῆξαι καὶ διατε-
μεῖν, καθάπερ ἐπὶ τῶν φλεγμαινόντων σωμάτων καὶ ἐχόντων ἐν
ἑαυτοῖς τινα συστροφὴν ἃς ἀμυχὰς οἱ ἰατροὶ λέγουσιν ἀνατε-
μόντες· οὕτως Φρύγες τὸν (προόντα) ἀμύγδαλον καλοῦσιν, ἀφ᾽
οὗ προῆλθε καὶ ἐγεννήθη ὁ ἀόρατος.[112]

3 συρικτὰν δέ φασιν εἶναι Φρύγες τὸ ἐκεῖθεν γεγεννημένον, ὅτι
πνεῦμα ἐναρμόνιόν ἐστι τὸ γεγεννημένον.[113]
4 τὸ δὲ πνεῦμα ἐκεῖ, ὅπου καὶ ὁ πατὴρ ὀνομάζεται, καὶ ὁ υἱός
(ἐστιν) ἐκ τούτου τοῦ πατρὸς ἐκεῖ γεννώμενος. οὗτός ἐστιν
ὁ πολυώνυμος μυριόμματος ἀκατάληπτος, οὗ πᾶσα φύσις, ἄλλη
δὲ ἄλλως ὀρέγεται.

5 τοῦτό ἐστι τὸ ῥῆμα τοῦ θεοῦ, ὅ ἐστι ῥῆμα Ἀποφάσεως τῆς μεγάλης δυνάμεως· διὸ ἔσται ἐσφραγισμένον καὶ κεκρυμμένον καὶ
κεκαλυμμένον, κείμενον ἐν τῷ οἰκητηρίῳ, οὗ ἡ ῥίζα τῶν ὅλων
τεθεμελίωται, ὁ πατὴρ[114] αἰώνων δυνάμεων ἐπινοιῶν, θεῶν ἀγ-
γέλων πνευμάτων ἀπεσταλμένων, ὄντων μὴ ὄντων, γεγονότων
γεννητῶν, ἀκαταλήπτων καταληπτῶν, ἐνιαυτῶν μηνῶν ἡμερῶν ὡρῶν
στιγμῆς ἀμερίστου, ἐξ ἧς ἐξάρχεται τὸ ἐλάχιστον αὐξῆσαι κα-

---
109 οὐ ψυχικός, οὐ σαρκικός, ἀλλὰ τηρεῖται πνευματικοῖς μόνοις.
110 Is 7,14.
111 περὶ τούτων, διαρρήδην εἴρηκεν ὁ σωτὴρ ὅτι "στενὴ καὶ τεθλιμμένη ἐστὶν ἡ ὁδὸς ἡ ἀπάγουσα εἰς τὴν ζωήν, καὶ ὀλίγοι εἰσὶν οἱ εἰσερχόμενοι εἰς αὐτήν, πλατεῖα δὲ καὶ εὐρύχωρος ἡ ὁδὸς ἡ ἀπάγουσα εἰς τὴν ἀπώλειαν, καὶ πολλοί εἰσιν οἱ διερχόμενοι δι᾽ αὐτῆς; Mt 7,13.14.
112 δι᾽ οὗ τὰ πάντα "ἐγένετο καὶ χωρὶς αὐτοῦ ἐγένετο οὐδέν"; Joh 1,3.
113 "πνεῦμα γάρ ἐστιν ὁ θεός· διὸ οὔτε ἐν τῷ ὄρει τούτῳ προσκυνοῦσιν οὔτε ἐν Ἰερουσαλὴμ οἱ ἀληθινοὶ προσκυνηταί, ἀλλὰ ἐν πνεύματι. πνευματικὴ γάρ ἐστι τῶν τελείων ἡ προσκύνησις, οὐ σαρκική"; Joh 4,24.21.23 als Mischzitat.
114 Die Handschrift liest hier (fehlerhaft) ἀπό τε; ich emendiere nach der Paraphrase zur Apophasis: Ref. VI 18,4-5 (144,18-25).

τὰ μέρος· ἡ μηδὲν οὖσα καὶ ἐκ μηδενὸς συνεστῶσα στιγμὴ ἀμέριστος οὖσα γενήσεται ἑαυτῆς ἐπινοίᾳ μέγεθός τι ἀκατάληπτον.[115]

6 τοῦτό ἐστι τὸ εἰρημένον· "οὐκ εἰσὶ λόγοι οὐδὲ λαλιαί, ὧν οὐχὶ ἀκούονται αἱ φωναὶ αὐτῶν".[116]

7 οὕτως τὰ ὑπὸ πάντων ἀνθρώπων λεγόμενά πνευματικῶς πάντα γίνεται. ὅθεν καὶ οἱ θεάτροις ἐπιδεικνύμενοι μηδ' αὐτοὶ ἀπρονοήτως τι λέγουσιν ἢ ποιοῦσιν. τοιγαροῦν ἐπὰν συνέλθῃ ὁ δῆμος ἐν τοῖς θεάτροις, εἰσιών τις ἡμφιεσμένος στολὴν ἔξαλλον, κιθάραν φέρων καὶ ψάλλων, οὕτως λέγει ᾄδων τὰ μεγάλα μυστήρια.[117]

8   εἴτε Κρόνου γένος, εἴτε Διὸς μάκαρ,
    εἴτε ῾Ρέας μεγάλας, χαῖρε (ὦ) τὸ κατ-
    ηφὲς ἄκουσμα ῾Ρέας ῎Αττι· σὲ κα-
    λοῦσι μὲν ᾿Ασσύριοι τριπόθητον ῎Α-
    δωνιν, ὅλη δ' Αἴγυπτος ῎Οσιριν, ἐπ-
    ουράνιον μηνὸς κέρας ῾Ελλη-
    νὶς σοφία, Σαμοθρᾷκες ῎Αδαμνα σε-
    βάσμιον, Αἱμόνιοι Κορύβαντα, καὶ
    οἱ Φρύγες ἄλλοτε μὲν Πάπαν, ποτὲ
    δὲ (αὖ) νέκυν ἢ θεὸν ἢ τὸν ἄκαρπον ἢ
    αἰπόλον, ἢ χλοερὸν στάχυν ἀμη-
    θέντα, ἢ τὸν πολύκαρπος ἔτικτεν ἀ-
    μύγδαλος ἀνέρα συρικτάν.

9 οὗτός ἐστιν (ὁ) πολύμορφος ῎Αττις, ὃν ὑμνοῦντες λέγουσιν οὕτως·

    ῎Αττιν ὑμνήσω τὸν ῾Ρείης,
    οὐ κωδώνων σὺν βόμβοις
    οὐδ' αὐλῷ
    ᾿Ιδαίων
    Κουρήτων
    μυκητᾷ,
    ἀλλ' εἰς Φοιβείαν μίξω

---

115 Apophasiszitat. Dann: αὕτη ἐστὶν ἡ βασιλεία τῶν οὐρανῶν, ὁ κόκκος τοῦ σινάπεως, ἡ ἀμέριστος ἐνυπάρχουσα τῷ σώματι στιγμή, ἣν οἶδε οὐδεὶς ἢ οἱ πνευματικοὶ μόνοι; vgl. Mk 4,31.32.
116 Ps 18,4.
117 οὐκ εἰδὼς ἃ λέγει·

μοῦσαν φορμίγγων· εὐοῖ,
εὐάν, ὡς Πάν, ὡς Βακχεύς,
ὡς ποιμὴν λευκῶν ἄστρων.

10 (ὅτως οἱ) παρεδρεύοντες τοῖς λεγομένοις Μητρὸς μεγάλης μυστηρίοις μάλιστα καθορᾶν νομίζουσι διὰ τῶν δρωμένων ἐκεῖ τὸ ὅλων μυστήριον.

11 τιμῶσι δὲ οὐκ ἄλλο τι ἢ τὸν νάας οὗτοι.

12 νάας δὲ ἐστὶν ὁ ὄφις, ἀφ' οὗ πάντες εἰσὶν οἱ ὑπὸ τὸν οὐρανὸν προσαγορευόμενοι ναοὶ ἀπὸ τοῦ νάας· κἀκείνῳ μόνῳ τῷ νάας ἀνάκειται πᾶν ἱερὸν καὶ πᾶσα τελετὴ καὶ πᾶν μυστήριον, καὶ καθόλου μὴ δύναται τελετὴ εὑρεθῆναι ὑπὸ τὸν οὐρανόν, ἐν ᾗ ναὸς οὐκ ἔστι καὶ ὁ νάας ἐν αὐτῷ, ἀφ' οὗ ἔλαχε ναὸς καλεῖται.

13 ἔστι δὲ ὁ ὄφις (οἱονεὶ) ἡ ὑγρὰ οὐσία, καὶ μηδὲν δύναται τῶν ὄντων ὅλως, ἀθανάτων ἢ θνητῶν, τῶν ἐμψύχων ἢ ἀψύχων συνεστηκέναι χωρὶς αὐτοῦ.

14 ὑπόκειται δὲ αὐτῷ τὰ πάντα, καὶ ἐστὶν αὐτὸς ἀγαθός, καὶ ἔχει πάντα ἐν αὐτῷ, ὥσπερ ἐν κέρατι ταύρου μονοκέρωτος τὸ κάλλος[118] τῶν ἄλλων, καὶ τὴν ὡραιότητα ἐπιδίδωσι πᾶσι τοῖς οὖσι κατὰ φύσιν τὴν ἑαυτῶν καὶ οἰκειότητα, οἱονεὶ διὰ πάντων ὁδεύων, "ὥσπερ ἐκπορευόμενος ἐξ Ἐδὲμ καὶ σχιζόμενος εἰς ἀρχὰς τέσσαρας".[119]

15 Ἐδὲμ δ' ἐστὶν ὁ ἐγκέφαλος, οἱονεὶ δεδεμένος καὶ κατεσφιγμένος ἐν τοῖς περικειμένοις χιτῶσιν ὥσπερ οὐρανοῖς· παράδεισος (δ') ἐστὶν ὁ μέχρι μόνης τῆς κεφαλῆς ἄνθρωπος. ἐξερχόμενος οὖν οὗτος ὁ ποταμὸς ἐξ Ἐδέμ, τουτέστιν ἀπὸ τοῦ ἐγκεφάλου, "ἀφορίζεται εἰς ἀρχὰς τέσσαρας, καλεῖται δὲ τὸ ὄνομα τοῦ πρώτου ποταμοῦ Φεισῶν, οὗτος ὁ κυκλῶν πᾶσαν τὴν γῆν Εὐϊλάτ, ἐκεῖ οὖν ἐστὶ τὸ χρυσίον· τὸ δὲ χρυσίον τῆς γῆς ἐκείνης καλόν· καὶ ἐκεῖ ἐστὶν ὁ ἄνθραξ καὶ λίθος ὁ πράσι-
16 νος".[120] οὗτός (ἐστιν) ὀφθαλμός, τῇ τιμῇ καὶ τοῖς χρώμασι μαρτυρῶν τῷ λεγομένῳ. "τὸ δὲ ὄνομα τοῦ δευτέρου ποταμοῦ Γεῶν· οὗτος ὁ κυκλῶν πᾶσαν τὴν γῆν Αἰθιοπίας".[121] οὗτός ἐστιν ἀκοή, λαβυρινθώδης τις ὤν. "καὶ ὄνομα τῷ τρίτῳ Τίγρις· οὗτός

---
118 Deut 33,17; vgl. Wendland 100, Anm. zu Zeile 28.
119 Gen 2,10.
120 Gen 2,10-12.
121 Gen 2,13.

17 ἔστιν ὁ πορευόμενος κατέναντι Ἀσσυρίων".[122] οὗτός ἐστιν
ὄσφρησις, ὀξυτάτῃ χρώμενος τῇ φορᾷ τοῦ ῥεύματος· πορεύεται
δὲ κατέναντι Ἀσσυρίων, ὅτι ἐκπνέοντι τῷ πνεύματι κατὰ τὴν
ἀναπνοὴν τὸ ἔξωθεν ἀπὸ τοῦ ἀέρος συρόμενον ὀξύτερον καὶ
βιαιότερον ἐπεισέρχεται πνεῦμα. ἀναπνοῆς γὰρ αὕτη φύσις.
18 "ὁ δὲ ποταμὸς ὁ τέταρτος Εὐφράτης".[123] οὗτός (ἐστι) στόμα,
δι' οὗ ἡ τῆς προσευχῆς ἔξοδος καὶ ἡ τῆς τροφῆς εἴσοδος,
(ὃς) εὐφραίνει καὶ τρέφει καὶ χαρακτηρίζει τὸν[124] τέλειον
ἄνθρωπον.[125]
19 ἐπὶ τοῦτο τὸ ὕδωρ πᾶσα φύσις εἰσέρχεται τὰς ἑαυτῆς οὐσίας
ἐκλέγουσα, καὶ προσέρχεται ἑκάστη φύσει ἀπὸ τοῦ ὕδατος τούτου τὸ οἰκεῖον, μᾶλλον ἢ σίδηρος τῇ Ἡρακλείᾳ λίθῳ καὶ ὁ
χρυσὸς τῇ τοῦ θαλασσίου ἱέρακος κερκίδι καὶ τὸ ἄχυρον τῷ
ἠλέκτρῳ.[126]
20 (οὕτως) οἱονεὶ διά τινος παραδείσου παμφύτου καὶ πολυσπερμάτου ὕδωρ διέρχεται διὰ πάντων τῶν φυτῶν καὶ τῶν σπερμάτων,
καὶ[127] ἐξ ἑνὸς καὶ τοῦ αὐτοῦ ὕδατος ἐκλέγεται καὶ ἐπισπᾶται
ἡ ἐλαία τὸ ἔλαιον καὶ ἡ ἄμπελος τὸν οἶνον καὶ τῶν ἄλλων κατὰ γένος ἕκαστον φυτῶν.
21 ἔστι δὲ ὁ ἄνθρωπος ἐκεῖνος "ἄτιμος"[128] ἐν τῷ κόσμῳ,[129] λελογισμένος "ὡς γὰρ σταγὼν ἀπὸ κάδου".[130]

---

122 Gen 2,14.
123 Gen 2,14.
124 πνευματικὸν.
125 τοῦτό ἐστι τὸ ὕδωρ τὸ ὑπεράνω τοῦ στερεώματος, περὶ οὗ εἴρηκεν ὁ σωτήρ· "εἰ ᾔδεις τίς ἐστιν ὁ αἰτῶν, σὺ ἂν ᾔτησας παρ'
αὐτοῦ, καὶ ἔδωκεν ἄν σοι πιεῖν ζῶν· ὕδωρ ἁλλόμενον"; vgl. Gen
1,7 und Joh 4,10.14.
126 εἰ δέ τις ἐστὶ τυφλὸς ἐκ γενετῆς καὶ μὴ τεθεαμένος "φῶς τὸ
ἀληθινόν, ὃ φωτίζει πάντα ἄνθρωπον ἐρχόμενον εἰς τὸν κόσμον",
δι' ἡμῶν ἀναβλεψάτω καὶ ἰδέτω (οἰονει); vgl. Joh 9,1; 1,9.
127 (καὶ) ὄψεται, ὅτι.
128 Is 53,3.
129 καὶ "πολύτιμος" ὑπὸ τῶν (αὐτὸν) εἰδότων, τοῖς οὐκ εἰδόσιν
αὐτὸν (λελογισμένος)...
130 Is 40,15. Dann: ἡμεῖς δ' ἐσμὲν οἱ πνευματικοί, οἱ ἐκλεγόμενοι
ἀπὸ τοῦ ζῶντος ὕδατος τοῦ ῥέοντος Εὐφράτου διὰ τῆς Βαβυλῶνος
μέσης τὸ οἰκεῖον, διὰ τῆς πύλης ὁδεύοντες ἀληθινῆς, ἥτις
ἐστὶν Ἰησοῦς ὁ μακάριος. καὶ ἐσμὲν ἐξ ἁπάντων ἀνθρώπων ἡμεῖς
Χριστιανοὶ μόνοι, ἐν τῇ τρίτῃ πύλῃ ἀπαρτίζοντες τὸ μυστήριον
καὶ χριόμενοι ἐκεῖ ἀλάλῳ χρίσματι ἐκ κέρατος, ὡς Δαβίδ, οὐκ
ὀστρακίνου φακοῦ ὡς ὁ Σαοὺλ ὁ συμπολιτευόμενος τῷ πονηρῷ
δαίμονι τῆς σαρκικῆς ἐπιθυμίας.

10,1 πάντα δὲ τὰ μυστήρια διὰ ψαλμοῦ ἀείδομεν οὕτως·[131]

νόμος ἦν γενικὸς τοῦ παντὸς ὁ πρωτότοκος νόος·
ὁ δὲ δεύτερος ἦν τοῦ πρωτοτόκου τὸ χυθὲν χάος.
τριτάτη ψυχὴ δ᾽ ἔλαβ᾽ ἔνθ᾽ ἐργαζομένην νόμον,
διὰ τοῦτ᾽ ἔλαφον μορφὴν περικειμένη
κοπιᾷ θανάτῳ μελέτημα κρατουμένη·
ποτὲ (μὲν) βασίλειον ἔχουσα βλέπει τὸ φῶς,
ποτὲ δ᾽ εἰς ἐλεεὶν᾽ ἐκριπτομένη κλάει,
[ποτὲ δὲ κλαίεται χαίρει,
ποτὲ δὲ κλαίει χρίνεται,
ποτὲ δὲ κοίνεται θνήσκει·]
τότ᾽ ἐγίνετ᾽ ἀνέξοδος ἡ μελέα κακῶν
(ἄκακος?) λαβύρινθον ἐσῆλθε πλανωμένη.
εἶπεν δ᾽ Ἰησοῦς· ἐσόρα πάτερ·
ζήτημα κακῶν (τόδ᾽) ἐπὶ χθόνα
ἀπὸ σῆς πνοϊῆς ἐπιπλάζεται.
ζητεῖ δὲ φυγεῖν τὸ πικρὸν χάος,
καὶ οὐκ οἶδεν (ὅ)πως διελεύσεται.
τούτου με χάριν πέμψον, πάτερ·
σφραγῖδας ἔχων καταβήσομαι,
αἰῶνας ὅλους διοδεύσω,
μυστήρια πάντα δ᾽ ἀνοίξω,
μορφὰς δὲ θεῶν ἐπιδείξω·
(καὶ) τὰ κεκρυμμένα τῆς ἁγίας ὁδοῦ,
γνῶσιν καλέσας, παραδώσω.[132]

---

[131] Text des Psalms nach Herzhoff, Zwei gnostische Psalmen 141. Ebenso die folgende Übersetzung des Psalms (Herzhoff 142).

[132] In seiner Lehrschrift greift der AG vor allem auf das *Alte Testament* zurück. Er zitiert die Psalmen 14 mal, Isaias 13 mal, Genesis 10 mal, Deuteronomium (indirekt) 3 mal, Proverbien, Jeremias und Job je einmal; auf Amos, Daniel und Josue spielt er je einmal an. Vom *Neuen Testament* benützt er nur Matthäus (9 mal), spielt aber an auf Galater (3 oder 4 mal), Philipper (2 mal) und 1 Korinther (einmal).

5.3 Übersetzung der Anthropos-Lehrschrift

6,4 Der erste Urgrund des Alls ist der Mensch und der Menschensohn.

5 Es ist aber dieser Mensch mannweiblich, er wird Adamas genannt und wir besingen ihn auf folgende Weise:

> Von dir, Vater,
> und durch dich, Mutter,
> die zwei unsterblichen Namen,
> der Äonen Erzeuger,
> du Himmelsbürger,
> du Mensch mit dem großen Namen.

6 Der Sohn des Menschen aber ist dreigeteilt. Von ihm ist nämlich der eine Teil vernunftbegabt, der andere seelisch, der dritte stofflich.
Und seine Erkenntnis ist der Anfang, um Gott erkennen zu können.

7,1 Den Menschen Adamas aber verehren alle Völker, Barbaren und Griechen, in ihren Mysterien.

2 Von ihm ist geschrieben: "Sein Geschlecht, wer wird es erforschen?" (Is 53,8).
Alle Völker nun bezeugen der Reihe nach das unauffindbare und unbestimmte Geschlecht des Menschen.

3 Erde aber, sagen die Griechen, brachte den Menschen hervor, indem sie als erste ein schönes Weihegeschenk trug, da sie nicht fühlloser Pflanzen noch vernunftloser Tiere, sondern eines edlen und Gott liebenden Wesens Mutter sein wollte.

4 Es ist aber schwer herauszufinden, ob bei den Böotern jenseits des Sees Kephisis Alalkomeneus als erster der Menschen hervorkam, ob es die Kureten am Idagebirge, ein göttliches Geschlecht, oder ob es die phrygischen Korybanten waren, auf die die Sonne zuerst herabsah, wie sie aus Bäu-

men hervorsproßten, oder ob Arkadien den vor dem Mond (entstandenen) Pelasgos, oder ob Eleusis den Bewohner von Rharien, Diaulos, (sah), oder ob Lemnis den schönen Kabiros mit geheimer Orgie gebar oder Pellene den phlegräischen Alkyoneus, den Ältesten der Giganten.

5 Die Libyer aber sagen, Garamas sei der Erstgeborene, aus trockenem Land hervorgegangen, und habe mit der süßen Eichel des Zeus angefangen. Der Nil aber, der den ägyptischen Schlamm bis heute befruchtet, bringt durch feuchte Wärme mit Fleisch umkleidete Wesen, die er lebendig macht, hervor.

6 Die Assyrer aber sagen, Oannes, der Fische verzehrte, sei bei ihnen entstanden, die Chaldäer aber sagen es von Adam. Und dieser ist der Mensch, den die Erde als einzigen hervorgebracht hat. Er hat aber dagelegen ohne Atem, ohne Bewegung, ganz starr wie ein Standbild, ein Bild jenes Menschen oben, des im Lied besungenen Adamas. Er ist von vielen Kräften entstanden.

7 Damit nun vollständig beherrscht sei der große Mensch von oben, wurde ihm auch eine Seele gegeben, damit er (= der Mensch) durch die Seele leide und das versklavte Gebilde des großen, schönsten und vollkommenen Menschen gezüchtigt werde.

8 Sie forschen nun ferner, was die Seele ist und woher und wie beschaffen sie ihrer Natur nach sei, damit sie, in den Menschen gekommen und ihn bewegend, das Gebilde des vollkommenen Menschen versklave und züchtige. Es ist aber die Seele sehr schwer zu finden und zu erfassen. Denn sie bleibt nicht immer unter einem Aussehen, auch nicht unter gleicher Gestalt und auch nicht unter einem Zustand, so daß sie jemand entweder nach ihrer Gestalt aussagte oder im Wesen erfaßte.

9 Diese ihre vielfältigen Vertauschungen sind in dem "Nach den Ägyptern" benannten Evangelium niedergelegt.

Alle Menschen der Heidenvölker sind nun ratlos, ob sie
(= die Seele) wohl aus dem Vorseienden stamme, das heißt
aus seinem Nus, oder aus dem ausgeschütteten Chaos.
Als erste aber halten die Assyrer die Seele für dreige-
10 teilt und (doch) eine. Sie sagen nämlich, daß jede Natur
auf ihre Weise nach Seele strebt. Denn die Seele ist die
Ursache von allem, was entsteht. Alles nämlich, was sich
ernährt und wächst, bedarf der Seele. Denn nichts kann Nahrung oder Wachstum erlangen ohne Seele. Denn auch die Steine sind beseelt, da sie ja Wachstum haben; Wachstum geschieht aber wohl niemals ohne Nahrung. Denn was wächst,
das wächst durch Vermehrung; die Vermehrung aber ist das
Wachstum dessen, was wächst.

11 Jede Natur also "der Himmlischen, Irdischen und Unterirdischen" (Phil 2,10) strebt nach Seele. Es nennen aber die
Assyrer das so Beschaffene Adonis oder Endymion. Und wenn
es Adonis genannt wird, dann liebt und begehrt Aphrodite
die Seele, die so genannt wird. Aphrodite aber ist das
Werden.

12 Wenn aber Persephone, die auch Kore heißt, den Adonis begehrt, dann ist die Seele etwas Sterbliches, getrennt von
Aphrodites Werden. Wenn aber Selene in Begierde nach Endymion fällt und (seine) Gestalt liebt, dann begehrt auch
die Schöpfung der Höheren (Wesen) nach Seele.

13 Wenn aber die Göttermutter den Attis verschneidet und
selbst diesen liebt, dann ruft die selige Natur der Über-
weltlichen und Ewigen oben die männliche Kraft der Seele
zu sich.

14 Es ist nämlich der Mensch mannweiblich. Gemäß diesen Gedanken ist daher nach der Lehre der Verkehr einer Frau mit
15 einem Mann sehr böse und verboten. Denn Attis wurde verschnitten, das heißt (befreit) von den choischen Teilen
der Schöpfung unten und kam in das ewige Wesen oben, wo es
"weder Frau noch Mann" gibt (Gal 3,28), sondern eine "neue
Schöpfung" (Gal 6,15).

20 Nicht allein aber die Mysterien der Assyrer und Phrygier, sondern auch die der Ägypter bezeugen die Lehre von der seligen, zugleich verborgenen und offenbaren Natur der ge-
21 wordenen, werdenden und künftigen Dinge. Diese nämlich verlegen die erstentstandene Natur des Alls in den erstentstandenen Samen.

22 Dies ist ihre "Mystische Lehre". Die Ägypter aber, die nächst den Phrygiern die ältesten aller Menschen sind und zugestandenermaßen allen anderen Menschen nach ihnen Weihen und Orgien von allen Göttern und ihre Gestalten und Kräfte mitgeteilt haben, besitzen die heiligen, verehrungswürdigen, den Nichteingeweihten nicht mitteilbaren Mysterien der
23 Isis. Diese aber sind nichts anderes als das geraubte und von der mit sieben Gewändern und schwarz Gekleideten (= Isis) gesuchte Schamglied des Osiris. Osiris aber nennen sie das Wasser. Die Natur aber in ihren sieben Gewändern - sie trägt nämlich sieben ätherische Gewänder um sich herum als Kleid (denn so nennen sie allegorisch die Planeten und heißen sie ätherisch) - erweist sich als das veränderliche Werden: als die von dem Unnennbaren, Unergründlichen, Unbegreifbaren und Gestaltlosen umgewandelte Schöpfung.

24 Und das bedeutet das, was in der Schrift gesagt wird: "Siebenmal fällt der Gerechte und steht wieder auf" (Prov 24,16). Diese Fälle nämlich sind die durch den Beweger des Alls hervorgebrachten Veränderungen der Sterne.

25 Sie (= die Ägypter) sagen nun über das Wesen des Samens, welches Ursache von allem Gewordenen ist, es sei selbst nichts von diesen, erzeuge und schaffe aber alles, was wird, indem sie so sagen: "Ich werde, was ich will und ich bin, was ich bin". (Apophasis?). Darum ist das, was das All bewegt, unbewegt (vgl. Aristoteles). Denn es bleibt, was es ist, indem es das All schafft, und es wird (selbst) nichts von dem, was wird.

27 Und dies ist das große, verborgene Geheimnis des Alls, das bei den Ägyptern verhüllt und enthüllt ist. Denn es gibt keinen Tempel, in dem nicht vor dem Eingang das verborgene

nackt dasteht, von unten nach oben schauend und bekränzt
mit all seinen Früchten des Werdens.
28 Es steht aber das so Beschaffene nicht nur in den allerheiligsten Tempeln vor den Standbildern, sondern auch zu jedermanns Kenntnis: wie ein Licht, das nicht unter dem Scheffel, sondern auf dem Leuchter steht (Mt 5,15), eine Verkündigung, die auf den Häusern verkündet wird (Mt 10,27), auf allen Straßen und in allen Gassen und bei den Häusern selbst als ein Grenzstein und Endpunkt des Hauses aufgestellt.
Und dieses ist es, was von allen das Gute genannt wird; "Gutesträger" nennen sie es.

Und dieses mystische Zeichen bewahren die Griechen, die es von den Ägyptern übernommen haben, bis auf den heutigen Tag.
29 Denn wir sehen, daß die Hermen bei ihnen in dieser Gestalt geehrt werden. Die Kyllenier aber, die besonders den Logos verehren, sagen demnach: "Hermes ist der Logos", da er Hermeneut und Schöpfer der gewordenen, werdenden und künftigen Dinge ist; er steht aber bei ihnen als Geehrter, auf solche Weise gestaltet wie das Glied eines Mannes, das von unten nach oben strebt.
30 Und daß dieser, das heißt der so gestaltete Hermes, Seelengebieter, Seelengeleiter und Ursache der Seelen ist, ist auch den heidnischen Dichtern nicht entgangen, die so sagen:
"Hermes aber, der Kyllenier,
        rief die Seelen der Freier heraus" (Od.24,1-2).
Nicht die Freier der Penelope, ihr Unglückseligen, sondern derer, die (vom Schlafe) erwacht sind und die sich daran erinnerten, "aus welcher Ehre und welcher Höhe des Glücks" (Emped. Frgm. 119), das heißt: von dem seligen Menschen von oben, dem Urmenschen oder Adamas sie herabgebracht wurden hierin in das Gebilde aus Ton, damit sie dem Demiurgen dieser Schöpfung, Esaldaios, dem feurigen Gott, dem vierten der Zahl nach, dienten. So nämlich heißt der Demiurg, der
31 Vater der besonderen Welt.
"Er hatte aber in den Händen den schönen Stab,
den goldenen, mit dem er die Augen der Menschen,
die er will, einschläfert,

die er aber wieder erweckt, wenn sie schlafen"
(Od. 24,2-4).

32 Dieser ist der, der allein Gewalt hat über
Leben und Tod. Von diesem ist geschrieben:
"Du weidest sie mit eisernem Stabe" (Ps 2,9). Der Dichter
aber, der die Unbegreiflichkeit der seligen Natur des Logos
verherrlichen wollte, legte ihm nicht einen eisernen, sondern einen goldenen Stab bei.
Er schläfert aber die Augen der Toten ein, wie er sagt,
erweckt sie aber wieder, wenn sie schlafen: die Erwachten,
die Freier geworden sind.

33 Von diesen sagt die Schrift: "Erwache, der du schläfst, und
stehe auf, und der Christus wird dir aufleuchten" (Apokryphon). Dieser ist der Christus, der in allen Gewordenen vom
Logos, von dem Merkmallosen her, ausgeprägte "Sohn des Menschen".

34 Dies ist das große und unsagbare Geheimnis der Eleusinien:
"hye, kye". Und daß ihm "alles untergeordnet ist" (1 Kor
15,27). Und das besagt das Wort: "Über die ganze Erde ist
ihr Schall ergangen" (Ps 18,5; vgl. Röm 10,18).
Gleich wie das (Wort Homers):
   "den Stab schwingend führt Hermes an,
   die Schwirrenden aber folgen,
   die Seelen in dichtgedrängtem Zug" (Od.24,5),
so, wie es der Dichter im Bilde gezeigt mit den Worten:
   "Wie wenn Fledermäuse in der Tiefe einer schaurigen
   Grotte
      schwirrend fliegen, wenn eine des (angeklammerten)
      Schwarmes vom Felsen gefallen ist,
      sie halten sich ja aneinander" (Od. 24,6-8).

35 Vom Felsen, das heißt von Adamas. Dieser ist der Adamas,
"der Eckstein, der zum Hauptstein geworden ist" (Is 28,16 +
PS 117,22), - im Haupte nämlich ist das Prägung gebende
Gehirn -, "den ich als Adamas (= Diamantstein) in die Fundamente Zions einfüge" (Am 7,8 + Ps 117,22).
Allegorisch nennt er so das Gebilde des Menschen.

36 Der eingefügte Adamas aber ist dort wie hinter Zähnen, wie
Homer sagt: "Gehege der Zähne" (z.B. Ilias 4,350), das

heißt: Mauer und Feste, in welcher "der innere Mensche" (Röm 7,22) ist, dahineingefallen, herab von dem Urmenschen oben, dem Adamas: "der abgeschnitten wurde ohne Hände" (Dan 2,45), die schneiden, und herabgebracht in das Gebilde des Vergessens, das irdische.

37 Und es heißt, daß sie ihm schwirrend nachfolgten, die Seelen dem Logos:
"wie sie schwirrend zusammen sich bewegten,
er aber ging ihnen voran",
- das heißt: er führte sie -
"Hermes, der Gütige, hinunter die modrigen Pfade" (Od. 24,9-10), das heißt: in die von jeder Schlechtigkeit entfernten ewigen Gefilde. Wohin nämlich kamen sie?
"Sie kamen vorbei an den Ozeans Fluten und
am Leukadischen Felsen,
an den Toren der Sonne und dem Land der Träume" (Od. 24,11-12).

38 Dieser ist der Ozean:
"Werden von Göttern, Werden von Menschen" (Ilias 14,201. 246 und Kommentare),
der sich immer zu entgegengesetzter Strömung wendet,
bald nach oben, bald nach unten.
Wenn aber der Ozean nach unten fließt, so bedeutet das "Werden von Menschen", wenn aber nach oben, gegen die Mauer, die Feste und den Leukadischen Felsen, so bedeutet es "Werden von Göttern".

39 Das ist das, was geschrieben steht: "Ich sprach: Ihr seid Götter und Söhne des Höchsten alle" (Ps 81,6), wenn ihr eilig aus Ägypten flieht und jenseits des Roten Meeres, nach der Wüste zu, gelangt (vgl. Ex 15,22-26), das heißt: von der Vermischung hier unten in das "obere Jerusalem" (Gal 4,26f), welches die "Mutter aller Lebendigen" (Gen 3,20) ist.
Wenn ihr aber wieder umkehrt nach Ägypten, das heißt in die Vermischung unten, dann "werdet ihr wie Menschen sterben" (Ps 81,7).

40 Denn sterblich ist das ganze Werden hier unten, unsterblich aber das oben gewordene (Werden).

41 Dieser ist der große Jordan, der nach unten floß und die Söhne Israels hinderte, herauszugehen aus dem Lande Ägypten - oder aus der Vermischung hier unten; Ägypten ist nämlich der Leib -; Jesus staute ihn auf und bewirkte, daß er nach oben floß.

8,1 Wer (nun) sagt, daß das All aus einem (Prinzip) besteht, der irrt; wer sagt: aus dreien, sagt die Wahrheit und wird die (richtige) Erklärung über das All geben.

2 Denn eine ist die selige Natur des seligen Menschen oben, des Adamas; eine die sterbliche unten; eines aber ist das königlose Geschlecht, das oben wird, wo Mariam, die Gesuchte, ist und Jothor, der große Weise, und Sephora, die Sehende, und Moses, dessen Werden nicht in Ägypten ist; denn Kinder wurden ihm in Madian geboren.

3 Und dies ist auch den Dichtern nicht verboren geblieben:
> "Dreifach ist alles geteilt, jeder aber
> teilhaftig der Ehre" (Ilias 15,189).

Denn es müssen die Größen verkündet werden. Denn wenn die Größen nicht verkündet werden, könnte die Welt nicht bestehen.

4 Dieses sind die drei übergroßen Worte: Kaulakau, Saulasau, Zeesar (vgl. Is 28,10): Kaulakau der obere, der Adamas; Saulasau der untere, sterblich; Zeesar der nach oben fließende Jordan.

Dieser ist der in allem vorhandene mannweibliche Mensch, den die Griechen aber gewöhnlich "das himmlische Horn des Mondes" nennen, weil er alles mit allem vermischt und vermengt hat.

6 Dieses (Mondhorn) ist der Becher, "der Pokal, aus dem der König, wenn er trinkt, weissagt" (Gen 44,2.5). Dieser, obwohl verborgen, wurde unter den guten Samenkörnern Benjamins gefunden (vgl. Gen 44,12). Es sagen aber auch die Griechen so mit verzücktem Munde:
> "Bring Wasser, bring Wein, Knabe,
> mach' mich trunken und betäubt,
> der Becher sagt mir,
> woher ich sein muß" (Anakr. 52,10ff).

7 Dies allein genügt, wenn es von den Menschen verstanden wird, für den Becher des Anakreon, da er wortlos ein unsagbares Geheimnis ausspricht. Denn wortlos ist der Becher des Anakreon, welcher ihm, wie Anakreon sagt, in wortloser Äußerung sagt, woher er sein muß, wenn er das verborgene Geheimnis im Schweigen hört.

9 Dies ist das große und unsagbare Geheimnis der Samothraker, das allein den Vollkommenen zu wissen vergönnt ist. Ausdrücklich nämlich überliefern die Samothraker in den bei ihnen gefeierten Mysterien jenen "Adam" als den Urmenschen.

10 Es stehen aber im Heiligtum der Samothraker zwei Standbilder von nackten Männern; sie strecken beide Hände nach oben zum Himmel empor und haben (ihre) Schamglieder nach oben gerichtet, wie in Kyllene die Statue des Hermes. Die erwähnten Standbilder aber sind Bilder des Urmenschen und des nach oben gelangten (Menschen), der in jeder Hinsicht jenem (Ur)Menschen wesensgleich ist.

13 Diesen nennen die Thraker, die um den Haimos wohnen, "Korybas", und ähnlich wie die Thraker die Phrygier, weil er von dem Gipfel von oben und von dem merkmallosen Gehirn seinen Abstieg beginnt, alle Mächte der darunterliegenden Regionen durchschreitet und auf eine uns unbekannte Weise herabkommt.

14 Das ist es, was gesagt ist:
"Seine Stimme haben wir gehört,
seine Gestalt aber sahen wir nicht"
(Apokryphon, vgl. Deut 4,12).
Denn als er sich ausgedehnt hatte und die Prägung empfing, hörte man eine Stimme, aber wie die Gestalt, die von oben, von dem Merkmallosen herabkam, beschaffen ist, hat niemand gesehen. Sie ist aber in dem irdischen Gebilde, es erkennt sie aber niemand.

15 Dieser ist "der die große Flut bewohnende Gott", gemäß dem Psalm (Ps 28,10), der ruft und schreit von "vielen Wassern" (Ps 28,3). Die "vielen Wasser" sind das vielfältig zerteilte Werden der sterblichen Menschen, aus dem er ruft und schreit zu dem merkmallosen Menschen: "Rette meinen Eingeborenen von Löwen" (Ps 34,17, vgl. Ps 21,21f).

16 Zu diesem ist gesagt: "Mein Kind bist du, Israel, fürchte dich nicht. Wenn du durch Ströme gehst, sollen sie dich nicht überfluten, wenn du durchs Feuer gehst, soll es dich nicht verbrennen" (Is 41,8 + 43,2). "Ströme" nennt er die feuchte Wesenheit des Werdens, "Feuer" aber den Trieb und die Begierde nach dem Werden. "Du bist mein, fürchte dich nicht" (Is 43,1).

17 Und ferner:
> "Wenn eine Mutter ihre Kinder vergißt,
> daß sie sich ihrer nicht erbarmt und (ihnen) die
> Brust nicht reicht, werde auch ich euch vergessen?"
> (Is 49,15), sagt Adamas. "Aber wenn dies auch eine
> Frau vergißt, so werde ich doch eurer nicht ver-
> gessen. In meine Hände habe ich euch gegraben"
> (Is 49,15f).

18 Über seinen Aufstieg aber sagt die Schrift:
> "Macht Tore hoch, ihr eure Fürsten,
> und hebt euch auf, ewige Tore,
> und es geht hinein der König der Herrlichkeit"
> (Ps 23,7).
> Das ist ein überaus wunderbares Wunder. Denn "wer ist die-
> ser König der Herrlichkeit?" (Ps 23,10). "Ein Wurm
> und kein Mensch, eine Schmach des Menschen und ein
> Auswurf des Volkes" (Ps 21,7). "Er ist der König
> der Herrlichkeit, der im Krieg mächtig ist" (Ps
> 23,8).

19 "Krieg" aber nennt er den im Körper, weil das Gebilde aus streitenden Elementen gebildet ist, wie geschrieben steht:
> "Gedenke des Streites, der im Körper entsteht"
> (Job 40,32 [27]).

Diesen Eingang und dieses Tor sah Jakob, als er nach Mesopotamien reiste, das heißt: als er vom Kind schon zum Jüngling und Mann geworden war, das heißt es wurde erkannt von dem, der nach Mesopotamien reiste.

20 "Mesopotamien" aber ist der Strom des großen Ozeans, der von der Mitte des vollkommenen Menschen fließt. Und er bestaunte das himmlische Tor und sagte:
> "Wie furchtbar ist dieser Ort. Dies ist nichts

anderes als das Haus Gottes und das ist das
Tor des Himmels" (Gen 28,17).

22 Denselben aber nennen die Phrygier auch Papas, weil er
allem, was vor seinem Erscheinen ungeordnet und fehlerhaft
sich bewegte, Einhalt gebot. Denn der Name "Papas" ist ja
allen gemeinsam, "Himmlischen, Irdischen und Unterirdischen" (Phil 2,10), die da sagen:
"Halte an, halte an die Disharmonie der Welt und mache
'Frieden den Fernen', das heißt den choischen, und
'Frieden den Nahen' (vgl. Is 57,19), das heißt den
vernünftigen, vollkommenen Menschen.
Die Phrygier nennen eben diesen aber auch einen "Toten",
weil er im Leib wie in einer Gruft und einem Grab eingesargt ist.

23 Das bedeutet das Wort:
"Ihr seid übertünchte Gräber,
innen voll von Totengebeinen" (Mt 23,27),
weil in euch nicht der lebende Mensch ist. Und ferner
(sagt er):
"Aus den Gräbern werden die Toten aufspringen"
(Mt 27,53?),
das heißt aus den choischen Leibern.

24 Dieselben Phrygier nennen aber eben denselben wieder umgekehrt "Gott". Er wird nämlich Gott, wenn er, von den Toten
auferstehend, durch das Tor in den Himmel eingeht.

25 Dies sind die von allen unaussprechlich genannten Mysterien.

27 Denn gar schwer ist es, dieses große und unsagbare Mysterium aufzunehmen. Daher (heißt es):
"Nicht jeder, der zu mir sagt: Herr, Herr, wird in
das Himmelreich eingehen, sondern wer den Willen
meines Vaters tut, der im Himmel ist" (Mt 7,21).

28 Den (Willen) muß man tun, nicht bloß hören, um in das Himmelreich einzugehen. Und ferner (heißt es):
"Die Zöllner und Huren gehen vor euch in das Himmelreich" (Mt 21,31).
"Zöllner" sind nämlich die, welche die Geschenke (= Abgaben) des Alls empfangen. "Geschenke" sind nämlich die von
dem Merkmallosen in die Welt gesäten Samen, durch welche

29 die ganze Welt zur Vollendung gelangt; denn durch sie hat
sie auch begonnen zu werden. Und das bedeutet das Wort:
> "Es ging der Sämann aus zu säen. Und das eine fiel
> auf den Weg und wurde zertreten; anderes (fiel) auf
> das Felsige und ging auf, weil es aber keine tiefe
> (Erde) hatte, verdorrte es und ging zugrunde; ande-
> res aber fiel auf die gute und schöne Erde und
> brachte Frucht, das eine hundert-, das andere sech-
> zig-, noch anderes dreißigfach. Wer Ohren hat zu
> hören, der höre (Mt 13,3-9 Par).

30 Dies ist die gute und schöne Erde, von der Moses sagt:
> "Ich will euch in ein schönes und gutes Land (= Erde)
> führen, in ein Land, das von Milch und Honig fließt"
> (Deut 31,20).

Dies ist der Honig und die Milch, durch deren Genuß die
Vollkommenen königlos werden und am Pleroma teilhaben. Dies
ist das "Pleroma", durch das alles Gewordene von dem Ungezeugten aus geworden und erfüllt worden ist.

31 Eben derselbe wird aber von den Phrygiern auch "Unfruchtbarer" genannt. Denn er ist unfruchtbar, wenn er die "Begierde des Fleisches" (Gal 5,16) tut. Dies bedeutet das
Wort:
> "Jeder Baum, der nicht gute Frucht bringt, wird
> ausgehauen und ins Feuer geworfen" (Mt 3,10 Par).

Denn diese "Früchte" sind nur die vernünftigen, lebenden
Menschen.

32 "Lebend" aber nennen sie Worte und Gedanken und Menschen,
die Perlen jenes Merkmallosen, die in das Gebilde herabgefallen sind als Früchte.

33 Das ist es, was er sagt:
> "Werft das Heilige nicht den Hunden hin
> und nicht die Perlen den Schweinen" (Mt 7,6).

Ein Werk von Schweinen und Hunden nämlich ist der Verkehr
einer Frau mit dem Manne.

34 Eben denselben aber nennen die Phrygier "Aipolos" (Ziegenhirt), nicht, weil er Ziegen und Böcke weidete, wie die
Psychiker meinen, sondern weil er "aeipolos" ist, das
heißt: der immer die ganze Welt umdreht, wendet und umher-

treibt. Denn "umdrehen" bedeutet die Dinge wenden und verändern.
35 Daher nennen alle auch die beiden Zentren des Himmels "Pole".
Und auch der Dichter sagt:
"Oft wendet sich (πωλεῖται) hierher ein trugloser Meergreis, der unsterbliche Ägypter Proteus"
(Ilias 4,384f).
Er "geht nicht herüber", sondern er wendet sich auf der Stelle, wie er (sich umdreht und) herumgeht. So heißen auch die Städte, in denen wir wohnen, weil wir uns in ihnen dre-
36 hen und wenden, poleis (Städte). So nennen (auch) die Phrygier "Aipolos" diesen, der immer alles überall wendet und nach seiner Eigenart umwandelt.

Es nennen ihn aber die Phrygier auch den "Vielfrüchtigen", weil "mehr sind die Kinder der Einsamen als die derer,
die den Mann hat" (Is 54,1 = Gal 4,27), das heißt: das oben Gewordene Unsterbliche und ewig Bleibende ist zahlreich, auch wenn, was geworden ist, wenig ist; das "unten" aber ist alles sterblich, auch wenn, was geboren wird, sehr viel ist.

37 Deshalb beweint Jeremias das untere Jerusalem, nicht die Stadt in Phönizien, sondern das vergängliche Werden "unten".
38 Denn es kannte auch Jeremias den vollkommenen Menschen. Derselbe Jeremias hat ja gesagt:
"Ein Mensch ist er, und wer wird ihn erkennen?"
(Jer 17,9).
So ist sehr tief und schwer zu begreifen die Erkenntnis des vollkommenen Menschen. Denn "Anfang der Vollendung ist die Erkenntnis des Menschen, Erkenntnis Gottes aber ist vollendete Vollendung".

39 Es nennen ihn aber die Phrygier auch eine "grün geerntete Ähre", und nach den Phrygiern die Athener, wenn sie in die Eleusinien einweihen und den Schauenden das große, wunderbare und vollkommenste, dort in Schweigen zu schauende Mysterium zeigen: eine geerntete Ähre.
40 Diese Ähre aber ist auch bei den Athenern der vollkommene, von dem Merkmallosen (kommende) große Stern. So ruft und

schreit der Hierophant selber, zwar nicht verschnitten wie Attis, aber durch das Schirlingskraut entmannt und von allem unteren Werden fern, nachts in Eleusis, wenn er unter großem Feuerschein die großen und unaussprechlichen Mysterien vollzieht: "Einen heiligen Knaben gebar die Herrin Brimo, den Brimos", das heißt: die Starke den Starken.

41 "Herrin" aber bedeutet das himmlische Werden, das "oben"; "stark" aber ist der auf diese Weise Geborene. Es ist nämlich das genannte Mysterium Eleusin und Anaktoreion: "Eleusin", weil wir von dem Adamas nach unten fließend von oben kamen; denn "kommen werden" bedeutet "kommen". "Anaktoreion" aber heißt es wegen des Aufsteigens nach "oben".

42 Dieses ist das, was die in die Eleusinien Eingeweihten die "großen" Mysterien nennen. Es besteht aber die Satzung, daß die in die "kleinen" (Eleusinien) Eingeweihten dann in die "großen" eingeweiht werden; "denn größeres Los erhält höheres Geschick" (Heraklit, Frgm. 25).

43 Die "kleinen" Mysterien sind die der Persephone (hier) unten; über diese Mysterien und den Weg, der zur Persephone führt, sagt der Dichter:
> "Aber darunter ist ein Pfad,
> ein schauriger, lehmiger Hohlweg;
> der ist der beste, zum anmutigen Heiligtum
> der vielgeehrten Aphrodite zu führen"
> (Parmenides, Frgm. 20).

44 Das sind die kleinen Mysterien des unteren Werdens; wenn die Menschen darin eingeweiht sind, müssen sie ein wenig ruhen, um dann in die großen, die himmlischen, eingeweiht zu werden. Denn die das Los dort erhalten haben, erhalten ein höheres Geschick. Dies nämlich ist "das Tor des Himmels" und dies das "Haus Gottes" (Gen 28,17), in das kein Unreiner eingehen wird; wenn sie dort hingelangt sind, müssen sie die Kleider empfangen und alle, entmannt durch den

45 jungfräulichen Geist, Bräutigame werden. Diese nämlich ist die Jungfrau, die schwanger ist und empfängt und einen Sohn gebiert (Is 7,14), nicht einen psychischen, nicht einen leiblichen, sondern einen seligen Äon der Äonen.

9,1 Ferner sagen die Phrygier, der Vater des Alls sei eine Mandel; nicht ein Baum, sondern eine Mandel sei jener Vorseiende, der - als er in sich die vollkommene Frucht gleichsam zuckend und in der Tiefe sich bewegend enthielt - seinen Schoß aufriß und seinen unsichtbaren, unnennbaren und unsagbaren Sohn gebar, von dem wir künden.

2 "Amyxai" bedeutet nämlich soviel wie durchreißen und durchschneiden, ganz so wie an entzündeten Leibern, die in sich eine Geschwulst haben, die Ärzte beim Aufschneiden diese "amychai" (Risse) nennen. So nennen die Phrygier den Vorseienden eine Mandel (Amygdalos), von welcher der Unsichtbare hervorging und gezeugt wurde.

3 "Flötenspieler" (Syriktas) aber nennen die Phrygier das von daher Geborene, weil das, was geboren ist, ein harmonischer Geist (Pneuma) ist.

4 Der Geist aber ist dort, wo auch der Vater genannt wird, (zugleich) auch der Sohn, der aus diesem Vater dort geboren ist. Dieser ist der Vielnamige, Tausendäugige, Unfaßbare, "nach dem jede Natur auf ihre Weise strebt".

5 Dies ist das Wort Gottes, welches ist ein
> "Wort der Verkündigung (Apophasis) der Großen Kraft.
> Darum soll es versiegelt, verborgen und verhüllt
> sein, liegend in der Behausung,
> wo die Wurzel des Alls gegründet ist:
> der Vater von Äonen, Kräften, Gedanken,
> von Göttern, Engeln und abgesandten Geistern,
> von Seiendem und Nicht-Seiendem,
> Gewordenem und Gezeugtem,
> Unfaßbarem und Faßbarem,
> von Jahren, Monaten, Tagen und Stunden,
> des unteilbaren Punktes,
> von dem das Kleinste anfängt allmählich zu wachsen.
> Der nichts seiende
> und aus nichts bestehende,
> ein unteilbarer Punkt seiender,
> wird durch seine eigene Einsicht
> eine unfaßbare Größe" (Zitat aus der *Apophasis*).

6 Dies bedeutet das Wort:
"Es gibt keine Worte noch Reden,
deren Stimmen nicht gehört werden" (Ps 18,4).

7 So hat das, was alle Menschen sagen und tun, einen geistigen Sinn. Deshalb sagen oder tun auch die, die in den Theatern auftreten, nichts ohne tieferen Sinn. Wenn daher das Volk im Theater zusammenkommt und einer auftritt in einem auffallenden Gewand mit einer Kithara und singt, dann kündet er in seinem Gesang die großen Mysterien:

8 "Ob des Kronos Geschlecht, oder des Zeus seliges Kind oder der großen Rhea,
sei gegrüßt, Attis, betrübte Kunde der Rhea.
Dich nennen die Assyrer den dreifach begehrten Adonis, ganz Ägypten Osiris,
das himmlische Horn des Mondes die griechische Weisheit,
die Samothraker den ehrwürdigen Adamna,
die Haimonier Korybas,
und die Phrygier bald Papas,
bald aber den Toten, oder Gott,
oder den Unfruchtbaren, oder den Ziegenhirt,
oder die grün geerntete Ähre,
oder den Mann, den die vielfrüchtige Mandel gebar,
den Flötenspieler".

9 Dies ist der vielgestaltige Attis, den sie folgendermaßen besingen:
"Attis will ich besingen, Rheas Sohn,
nicht mit dem Lärm von Schellen und nicht mit der Flöte,
mit dem Brüllen idäischer Kureten,
sondern zur Muse des Phöbus lasse ich erklingen mein Lied:
Juchhe, juchhei, wie Pan,
wie Bacchus, wie der Hirte lichter Sterne".

10 Auf diese Weise glauben die, die an den sogenannten Mysterien "der Großen Mutter" teilnehmen, durch das, was dort geschieht, das ganze Mysterium am besten zu schauen.

Übersetzung der Anthropos-Lehrschrift 249

11 Sie verehren aber nichts anderes als den "Naas".
12 "Naas" aber ist die Schlange, von der alle Tempel unter dem Himmel den Namen haben: von Naas. Denn nur jenem Naas ist jedes Heiligtum, jede Weihe und jedes Mysterium gewidmet, und es kann überhaupt keine Weihe unter dem Himmel gefunden werden, in der es nicht einen Tempel gäbe und der "Naas" in ihm, wonach dieser eben Tempel (naós) genannt wird.
13 Die Schlange ist aber die wässrige Wesenheit, und nichts von allen seienden Dingen überhaupt, von Unsterblichen oder Sterblichen, von Beseelten oder Unbeseelten, kann ohne sie bestehen.
14 Alles liegt ihr zugrunde; und sie ist gut und hat alles in sich, wie im Horn des einhörnigen Stiers die Schönheit der anderen, und sie gibt die Anmut allen Seienden gemäß ihrer Natur und Eigenart, indem sie gleichsam durch alle hindurchgeht, wie (der Strom, der) "von Edem ausging und sich in vier Urflüsse teilte" (Gen 2,10).
15 "Edem" aber ist das Gehirn, da es gleichsam in die es umgebenden Hüllen gebunden und eingewickelt ist wie in Himmeln. "Paradies" aber ist der Mensch nur in Bezug auf den Kopf. Wenn nun dieser Fluß aus Edem, das heißt aus dem Gehirn, ausgeht, "teilt er sich in vier Urflüsse. Es heißt aber der Name des ersten Flusses *Pheison*. Dieser umgibt das ganze Land Evilat, dort wo das Gold ist. Das Gold aber jenes Landes ist gut; dort gibt es auch den Rubin und den grünen Stein (Smaragd)" (Gen 2,10-12).
16 Dieser ist das *Auge*, das durch die Wertschätzung (die es erfährt) und durch seine Farben für das Gesagte zeugt. "Der Name des zweiten Flusses ist *Gehon*; dieser umgibt das ganze Land Äthiopien" (Gen 2,13). Dieser ist das *Gehör*, das (gewunden wie) ein Labyrinth ist. "Und der dritte heißt *Tigris*; dieser fließt gegenüber Assyrien" (Gen 2,14).
17 Dieser ist der *Geruch*, da er die stärkste Strömung beim Fließen hat. Er fließt aber gegenüber Assyrien, weil, wenn der Atem ausgehaucht ist, beim Wiedereinatmen der Atem, der von der äußeren Luft geholt wird, schneller und gewaltsamer wieder eingeht. Denn das ist die Natur des Einatmens. "Der vierte Fluß aber ist der *Euphrat*" (Gen 2,14).

18 Dieser ist der *Mund*, durch welchen der Ausgang des Gebetes und der Eingang der Nahrung geschieht, welche den vollkommenen Menschen erfreut, nährt und ihm das Merkmal verleiht.
19 Zu diesem Wasser kommt jede Natur, indem sie das, was ihres Wesens ist, auswählt; und jeder Natur kommt von diesem Wasser her das Eigene hinzu: mehr als das Eisen zum Magnetstein und das Gold zum Röhrenknochen des Seeadlers und die
20 Spreu zum Bernstein. So geht (das) Wasser – wie durch ein Paradies von allen Bäumen und Samen (vgl. Gen 2,9) – durch alle Pflanzen und Samen hindurch, und von ein und demselben Wasser wählt aus und zieht an sich: der Ölbaum das Öl und der Weinstock den Wein, und so jedes andere Gewächs nach seiner Art.

Es ist aber jener Mensch "ungeehrt" (Is 53,3) in dieser Welt, geachtet wie "ein Tropfen am (vollen) Eimer" (Is 40,15).

10,1 Alle Mysterien aber besingen wir im Lied auf folgende Weise:
"Das universale Gesetz des Alls war der erstgeborene Nus;
das zweite aber nach dem Erstgeborenen war das ausgegossene Chaos;
als dritte erhielt dort die Seele, schaffend, ihr Gesetz.
Daher müht sie sich ab, in einer Hindin Gestalt, geknechtet, ein Übungsstück für den Tod.
Bald hat sie eine Königskrone auf und erblickt das Licht,
bald ist sie in Elend geworfen und weint.
Bald wird sie beweint, freut sich;
bald weint sie, wird gerichtet;
bald wird sie gerichtet, stirbt.
Da wurde sie unfähig, den Übeln zu entrinnen, die Unglückliche:
In ein Labyrinth lief sie, irrend.
Da sprach Jesus: "Sieh an, Vater:
Die Beute der Übel dort auf Erden,
fern von deinem Odem irrt sie umher;
sie sucht zu entfliehen dem bitteren Chaos,
weiß aber nicht, wie sie entrinnen soll.

Deswegen sende mich, Vater!
Siegel tragend will ich hinabsteigen,
die Himmelsräume alle durchschreiten,
die Mysterien sämtlich erschließen,
der Götter Gestalten offenbaren,
die Geheimnisse des heiligen Weges,
Gnosis sie nennend, mitteilen".

6. EXKURS I

Der Essenerbericht in H.s *Refutatio* (Buch IX) und die Wiedergabe der Gnostiker-Berichte durch Hippolyt.

Die genaue Bestimmung von Umfang und Beschaffenheit der gnostischen Vorlagen H.s hängst vor allem davon ab, ob es gelingt, die Arbeitsmethode herauszufinden, nach der H. besagte Vorlagen in seiner *Refutatio* wiedergegeben hat. Vergleiche mit den uns bekannten Quellen H.s und mit den Kurzberichten in Buch X (Epitome) rechtfertigen die Annahme, die von H. in dem großen Markosbericht (Buch VI 39-51) angewandte Methode, seine Vorlagen wörtlich und, von für ihn unwichtigen Auslassungen abgesehen, meist vollständig wiederzugeben, als typisch für seine Gnostiker-Berichte generell und als *a fortiori* gültig für die großen Hauptberichte in den Büchern V - VIII anzusehen.[1] Demgegenüber glaubt Koschorke, die für H. typische Arbeitsweise an dessen Essener-Bericht (Buch IX) studieren zu können, "wo - bei Einarbeitung einzelner neuer Quellenstücke - die sonstigen zahlreichen Unterschiede gegenüber der Vorlage auf Konto Hipp.s gehen".[2] Einerseits habe der Ketzerbekämpfer seine Vorlagen durch Auswahl und Weglassung nicht immer treu wiedergegeben, andererseits aber auch in diese eingegriffen, um bei seinen Gegnern "Abhängigkeitsverhältnisse" zu konstruieren.[3]

Daß H. die Auswahl der Quellen seiner polemischen Zielsetzung unterordnete und dadurch dem Anliegen seiner Gegner oft nicht gerecht wurde, steht außer Zweifel. Anders verhält es sich freilich mit der H. angelasteten "eigenhändigen Ausgleichung der Ketzerdarstellungen an die behaupteten Abhängigkeitsverhältnisse".[4] Wenn H. in seinem Essenerbericht, über seine Vorlage hinaus, behauptet, viele Griechen hätten sich bestimmte Meinungen der Juden angeeignet und ihre eigenen Anschauungen daraus gebildet; der Gotteskult der Juden sei nämlich älter als der aller

---

1 Siehe dazu Kap. 2.3 zur Vorlage H.s.
2 Koschorke, Ketzerbekämpfung 14 Anm. 12.
3 Ebd. 22-26.
4 Ebd. 25.

anderen Völker, die ihr Wissen über Gott und Schöpfung nachweislich der Gesetzgebung der Juden entnommen hätten,[5] so hat das mit dem für H.s *Widerlegung* (Refutatio) typischen Nachweis doktrineller Abhängigkeit nichts zu tun. Im Gegenteil: der sonst von H. durchweg geführte Beweis der Abhängigkeit der Irrlehrer ist hier geradezu auf den Kopf gestellt. Im Rahmen seiner *Refutatio* geht es H. primär nicht darum, die Sitten der Juden und ihre Verschiedenheiten darzustellen;[6] ihm geht es darum, *auch die Juden* als Irrende darzutun, die im Ungehorsam gegen Gott, das heißt gegen Gesetz und Propheten verharren, da sie den Messias, den von ihnen doch erwarteten Christus, nicht erkannt haben und bis heute nicht erkennen.[7] Entsprechend dieser seiner Absicht kann und will H. keine Abhängigkeitsverhältnisse der Juden konstruieren. Er will vor allem ihren Ungehorsam gegen Gott aufzeigen. Der Einschub über das hohe Alter des jüdischen Gotteskultes sowie die Anleihen der Griechen aus der Religion der Juden sind für H.s "Refutatio" überflüssig. Er übernimmt damit nur einen altbekannten Topos jüdischer und (dann) christlicher Apologetik, der im "Wahrheitserweis" der jüdischen bzw. der christlichen Lehre gegenüber den Heiden seinen Sitz im Leben hat und ganz offensichtlich in Parallele steht zu *der wahren Lehre,* die H. am Ende von Buch X vorträgt.[8] Wenn dieser apologetische Topos trotzdem in der "Refutatio" steht, so ist das ein Indiz dafür, daß der langatmige Bericht über die Juden (Ref.IX 17,3-30,8) ursprünglich in einem anderen Kontext stand und folglich erst sekundär von H. in seine umfassende Widerlegung *aller Häresien* eingefügt worden ist. Auf jeden Fall ist der Juden- bzw. Essener-Bericht für die *gnostische* Berichterstattung H.s in der *Refutatio* absolut untypisch. Er dürfte nur dann als Analogie zur Widerlegung der Gnostiker herangezogen werden, wenn er ähnlich zusammengestellt worden wäre wie die großen Gnostikerberichte der *Refutatio.* Das ist aber, wie ein genauer Vergleich von H.s Text mit seiner Vorlage (Josephus) zeigt, gerade nicht der Fall. Hier nur kurz das Wesentliche:

---

5 IX 27,1-2 (261,3-9). Als Beispiel dient die homerische "Insel der Seligen".
6 Obwohl er das einleitend so sagt: IX 17,3 (255,21-23).
7 IX 30,5-6 (263,25-264,2).
8 Vgl. X 30,8-31,1 und 31,4-6.

Exkurs I

Die Hauptmasse des Judenberichtes (IX 18,2-29,4) bringt H. in engem Anschluß an Josephus Flavius,[9] aber er zitiert dabei weder wirklich wörtlich noch vollständig; er fügt überdies zahlreiche weitere, über Josephus hinausgehende und teilweise diesem widersprechende Nachrichten ein. Diese ohne genauen Textvergleich mit der Vorlage nicht oder kaum erkennbaren Änderungen und Einschübe werden, wie oben gesagt, als subjektive Eingriffe H.s in den Text der Vorlage und als typisch dafür gewertet, wie H. mit seinen Vorlagen verfahren sei und wie wenig zuverlässig daher seine Berichte für die Kenntnis der Schriften seiner Gegner seien. Die vorgenannten Eingriffe in den Text der Vorlage scheinen freilich weder willkürlich noch für die Berichterstattung in der *Refutatio* typisch, wenn man versucht, die Zielsetzung H.s bei diesem seinem Judenbericht zu verstehen. Der Verfasser hatte nämlich gar nicht die Absicht, seinen Lesern die Mitteilungen des Josephus über die Juden zu berichten.[10] Er will selbst über die Juden berichten: über ihr Volk, über ihre Spaltungen, vor allem aber ihre Ablehnung des in Jesus gekommenen Messias, die bis jetzt andauert.[11] Die Juden erkennen, obwohl von Gott berufen, ihr Heil nicht! Darum übernimmt H. Einteilung und Material, soweit er es braucht, aus Josephus, fügt aber auch weitere Nachrichten über zeitgenössische Juden, die er in Rom und vielleicht auch anderwärts kennt, in seine Berichte ein. Wenn er daher den Essenern (gegen Josephus § 154) die Lehre von der Auferstehung des Fleisches und außerdem den Weltbrand als Lehre zuschreibt (IX 27,1.3), so ist das zunächst einmal als eine sachliche Mitteilung zu verstehen, gerade weil sie über Josephus hinausgeht,[12] nicht aber als eine subjektive Anpassung der Essener an behauptete Wirklichkeitsverhältnisse.[13] In die-

---

9 Jüdischer Krieg II 8,2-14 = § 119-166 Niese.
10 Darum nennt er auch weder Josephus noch dessen Geschichtswerk in seinem Bericht.
11 Vgl. oben Anm. 7.
12 Was übrigens schon damals jeder mit Josephus Vertraute feststellen konnte.
13 So Koschorke 24. Die in IX 27,3 (261,9-11) von H. aufgestellte Behauptung, daß besonders Pythagoras und die Stoiker mittels der Ägypter Lehren aus der jüdischen Gesetzgebung übernommen hätten, hat mit der folgenden Lehre vom Weltbrand keinen direkten Zusammenhang, wie schon das anschließende λέγουσι δὲ καὶ (261,11) zeigt. Die Annahme, H. habe auch den Weltbrand als Entlehnung der Griechen (Stoiker) aus dem Gesetz der Juden bezeichnen wollen, findet im Text keine Stütze.

ser Korrektur der Nachricht des Josephus eine gezielte Verfälschung der Vorlage zu sehen, das kann nur jemand, der die oben erläuterte Absicht H.s mit dem Judenbericht verkennt. Allein diese Absicht nämlich erklärt H.s Umgang mit seiner Essener-Vorlage. Er folgt ihr zwar, aber wirklich wörtlich zitiert er von 48 (achtundvierzig) Abschnitten des Josephus höchstens vier kleinere Sätze.[14] In Wendlands kritischer Ausgabe der *Refutatio* sind das ca. 9 Zeilen von einem 148 Zeilen umfassenden Bericht, die Zusätze H.s abgerechnet! Alles übrige ist kürzende Zusammenfassung bzw. freie Wiedergabe der Vorlage (Josephus), deren Ausdrücke H. häufig dabei übernimmt, besonders am Anfang eines neuen Sinnabschnittes. Sinngemäß hat H., von seinen Zusätzen abgesehen, die entsprechenden Abschnitte des Josephus nachweislich wiedergegeben. Von einer wörtlichen oder gar vollständigen Wiedergabe der Vorlage kann jedoch keine Rede sein. Mehr noch: die von H. hier gebrauchte Arbeitsweise ist von seiner sonst in der *Refutatio* angewandten Methode der Berichterstattung gänzlich verschieden, das heißt: von der Wiedergabe 1) der Philosophen Epitome (X 6,1-7,6): wörtlich und vollständig nach Sextus Empiricus (Adv. Dogm. I, 1-24), 2) des Berichtes über Markos und der Schüler Valentins (VI 38-51): wörtlich und praktisch vollständig nach Irenäus (Adv. haer. I 11,2.5 und 14-15), 3) des Astrologenberichtes (IV 1-7,2): wörtlich (mit Auslassungen von Abschnitten) nach Sextus Empiricus (Adv. math. V 37-105), 4) der neuen Gnostiker Epitome (X 9-17): wörtlich, aber mit großen Auslassungen im Vergleich zu den Hauptberichten in Buch V-VIII. Die Verschiedenheit zwischen den zwei Weisen der Berichterstattung bzw. der Wiedergabe der Vorlagen ist so groß, daß mit gutem Grund bezweifelt werden kann, daß der Judenbericht zur selben Zeit wie die Gnostiker-Berichte in Buch V-VIII für die *Refutatio* zusammengestellt worden ist. Seine literarische Komposition, die in ihm über und sogar gegen die Vorlage vorgenommenen Einschübe, das alles legt die Vermutung nahe, daß der Judenbericht ursprünglich eigenständig war, dazu abgefaßt, die Juden als das Volk darzutun, das trotz seiner Erwählung, wegen seines Ungehorsams gegen Gott und den Messias, das wahre Heil, die wah-

---

14 Ref. IX 18,2 (256,7f); 20,1 (256,26f) = aus § 124. Kap. 25,1 (259,14-16)= aus § 145; Kap. 25,3 (259,24-260,2 mit Zusätzen H.s).

re Lehre, die Wahrheit nicht erkannt hat. Der Judenbericht: ein Stück antijüdischer Apologetik also. Die in H.s Text gegenüber der Vorlage (Josephus) vorgenommenen Kürzungen[15] legen sogar die Vermutung nahe, daß dieser Bericht ursprünglich vielleicht dem mündlichen Vortrag diente und erst in zweiter Linie in einen schriftlichen Wahrheitserweis eingebaut worden ist. Auch der gehobene, fast rhythmische Stil in der Einleitung des Berichtes[16] ist von dem oft bemängelten kunstlosen Stil der *Refutatio* auffällig verschieden[17] und könnte ein weiteres Indiz für eine frühere, das heißt der *Refutatio* vorausliegende literarische Verwendung des Judenberichtes sein. Wie dem auch sei: der Judenbericht ist sicher nicht typisch für H.s Berichterstattung hinsichtlich der neuen gnostischen Berichte in der *Refutatio*.

---

15 Jeder der 48 Abschnitte bei Josephus ist von H. verkürzt, gerafft und stilistisch einfacher wiedergegeben worden.
16 IX 18,1 (255,28-256,4).
17 Dieser gehobene Stil findet sich auch am Anfang der Epitome, in X 5,1 (265,9-16), in dessen Folge H. "die wahre Lehre" ankündigt, für die er *schon oft* den Beweis erbracht habe: X 5,2 (265,16-18).

7. EXKURS II

Zur Anthropologie des AG's (zu Kap. 3.3.2)

In Kap. 7,7 geht es um "den großen Menschen", der dadurch vollständig beherrscht werden soll, daß ihm eine Seele gegeben wurde, die das irdische Menschengebilde, das "Plasma", des großen, schönsten und vollkommenen Menschen bewegungsfähig macht, aber dieses damit zugleich zum Sklaven der Weltmächte macht und züchtigt. Da nach 7,6 der irdische Mensch "Adam" Bild (εἰκών) des himmlischen Menschen "Adamas" ist und viele Mächte den irdischen Menschen, der zunächst leblos und unbeweglich wie ein Bildwerk dagelegen haben soll, gebildet haben, steht hinter dieser im Text nur kurz angedeuteten Anthropologie offenbar eine jüdische Spekulation über den biblischen Schöpfungsbericht, welche die Schaffung des Menschen nach dem Bilde (κατ' εἰκόνα) Gottes (Gen 1,26.27) auf die Formung des aus Erde gebildeten Menschen bezieht, der erst durch die Einhauchung des Lebensatems zum Leben gebracht wird (Gen 2,7).[1] Dabei bezieht der AG den nach der Ähnlichkeit (καθ' ὁμοίωσιν) Gottes (Gen 1,26) gemachten Menschen auf das Göttliche, das heißt den vernunftbegabten Seelenteil des Menschen, den er als den eigentlichen "Menschen" im Menschen versteht, welcher dazu berufen ist, Gott immer ähnlicher und schließlich Gott selbst zu werden.[2]

Wenn es daher in 7,7 heißt, der große Mensch werde dadurch vollständig beherrscht, daß ihm auch eine Seele gegeben wird, so ist hier stillschweigend vorausgesetzt, daß Adamas selbst (bzw. ein Teil von ihm) in sein irdisches Abbild, das Engelgebilde oder Plasma, herabgebracht worden ist, und daß die das bewegungslose Gebilde belebende Seele dem göttlichen Seelenteil oder Nus in besonderer Weise verbunden ist, diesem aber zugleich Leiden bereitet. Das irdische Plasma aber wird insofern durch die Seele gezüchtigt, als es durch die Belebung den kosmischen Gegebenhei-

---

[1] Zum Gebrauch von Gen 1,26f in der Gnosis, siehe Schenke, Der Gott "Mensch" in der Gnosis 120-134; Wilson, The Early History of the Exegesis of Gen 1,26: Studia Patristica I, 420-437.
[2] Vgl. 7,35f (87,15-88,3); 8,10 (91,3-5); 8,13f (91,17-92,1). Ausführlicher dazu in Kap. 3.5.5.

ten, Mühen, Krankheiten, Leidenschaften usw. unterworfen ist. Die Vorstellung vom Mit-Leiden des großen Himmelsmenschen oben mit seinen "Menschen" unten erinnert an Gedanken aus dem Buch *Baruch* des Gnostikers Justin,[3] während die besondere Bindung des göttlichen Elementes im Menschen an die Seele sich ähnlich, wenn auch erweitert durch den Gedanken vom pneumatischen Samen, bei den Schülern Valentins findet.[4] Da die Soteriologie des AG's durchgängig christologisch bestimmt ist,[5] und die Vergöttlichung des Menschen als Ausprägung des in allen verborgenen "Sohnes des Menschen" deutet,[6] darf man in dem Hinweis von 7,7 auf die dem Anthropos durch die Seele verursachten Leiden vielleicht eine Anspielung auf die Leidensankündigungen des Menschensohnes bei Lk 9,22 par. sehen.

Im Hinweis auf den "großen" Menschen oben (7,7) verbirgt sich ferner wohl eine Anspielung auf die gewaltige "Größe" des von den Mächten geformten irdischen Abbildes des Adamas. Sollte das richtig sein, so wäre der irdische Adam als ein riesiges Menschengebilde vorgestellt worden, wohl deshalb, weil das von den Mächten gesehene oder ausgedachte "Bild" des Himmelsmenschen ebenfalls riesengroß gewesen war. In diesem Falle teilte der AG eine ähnlich für die Ophiten des Irenäus bezeugte,[7] aus Spekulationen des rabbinischen Judentums übernommene Vorstellung.[8] Der "große" Mensch ist dann zuerst und ursprünglich der himmlische Adamas, im übertragenen Sinn dann auch dessen irdisches Abbild Adam.

Im überlieferten Text liegt allerdings eine Schwierigkeit in der Partikel ἄνωθεν, welche den großen Himmelsmenschen irgend-

---

3 Hippol., Ref. V 26,20f (129,23ff): Edem rächt sich an ihrem Gatten Elohim, indem sie dessen Menschen Leiden bereitet, damit auch der Geist Elohims in den Menschen gepeinigt werde und dasselbe leide (πάσχῃ) wie die verlassene Edem. Diese gab ihrem dritten Engel "Naas" Macht, damit er den Geist Elohims in den Menschen mit allen Züchtigungen züchtige (κολάζῃ), damit durch das Pneuma (in den Menschen) *Elohim selbst* gezüchtigt werde. Das Herabbringen des göttlichen Nus in die Materie wird auch Kore Kosmou 25 als Züchtigung (κόλασις) bezeichnet, wodurch der Göttliche selbst überwunden wird.
4 Besonders Iren. I 6,1 und Exc. Theod. 56,4 (siehe die Synopse der Texte bei Völker, Quellen 112), sowie Iren. 7,5 (Völker 120).
5 Vgl. 7,33 (87,3-6) und die Testimonien in 7,35f.
6 7,33 (87,3-6).
7 Iren I 30,5 (I 232 Harvey).
8 Siehe dazu schon Harvey, Irenäus I 232f, Anm. 3.

Exkurs II

wie näher kennzeichnen soll. Hier ist einerseits die fundamentale, für den AG in der pantheistischen Lehre der *Apophasis Megale* begründete Unterscheidung zwischen dem transzendenten Urprinzip (dem Menschen "Adamas") und dessen Verkörperung im göttlichen Weltprinzip (dem "Sohn des Menschen") zu beachten. Der Mensch "Adamas" bleibt immer oben, der Sohn des Menschen geht in die Materie und in den Menschen ein.[9] Diese Unterscheidung ist in 7,7 nicht deutlich, wahrscheinlich weil H. zwischen 7,6 und 7,7 Text der Vorlage ausgelassen hat. Der erhaltene Text wird jedenfalls nur verständlich, wenn man die vorgenannte Unterscheidung beachtet und das ἄνωθεν im Text sinngemäß interpretiert. Der Passus 7,7 lautet wie folgt:

"ἵν' οὖν τελέως ᾖ κεκρατημένος ὁ μέγας ἄνθρωπος ἄνωθεν, ("ἀφ' οὗ πᾶσα πατριὰ ὀνομαζομένη ἐπὶ γῆς καὶ ἐν τοῖς οὐρανοῖς" συνέστηκεν,) ἐδόθη αὐτῷ καὶ ψυχή, ἵνα διὰ τῆς ψυχῆς πάσχῃ καὶ κολάζηται καταδουλούμενον τὸ πλάσμα τοῦ μεγάλου καὶ καλλίστου καὶ τελείου ἀνθρώπου.[10]

Die im überlieferten Text liegende Schwierigkeit behebt sich nicht, wenn man mit Schneidewin das ἄνωθεν als gleichbedeutend mit ἄνω auffaßt und ὁ ἄνωθεν liest.[11] Denn ἄνωθεν heißt "von oben her" und zeigt eine Bewegung von oben her, etwas von oben herab Kommendes an. Sie behebt sich auch nicht, wenn man, wie Keil und Plasberg,[12] das ἄνωθεν zu ἐδόθη zieht und damit auf die Seele bezieht. Denn die den Leib belebende und zugleich knechtende Seele stammt nicht von oben, das heißt aus dem Bereich des Adamas, sondern von einem niedrigeren Schöpfergott, der dem irdischen Adam den Lebensodem einbläst (vgl. Gen 2,7). ἄνωθεν ist auch nicht einfach zu tilgen,[13] sondern ist eine für die Anthropologie der Naassenerschrift typische Partikel, die außer in 7,7 noch fünfmal aufscheint, und zwar immer dann, wenn der göttliche

---

9 Vgl. die Deutung des Korybas in 8,13ff, aber auch Monoimos in H.s Ref. VIII 13,4.
10 7,7 (80,10-14). Das Eph 3,15 nachgebildete, in den Text des AG's interpolierte Zitat (vgl. Kap. 3.6.3) habe ich als Zusatz durch Klammern gekennzeichnet.
11 Vgl. PG 16,3: 3130 Anm. 4 und die lateinische Übersetzung dort: magnus homo, qui supra est.
12 Zitiert bei Reitzenstein, Poim. 84 Anm. 6.
13 Wie Reitzenstein a.a.O. vermutet.

Seelenteil im Menschen von dem oberen Menschen "Adamas" hergeleitet wird. Deshalb steht ἄνωθεν hier immer zusammen mit ἀπὸ und folgendem Genetiv, wie das bei der etymologischen Erklärung von "Eleusis" beispielhaft gesehen werden kann: das Mysterium heißt Eleusin, weil wir... von oben von Adamas kamen (ὅτι ἤλθομεν... ἄνωθεν ἀπὸ τοῦ ᾿Αδάμαντος).[14] Es liegt daher nahe, daß ganz ähnlich auch in 7,7 das Göttliche im Menschen oder eine andere, Gott eignende Qualität "von dem Himmelsmenschen oben" hergeleitet wird. Wird der Text unter diesem Gesichtspunkt gelesen, so wird die Parallele zu dem vorgenannten Gedankengang durchsichtig. Der völlig zu überwältigende "Große Mensch" wird nämlich durch das Eph 3,15 nachgebildete Schriftwort näher bestimmt als das göttliche Vater-Prinzip, von dem von oben jede Vaterschaft, die im Himmel und auf Erden genannt wird, ihren Bestand hat.[15] Das ist genau die oben aufgezeigte Satzbildung mit ἀπὸ und dem Genetiv, welche den Himmelsmenschen hier als Ursprung jeglicher Vaterschaft dartun soll. Der überlieferte Text bedarf an dieser Stelle daher keiner Korrektur; es genügt, das Komma nicht nach, sondern vor ἄνωθεν zu setzen. Gewiß liest der Text sich etwas schwerfällig. Das erklärt sich aber wohl so, daß das Eph 3,15 nachgebildete Zitat später interpoliert worden ist.[16] Der "Große Mensch" könnte aber schon im Text des AG's durch ἄνω oder ὁ ἄνω gekennzeichnet worden sein[17] und damit Anlaß gewesen sein, Eph 3,15 einzufügen bzw. alle Vaterschaft, also auch und gerade die der den Menschen formenden Engelmächte, von ihm herzuleiten. So könnte sich auch erklären, warum der PG Eph 3,15, dessen überlieferten Text er sehr wohl kannte,[18] in ἀφ᾿ οὗ abgewandelt hat.[19]

Versucht man, die in 7,7f mehr angedeutete als ausgesprochene Anthropologie genauer zu bestimmen, so ist davon auszugehen, daß

---

14 8,41 (96,21f); ganz entsprechend 8,13 (91,19); 8,14 (91,24); 7,30 (86,7) und 7,36 (88,1).
15 7,7 (80,10-12).
16 Vgl. zu dieser Interpolation Kap. 3.6.2-3.
17 Vgl. die Entsprechung im Vorsatz 7,6 (80,7).
18 Siehe den in 7,35 (87,17f) interpolierten Zusatz.
19 Ein weiteres Indiz für den interpolierten Charakter des Pauluswortes zeigt sich darin, daß von dem Himmelsmenschen hier nicht (wie an den fünf in Anm. 14 genannten Stellen) der göttliche Seelenteil hergeleitet wird, sondern alle Vaterschaft im Himmel und auf Erden. Das zeigt eine fortentwickelte, auch die "Vaterschaft" der obersten Engelmacht umfassende Reflexion.

die Engelmächte "das Bild" des Himmelsmenschen Adamas zuerst
irgendwie gesehen und im irdischen Menschengebilde (Adam) fest-
gehalten und damit den Adamas selbst irgendwie überwältigt, also unter ihre Gewalt gebracht haben.[20] In einem zweiten Schritt,
der in H.s Text ausgefallen, aber implizit vorausgesetzt ist,
muß ein göttlicher, von Adamas oben stammender und diesen (potentiell) verkörpernder Lichtteil, der Nus oder der "Sohn des
Menschen", in das irdische Abbild oder Plasma des Menschen herabgebracht worden sein.[21] Der göttliche Funke ist also im irdischen Bild gefangen, überwältigt auch von daher. Aber das Engelgebilde war leblos, ohne Bewegung und Atem. Alsdann wird in
einem dritten Schritt der Himmelsmensch vollständig (τελέως)
überwältigt, indem man seinem gefangenen Nus auch noch die Seele gibt, welche einerseits den Nus in nichtige Sehnsüchte und
Leidenschaften verstrickt, andererseits das irdische Gebilde
belebt, damit aber zugleich den kosmischen Kräften und ihren
Gesetzen unterwirft, somit also versklavt und züchtigt. Der AG
vertritt demnach eine biblisch inspirierte Anthropologie, die
Züge von der archaischen Vorstellung des Satornil enthält,[22]
aber viel differenzierter ist als diese. Seine Anthropologie
findet sich in ähnlicher Form auch in der kürzeren Fassung des
Apokryphon des Johannes in NHC III,1: der heilige, vollkommene
Vater, der erste Mensch, ist es selbst, der den Archonten sein
Aussehen (ἰδέα) in der Gestalt eines Menschen offenbarte.[23]

---

20 Bei Satornil haben die Engelmächte, als sie das von oben erscheinende Bild
   selbst nicht festhalten konnten, den irdischen Menschen gebildet, wobei
   sie sagten: "Laßt uns einen Menschen machen nach dem Bild und Gleichnis"
   (Gen 1,26), vgl. Iren. I 24,1 und Hippol., Ref. VII 28,2.
21 Vgl. die Aussagen in 7,30 (86,6-9); 7,36 (87,22-88,3; 8,14 (91,25f).
22 Nach Iren. I 24,1 lehrte Satornil: "Der Mensch sei ein Gebilde von Engeln.
   Als von oben (ἄνωθεν ἀπό) von der höchsten Kraft ein leuchtendes Bild erschien, das sie nicht festhalten konnten, weil es sofort wieder nach oben
   eilte, ermunterten sie sich selbst mit den Worten: 'Laßt uns einen Menschen machen nach dem Bild und Gleichnis'. Als das geschehen war und
   das Gebilde (Plasma) sich nicht aufrichten konnte..., sondern wie ein
   Wurm daherkroch, da erbarmte sich seiner die obere Kraft, weil er in
   ihrer Ähnlichkeit (ἐν ὁμοιώματι) gemacht worden war; sie sandte einen
   Lichtfunken, der den Menschen aufrichtete und zum Leben erweckte", vgl.
   Hippol., Ref. VII 28,2-3 (208,13-209,2).
23 NHC III,1: 21,21-24; darin stimmen auch die drei anderen Versionen des
   Apokryphon des Johannes überein: NHC II: 14,18-24; IV 22,23ff; BG 48,
   1-5.

Aber ein vertieftes Verständnis der Transzendenz Gottes erlaubte
es nicht mehr, daß die Mächte das erscheinende Bild Gottes selbst
sehen, wie Satornil lehrte, sondern sie sehen nur das Abbild
(τύπος) des Bildes (εἰκών) im Wasser; "und sie sagten untereinander: 'Laßt uns einen Menschen schaffen nach dem Bilde Gottes'
(Gen 1,26) und nach seinem Aussehen".[24] Eine ähnliche archaische
Anthropologie, welche die Gottebenbildlichkeit des irdischen
Menschengebildes auf den höchsten Gott selbst bezieht, ist auch
bei dem AG vorausgesetzt. Seine in 7,7 nur kurz angedeutete Lehre muß allerdings im Lichte seiner bei der Erklärung des Namens
"Korybas" im Attiskommentar (8,13f) gemachten Ausführungen interpretiert werden. Attis heißt auch Korybas, heißt es dort,
weil er von dem Gipfel oben (ἄνωθεν) und von dem merkmallosen
Gehirn den Anfang seines Abstiegs nimmt, durch alle Ursprungs-
mächte unter ihm hindurchgeht und, wir wissen nicht wie und auf
welche Weise, herabkommt.[25] Diese wohl schon zum alten Attiskommentar gehörende Etymologie deutet der AG durch ein als christologisches Testimonium bezeugtes apokryphes Schriftwort biblisch weiter aus:

"Dies (sagt er) bedeutet das Wort: 'Seine Stimme haben wir
gehört, seine Gestalt aber haben wir nicht gesehen'.[26] Von
dem nämlich, der sich ausgedehnt hatte und das Kennzeichen
empfängt, wird die Stimme gehört, wie jedoch die Gestalt,
die von oben, von dem Merkmallosen herabkam, beschaffen ist,
hat niemand gesehen. Sie ist aber in dem irdischen Gebilde,
es kennt sie aber niemand".[27]

In der Intention des AG's, der den Fall des Göttlichen in den
irdischen Leib vor Augen hat, besagt das: Niemand, auch keiner

---

24 NHC III: 22,1-6. Deutsche Übersetzung in der Edition von M. Krause, Die
drei Versionen des Apokryphon des Johannes, Wiesbaden 1962.
25 8,13 (91,17-21) frei wiedergegeben. Der Abschnitt 8,13-22 wird in Kap. 4
noch analysiert.
26 Klemens Alex. zitiert das Schriftwort zweimal als Testimonium für den Abstieg Christi zum Hades: 1) Strom. VI cap. 6: 45,1 (II 454,7f Stählin)
und 2) Adumbrationes in 1 Petr 3,19f (Text bei Zahn, Forschungen zur Geschichte des neutestamentlichen Kanons III 81), vgl. dazu Zahn, ebd. 94f:
kaum eine Anspielung an Job 28,22; "eher aus einem unbekannten Apokryphon
genommen". W. Bousset, Kyrios Christos 33 Anm. 1; Reitzenstein, Das mandäische Buch des Herrn der Größe 32 Anm. 1. Das apokryphe Wort ist vielleicht Deut 4,12 nachgebildet.
27 8,14 (91,21-92,1).

der Archonten, hat die Gestalt des von der Gottheit oben in die
Materie und in den irdischen Leib herabkommenden Himmelsmenschen
gesehen. Da der irdische Leib nach 7,7 aber dennoch "Bild" des
Adamas selbst sein soll, so muß dessen Bild den Archonten auf
andere Weise "sichtbar" geworden sein. Ist also die im Apokryphon des Johannes vorgetragene Lösung mit der Spiegelung des
Bildes im Wasser auch bei dem AG vorausgesetzt?[28] Aber das als
Beleg für den Abstieg zitierte apokryphe Schriftwort betont,
daß sie nur seine Stimme (φωνὴν αὐτοῦ) gehört, seine Gestalt
aber (εἶδος δὲ αὐτοῦ) nicht gesehen haben. Das erinnert an die
von Irenäus überlieferte Lehre der sogenannten Ophiten, wo die
Mächte überhaupt kein Bild des Himmelsmenschen mehr sehen, sondern nur eine Stimme hören, die ihnen die Existenz des ersten
Menschen und des Sohnes des Menschen verkündet. Nach dieser
Offenbarung durch die Stimme bildeten die Archonten dann den irdischen Menschen *nach ihrem eigenen Bild*, der aber infolge eines
geheimen Wirkens der Mutter Prunikos zugleich Bild des verborgenen Himmelsmenschen ist.[29] Von hier aus ist es nur mehr ein
Schritt bis zum anthropologischen Mythos *Valentins*, nach welchem
der irdische Adam, - wenigstens nach der übereinstimmenden Lehre
seiner Schüler -, ebenfalls "nach dem Bilde" des Schöpfergottes

---

28 Nach der in NHC III überlieferten Version des ApJoh wird die Gottebenbildlichkeit des Leibes uneingeschränkt auf die höchste Gottheit bezogen.
In den drei anderen Versionen wird jene dagegen nur noch eingeschränkt
auf Gott selbst, primär jedoch auf die den Menschen schaffenden Götter
oder Archonten zurückbezogen. So sprechen in BG 48,11-14 die Archonten,
nachdem sie das Abbild Gottes im Wasser gesehen hatten, zueinander:
"Kommt, laßt uns einen Menschen 'nach dem Bilde Gottes' und *unserem Aussehen* schaffen". Nach den zwei anderen Versionen sprachen sie: "Laßt uns
einen Menschen schaffen nach dem Bilde Gottes und *nach unserem Bilde*";
vgl. NHC II: 14,33-15,4 und IV 23,12-20 (deutsch nach Martin Krause).
29 Vgl. Iren. I 30,6 (I 232 Harvey): "Als alle wegen dieser Stimme und unerwarteten Kundgebung verwirrt waren und fragten, woher der Ruf komme,
soll Jaldabaoth gesagt haben: 'Kommt, laßt uns einen Menschen machen nach
unserem Bild (ad imaginem nostram). Als die sechs Mächte dies hörten -
die Mutter gab ihnen dieses Ausdenken des Menschen (excogitationem hominis), um durch ihn sie von der ursprünglichen Kraft zu entleeren -, kamen
sie zusammen und bildeten einen Menschen von ungeheurer Länge und Breite.
Als er aber nur so daherkroch, schleppten sie ihn zu ihrem Vater... Als
dieser aber in den Menschen den Lebensgeist einhauchte, soll ihm, ohne
daß er es merkte, die Lichtkraft genommen worden sein. Der Mensch aber
hatte von daher Nus und Überlegung... und sogleich brachte er, unter
Übergehung seiner Schöpfer, dem Ersten Menschen Dank dar", zum griech.
Text, vgl. Theodoret, comp.haer.fab. I 14 (PG 83,365C).

oder Demiurgen geformt worden ist.[30] Valentin selbst hat jedoch
die Gottebenbildlichkeit des choischen Menschen auf die höchste
Gottheit selbst zurückbezogen. Adam ist nach ihm zwar nicht
direkt, wohl aber indirekt Bild des Gottes "Mensch",[31] da er auf
den Namen "Mensch" gebildet worden ist, weshalb er den Engeln,
die ihn gebildet hatten, Furcht vor dem vorherseienden Menschen,
der in ihm selbst (verborgen) war, einflößte (εἰς γὰρ ὄνομα
ἀνθρώπου πλασθεὶς ᾿Αδὰμ φόβον παρέσχεν προόντος ᾿Ανθρώπου, ὡς
δὴ αὐτοῦ ἐν αὐτῷ καθεστῶτος).[32] Valentins mythische Anthropologie stimmt also mit der des AG's in dem entscheidenden Punkt
überein: die den irdischen Adam formenden Engelmächte haben weder die Gestalt (εἶδος) noch das Bild (εἰκών) des Gottes "Mensch"
gesehen, dafür aber dessen Stimme bzw. die Offenbarung des Namens "Mensch" gehört und darnach den Menschen gebildet. Daß die
Mächte dabei in Adam ihr eigenes Bild nachgemacht und damit zugleich auf geheime Eingebung der Mutter - das heißt: ohne es
selbst zu wissen - das Bild des vorherexistierenden Himmelsmenschen abgebildet haben, darf nach aller Wahrscheinlichkeit auch
für Valentin angenommen werden. Obwohl nämlich die Fragmente
Valentins darüber keine direkte Auskunft geben, ist nach übereinstimmender Lehre der Schüler Valentins der Demiurg seiner Natur nach unwissend, der alles, was er wirkt, selbst zu schaffen
meint, in Wirklichkeit aber nur auf heimliche Eingebung seiner

---

30 Valentin und Nachfolger lehrten, daß der im Paradies geschaffene choische
und psychische Adam "nach dem Bilde und der Ähnlichkeit Gottes" (Gen 1,26),
das heißt des Demiurgen, gewesen sei: "nach dem Bild" sei der choische
Mensch, "nach der Ähnlichkeit" sei der in diesen eingehauchte psychische
Mensch: Tert., Adv. Valent. 24,2 (CC II 771 Croymann); Exc. Theod. 50,1-2
und 52,2 (III 123. 125 Stählin); Iren. I 5,5 (I 49 Harvey).
31 Nach dem bei Epiphanius überlieferten Lehrbrief hat Valentin sowohl den
unbekannten Vorvater als auch dessen vollkommenes Gegenbild, den "Vater
der Wahrheit" oder "Nus", als "Menschen" bezeichnet: τὸν πατέρα τῆς
ἀληθείας, ὃν οἰκείως οἱ τέλειοι ῎Ανθρωπον ὠνόμασαν, ὅτι ἦν ἀντίτυπος τοῦ
προόντος ἀγεννήτου: Epiph., Pan. 31,5,5 (S. 390 Holl). Dieser Lehrbrief
enthält zahlreiche archaische Züge (A.J.Visser, VC 12, 1958, 35) und
darf, trotz der schon von O. Dibelius (ZNW 9, 1908, 329-340) und anderen
Forschern (z.B. W.Foerster, NTS 9, 1962/63, 303; A.J.Visser, a.a.O. 27-36;
K. Rudolph, Theol. Rundschau NF 38, 1973, 9) erhobenen Einwände in seiner
Substanz m.E. als eines der ältesten Stücke des Valentinianismus gelten.
Der überlieferte Text muß allerdings einer Strukturanalyse unterworfen
werden, um Ursprüngliches und Interpolationen nach Möglichkeit zu trennen.
32 Vgl. Valentin, Frgm. 1 bei Klemens Alex., Strom. II cap. 8: 36,2-4 (II
132,6-16 Stählin).

Mutter hin tut.[33] Die Valentinianer stimmen auch hier mit den Ophiten des Irenäus überein, nach denen die Mutter dem unwissenden Demiurgen heimlich eingibt, was dieser ausführt und in seiner Unwissenheit für sein eigenes Werk hält.[34] Mehr noch: wie der AG vergleicht auch Valentin den irdischen Adam mit einem Standbild,[35] in dem der Himmelsmensch selbst anwesend ist. Hinsichtlich dieser Anwesenheit im Plasma ist dann zu unterscheiden, ob es sich um das in allen Menschen verborgene göttliche Element oder um dieses Göttliche im ersten Menschen (Adam) handelt. Das nach orphischer Auffassung in allen Menschen verborgene Göttliche verdichtet sich nämlich zu der Summe aller göttlichen Elemente, wenn man diese Vorstellung auf den biblischen Bericht von der Schaffung des ersten Menschen, des Stammvaters aller Menschen überhaupt, überträgt. Das zeigt sich gut bei der oben schon zitierten Deutung des Attis als Korybas (8,13f). Der alte Attiskommentar erklärte damit wahrscheinlich die Herabkunft der von oben stammenden göttlichen Seelen figürlich. Attis-Korybas steht in dieser Deutung symbolisch *für jede einzelne* der in die menschlichen Leiber verbannten göttlichen Seelen. Überträgt man, wie der AG das beabsichtigt zu haben scheint, den herabkommenden Korybas auf die Schaffung des ersten Menschen Adam, der "Bild" des Adamas ist und der Vater aller späteren Menschen werden soll, dann wird man die von oben in das Plasma herabkommende Gestalt[36] zwangsläufig auf den göttlichen Adamas selbst beziehen, der als "Sohn des Menschen" die Summe aller göttlichen Seelen ist. Denn da die von oben herabkommende Gestalt selbst in das Plasma eingeht und dort als "der die große Flut bewohnende Gott"

---

33 Hippol., Ref. VI 33 (162,6-9) und 34,8 (164,4-6); Iren. I 5,3 (I 45 Harvey); Exc. Theod. 49,1 (III 123,3f Stählin). Schenke (Der Gott "Mensch" 94) fand es auffällig, daß die Gottähnlichkeit des irdischen Menschen mit Adamas dadurch zustande kam, daß er "auf den Namen des himmlischen Menschen geschaffen wurde". Vielleicht liefert Valentins Frgm. 1 den Schlüssel zu diesem Problem.
34 Iren.I 30,6 (I 232 Harvey): "sex autem virtutes audientes haec, matre dante illis excogitationem hominis, uti per eum evacuet eos a principali virtute..."; vgl. I 30,11 (I 238 Harvey): "in his quae a prophetis annuntiabantur, operatam esse Prunicam per Jaldabaoth nescientem quid faciat...".
35 Vgl. ὡς ἀνδριάντα in 7,6 (80,6f) mit οἷον ἀνδριάντες in Valentins Frgm. 1: Strom. II 36,3 (II 132,11 Stählin).
36 8,14 (91,24). εἶδος ist nicht das Bild (εἰκών), sondern bezeichnet die gegenständliche Gestalt, welche das Wesen einer Person sichtbar oder erkennbar macht; vgl. Jonas, Gnosis und spätantiker Geist II,1, S.80.

wie aus "vielen Wassern" (Ps 28,10.3) nach Erlösung schreit,[37] so ist es nach dem AG die Verkörperung des himmlischen Adams selbst gewesen, die in das irdische Plasma, also in sein eigenes Abbild, herabgestiegen und darin (als Gefangener) verborgen ist. Demnach hat der AG den Fall der Gottheit hier in einer Weise vorgestellt, wie sie ähnlich im *Poimandres* von dem göttlichen Nus, dem himmlischen Menschen und "Sohn" des Allvaters, berichtet wird.[38] Die Parallele ist nicht zu übersehen, zumal der AG auch andere diesbezügliche Vorstellungen mit Poimandres teilt. Wie dieser versteht er den Himmelsmenschen als Inbegriff der Schönheit,[39] offenbar deshalb, weil in diesem Menschen, dem Sohn bzw. der geistig sichtbaren Gestalt des unsichtbaren Allvaters, die in diesem enthaltene Fülle alles Seins offenbar wird.[40] Durch seinen Fall in die Materie und seine Einkerkerung in den Menschenleib wird der göttliche Mensch den Mächten und Gesetzen des Kosmos dienstbar gemacht.[41] Der im Plasma verbannte Göttliche meint auch nach dem AG den Nus als Summe der einzelnen, von Adamas oben herabgefallenen und diesen um Rettung anflehenden noetischen Seelen.[42] Diese sind von Adamas herabgebracht wor-

---

37 8,14-15 (91,24-92,3).
38 Vgl. CH I,14 (I 11 Nock-Festugière): "Und der (Mensch), der volle Gewalt hatte über die Welt der sterblichen und vernunftlosen Tiere, beugte sich durch die Harmonie hernieder, ... und zeigte der unteren Natur die *schöne Form Gottes*. Sie sah ihn in seiner unerschöpflichen *Schönheit*, ... lächelte ihm in Liebe zu, weil sie die Gestalt der *sehr schönen Form* des Menschen im Wasser sah und den Schatten auf der Erde. Er aber, weil er in ihr die Form, die ihm gleich war, in dem Wasser sah, liebte sie und wollte dort wohnen. Zugleich mit dem Willen aber wurde es Wirklichkeit, und er wohnte der vernunftlosen Form bei. Die Natur aber nahm den Liebenden und umschlang ihn ganz, und sie vereinigten sich, denn sie waren (füreinander) entflammt" (deutsch nach Foerster, Gnosis I 423).
39 Vgl. Anm. 38.
40 Vgl. 7,7 (80,13f) und 9,14 (100,27-101,2).
41 Poim. 15 (I 11f Nock-Festugière) beschreibt die Folgen dieses Falls ausführlich: "Und deswegen ist der Mensch im Gegensatz zu allen Wesen auf der Erde zweigeteilt: sterblich nach dem Körper, unsterblich nach dem wesenhaften Menschen. Denn er, der unsterblich ist und über alles die Macht hat, erleidet das Todesgeschick, da er dem Schicksal unterliegt (τὰ θνητὰ πάσχει ὑποκείμενος τῇ εἱμαρμένῃ). Er, der über der Harmonie der Sphären ist, er ist ein Sklave (δοῦλος) innerhalb der Harmonie geworden. Mannweiblich aus einem Vater, der mannweiblich ist, und keines Schlafes bedürftig, ...wird er beherrscht (von der Liebe und dem Schlaf)" (deutsch nach Foerster, Gnosis I 423).
42 Daher deutet er in 8,15 (92,3-5) die "vielen Wasser" als "das vielfältig zerteilte Werden der sterblichen Menschen".

den,[43] sie sind gleichsam "Steine" von dem Felsen Adamas oben.[44] Adamas selbst aber bleibt als das ungezeugte Prinzip immer oben.

Sollte die hier versuchte Rekonstruktion und Deutung des anthropologischen Mythos des AG's richtig sein, so wäre dieser ein Beispiel für einen relativ frühen Versuch, eine heidnische, dem Poimandres ähnliche Anthropologie mit dem biblischen Bericht über die Schaffung des Menschen zu verbinden. Sicher hat man diesen Versuch nach Satornil anzusetzen, der noch nicht zwischen dem göttlichen (noetischen) und dem psychischen, den irdischen Menschen belebenden Seelenteil unterschieden zu haben scheint.[45] Wie aber steht der AG genetisch (und zeitlich?) zu den verchristlichten Ophiten und Barbelognostikern? Die Frage darf hier offen bleiben. Für uns mag die Feststellung genügen: der anthropologische Mythos des AG's stimmt, soweit wir das rekonstruieren können, in vielen Punkten mit dem Mythos der Ophiten des Irenäus überein. Vor allem und entscheidend stimmt er jedoch mit dem Vorstellungsgut Valentins überein, soweit wir dies aus den Fragmenten und dem Zeugnis der Schüler Valentins kennen. Darüber hinaus zeigt die Anwendung frühchristlicher Testimonien zur Erklärung der Herabkunft "von oben" des Adamas (7,35f) und des Korybas (8,14), daß der AG den Fall des Göttlichen in die irdischen Leiber mittels christologischer Vorstellungen interpretiert, die beweisen, daß er die Ausbildung und Vollendung des Göttlichen im Menschen als ein Christus-Werden versteht. Diese Spekulation verrät eine fortgeschrittene theologische Reflexion, die den Verfasser ebenfalls nahe an Valentin heranrücken dürfte. Vielleicht vertritt er eine Frühform des Valentinianismus.

---

43 7,30 (86,7-9).
44 7,35-36 (87,15-88,3).
45 Nach Satornil sandte die obere göttliche Kraft dem irdischen Menschengebilde, das sich nicht erheben konnte, einen Funken des Lebens (σπινθῆρα ζωῆς), "der den Menschen aufrichtete, mit Gliedern versah und zum Leben erweckte. Dieser Lebensfunke eilt nach dem Tode zu seiner Art zurück, und das übrige löst sich auf zu dem, woraus es entstand": Iren. I 24,1 (I 196f) und Hippol., Ref. VII 29,3-4 (208,17-209,4). Diese Artenscheidung vertritt ähnlich auch der AG in 8,36 (95,20-22).

8. LITERATURVERZEICHNIS

Abramowski, Luise, Ein gnostischer Logostheologe. Umfang und Redaktion des gnostischen Sondergutes in Hippolyts "Widerlegung aller Häresien", in: Drei christologische Untersuchungen, Berlin 1981, 18-62.

Aland, Barbara, Die Apophasis Megale und die simonianische Gnosis. Bemerkungen zu J. Frickel, Die "Apophasis Megale" in Hippolyts Refutatio, in: ThPh 27, 1973, 410-418.

Dies., Die Paraphrase als Form gnostischer Verkündigung, in: R. McL. Wilson (Hrsg.), Nag Hammadi and Gnosis, Leiden 1978, 75-90.

D'Alès, A., La théologie de Saint Hippolyte, Paris 1906.

Anz, Wilhelm, Zur Frage nach dem Ursprung des Gnostizismus. Ein religionsgeschichtlicher Versuch, Leipzig 1897 (TU 15,4).

Bardenhewer, Otto, Geschichte der altkirchlichen Literatur, 4 Bde, (zweite, umgearbeitete Auflage) Freiburg 1913.

Bardy, G., Les écoles romaines au second siècle, in: RHE 28, 1932, 501-532.

Barth, C., Die Interpretation des Neuen Testamentes in der valentinianischen Gnosis, Leipzig 1911 (TU 37,3).

Baudissin, W., Adonis und Esmun., Leipzig 1911.

Bergk, Theodor, Anthologia lyrica, sive Lyricorum graecorum veterum praeter Pindarum reliquiae potiores, Leipzig 1907 (Neudruck).

Bergmann, I., Ich bin Isis. Studien zum memphitischen Hintergrund der griechischen Isisaretalogien, Uppsala 1968.

Böcher, O., Der johanneische Dualismus im Zusammenhang des nachbiblischen Judentums, Gütersloh 1965.

Böhlig, Alexander, Christentum und Gnosis im Ägypterevangelium von Nag Hammadi, in: W. Eltester (Hrsg.), Christentum und Gnosis, Berlin 1969, 1-18.

Ders., Nag Hammadi Codices III,2 and IV,2: The Gospel of the Egyptians (The Holy Book of the Great Invisible Spirit). Edited with translation and commentary by A. Böhlig and F. Wisse. NHS IV, Leiden 1975.

Bousset, Wilhelm, Die Hauptprobleme der Gnosis, Göttingen 1907.

Ders., Kyrios Christos. Geschichte des Christusglaubens von den Anfängen des Christentums bis Irenäus, in: FRLANT 21, N.F. 4, Göttingen 1913, 2. Auflage 1921.

Brandenburger, E., Adam und Christus, in: WMANT 7, 1962.

Brooke, A.E., The Fragments of Heracleon (Texts and Studies I,4) 1891, 50-103.

Brox, Norbert, Suchen und Finden. Zur Nachgeschichte von Mt 7,7b/ Lk 11,9b, in: Orientierung an Jesus (Festschrift J.Schmid), 1973, 17-36.

Buffière, Felix, Les Mythes d'Homère et la pensée grecque, Paris 1956.

Cabaniss, A., The Harrowing of Hell, Psalm 24 and Pliny the Younger, in: VC 7, 1953, 65-75.

Carcopino, Jérôme, La vie quotidienne a Rome à l'apogée de l'Empire, Paris 1939.

Ders., La Basilique pythagoricienne de la porte Majeure, Paris 1927.

Ders., De Pythagore aux Apôtres. Études sur la conversion du Monde Romain, Paris 1956.

Casey, R.P., Naassenes and Ophites, in: JTS 27, 1926, 374-387.

Colpe, Carsten, Die religionsgeschichtliche Schule. Darstellung und Kritik ihres Bildes vom gnostischen Erlösermythus, Göttingen 1961.

Courcelle, P., Tradition platonicienne et traditions chrétiennes du corps-prison (Phédon 62b; Cratyle 400c), in: REL 43, 1965, 406-443.

Cumont, Franz, Textes et Monuments figurés relatifs aux Mystères de Mithra, 2Bde, Bruxelles 1899 et 1896.

Ders., Art. Attis, in: Pauly-Wissowa II,2 Sp. 2247-2252.

Ders., Recherches sur le symbolisme funéraire des Romains, Paris 1942.

Daniélou, Jean, Théologie du Judéo-Christianisme. Bibliothèque de Théologie, Histoire des doctrines chrétiennes avant Nicée, I, Tournai 1958.

Ders., Message évangélique et culture hellénistique aux IIe et IIIe siècles. Bibliothèque de Theologié..., II, Tournai 1961.

Dibelius, Martin, Die Isisweihe bei Apuleius und verwandte Initiationsriten. Sitzungsberichte der Heidelberger Akademie

der Wissenschaften. Philos.-histor. Klasse, 1917, 4. Abhandlung.
Dibelius, Otto, Studien zur Geschichte der Valentinianer, in: ZNW 9, 1908, 230-247 und 329-340.
Dieterich, Albrecht, Studien zur Religionsgeschichte des späteren Altertums, Leipzig 1891.
Ders., Eine Mithrasliturgie, 3. erweiterte Auflage, Leipzig-Berlin 1923.
Dodd, C.H., The Bible and the Greeks, London ^{2}1954.
Dölger, Franz Joseph, Die Sonne der Gerechtigkeit, Münster 1918.
Ders., Der Durchzug durch das Rote Meer als Sinnbild der christlichen Taufe. Zum Oxyrhynchos-Papyrus Nr. 840, in: AC 2, 1930, 63-69.
Ders., Der Durchzug durch den Jordan als Sinnbild der christlichen Taufe, in: AC 2, 1930, 70-79.
Festugière, A.J., La révélation d'Hermès trismégiste, 4 Bde, Paris 1950-1954.
Ders., Hermétisme et mystique paienne, Paris 1967.
Firmicus Maternus, De errore profanarum religionum. Edidit Konrat Ziegler, Leipzig 1907.
Flavius Josephus, Flavii Josephi opera, edidit Benedictus Niese, Berlin 1889-1894.
Foerster, Werner, Von Valentin zu Herakleon. Untersuchungen über die Quellen und die Entwicklung der valentinianischen Gnosis, B.ZNW 7, Gießen 1928.
Ders., Die Grundzüge der ptolemäischen Gnosis, in: NTS 6, 1959/60, 16-31.
Ders., Die Naassener, in: Studi di Storia Religiosa della tarda antichità, pubblicati dalla cattedra di storia delle religioni dell'Università di Messina, Messina 1968, 21-33.
Ders., Die Gnosis, Band 1: Zeugnisse der Kirchenväter (C. Andresen, Hrsg.), Zürich-Stuttgart 1969.
Frazer, J.G., Adonis, Attis, Osiris. Studies in the history of oriental religion, London 1906.
Frickel, Josef, Die "Apophasis Megale" in Hippolyt's Refutatio (VI 9-18): Eine Paraphrase zur Apophasis Simons (Orientalia Christiana Analecta 182), Rom 1968.
Ders., Ein Kriterium zur Quellenscheidung innerhalb einer Paraphrase (Drei allegorische Deutungen der Paradiesflüsse

Gen 2,10), in: Le Muséon 85, 1972, 425-450.
Ders., Unerkannte gnostische Schriften in Hippolyts Refutatio, in: NHS 8, 1976, 119-137.
Ders., Die Zöllner, Vorbild der Demut und wahrer Gottesverehrung, in: Pietas (Festschrift für Bernhard Kötting), JbAC, Ergänzungsband 8, Bonn 1980, 369-380.
Ders., Naassener oder Valentinianer? in: NHS 17, 1981, 95-119.
Ganschinietz, Richard, Hippolytos' Capitel gegen die Magier, Refut. haer. IV 28-42, Leipzig 1913 (TU 39,2).
Geffcken, Johannes, Zwei griechische Apologeten, Leipzig 1907.
Gogolin, Wolfgang, Untersuchung zu den griechischen Quellen der Naassenerpredigt, Berlin 1978 (Maschinschrift).
Guarducci, Margherita, Valentiniani a Roma: ricerche epigrafiche ed archeologiche, in: Mitteilungen des Deutschen Archaeologischen Instituts. Römische Abteilung 80, 1973, 169-189.
Haardt, Robert, Die Gnosis. Wesen und Zeugnisse, Salzburg 1967.
Haenchen, Ernst, Gab es eine vorchristliche Gnosis? in: ZThK 49, 1952, 316-349.
Ders., Das Buch Baruch, in: ZThK 50, 1953, 123-158.
Ders., Aufbau und Theologie des Poimandres, in: ZThK 53, 1956, 149-191.
Ders., Die Botschaft des Thomas-Evangeliums (Theologische Bibliothek Töpelmann 6. Heft), Berlin 1961.
Harnack, Adolf v., Geschichte der altchristlichen Literatur bis Eusebius, 2.Teil: Die Chronologie, Leipzig 1904.
Ders., Marcion. Das Evangelium vom fremden Gott, Leipzig ^{2}1924 (TU 45).
Harris, J.R., Testimonies, 2 Bde, Cambridge 1916 und 1920.
Harvey, W. Wigan, Sancti Irenaei Libros quinque adversus haereses, 2 Bde, Cambridge 1857.
Hepding, H., Attis, seine Mythen und sein Kult (Religionsgeschichtliche Versuche und Vorarbeiten, 1.Bd.), Gießen 1903.
Herzhoff, Bernhard, Zwei gnostische Psalmen. Interpretation und Untersuchung von Hippolytus, Refutatio V 10,2 und VI 37,7, Bonn 1973.
Hilgenfeld, Adolf, Die Ketzergeschichte des Urchristentums, Leipzig 1884.
Ders., Der Gnostizismus und die Philosophumena, in: ZWTh 5, 1862, 400-464.

Hippolytus, Werke Bd.III, Refutatio omnium haeresium, hrsg. von Paul Wendland, Leipzig 1916 (GCS 26).

Hopfner, Theodor, Plutarch über Isis und Osiris, 1. Teil: Die Sage; 2.Teil: Die Deutungen der Sage, Prag 1940/41.

Janssens, Y., Héracléon, Commentaire sur l'Évangile selon Jean, in: Le Muséon 72, 1959, 101-152 und 277-299.

Jonas, Hans, Gnosis und spätantiker Geist, 2 Bde, FRLANT N.F. 33 und 45, Göttingen ^{3}1964.

De Jong, K.H.E., Das antike Mysterienwesen in religionsgeschichtlicher, ethnologischer und psychologischer Beleuchtung, Leiden 1909.

Kähler, E., Studien zum Te Deum und zur Geschichte des 24. Psalms in der Alten Kirche, Göttingen 1958.

Katz, P., Justins Zitate aus dem AT, in: Studia Patristica I (Bonn) 1957, 343-353.

Kerenyi, K., Hermes der Seelenführer, in: Eranos Jahrbuch 9, 1942, 9-107.

Kern, Otto, Art. Kabeiros und Kabeiroi, in: Pauly-Wissowa X 1399-1450.

Ders., Die boiotischen Kabiren, in: Hermes 25, 1890, 1-16.

Klemens von Alexandrien, Opera, hrsg. von O. Stählin, Leipzig 1905-1936 (GCS 12, 15, 17, 39).

Koschorke, Klaus, Hippolyt's Ketzerbekämpfung und Polemik gegen die Gnostiker. Eine tendenzkritische Untersuchung seiner "Refutatio omnium haeresium", Wiesbaden 1975.

Ders., Die "Namen" im Philippusevangelium. Beobachtungen zur Auseinandersetzung zwischen gnostischem und christlichem Christentum, in: ZnW 64, 1973, 307-322.

Ders., Die Polemik der Gnostiker gegen das kirchliche Christentum. Unter besonderer Berücksichtigung der Nag Hammadi Traktate "Apokalypse des Petrus" (NHC VII,3) und "Testimonium Veritatis" (NHC IX,3), Heidelberg 1976.

Ders., Der gnostische Traktat "Testimonium Veritatis" aus dem Nag Hammadi Codex IX. Eine Übersetzung, in: ZnW 68, 1978, 91-117.

Krause, Martin, Die Petrusakten in Codex VI von Nag Hammadi, in: Essays on the Nag Hammadi Texts in Honour of Alexander Böhlig. NHS 3, 1972, 36-58.

Ders., Die Texte von Nag Hammadi, in: Gnosis, Festschrift für
Hans Jonas, hrsg. von B. Aland, Göttingen 1978, 216-243.

Ders.-Labib, P., Die drei Versionen des Apokryphon des Johannes
im koptischen Museum zu Alt-Kairo, Wiesbaden 1962.

Kroll, Josef, Die christliche Hymnodik bis zu Klemens von Alexandreia, Darmstadt 1968 (Neudruck von 1922).

Leisegang, Hans, Die Gnosis, Stuttgart ⁴1955.

Lietzmann, Hans, Geschichte der Alten Kirche, Berlin und Leipzig 1932ff.

Lindemann, Andreas, Paulus im ältesten Christentum. Das Bild des
Apostels und die Rezeption der paulinischen Theologie in
der frühchristlichen Literatur bis Marcion, Tübingen 1979.

Lipsius, R.A., Valentin und seine Schule, in: Jahrbuch für protestantische Theologie 13, 1887, 585-658.

Lobeck, Chr.A., Aglaophamus. Drei Bücher über die Grundlagen der
Mysterienreligionen der Griechen mit einer Sammlung der
Fragmente der orphischen Dichter, 3 Bde, Königsberg 1829
(Neuauflage Darmstadt 1961).

Maaß, Ernst, Orpheus. Untersuchungen zur griechischen römischen
altchristlichen Jenseitsdichtung und Religion, München
1895.

Macrobius, Saturnalia, ed. Fr. Eyssenhardt, Leipzig 1893.

Markovich, Miroslav, Textkritisches I zu Hippolyt, Refutatio
Buch III-X, in: Rheinisches Museum für Philologie 107,
1964, 139-158 und 305-315.

Ders., Textuel Criticism on Hippolytus' Refutatio, in: JTS 19,
1968, 83-92.

Ménard, Jacques-É., L'Évangile selon Philippe. Introduction,
Texte, Traduction, Commentaire, Paris 1967.

Merkelbach, Reinh., Roman und Mysterium in der Antike, München
1962.

Norden, Eduard, Agnostos Theos. Untersuchungen zur Formengeschichte religiöser Rede, Leipzig-Berlin 1913, Darmstadt ⁴1956.

Orbe, Antonio, Hacia la primera teologia de la procesion del
Verbo (Estudios Valentinianos I,1-2), Roma 1958 (Analecta
Gregoriana 99, 100).

Ders., Cristologia Gnostica. Introducción a la soteriología de
los siglos II y III, 2 Bde, Madrid 1976.

Pagels, E.H., The Johannine Gospel in Gnostic Exegesis. Hera-

cleon's Commentary on John, Nashville and New York 1973.
Dies., The Gnostic Paul. Gnostic Exegesis of the Pauline Letters, Philadelphia 1975.
Peterson, Erik, Εἷς Θεός. Epigraphische, formgeschichtliche und religionsgeschichtliche Untersuchungen, Göttingen 1926.
Ders., Frühkirche, Judentum und Gnosis. Studien und Untersuchungen, Rom-Freiburg-Wien 1959.
Plumpe, J.C., MATER ECCLESIA. An Inquiry to the concept of the Church as mother in early christianity, Washington 1943.
Plutarch, vgl. Hopfner.
Preisendanz, C., Carmina Anacreontea, Leipzig 1912.
Preuschen, Erwin, Die apokryphen gnostischen Adamschriften. Festgruß B. Stade, Gießen 1900.
Preysing, Konrad v., Des heiligen Hippolytus von Rom Widerlegung aller Häresien (Philosophumena), München 1922 (BKV 40).
Ders., Der Leserkreis der Philosophumena Hippolyts, in: ZkT 38, 1914, 421-445.
Quispel, Gilles, The Original Doctrine of Valentine, in: VC 1, 1947, 43-73.
Ders., La conception de l'homme dans la gnose valentinienne, in: Eranos Jahrbuch 15, 1947, 249-286.
Ders., Der gnostische Anthropos und die jüdische Tradition, in: Eranos Jahrbuch 22, 1953, 195-234.
Refoulé, R.F., Tertullien, Traité du baptême, Paris 1952 (SC 35).
Reitzenstein, Richard, Poimandres, Studien zur griechisch-ägyptischen und frühchristlichen Literatur, Leipzig 1904 und 1922.
Ders., Die Göttin Psyche in der hellenistischen und frühchristlichen Literatur, in: SAH 1917.
Ders., Das mandäische Buch des Herrn der Größe und die Evangelienüberlieferung, in: SB Heidelberg 12, Heidelberg 1919.
Ders., Die hellenistischen Mysterienreligionen, Leipzig-Berlin ^{3}1927.
Ders.-Schaeder, H.H., Studien zum antiken Synkretismus aus Iran und Griechenland, Leipzig-Berlin 1926.
Resch, Alfred, Agrapha. Außercanonische Evangelienfragmente, Leipzig 1889 (TU 5,4).
Ders., Außercanonische Paralleltexte zu den Evangelien, Leipzig 1893-1897 (TU 10,1-5).

Rohde, Erwin, Psyche. Seelenkult und Unsterblichkeitsglaube der
    Griechen, 2 Bde, Tübingen und Leipzig ³1903.
Rose, A., Attollite portas, principes, vestras. Aperçus sur la
    lecture chrétienne du Ps 24 (23) B; in: Miscellanea liturgica Lercaro, vol. 1 (Roma 1967), 453-478.
Rudolp, Kurt, Ein Grundtyp gnostischer Urmensch-Adam-Spekulation,
    in: ZRGG 9, 1957, 1-20.
Ders., Gnosis und Gnostizismus, ein Forschungsbericht, in: ThR
    N.F. 34, 1969, 121-175. 181-231. 358-361; 36, 1971, 1-61.
    89-124; 37, 1972, 289-360; 38, 1973, 1-25.
Schlier, Heinrich, Das Denken der frühchristlichen Gnosis. Neutestamentliche Studien für Rudolf Bultmann, Berlin 1954,
    67-82.
Ders., Der Mensch im Gnostizismus, in: C.J. Bleeker (Hrsg.),
    Anthropologie Religieuse, Studies in the History of Religions, 2, Leiden 1955, 60-76.
Schmidt, Carl, Koptisch-gnostische Schriften Bd.I, Berlin ²1954.
Schneidewin, F.W., Hymnorum in Attin fragmenta inedita, in: Philologus 3, 1848, 247-266.
Schniewind, Julius, Die Leugner der Auferstehung in Korinth, in:
    Nachgelassene Reden und Aufsätze, Göttingen 1952, 110-139.
Schottroff, Luise, Der Glaubende und die feindliche Welt. Beobachtungen zum gnostischen Dualismus und seiner Bedeutung
    für Paulus und das Johannesevangelium, Neukirchen 1970.
Dies., 'Animae naturaliter salvandae', in: Christentum und Gnosis, W. Eltester (Hrsg.), Beihefte zur ZNW 37, Berlin
    1969, 65-97.
Schweizer, Eduard, Art. σαρξ, σάρκινος, σαρκικός, in: G. Kittel,
    Theologisches Wörterbuch zum Neuen Testament, Stuttgart
    1953ff, Bd.VII, 98-104 und 118-151.
Simonetti, Manlio, Qualche osservazione sulle presunte interpolazioni della Predica dei Naasseni, in: Vetera Christianorum 7, 1970, 115-124.
Staehelin, H., Die gnostischen Quellen Hippolyts in seiner
    Hauptschrift gegen die Häretiker, Leipzig 1890 (TU 6,3).
Tardieu, Michel, "Comme à travers un tuyau". Quelqués remarques
    sur le mythe valentinien de la chair céleste du Christ,
    in: B. Barc (Hrsg.), Colloque international sur les textes de Nag Hammadi (Québec 22.-25.8.1978), Québec 1981,151-177.

Literaturverzeichnis

Usener, Hermann, Milch und Honig, in: Kleine Schriften IV: Arbeiten zur Religionsgeschichte, Leipzig-Berlin 1913, 398-417.

Visser, A.J., Der Lehrbrief der Valentinianer, in: VC 12, 1958, 27-36.

Völker, Walther, Quellen zur Geschichte der christlichen Gnosis, Tübingen 1932.

Waszink, J.H., Quinti Septimi Florentis Tertulliani De anima, ed. with introduction an commentary, Amsterdam 1947.

Wendland, Paul, vgl. Hippolytus.

Wilamowitz-Mollendorf, Ulrich v., Lesefrüchte, in: Hermes 37, 1902, 328-331 und 331-332.

Wilson, R.McL., Gnosis and the New Testament, Oxford 1968.

Ders., The Early History of the Exegesis of Gen 1,26, in: Studia Patristica I, 420-437.

Windisch, Hans, Der Barnabasbrief, in: Die Apostolischen Väter III: Handbuch zum NT, Ergänzungsband, Tübingen 1920, 299-413.

Wolbergs, Thielko, Griechische religiöse Gedichte der ersten nachchristlichen Jahrhunderte, Bd.I (Psalmen und Hymnen der Gnosis und des frühen Christentums), Ausgabe und Erläuterung, Meisenheim 1971 (Beiträge zur klassischen Philologie 40).

Wolff, H.W., Jesaja 53 im Urchristentum, Berlin ^{3}1952.

Ziegler, Konrat, vgl. Firmicus Maternus.